近現代アジアを
めぐる思想連鎖

山室信一
Shinichi Yamamuro

アジアびとの風姿

環地方学の試み

人文書院

はじめに

ここに同時に刊行するシリーズ「近現代アジアをめぐる思想連鎖」は、国内外での講演記録などのうちから、割愛した箇所やもう少し説明を要すると気がかりだった箇所などを補訂したものです。いいえ、補訂という以上に、書き下ろしといえるほど全面的に書き改めたものがほとんどです。長年、出し忘れていた宿題を、やっと提出できたような思いですが、これによって「アジアという空間とは何か」「そこにおける思想と人の繋がりとは何だったのか」……といった問題について、皆さまにお考え戴く何らかの契機になればと願ってやみません。

年々歳々、人同じからず。
失ったものの数をかぞえるようになってきた齢《よわい》の中で、やはりどこかで得てきたものの数もかぞえて記憶し、記録しておかなければならないのではないか。そうした思いに駆られて、二冊の本を書き進めるなかで、いつも私の頭の中を巡っていた詩句があります。
それは中原中也の『山羊の歌』に収められた「帰郷」という詩の一節です。

これが私の故里《ふるさと》だ
さやかに風も吹いてゐる

心置きなく泣かれよと
年増婦《としま》の低い声もする
あゝ　おまへはなにをして来たのだと……
吹き来る風が私に云ふ

その吹き来る風の問いかけに、私なら、どう答えたら良いのでしょうか？

「おまへは、なにをして来たのか」。それに私が答えられるとすれば……

長い躊躇《ためら》いの後で、こう答えるしかありません。

「ええ、私は私の故里＝原郷を確かめるためだけに、歩いてきて、今ここにいるのです」と。


二冊の本は、些《いささ》かでも、風への答えになっているのでしょうか。

目次

アジアびとの風姿——環地方学の試み

第一章　アジアびとの風声——司馬遼太郎の足音

一　愛憎相反する思い

「アジアびとの風声」という、直ぐにはわかりにくいタイトルをつけましたので、少し説明を加えさせて戴きます。「風声」とは言ってみれば、「風格・佇《たたず》まいと声望」、「風貌と声績」のあり様、あるいは司馬遼太郎氏（以下では、堅苦しさを避けて「司馬さん」で通させて戴きます）の立ち位置というようなもの、を指すとお考えください。

それを書かれたもの、語られたことそして司馬さんのアジアの人々との交わりの中にたどりながら、アジアの近代の歩みと重ね合わせてアジアの来し方・行く末などを、考えてみたいと思います。

また、「アジアびと」という言葉も、あまり馴染みのないものかと思います。もちろん、司馬さんの文章の中にも「アジア人」と書かれておりますが、司馬さん自身は「アジアじん」と読まれているように推測されます。司馬さんは、『街道をゆく』などでアジア各地を旅され、アジアに友人や知人が多い方で、欧米よりはアジアに対して、より強い親近感を抱かれていたはずです。司馬さんは、そうしたアジアへの思い入れをみどり夫人に「僕はアジア屋だからな」と冗談めかして語られていたようです。アジアの雑踏が発している熱気が好きで、農村を歩いていると「ああ、これが自分たちの故郷だ」と感じられていたとのことです。しかし、そういった次元に留まらない、どこか心情の深部でアジアと切り離すことのできない非常に強い関わりの中で、文人としての、いや何よりも人としての一生を貫かれたのではないかという思いが私には感じられます。司馬遼太郎を司馬遼太郎という存在たらしめたものとしての思考方法や意識の持ち方、あるいは心がけや行動におけるスタンス、佇まいを含めた挙措振舞のありようが、私にとりましては、非常に懐かしい「アジアびと」という思いがしてならないのです。

そういう存在が本当にあったのかどうかについては、様々にお考えがおありでしょうが、少なくとも私が思い描くアジアの風土の中に立たれて最も似つかわしい人間像はこういう人だろうなというイメージを司馬さんに託す思いがあるのです。司馬さんの遺されたものは、きわめて幅広く、まさに「司馬曼荼羅」といえるような多彩な世界の広がりがあります。作家・司馬遼太郎が小説、旅行記、対談、あるいは独特の表現でいえば雑談――これもおそらく〈ぞうたん〉、〈ぞうだん〉と読むのがふさわしいのでしょう――などを通じてあらゆる表現形式のなかで示され、自らもそうありたいと願われていたであろう人間のあり方、そして同時に私たち読者にもそうあってほしいと思われたはずの生き方について、二一世紀を生きていく私たちに司馬さんが残してくれた言葉をここで振り返ってみたいと思います。

もちろん私は道学者ではありませんから、そこから教訓やこうあるべきだということを押しつけるつもりなど全くありません。おそらくそういうもの言いをすること自体を司馬さんという方は、嫌われると思います。また、私自身は文学的あるいは詩的な感受性がきわめて希薄な人間ですから、まったく的外れな議論になりますことを、あらかじめお断りさせて戴きます。

さて、私は韓国を訪ねる機会が多いのですが、折りに触れて多くの司馬文学の愛読者がいらっしゃることを実感します。とりわけ年配の方からは、たとえば『竜馬がゆく』、『故郷忘じがたく候』などの作品は非常に好きだといった声を聞きます。他方で、『坂の上の雲』は嫌だとおっしゃる方もいらっしゃいます。皆さん、ご存じのように『坂の上の雲』については、日本の歴史研究者の中でも少なくない方々が、そこにはアジア蔑視、朝鮮蔑視が含まれているという批判を提起されています。この点、日清戦争では清国を敵国としながらも朝鮮半島を主戦場として戦ったこと、そして日露戦争後に日本が韓国を併合するに至った歴史が色濃く反映した小説であることを考えなければならないでしょう。より正確に言えば、ロシアに宣戦布告して二週間も経たない一九〇四年二月二三日に、予め中立宣言を出していた大韓帝国に進駐して日韓議定書を締結させ、軍事行動上必要な地点の収用と鉄道の敷設を強要したという史実があります。日露戦争が韓国併合の起点であったという認識が韓国にあることは確認しておく必要があります。

しかし、私自身が司馬さんの著作に接する中で、むしろ強く印象づけられたのは、いち早く日朝関係や日韓関係、あるいは日韓理解の道というものを模索されていたということでした。小説としては『故郷忘じがたく候』がありますし、対談集には『日韓理解への道』などが多数公刊されています。何よりも一九六九年から鄭貴文さん、鄭詔文さん、上田正昭さんなどと『日本のなかの朝鮮文化』という雑誌を刊行され、その顧問になられたことも、よく知られています。その中で上田正昭、金達寿さんとの座談会シリーズとして『日本の朝鮮文化』（一九七二年）、『古代日本と朝鮮』（一九七四年）、『日本の渡来文化』（一九七五年）などが刊行されました。私の学生時代は、一九七二年に高松塚壁画古墳が発見されるなど、古代の日朝関係に新しい光が当てられた時期でした。そして、季刊雑誌『三千里』なども出され、本当にワクワクするような興奮をもってこれらの雑誌を読み進めた記憶があります。私たちは、日本と朝鮮・韓国の歴史的関係に新たな光を当てる動きをリードしている人として司馬さんを認識していたのです。そこで一貫して強調されていたことは、私なりにまとめれば、第一に、漢民族や朝鮮民族とは同じ民族系として古代より近代に至るまで、文化的にも近しい存在であったということ、第二に、にも拘わらず明治以後の日本人が非常に尊大で偏狭な振る舞いをするようになったこと、だからこそ第三に、自分は偏狭な日本人であるよりは「アジアびと」でありたいということ、そして第四に「アジアびと」としての自分に最も身近に感じられる存在は朝鮮半島やモンゴルの人たちである――といったことであったと思います。ただ、古来、一番近い国であったはず朝鮮半島が、儒教体制の下で停滞を強いられ、近代以後には日本にとって一番遠い国になった事実への哀しみ、それが時には激しい朝鮮批判ともなり、愛憎相反する想いを自らも御しかねておられるのではないか、と私は感じていました。

そのように朝鮮半島とそこに住む人々への想いを寄せ、「アジアびと」であることを切望されたはずの司馬さんが、なぜ近現代日本の朝鮮蔑視、アジア蔑視の象徴であるかのような批判を受けられるのか？　そのことの意味はどのように考えたらいいのでしょうか？

これはあくまでも私の解釈に過ぎませんが、司馬さんが朝鮮（ここでいう朝鮮はあくまで朝鮮半島という地名で特定の国家や王朝を示すものではありません）に対して、日本との深いつながりをもつものとして捉えるがゆえに非常に深い思い入れをもっておられた、しかしだからこそ「なぜ、そうなってしまったのか」という、苛立《いらだ》ちにも似た、もどかしい想いがいっそう強かったからではないでしょうか。

文化的に卓越していた朝鮮が、近代になってなぜ植民地になるような事態に陥ったのだろうか、その原因を突きつめたいという思いが、たしかにあったと思います。同時に、そこには朝鮮や中国において近代化が遅れたことに対する鋭い批判も当然含まれていたわけです。後で詳しく検討したいと思いますが、福沢諭吉の「脱亜論」に対する評価にも、司馬さんの中国や朝鮮への強いアンビバレントな想いが見えてくるようです。そのような思いに支えられた司馬作品にアジアあるいは朝鮮に対する蔑視があるという批判があることは、事実です。もちろん、批判の方向性は多様ですから、それらに対してここで全て回答を出すというような大それたことはできません。しかし、その当否を即断する前に、まずは司馬さんが一体どういう歩みの中で朝鮮や中国に対して思索を重ねてこられたのかを、今一度、辿ってみる必要があるのではないでしょうか。それを司馬さんの肉声を通じて、あるいは司馬さんがどう書かれたのかという足音をたどりながら、皆さんと御一緒に考えることができればと思います。

二　司馬さんとの機縁——「天涯比隣《てんがいひりん》」と一枚のハガキの重み

さて、前置きが長くなってしまいましたが、「アジアびと」という視点から作家・司馬遼太郎を探っていく、あるいは司馬遼太郎を司馬遼太郎たらしめたのは何なのかを探るといっても、膨大な作品から過不足なく接近するというのは、私には至難の業です。そうした司馬さんとアジアの関係を考えるときに、真っ先に私の頭に浮かんでくる言葉が「天涯比隣」というものです。司馬さんのアジアについての重層的で多彩な言辞は、あたかも天の果てまでも敷き詰められているように司馬作品の中には溢れています。ただ、ここで「天涯比隣」という言い方をしたのは、果てしなく遠くに離れていることに立ちすくみながらも、同時に「比隣」すなわち、どこかいつでも自分の隣にいて語りかけてこられるような身近な司馬さんがいらっしゃる感じがするという二つの思いが重なっています。

そうした、まさに広壮でかつ身近な司馬さんのアジアへの思いと近代の歩みを重ね合わせてみていく、その取っ掛かりとしまして、先ず司馬さんと私との御縁になった一枚の葉書について紹介させて戴きます。これは、『キメラ――満洲国の肖像』（中公新書）という拙著を一九九三年に上梓した時に戴いたものですが、その全文は以下のようなものでした。

御著『キメラ　満洲国の肖像』をお送り下さいまして、ありがとうございました。叙述・内容、みごとなもので電磁石に吸いつけられるような思いでした。叙述の冒頭良く、あとがきよく、あとがきの末尾よく、人文科学が高度な文学になっているという思いがしました。私事ですが、少年のころの小生にとって、満洲は小さからぬあこがれでした。学徒出陣で軍隊にとられて、思わぬことに〝東満〟の石頭（当時の牡丹江省）の戦車連隊に勤務しました。早春にかの地を去りましたが、いまなおその地にゆきたいと思わないのは、戦後に読書によって知った知識によるものでしょう。五月から年末までいたのですが、関東軍の軍規は模範的なもので、治安はよかったような印象がありました。

個人にとっても、国家にとっても悪夢のようだった〝満洲国〟を『キメラ』はみごとに整理してくれたと思います。御礼のみを。

七月二十三日

この葉書は、『憲法9条の思想水脈』（朝日新聞出版）で司馬遼太郎賞を戴くことがなければ一生、他の方々にお見せすることなく終わったと思います。他の多くの読者の方々から戴いた御手紙などとともに、挫けそうになったときに読み返す、生涯の宝として大切にしていたからです。何よりも、刊行後、次々と激しい批判が寄せられるなかで、歩き始めたばかりの研究の道を進むようにと、そっと背中を押していただいたように感じて、自分だけの宝として秘めていました。しかし、上村洋行・司馬遼太郎記念館館長ご夫妻が、私の研究室にお見えになった際に、葉書を御覧になって「ああ、これが司馬さんだ」と異口同音におっしゃり、満洲国についての司馬さんの思いが凝縮されていることを確認した次第でした。私信ではありますが、司馬さんの満洲国観を皆さんに知って戴く一つの資料として、上村館長の御理解を戴いて公にするものです。過褒に過ぎる前段は措きまして、後段には戦中・戦後における満洲という地に対する司馬さんの感慨が記されており、司馬文学が生まれる故地になった満洲から半世紀をこえて私に届いた葉書だ、という思いがしました。そこには司馬文学の原郷を探るための重要なヒントが込められていたことが、その後、司馬さんの著作を改めて読むなかで分かってきたように感じています。

ここでは、ご自分が滞在されていた満洲国について、戦後に読書で知ったことというように書いてありますが、おそらくその字句には司馬さんの次のようなお考えが潜んでいたものと思われます。すなわち――人間一人の知識や体験は非常に限られたものである。自分の体験というものを絶対化もできないし、一般化もできない。だからこそ、そういう自分の体験を相対化しながらものを見ていく必要があり、歴史を学ぶ意義はそこにこそあるのではないか――葉書を通じてそのことを私は教えて戴いたと感謝しています。

司馬さんは『時代の風音』の中で、中国戦線で日本軍が様々な非行をしたことについて、「同時代にあってもその現場、現場でつかまえ方が違います」という表現をされています。つまり、自分がどこにいたかによって、たとえ同じ時代を生きたにしてもその体験は全く違うわけです。そのことに謙虚であるべきだということが、ここには書かれているように思います。同時に重要なことは、満洲が、行きたくても行けなくなってしまった。いわば司馬さんにとっての失われた故郷になってしまったという、ある種の索漠とした想念が葉書の背後には込められているように、今は強く感じています。その司馬さんの思いは、『台湾紀行』の中にある田中順三さんの失われた故郷の話とも繋がってくると思います。

みどり夫人によれば司馬さんは、満洲に「行きたいと積極的に口にはしませんでした。でも『街道をゆく』の最終回は、自分が兵隊として行った満洲から、終戦を迎えた栃木県の佐野にすると決めていた」（福田みどり「アジアの熱気を愛して」『文藝春秋』二〇一三年三月号）とのことですが、それが実現していれば、司馬文学は、原郷に帰ることによって、一つの円環を閉じることになったはずだと惜しまれてなりません。

三　司馬文学の原郷へ――満洲体験とアジアそして国家

それでは司馬さんにとっての満洲とは、どのような体験空間としてあったのでしょうか？

私なりに想像を逞《たくま》しくすれば、満洲こそアジアの人々と現地で触れあうという初めての体験をされた、そして文学という営為の意義を初めて確信された、という意味で「アジアびと」としての司馬さんの出発の地であり、「司馬文学の原郷」でもあったのではないか、と私には思われます。そのことは何よりも司馬さんの次の文章に良く示されています。

中国人の農家に行って、農機具の名前を単語帳につくったりしていました。そのうち、中国の農業、農民というものに非常に関心を持ちました。……もし自分が生き長らえることがあったら、外国人には親切にしなければならないと思いました。満州の農民から受けた感激と恩によるものでありま す。ここで言う満州の農民というのが、要するに私のアジアであります。(『「昭和」という国家』)

つまり、司馬さんは軍隊の休みが取れたときに、ノートを持って満洲の農家を歩かれたわけですね。そして、農機具や農法を一生懸命に、絵に描いたり、メモをとられたというわけです。ここには、後に『街道をゆく』へ繋がる原点があるように感じるのは私だけではないと思います。

他の兵隊さんが、どのような休日を過ごされたかは分かりませんが、司馬さんの体験は人類学や民俗学などの研究者がおこなうフィールドワーク(野外調査)と言うべきもので、やはり特異な関心の持ち方であるように思います。もちろん、満洲国でも柳田国男門下で建国大学教授などを務めた大間知篤三《おおまちとくぞう》らが民俗調査をおこないましたし、民法典を編纂する必要から漢族のほか多数の少数民族についての旧慣調査などが実施されてはいました。しかし、一兵士が休日に農家を訪ねて農機具などを丹念に調べたという事実には驚かされます。そして、中国の農民の側からすれば侵略者と見なされていたかも知れない兵士としての司馬さんが農民の人たちと直に接することができたこと、そして兵士と農民が農機具という生業《なりわい》の道具を通して交流を図っていたこと、さらに、司馬さん自身が親切にされた「感激と恩」を感じ取られたことには感慨を覚えます。そこから、もし自分が生き長らえることがあったなら、「外国人には親切にしなければならない」と思われた通りに、戦後は先に述べましたように朝鮮文化研究を支援されていったわけです。そして、何よりもここで目を留めておきたいのは、満洲の農民の立ち振る舞い、すなわち他国の軍隊である関東軍の兵士に対しても、自然に親切に接するという農民の振る舞いこそが、アジアの農民の姿ではないかと考えられたという点です。近代の日本では、アジアを同胞とするというアジア主義が様々な立場の人によって、異口同音に主張されました。しかし、それらのほとんどにおいて、アジアは遅れた存在であるから日本が盟主ないしリーダーとなって保護しなければならない、とりわけ、農民こそ遅れたアジアの象徴であるように説かれました。そうした言説の中に、満洲の農民、それが「要するに私のアジアであります」と断言される司馬さんを置くとき、司馬さんをアジア蔑視者と批判される人が、果たして実際にどのようにアジアの農民と接した体験をお持ちなのであろうかという疑念も湧いてきます。

なお、司馬さんの文章につきまして、ここでは一切引用ページを示しておりません。それは一つにはいくつもの版があるからですが、是非、できればその前後を読んでいただきたいのです。ページ数を示しますとそこだけしかお読みにならないかもしれませんが、文脈の中でしか言葉は意味をもちえません。断章片句を取りあげて是非を論じる愚を避けて、その前後の文脈の中で読み取って戴きたいという願いもあって、あえて引用ページを略させて戴きます。

さて、このように司馬さんの思いのなかでは「アジアびと」とは、何よりも大地に足をつけた暮らしをする人です。土地こそが、人が人としての生活を営むすべての基盤であるということだったのです。「戦後社会は、倫理をもふくめて土地問題によって崩壊するだろう」と文庫版あとがきに書かれた『土地と日本人』をはじめとして、司馬さんが晩年に激越なまでに土地投機に対して批判的であったのは、人間の生きる糧が大地である。それを投機の対象にすることが、いかに人間性そのものを破壊するかを訴えられたかったからに違いありません。

いま、『土地と日本人』を読み返してみて、その最初の対談が一九七五年に野坂昭如氏との間でおこなわれていたことに一驚します。一九七二年の田中角栄『日本列島改造論』、そして一九七三年の第一次オイル・ショックをうけて、いち早く土地投機の危険性を見ぬき、土地公有論を主張されていたわけです。しかし、日本社会はその警告を無視し、集団的狂躁でしかありませんでした。今、思い返せば、あの浮き足だった日本社会の有り様は、バブル経済に浮かれていきました。他方、司馬さんの『竜馬がゆく』や『坂の上の雲』などは、高度経済成長を賛美するものだとの批判もあったのですが、司馬さんが戦後社会の経済成長を手放しで礼賛されてなどなかったことは、この土地問題やその後の住専問題などに対する司馬さんの痛切な批判を見れば明らかでしょう。

しかもそうした狂躁は日本のバブル経済や住専問題だけでは終わらなかったこともご存じの通りです。二〇〇八年に起きたリーマン・ショックもサブプライムローンなどの住宅投資や土地投機のバブル崩壊によって起きたもので、世界的に同じことを繰り返しているわけです。

ここで、もう一度先ほどの葉書に返りますと、司馬さんは満洲国について「戦後に読書によって知った知識」と書いておられましたが、満洲国についてはブッキッシュに観念的に捉える以前に、一兵士として実体験されたことを重視されていたことも再確認しておく必要があります。もちろん、兵士として駐留しているわけですからその視点はおのずから限られたものではあったでしょう。しかし、大地に生きる人々の暮らしを、農機具や食物、あるいはその種類という、いわばモノを通じて理解されようとしたことは司馬文学の重要な源泉となっているはずです。言うまでもなく、司馬文学の最大の特質は、その豊穣な想像力、溢れ出るイマジネーションにあります。しかし、こうした人間やモノへの接し方とそこに込められた情意の「溜《た》め」の中に、自分の裸眼で視るという発想の自由さを生み出すヒントがあるように思われます。司馬さんは「五族協和」や「王道楽土」などのイデオロギーという「窓」を通して見る危うさを満洲国で体感され、眼前の事実を「国家神話をとりのけた露わな実体として見たい」「自分への規律として、イデオロギーという遮光レンズを通して物を見ない」（「訴える相手がないまま」『十六の話』）ことを自らに課せられています。

バイアスや色眼鏡のかかったイデオロギーや観念で人間やモノを視るのではなく、裸眼で視る観察眼を、すでに二〇歳ごろから実践されてきていたことがわかります。そして、向き合った人に対する共感力とでも称すべき能力を、異国の地である満洲で養われたのではないかと思えてなりません。こうして培われた洞察力と共感力は、『街道をゆく』などにおいて、その特性がいかんなく発揮されることになります。

一枚の古銭から——アジアの興亡へ

加えて、満洲を「司馬文学の原郷」と私がみる理由は、次に挙げます「一枚の古銭」という文章を御覧になれば、さらに明白になろうかと思います。

その古銭とは司馬さんが満洲の農家を歩いているときに土の中から見つけられた一枚の古銭でした。表に「乾隆通宝」、裏に蒙古文字（正確には清朝銭独特の満洲文字でしょう）が鋳られていた一枚を見つけられた。その表には「乾隆」という中国の皇帝名が記され、裏には蒙古文字がある。その文字を見つめながら、司馬さんがどのように反応されたのか？　文章はこう綴られます。

「おそらく蒙古へ帰る隊商の荷からころげ落ちたもので、その文字を見つめているうちに私のまぶたからとめどもなく涙が溢《あふ》れ出た。」

「その巨大な滅亡の歴史が、一枚の古銭に集約されている思いがして、もし私の生命が戦いの後にまで生き続けられるならば、彼らの滅亡の一つ一つの主題を私なりにロマンの形で表現していきたいと、体のふるえるような思いで臍《ほぞ》を決めた。」

「やがては私のロマンの故郷に行きたい。漠北〔ゴビ砂漠の北方地域〕に数千年来ただよい続けたあわれな騎馬民族の群像を、何とか自分の小説発想の場でとらえたいというのが、作家になってしまった往年の馬賊青年の、いわば悲しい願いに似たようなものなのである。」（「一枚の古銭」）

ここでは「一枚の古銭」を通して、騎馬民族の興亡の歴史に想いを馳せるようになった由縁が、あたかも目前に髣髴《ほうふつ》としてくるかのように語られています。こうして、司馬さんは中国の長城とモンゴルの高原とをピストン運動のように往来した様々な民族のことを書きたいと決心され、やがて小説家への道を選び取られたのです。身体の震えるような思いをもって小説家・司馬遼太郎として「ロマンの故郷に行きたい」と心に決められた、それがあの茫漠たる満洲の広野での小さなたった一枚の古銭との出会いでした。そして、実際の作品として最初期の『戈壁《ゴビ》の匈奴《きょうど》』が書かれ、『韃靼疾風録《だったんしっぷうろく》』が最後の小説となりました。

これらの作品にブリヤート・モンゴルの村に生まれ、ロシアから満洲国そして中国へと国籍を変えることを余儀なくされたツェベクマさんとの交友を通して、モンゴルの歴史を捉えた『草原の記』を加えることも忘れてはならないでしょう。これら一連の作品は、ユーラシア大陸を舞台に行き交った民族の波乱の興亡と時代に翻弄された人々の歩みを結実させた「紙碑」とでも言うべきものであり、満洲の地で立てられた初志を貫かれた証左であるように思われます。

私は、この一枚の古銭との出会いが司馬文学の出発点となったことに劇的な意義を感じます。しかし、おそらくは古銭との出会いによって、自分が満洲国へ渡る以前から抱かれていた抱負を確信へと深められたというのが真実であったのかも知れないと思います。そうでなければ、一枚の古銭を見つめながら「まぶたからとめどもなく涙が溢れ出た」ということもなかったはずです。

皆さん良くご存じのように、司馬さんは栃木県佐野での戦車隊の経験から、後年には自分が小説を書くのは、二二歳の私に手紙を送るようなものだと記されています。しかし、それ以前に満洲の広野で偶然に見つけられた一枚の古銭を手にしながら決心された諸民族の興亡がもつ「一つ一つの主題を私なりにロマンの形で表現していきたい」という決意を自ら裏切らないという不惑の志を貫かれたところに司馬遼太郎の文業があるのではないかと思います。

帝国の消滅と生身の運命——残留兵と婦女子を残して

それでは、司馬さんにとって顧みられた満洲国とはいかなる国家だったのでしょうか。それについては、端的にこう記されています。

「この架空の帝国は日本の降伏によって消滅するのだが、その帝国にいたなま身の日本人たちのうちに、たれ一人として数奇な運命をたどらなかった人はない。」(「ある運命について」)

「ソ連が入ったとき、小生らがまっさきに戦死すべきところ、その時期には存在していなかったのです。そのぶん、多くの人に御迷惑をおかけしました。……本来、小生らがそこにあるべきだったということです。」(藤原作弥氏宛、一九九〇年七月書簡)

司馬さんは、兵士としては、戦闘によって人を殺したという経験をされないで敗戦を迎えられたようです。しかし、逆にまた何もしなかったことに、ある種の悔恨の思いも持っておられたと思うのです。それは、司馬さんも一員だった関東軍が、満蒙開拓団や満蒙開拓青少年義勇軍などの人々を置き去りにして撤退したことに係わります。司馬さんの戦車隊も本土決戦に備えようと「転進」したわけです。つまり、満洲が司馬文学の原郷になったという、もう一つの重要な側面は国民を守るべきはずの軍隊が自らの作戦を最優先し、在満邦人を守ることなく、苦難を強いてしまったという事実に対する悔悟《かいご》の思いにあるはずです。実際、どのようにして司馬さんの戦車隊は、満洲国を去ることになったのか、その様子は次のように描かれています。

衛門のそばにはわずかな数の残留兵が整列して見送っていた。主として病兵で、その病兵たちが兵舎の番と絶対に動くことのない数輛の破損戦車を管理することになっていた。私は四輛の指揮者だったが、衛門わきにたたずんでいるかれらの前を走り抜けながら涙が流れて仕方がなかった。
（「ある運命について」）

胸をえぐるような悲境です。民間人どころか、病兵など死ぬことからもはや逃れることのできない運命にある人々を置き去りにして去るしかない、それは見殺しにせざるを得ないということを意味していたわけです。そこに「いなかった」という非在は、もちろん司馬さんが自分の意志で決定できることではありません。ですから、そのことで個人が罪責を負うことではないはずですが、「いなかった」ことで結果的に多くの民間人や傷病兵などに死を強いてしまったという悔いが消え去ることはなかったのでしょう。藤原作弥さんは、日銀の副総裁をされた方ですが、少年の頃に満洲から命からがら引き揚げられてきた方で『満州――少国民の戦記』を書かれ、『李香蘭――私の半生』の共同執筆者でもあります。藤原さんへの手紙に書かれているような思いは、司馬さんがベトナムに行かれた時に書かれた『人間の集団について――ベトナムから考える』の中にも出てきます。

人間は人間に関わって以外に生きようのない生き物だが、同時に人間は人間との関わりによって例外なく衰弱し、例外なく殺される。

人と人との関係というのは、人と人とを生かす道でもありますが、実は同時に人と人が殺し合う道でもあるという不条理――司馬さんが、そのことを初めて実感されたのは満洲国での体験であったと思います。そして、司馬文学の原郷が満洲国にあるとするなら、国家そのものが決して無謬《むびゅう》のものでも、永遠なるものでもないことを確信されたのも満洲国においてであったはずです。

司馬さんが満洲国を「架空の帝国」と呼ばれることには、計り知れないほどの絶望と「人為としての国家」への懐疑とが込められているように思います。しかし、そうした人間の運命の非情と、その非情な人間によって作られる国家という存在の不条理とその興亡のなかで刻まれたアジアという時空間の歴史――そうしたもろもろの残虐な宿命を見届ける課題を背負って、司馬文学は満洲国から出発したように私は感じています。

戦車隊と戦友――アジアそして龍馬への繋がり

さらに戦車隊において司馬さんはもう一つのアジアとの関わりをされていました。それは朝鮮との関わりでした。ある兵長との出会いです。

兵長は眉目秀麗《びもくしゅうれい》ながら、どこか孤独の影があり、それに小生は学生時代から朝鮮同胞が好きでありましたので、余暇には絶えず話しかけました。……小隊の車を出して同兵長に操縦させ、小生が車長になって、家庭教師のような個人教育をしました。滑稽なことですが、それが、当時としては親愛の情の表現のつもりでした。戦後、ときどき同兵長のことを思いだしました。（李性宰宛、一九九三年一二月書簡）

ここで兵長と呼ばれているのは、朝鮮民族の方で、司馬さんがどのような親愛の情をもって接せられたかがわかります。司馬さんは、満洲国の四平という所にありました戦車学校を卒業されてから、牡丹江省石頭の第一連隊に配属され、第五中隊の第三小隊長をされます。その後、群馬県の相馬ケ原の廠舎に移られた時に一緒だったのが、神田晋三兵長すなわち姜晋三という方だったのです。この人のことを司馬さんは、戦後もずっと気にかけておられた。残念なことに姜さんは、朝鮮戦争で行方不明になられるわけですが、姜さんの後輩にあたるのが李性宰《りせいさい》さんです。この李さんと司馬さんをつないだのが『街道をゆく』の『台湾紀行』の中で「老台北」と呼ばれている蔡焜燦《さいこんさん》さんでした。この人と人との奇しき縁そのものが、近現代における日本と東アジアのつながりというものを象徴的に示しているとも言えます。

つまり、李さんは戦後、朝鮮半島に帰られて大変苦労されるのですが、台湾との通商を続けられていくなかで蔡さんと出会われた。そして、司馬さんが神田兵長のことを尋ねられたことから、その関係を通じて神田兵長の行方がわかったという次第なのです。

さて、この戦車中隊の戦友会が石頭会です。石頭会は司馬さんが発起人になって一九七三年に発足しました。そして、一九九七年六月、つまり司馬さんが亡くなられた翌年に、戦車第一連隊の発祥の地であった久留米で、みどり夫人出席のもと、二四回に及ぶ会の歴史を閉じました。

陸軍の中でも第一次世界大戦が生んだタンク（戦車のことを「タンク」というのはヨーロッパで敵に分らないように、あれは水を溜めるためのタンクだと言ったからです）という最新の兵器を使う部隊は重要な役務をもっていました。しかし、司馬さんはトタン板のような薄い鉄板で戦車を作ることに人命というものを徹底的に軽視する日本陸軍の精神構造を看取し、批判されていました。ですから、戦友会にもアンビバレントな思いを抱かれていたようにも思えます。ただ、戦友とのつながりは重んじられたようです。ちなみに、この石頭会の世話役を務められたのが澤田常則さんであり、その仲介で司馬さんが書かれた「坂本龍馬銅像還暦によせて」という桂浜の高知県立坂本龍馬記念館にあるメッセージが生まれることになります。

司馬さんの満洲国体験は、こうして空間的にも時間的にも様々に波及し、アジアの人々とのつながりを生んでいったのです。

四　アジアとは何か、日本はアジアか

以上、司馬さんの満洲国体験を軸にしてアジアとのつながりの諸相を見てきましたが、そもそも「アジアとは何なのか」という問題について考えておく必要があります。

この点について司馬さんは、「アジアとは何でしょうか。たれも定義できません」（『昭和』という国家』）と明言されています。確かに、国境線で区切られた空間の集合としてのアジアを指し示すことは、できます。しかし、その範域がなぜアジアなのか、と定義することは困難です。なぜか？

それは、そもそもアジアとはそこに住む人々が自分たちで作った空間認識ではないからです。しかも、その範域は時代とともに変化してきています。アジアに住む人々が、自分たちはヨーロッパの人々がアジアと呼ぶ空間に住んでいると、明確に示されたのは、イタリア人宣教師として有名なマテオ・リッチ（Ricci, Matteo 漢名・利瑪竇《りまとう》）が中国で出した世界地図『坤輿《こんよ》万国全図』によってであったと思われます。その世界地図ではアジアが、「亜細亜」として記されています。亜細亜（アサイア）という言葉は、一読して明らかなように、二番目や次さらには劣る・醜いといった意味をもつ「亜」と、小さい・僅かさらには卑しい・つまらないといった意味をもつ「細」という字の組み合わせとなっています。空間範域の広さから見ればヨーロッパよりも広大なはずのアジアが、「細」を両方から「亜」で挟んだ字で表現されるのは奇妙なことだとも思えます。想像をたくましくすれば、マテオ・リッチはこの世界図を公刊することによって、中国が世界の中心であるという中華思想や天下世界観に反省を迫っていたとも考えられます。それによって「中国」と言ったところで世界の中心にあるわけではなく、しかも亜細亜という

辺縁区域の中に含まれているに過ぎない、あくまでも万国のなかの一つの国家に過ぎませんよ、ということを示唆しようとしたのではないでしょうか。

実際、この『坤輿万国全図』には地球が卵形の球体であることなどが明記されており、朝鮮半島や日本にもたらされて中国が世界の中心ではないという世界観の転換を生みました。球体で回転している以上、朝鮮であれ日本であれ、自分たちの国が中心であると言っても誤りではないからです。『坤輿万国全図』は、現在、宮城県図書館などに架蔵され、そのレプリカを見ることができます。また、江戸時代にはこの世界図を基に多くの地図や絵皿などが作られています。

しかし、その世界観がどのように受け入れられ、亜細亜という空間を一体どういうふうに日本人が認識していたのかという問題に答えることは容易ではありません。日本を含めて多くのアジアの人々が、その「与えられたアジア」を「自らのアジア」としてどう考え受け入れていったのかについて、直接的に明らかにできるような史料がほとんどないからです。ですから、逆に分析する側が設定した視点が重要になります。そこで留意しておかなければならないことは、「アジアにある」ということ、「アジアである」ということと、「アジアになる」ということが全く違う次元の問題だということです。「他ではなく、アジアにある」という認識もあれば、「アジア的性格を持っている、だからアジアである」という認識もありますし、「アジアにはあるがアジア的ではない、だからアジアになる」という認識もあります。そして、それに応じて多種多様なスタンスが生じてきます。

私自身、この問題を考え続けていますが、なかなか明確な答えが出せないでいます。ただ、私なりにアジア認識のあり方を「基軸・連鎖・投企」というベクトルで考えるという仮説を立ててきました。

たとえば、アジアというものを空間として考えるならば、日本人はシベリアをアジアと考えるかどうかという問いが出てきます。おそらく、日本の隣国でもあり、サハリンから近いところで数十キロしか離れていないシベリアを多くの人はアジアとは考えないわけでしょう。では、なぜアジアとそうでないという区分を私たちはするのか、あるいは、なぜそれが可能となるのか。そこには人種の問題、民族の問題、文化の問題、文明の問題があります。それから地政学的な問題もあります。そこで重要となるのは、単にその空間が物理的距離の問題ではなくて、ヒトのつながりやモノの流れなどを通じて、自分たちは同じ空間に属しているという「共属感覚」が共有されているかどうかという問題です。たとえば、アジアから日本を訪れた留学生や日本からアジア各地に行って教壇に立った日本人の教師（「日人教習」と呼ばれました）など、人的な相互交流のなかで、明治期に日本人によって作られた翻訳語である日本漢語が中国や朝鮮そしてベトナムなどで使用されるようになっていきます。憲法や政党、共和制などの政治用語をはじめとして社会学や哲学などの学問用語や概念などが使われることで、制度のみならず行動様式などにも類同性が現れ、そこに自分たちはアジアという空間で共にいきているという感覚が生まれます。同時に、そのアジアに対置される空間としてヨーロッパやアメリカが認識対象として立ち上がってくることになります。

もちろん、東アジアにおける国際関係は、近代以前からも存在しております。冊封《さくほう》体制、朝貢体制と呼ばれる国交システムがあるということもご存じと思います。けれども、日本は一五四七年から一八七一年まで中国との間に正式な国交関係はありませんでした。中国との関係は、江戸時代には長崎の出島における通商関係、貿易関係に限定されていました。しかし、鎖国といっても、日本は松前を通じて山《さん》丹《たん》と称された中国東北部と、対馬の宗氏《そうし》を通じて朝鮮半島と、琉球王朝を通じて華中・華南などとの交流はありますが、公式には国交がないという前提に立っていました。

それでは、日本はなぜ中国の皇帝から国王に任じてもらうという冊封体制から離れたか、その理由を総じて言えば、中国という巨大文明から距離をとって自らの政治・文化を確立し保持するためであったと思われます。中国文明の圧力から離れることで、独自の文化を生みだしたのが日本でしたが、近代になって全く違った課題に直面することになります。欧米諸国に開国を迫られた東アジア世界は、それぞれにヨーロッパで生まれた主権国家を主体とする国際関係にいかに入っていくかという選択をせざるを得なくなります。その選択は、中国との冊封・朝貢体制を維持するか、欧米と国際法による条約関係を結ぶか、あるいは植民地となるか、ということです。中国はアヘン戦争に敗れて国際法体制に入りはしますが、朝鮮など冊封・朝貢体制を取っていた国々に対しては従来の関係をさらに強めようとします。

これに対し、日本は国際法体制に入ることを選択し、従来の東アジア国際秩序を変えることをめざします。当時の国際法におきましては、「万国並立の権」・「諸国平行の権」と表現されたように主権国家間の平等が強調されていたからです。これによれば、人口四億の中国であっても四千万人の日本であっても、主権国家としては「等し並み」の権利をもつことになります。国土の広狭や人口の多寡にかかわらず、国家としての扱いを平等にするという原則があったからです。とはいえ、現実には主権国家として認められなければ、植民地として領有されたり、不平等条約を押しつけられますから、平等ではありえません。それでは主権国家として認定される要件は何かといえば、文明国標準主義というものです。ヨーロッパ文明を標準として、文明か未開か野蛮かという区別をつけ、文明国と認定されれば主権国家として対等に扱われますが、未開の国には不平等条約を強要しますし、野蛮の国は人間の住まない無主地であるとして植民地にしてしまいます。そこには平等化と差別化の二重性があり、その認定基準はヨーロッパ文明にあるわけですから、非ヨーロッパ世界はそれを受け入れるか拒否するかしかありません。日本が文明開化によって政治・経済制度のみならず生活様式そのものを文明化しようとしたのも、また鹿鳴館を作って舞踏会を開き欧化主義を唱えたのも不平等条約を改正するためでした。国際法は、主権国家の独立を保障し、内政干渉を否定するものではありますが、同時に弱者の権利を奪う道具でもあったのです。帝国主義時代、「力こそ正義」であり、優勝劣敗・適者生存の世界であることも認識されていました。だからこそ、日本も富国強兵を国是とし、不平等条約の改正を国家目標として追求していくことになります。

そこで問題となるのが、中国との関係です。日本は冊封・朝貢体制を拒絶してきていましたから、国際法体制によって平等な国家関係をもつことを求めます。ただし、中国は一八六〇年代から洋務運動に着手し、日本以上に軍事力の強化が進められていましたから、国力としては対等ではありえませんでした。そうであればこそ、日本は主権国家平等の国際秩序によって、東アジアの国際関係や市場を組み替えていこうとします。しかし、弱まっていく東アジアにおける冊封・朝貢体制の中で、中国にとって「藩屏《はんぺい》」として朝鮮の重要性はさらに強まっていき、ここに朝鮮をめぐって日中間の対立は激化していきます。冊封・朝貢体制においては、中国が武力介入をおこなうことは原則的にありえないはずでしたが、清朝は袁世凱《えんせいがい》などを朝鮮に派遣して内政にも介入します。日清戦争は、甲午農民戦争に際して朝鮮政府が清朝に軍隊派遣を要請したのに対して、日本も朝鮮に出兵したことによって勃発しました。日清戦争の結果として結ばれた下関条約（日清講和条約）では、その第一条で「清国は朝鮮国の完全無欠なる独立自主の国たることを確認す」と定めましたが、これは清国の朝鮮に対する宗主権を否定し、朝鮮が主権国家であることを日本と清国が認めることを意味していました。

しかしながら、その後の日本は朝鮮を主権国家として独立させるよりも、清国に代わって宗主権を認めさせる施策をとっていきます。日露戦争中から韓国併合に至るまで三次にわたって締結された日韓協約は、外交権や財政権を剝奪し、法令の制定権や官吏の任免権など日本が掌握するものでした。その意味では、東アジア国際秩序を再編していくなかで日本はダブル・スタンダードを使ったことになります。それが典型的な形で現れたのが、一九一一年の韓国併合でした。韓国併合につきましては合法か違法かという論争が今も続いていますが、形式的には国際法によって大韓帝国皇帝・高宗《こうそう》が日本国天皇にその統治権を譲与したことになっています。ただ、日本ではあまり知られていませんが、『朝鮮総督府官報』には明治天皇が「前韓国皇帝を冊して王と為す」という冊封詔書が載せられていました。日本は国際法を使って東アジア国際秩序を再編しようとしながら、日本が拒絶してきた冊封体制を東アジアに再現し、従来の中国の地位に自らを置こうとしたわけです。

福沢諭吉「脱亜論」批判への懐疑

こうして日本による朝鮮半島支配が三六年間にわたって続くことになりますが、その思想的淵源として、さらに日本のアジアに対するスタンスという問題において議論となってきたものとして、福沢諭吉の「脱亜論」という論説があります。これは大変に評判の悪い論文で、福沢は日本による植民地支配やアジア進攻の思想的元凶と評する論者も少なくありません。しかし、福沢が植民地支配を正当化していたのかどうかは、改めて確かめておく必要がありそうです。果たして、福沢は何を主張していたのでしょうか。問題とされるのは、次の箇所です。

今日の謀《はかりごと》を為すに、我国は隣国の開明を待て、共に亜細亜を興すの猶予あるべからず、むしろ、その伍を脱して西洋の文明国と進退を共にし、その支那、朝鮮に接するの法も、隣国なるが故にとて特別の会釈《えしゃく》〔斟酌、思いやり〕に及ばず、まさに西洋人がこれに接するの風に従て処分すべきのみ。悪友を親しむ者は、共に悪名を免かるべからず。我れは心に於て亜細亜東方の悪友を謝絶するものなり。(『時事新報』一八八五年三月一六日)

この文章は、読み方次第で全く正反対の解釈が可能です。まず、日本は西洋の文明国と行動を共にし、西洋人がアジアに接する方法にならってアジアに対処すれば良いというのですから、先に述べましたように国際法に従って主権国家平等の立場を採ることを勧め、中国的な冊封体制を拒絶すべきであるという主張として読めます。しかし、反対に、当時の国際法は非ヨーロッパ世界を保護国や植民地にすることも正当化していたわけですから、西洋人がアジアに接する方法にならってアジアを保護国や植民地化することを厭《いと》う必要はないと主張したものとも読めます。確かに、その後に日本は欧米諸国にならって朝鮮半島を保護国とし植民地化していきましたから、福沢がその方向を指し示したと解釈することができます。しかし、この議論が出されたとき、福沢や日本はいかなる状況に置かれていたのかを考える必要があります。つまり、一八八五年三月という時点は、日清戦争より一〇年も前のことであり、北洋艦隊などを備えていた中国に日本は軍事的に遠く及ばない状態でした。また、朝鮮半島では前年の一八八四年一二月に金玉均らの独立党が自主独立・内政改革をめざして日本軍の援助を得て起こした甲申政変が失敗した直後でした。金玉均らが主張する自主独立とは、取りも直さず、清国からの独立をめざすというものであり、内政改革のモデルとしては日本の維新改革が想定されていました。しかし、この試みは清朝が派遣した袁世凱の武力介入によって失敗し、日本軍も撤退せざるをえなかったのです。結局、金玉均らは日本に亡命して政変は失敗し、清朝による政治介入が更に強まっていました。

こうした歴史状況に鑑みれば、福沢の「脱亜論」とは、朝鮮半島さらには東アジア世界において日本よりも清朝のプレゼンスがより高まったことへの警戒感の表明でこそあれ、日本が中国や朝鮮半島に進出することを煽《あお》るような言説でなかったはずです。何よりも、福沢は朝鮮への文明導入に力を尽くした人であり、朝鮮からの最初の日本留学生である兪吉濬《ゆきつしゅん》や柳定秀《りゅうていしゅう》を受け入れたのをはじめ、慶應義塾に留学生を積極的に引き受けた人でした。また、門下の井上角五郎などを朝鮮に派遣し、朝鮮で最初の新聞『漢城旬報』を発行させるなど、金玉均らを支援していたのです。兪吉濬らを自宅に迎えて指導した福沢は、その心境を「誠に二十余年前自分の事を思えば同情相憐むの念なきを得ず。……何卒《なにとぞ》今後は良く附合、開《ひ》らける様に致したき事」と書簡に記していたのです。

そのように朝鮮の文明開化に尽力したにもかかわらず、井上らが関与した甲申政変が失敗してしまったことに福沢は落胆し、またそれが憤りとなって中国、朝鮮といった「悪友」とともに歩むことはできないという議論を発することになったという事情があったことを考慮する必要があります。何よりも福沢には甲申政変に対する弾圧への憤りがありました。「脱亜論」に先立って一八八五年二月二六日に出された「朝鮮独立党の処刑」という論説では、政権が事大党の手に帰したことによって独立党の壮年の男子は言うまでもなく、婦女子や老翁・老婆までが刑場に引きだされて残虐きわまる処刑がおこなわれたことに激しく反発していました。刑事責任が個人ではなく、親族・縁戚にまで及ぶ法制は、とうてい文明国とは言えないのではないか、という怒りを抑えきれなかったのです。

ここには東アジアが文明化されないかぎり、日本もまた欧米の植民地になりかねないという危惧が潜んでいました。いや、それだけでなく朝鮮に影響を拡大しつつあった中国が日本へも干渉してくるのではないか、さらには中国が文明化することによって日本がアジアの中で埋没してしまうのではないかという警戒感や脅威感も込められていたと私は考えています。拙著『思想課題としてのアジア』(岩波書店、二〇〇一年)でも引用しておきましたが、地大物博の中国が文明化すれば、「欧米にて需要する東洋の物産は皆支那〔中国〕にて之《これ》を供給するが如き有様に立ち至り……その東洋に在《あり》て支那に及ばざる者はまた将《まさ》に漸《ようや》く名を失ふに至る」はずであり、それは「東洋の文明国を以て誇称する日本人にとっては誠に喜ばしきことに非ざる」(「日本は支那の為に覆はれざるを期すべし」一八八四年三月五日)ことだと考えていたのです。ここには中国を後進国として罵り、弱国とみて進攻すべきといった主張どころか、中国の興隆の前に日本が存在意義を失うことへの恐怖感さえ示されています。

このように「脱亜論」の真意を理解するためには、その文章の断片章句だけを取り出して、あげつらうことはできないように私も思えます。苛立ちと憤怒《ふんど》を一方の焦点として、また幻滅と脅威をもう一つの焦点とする星雲状の「黙しがたい感情」が激越な表現となって噴き出たのが福沢の「脱亜論」ではなかったでしょうか。司馬さんも「脱亜論」について、「脱亜」とは「薄情な言い方」であるとして、批判的な見方をされています。ただ、福沢自身に即してみれば、自分が朝鮮の文明化に賭けた夢が無惨にも潰《つい》え、さらには容赦ない極刑に関係者がさらされているのを知るにつけ、自ら制御しようも御《ぎょ》し難い感情が溢れ、それが「酷薄」とも「苛烈」とも評せる文章として叩きつけられたものではなかったかと私は推測しています。

もちろん、福沢に中国や朝鮮に対する蔑視や差別さらには武力進攻の意識が全くなかったとは、言えません。『時事小言』(一八八一年)では、欧米に対峙して行くためには国内の安定が不可欠だとして「内安外競」の必要性を訴え、さらに「朝鮮国、未開ならば之を誘うて之を導くべし。彼の人民果たして頑牢《がんろう》ならば武力を用ひてもその進歩を助けん」と主張し、文明化に誘導する名目での軍事進攻もありえると考えていました。そのほか、無署名の論説ながら「支那人民の怯懦《きょうだ》卑屈は実に法外無類」、「日本の国力を以ってすれば、朝鮮を併呑するが如きははなはだ容易」、「朝鮮人民のために其国の滅亡を賀す」など、福沢の中国・朝鮮への蔑視や偏見を示す論説も少なくないことも事実として認めておかなければなりません。中国や朝鮮を「サッサと取って」しまえと主張する福沢の議論に対して、朝鮮外交に深く関与した外交官であった吉岡弘毅《よしおかひろたけ》は「我日本帝国をして、強盗国に変じせしめんと謀《はか》る者なり。是《かく》の如き不義不正なる外交戦略は、決して我帝国の実利を増加する者にあらず。ただに実利を増加せざるのみならず、いたずら怨を四隣に結び、憎を万国に受け、不可救《すくうべからざる》の災禍を将来に遺さんこと必せり」(『六合雑誌』一八八二年八月三〇日)などと批判していました。

他方、「脱亜論」の歴史的意味を考える際には、それがどのような影響をもったのかについても、冷静に見定めておく必要があります。この論説が『福沢諭吉全集』に初めて収められたのは、一九三三年から刊行された『続全集』においてからであり、一八八〇年代から一九四五年までの日本のアジア政策に影響を与えた事実は、現時点では確認できないのです。この論説が歴史学界で注目されるようになったのは、遠山茂樹「日清戦争と福沢諭吉」(『福沢研究』第六号、一九五一年)以降ですが、一九五一年から発行された『福沢諭吉選集』(岩波書店)には収録されていませんでした。同様に、「脱亜入欧」という言葉も福沢が造語し、広めたものでもありません。「脱亜入欧」という「脱亜」と「入欧」がセットで使われたのは、福沢の「脱亜論」が出てから二年後に『山陽新報』の主筆であった鈴木券太郎の「欧化主義ヲ貫カザル可ラズ」(一八八七年四月一四日)という社説においてでした。つまり、日清戦争以後の日本のアジア政策を福沢一人の責めに帰すことは、まことに不当なことだといわざるをえません。

逆に言えば、福沢の論説だけで近代日本のアジア政策を捉えてしまうことは、その後の六〇年近い歴史の実相から目を逸らしてしまう危険性もあるのです。

いずれにしましても、この「脱亜論」をめぐる言論状況は、昨今の嫌中・嫌韓の議論の噴出を想起させるものがあります。中国の軍事的・経済的台頭のなかで、日本が埋没して世界から見捨てられるのではないかといった福沢の議論は、あたかも写し絵のように現今の出版物に溢れています。脅威感は、現在でも往々にして裏返しの侮蔑的表現によって示されることになるのです。

さて、話を元に戻しますと、「脱亜」が本当に字義通りに追求されたのであれば、アジアとは係わらないことが前提となりますから、日本の対アジア進出はなされなかったはずです。しかし、戦後において日本とアジアとの係わりの過程を考えるに際して、脱亜と興亜が一対のものとみなされ、そのシンボルのように福沢の「脱亜論」と岡倉天心の「アジアは一つ」といった議論が取りあげられてきました。しかし、戦時中においては、この二つの議論は同じくアジア進攻の正当化根拠として利用もされたのです。ただ、何故か戦後になると岡倉天心の「アジアは一つ」はアジアへの連携のスローガンとして評価され、「東アジア共同体」の思想的先駆とされ位置づけられています（拙著『アジアの思想史脈』第六章、参照）。他方、福沢の「脱亜論」に対しては、その近代主義や啓蒙主義への疑念と重ね合わせるように批判が出されることになってきました。

こうした思潮に対して司馬さんは、福沢を強く擁護する立場をとられ、「福沢の「脱亜論」ですけれども、あれほど攻撃されることはないじゃないですか」「私は福沢諭吉に同情するのです」などの発言を重ねられています。それは当然に、「脱亜論」批判論者への不信感の表明ともなります。

「それはけしからんと、戦後のいろいろな論客が言ったのですが、しかし僕のように生まれつきアジアが好きな人間にとっては、論客たちにもついていけませんでしたね。」「アジアとは何かということですね。アジアと一緒になれ、アジアは大事だと言う人は、本当にアジアを知っているのかしらと思うときがあります。」(『「昭和」という国家』)

このように福沢のために弁明したことによって、司馬さんもまた福沢とおなじ「脱亜論」者であるという攻撃を受けることになります。実は、司馬さんと政治的には対極的な「近代主義者」と見なされている政治学者の丸山眞男さんも福沢を曲解して「丸山諭吉」という民主主義者像に仕立て上げたとして批判されています。それらの批判もけっして無視することはできません。ただ、真に重要な問題は、福沢の「脱亜論」に同調するのか、批判するのか、という次元の問題ではないはずです。そこには「アジアと一緒になれ、アジアは大事だと言う人は、本当にアジアを知っているのか」という司馬さんのおそらく実体験に発する疑念があります。そして、司馬さん自身が、「子供のころからアジアが好きだけれども、同時にアジア人、アジアの人とは上手くやって行きにくいという困難を感じています」「無論やって行かなければなりませんが、全く一緒にはやりにくいなと思っていました」と発言されている事実をどのように考えるか、が次の課題として浮かび上がってきます。

それこそが、「アジアびとである」とは何か、を考えることに直結しているからです。

「アジアの孤児」日本の「自己解剖の勇気」

それでは、司馬さんは福沢の「脱亜論」をどのように評価されていたのでしょうか？

この問いに対する回答は、きわめて明快です。

「福沢諭吉が「脱亜論」を書いたり、脱亜論的なことは今の知識人には「アジアの中にいるくせに脱亜論などといいやがって」と評判が悪いですけれど、これは福沢も間違っているし、それを批難する側も間違っている。日本は始めから脱亜なんです。……アジアではない、アジア的な原理で動いてきたことはないんだということは、はっきりしておかなければならない大事な、そしてあたりまえの平凡なことだと思います。」（『歴史と風土』）

「日本がアジアの孤児であることは、私は鎌倉幕府の成立から決まった（と思う）。」「それをひとことと言うと、問題が大きくなるから言わなかった。日本史、とくに十三世紀の鎌倉の成立からすでに脱アジアでした。その後、一度もアジアであったときがない。」（『時代の風音』）

　意表を突かれる見解ですが、「日本はそもそもアジア的ではなかった」「鎌倉時代から日本はアジアの孤児であった」という見方からすれば、福沢の「脱亜論」は当然の事実を異なった視点から示したにすぎないということになるのでしょう。

　アジアの孤児であると自己を突き放して見るという距離感をもちつつ、個人としてアジアに親近感をもつこととは必ずしも矛盾はしません。それは、アプリオリにアジアと一体化しなければならないと主張しつつ、しかし自らはアジアに真の親近感をもってはいないという論者と対蹠《たいしょ》的な立場の表明でもあります。一三世紀の鎌倉幕府の成立以来、日本はアジアではなかったという見解の根拠は必ずしも明らかではありませんが、少なくとも中華体制の一部であろうとしなかったことは否めません。アジアから離れることで、日本は自らの政治的・文化的な自立性を維持しようとしたともいえます。文永・弘安の役（元寇・蒙古襲来）では、暴風雨にも助けられて蒙古軍・高麗軍の支配下に入ることはありませんでした。逆に、豊臣秀吉は中国の明朝を征服するために、文禄・慶長の役（朝鮮では壬辰《じんしん》・丁酉《ていゆう》倭乱《わらん》）で朝鮮半島に派兵しましたが、秀吉の死を契機に撤兵しました。この出兵において軍功の証として鼻や耳を削いだことや数多くの捕虜を連行したことなどは、「壬辰の悪夢」として朝鮮半島の民衆の間で語り伝えられており、アジアとしての一体化を妨げる要因となったことは言うまでもありません。江戸時代には、その捕虜の送還をおこなうために始まった朝鮮通信使による交流もありましたが、朝鮮蔑視観が萌すことによって征韓論へとつながっていきます。

逆説的な言い方になりますが、アジアと係わることを避けてきた日本が、初めて意識的に「アジアと一体になろうとした」のは近代になってからではないでしょうか。欧米の国際法を使いながらアジアの国際秩序を組みかえていこうとしたのは、それまで孤絶を選択してきた日本がアジアになろうとした一つの強い意志の表れとも言えるのです。問題は、その近代において日本がアジアや欧米といかなる関係性を結ぼうとしたのか、それによって日本自身は「アジアになりえたのか」という問題です。

これについては司馬さんの『「昭和」という国家』という本をみる必要があります。

この本は昭和史論という以上に、日本近代化論として読むべきだと思いますが、目次の勘所を並べてみるとその論旨が浮かび上がってきます。すなわち、「〝脱亜論〟私のよみかた」→「買い続けた西欧近代」→「江戸時代の多様さ」→「自己解剖の勇気」となっています。「江戸日本の多様さ」に着目される背後には、「多様さとその喪失」があり、近代はそれを喪失し、均一化したことへの懐疑が示されているはずです。そして、「自己解剖の勇気」のうしろには「自己解剖の勇気の欠如」があるはずです。

司馬さんの考えを私なりに解釈すれば、脱亜の時代であった鎌倉時代から江戸時代まで、実は多様性をもつ日本特有の近代が育まれていた。しかし、明治以後は「西欧近代を買い続けた」ことによって、特有の多様さを喪失しただけでなく、アジアとも一体化できず、「西洋近代もどき」の自己のあり方を解剖する勇気どころか問題点さえ意識できなかった。その帰結として敗戦があった――ということになるのではないでしょうか。

司馬さんは、欧米近代の文明をひたすら買い続けてきたことが、ぴったりと日本近代の中央集権化に重なり合っていたことに注意をうながされていました。

明治後こんにちにいたるまで、役人による中央集権化がすすむにつれて、日本文化の多様さがつぶされて行った。このままゆけば、日本文化は統一ボケという悲惨なところへおちいるのではないか。

(『街道をゆく――阿波紀行』)

このように、日本にアジアとは違う近代が生まれた、しかも江戸時代の封建制の下では多様な文化が生まれていたという司馬さんの近代観は、特殊に聞こえるかもしれませんが、けっして奇異な見方ではありません。一九六〇年にアメリカや日本の研究者が集って開催された箱根会議では、日本の近代のみならず世界の近代を比較するための方法論として「近代化論」などが討議されました。そして、江戸時代の封建制というものが近代を生む基盤となったとの学説が主張されました。梅棹忠夫さんの『文明の生態史観』でもユーラシア大陸の両端に封建制をもった地域があり、近代化を進めたとの仮説が示されています。明治以後、自らの権力の正当性を強調するために江戸時代の封建制を否定する見解が強まりました。戦後も日本の近代化を妨げたものは、村落共同体などの「封建遺制」であったとして、封建制の残存物を徹底的に排除することが近代主義として理解されました。「封建的」は「民主的」の反対物ととらえられ、映画「男はつらいよ」でもフーテンの寅さんが「いまどき見合いなんてフウケン（封建）的だねぇ」といったセリフで笑いをとりますね。封建的という言葉で、専制的な考え方の陋習さが批判されたわけです。

しかし、二六〇近い藩に分かれて、それぞれが風土にあった文化を育んだ江戸時代の多様性を否定することはできません。もちろん、封建制がすべて良かったということではなく、物事にはすべて多様な面があり、一元的な見方だけを正しいとすることを、司馬さんは「自己解剖の勇気の欠如」として危惧を示されたのではないでしょうか。

五 「アジアびと」への道程

これまで検討してきたことを踏まえまして、ここでは司馬さんはどうやって「アジアびと」として成長されたのか、を考えてみたいのですが、個人の歴史は時代背景と切り離して論じることはできません。大阪・難波の小学校の時代、司馬さんのクラスは四五人でしたが、そのクラスにだいたい四、五人以上の在日朝鮮人の生徒がいたそうです。大阪のミナミという土地柄もあったのでしょうが、違和感もなく分け隔てなく付き合っていらっしゃったそうです。当時の関心は考古学にあって、拾ってきた石鏃の欠片、須恵器のかけらを見ながら、想像の世界に遊ばれたわけです。中学に入ってからは図書館に通って、中国周辺の獣偏とか虫偏の「偏＝変な民族」に興味を持つようになります。さらに父上が架蔵されていた中国全図やお姉様の中等世界地図などを凝視しては不思議な漢字の地名があると、そこから色んな空想を巡らせたということです。その不思議な漢字の地名の世界は、満洲であり、蒙古であり、中央アジアであり、その曠野《こうや》や砂漠を駆け巡る夢の主人公は、馬賊であったに違いありません。

かくして、「ぼくはもう日本に帰って来ないよ」といったことを周囲の人々に語られ、「おれは馬賊になったるねん、おれには馬賊が似合いや」と父上に宣言されたり、「事実私は馬賊になるつもりで大阪外語の蒙古語科に入学し、学徒出陣のため在隊中に卒業した」(「一枚の古銭」)という人生を歩まれます。こうした経緯が事実であったことは、次のような藤田庄一郎氏の談話でわかります。

上官のいないところでは「自分は軍人型ではない」とはっきり言い、みんなを驚かせ、さらには自分の夢を語るのです。「ぼくは蒙古語科で、語学と民俗学を学んだ。ぼくは中央アジアを放浪したい、そして大蒙古の歴史、その滅びゆく歴史が何であったのかを見極めたい、それが唯一の対象なんだ。」(藤田庄一郎・談)

これは満洲で戦友であった藤田氏が実際に聞かれた話です。満洲でこういうことをしゃべっておられたのですから、「一枚の古銭」で記されていたことは、後につくられたのではなく、そういう目と決心をもって兵士として満洲の地で、遙かユーラシア大陸の歴史を遠望されていたのだと思います。

このように「アジアびと」として司馬さんは自己形成されていったわけですが、そこで私の関心をひくのは地図や本などでアジアについての知識を習得されただけでなく、空間心性としてのアジアがいかに培《つちか》われていったのか、という問題です。

空間心性としてのアジア——何がアジアへ誘《いざ》なったのか

近代以前の日本では、神功皇后伝説や鄭成功《ていせいこう》伝説などによって朝鮮や中国についてのイメージが形成され、近松門左衛門作の人形浄瑠璃『国性爺合戦《こくせんやかっせん》』などが人気を呼びました。また、日本で最初の紙幣には、神功皇后の想像上の肖像が描かれていました。これらはあくまでもフィクションでしたが、アジアと日本人とのつながりを想像させる重要な糧となっていました。私の幼年期にはテレビによってアジア各地の様子を画像を通して見ることができましたが、戦前の日本ではアジアを直接に見聞できる機会は限られていました。そうした限られた状況のなかで、司馬さんなどの年代の方々は、どのようにアジアという空間を思い抱かれていったのでしょうか？

これについては司馬さんの小学校の同級生の方の話では、司馬さんも当時人気があった、アジアへの雄飛といった内容を含む田河水泡《たがわすいほう》の『のらくろ』や島田啓三の『冒険ダン吉』、阪本牙城の『タンクタンクロー』などの絵を一生懸命、自宅の薬局の前の地面に描いておられたそうです。このことが後の司馬さんのアジアイメージや絵心に繋がっていったことは十分に想像されます。また、司馬さんには少年期から馬賊への強いあこがれがあり、蒙古語科に進まれましたが、馬賊が少年冒険小説のテーマとして人気があったことも影響があったはずです。

例えば、『少年日本』では有本芳水《ありもとほうすい》が「武侠小説―馬賊の子」を、国文学者・池田亀鑑《いけだきかん》が池田芙蓉《いけだふよう》のペンネームで「馬賊の唄」を執筆し、『少年倶楽部』には宮崎一雨が「熱血小説―馬賊大王」を連載して、人気を博しました。特に池田芙蓉の「馬賊の唄」に高畠華宵《たかばたけかしょう》が描いた挿絵では、馬賊の少年が美少女のように綺麗に描かれています。馬賊といえば、無骨で猛々《たけだけ》しい大陸浪人を想像しがちですが、美少年が馬賊になって荒くれ者をなぎ倒して活躍するシーンが少年たちのイメージをかき立てることもあったわけです。また、「北のからゆきさん」と馬賊との繋がりなども小説の題材として興味をひいていましたし、女性の馬賊を主人公とした『女馬賊』が硯友社《けんゆうしゃ》系の作家で日清戦争の従軍記者でもありました江見水蔭《えみすいいん》によって、明治四二年（一九〇九）には刊行されていました。

これに加えて重要だったのは、歌です。良く知られた「馬賊の唄」では、「俺も行くから君も行け　狭い日本にゃ住み飽いた　海の彼方にゃ支那がある　支那にゃ四億の民が待つ」に始まって、「繰り出す槍の穂先より　竜が血を吐く黒竜江　月は雲間を抜出でて　ゴビの砂漠を照らすなり」と終わることで、日本内地では考えられない広大な空間を想像させます。司馬さん自身、次のように歌への思いを綴られています。

> 戦前の青年にとって、夢でもって自己肥大させようとするとき、モンゴルというのは格好の主題だったし、私のような者でも酒場で酔っぱらって「蒙古放浪歌」などを思い出し思い出ししながら歌っていると、ばかばかしいことだが、涙がにじんでしまう。（『モンゴル紀行』）

このように、歌で育まれた心性は、幾つになっても忘れられないものだったようです。

その「蒙古放浪歌」とは、仲田三孝作詞・川上義彦作曲で、「①心猛《たけ》くも　鬼神《おにがみ》ならぬ　人と生まれて　情はあれど　母を見捨てて　波越えて行く　友よ兄等《けいら》と　何時《いつ》またあわん　②波の彼方の　蒙古の砂漠　男多恨《たこん》の　身の捨て処　胸に秘めたる　大願あれど　生きて帰らん　望みはもたぬ」と歌い上げます（なお、歌詞には幾つかのバリエーションがあります）。

司馬さんがお得意だったのは「成吉思汗《ジンギスカン》・出征の唄」だったそうですが、ビデオも映像も何もない時代に絵や歌などによって育まれた空想力が、司馬文学の奔放で広壮なイマジネーションの源泉になっているのではないか――そのように想像してみるのも楽しいことです。

周縁への想い、華夷意識への懐疑

このように、馬賊から空間をイメージし、その大地に想いを馳せるということは、周縁への思いが強かったことを意味します。中華とか文明の中心にではなくて、むしろ周縁や辺域に興味を覚え、そこから新たな見方を生み出す――こうした視点をもち、あくまでも中心を相対化して考える志向こそが「アジアびと」には必須の要件としてあるように私には思えます。そこは確かに文明の光に浴した空間ではないでしょう。文明の頂点たる中華から見れば、文化果つる地でしかないのかもしれません。実際、中国が中華であって、四囲に南蛮・北狄《ほくてき》・西戎《せいじゅう》・東夷と言われる野蛮の地が広がっているというのが華夷意識と呼ばれる世界観でした。天命を受けた有徳君主たる皇帝の恩沢《おんたく》によって、四囲の野蛮人を徳化していくこと、それが文に化す、文化ということに他なりません。しかし、それを拒絶した民族の奔放な生命力と爽快さに魅せられたことを、司馬さんは次のように告白されています。

たとえば狄《てき》などという文字の形のよさといい、音の金属的な快さはどうであろう。……犬のように素早く、犬のように群れをなし、犬のように剽悍《ひょうかん》で、犬のように中国文明に無知であるというところに、草原を駆ける狄の集団の、たとえば蒼穹《そうきゅう》を虹のつらぬくようなたかだかとした爽快さが感じられないか。(『モンゴル紀行』)

この華夷意識への反発は、世界的には欧米の先進性を押しつけることへの反発によるアジアへの親近感につながりますし、国内的には東京の中央集権主義への反発につながります。華夷意識の日本的な現れ方が、都鄙意識ということになります。司馬さんは、これを日本特有の文化意識ではないかと疑問を呈されています。

「古来、日本ほど首都の居住者を貴《たか》しとし、田舎をばかにしてきた国はない。平安期は鄙《ひな》といえば一概に卑《いや》しく、江戸期の場合、江戸から見ての田舎者は野暮の骨頂とされた。世界にも類のなさそうな文化意識といっていい。」(『街道をゆく——羽州街道』)

「日本人が新しいもの食いというのは、多分にうそである。「中央」への均一化という意識にたえずうごかされているにすぎない。」(『街道をゆく——北海道の諸道』)

首都が政治経済と文化の中心であり、そこから田舎に恩恵が広がっていくという考え方に立つ限り、地域は「地方」としてありえないことになります。地方分権といっても、恩恵のようにトに分けてあげるという意識が透けてみえます。このような都鄙意識の感覚が、台湾や樺太や朝鮮を「外地」と名づけて「内地」と差別する意識につながります。しかし、中華や首都や「内地」に中心に自分を置く限り、それを不思議とも思わないのではないでしょうか。司馬さんにとって、その視点の転換をもたらす契機となったのはモンゴル語に接したことであったとして、次のように語られています。

僕はモンゴル語を習うことで、日本語に興味をもつことができた。歴史や民族、人に対する視点を持つことができた。中央から離れた周辺から、あるいは少数から多数を見ることで、見えてくるものがある。そして作家になることもできた。（鯉渕信一氏への談）

周縁からの眼差し、それを可能にしたのがモンゴル語学習であったというのは、きわめて示唆的です。外から内をみる視点をもてたことが、自民族中心主義から自らを解き放つ方途となったというのです。司馬さんが東京ではなく大阪に、そして大阪も喧噪の市街地にではなく郊外ともいえる東大阪市に居を構え続けられた理由の一つは、中央から離れた周辺に意識的に身を置くためだったのでしょう。

それは近現代日本における「立身出世」の回路から身を離すことでもあったはずです。「立身出世」するためには、多くの場合、「上京」と「洋行」というルートを経ることが要請されました。「上京」とは地方である田舎を離れて、権力と大学の所在地である東京へ上っていくことです。それは、まさに「上る」のです。そして、「洋行」とは、海洋を越えて広い世界へ行くことでした。しかし、この「洋行」というのは決してアジアへ行くことを意味しません。あくまで欧米だけです。地方から東京に出ていき、そしてアメリカやヨーロッパに行くことが「洋行」であり、それが「文明化」を意味したわけです。こういうルートによって、日本各地から東京に人知とエネルギーを結集することができましたし、「西欧近代を買い続け」ることができました。

しかし、その欧米崇拝の反面でアジアは蔑視の対象となり、東京への中央集権主義への反面で「地方」は軽視されていきました。それゆえにアジアや「地方」は周縁とみなされるのですが、だからこそ司馬さんは常に周辺の立場からものを見ることを心がけられました。周縁に身を置き、周縁からものをみることが「アジアびと」の要件であったというのは、皮肉な運命ではありますが、それもアジアの苛烈な歴史の実相であったことは否定できないでしょう。

　そして現在、「地方創成」という掛け声が中央から地方へと、のしかかっています。しかし、県庁所在地の駅前でさえシャッター街と化し、耕作放棄地が広がっていくなかで地方が創意性を発揮しようにもできないような事態が進んでいます。そして、首都直下型地震の危険性があるにも拘わらず、東京への一極集中には歯止めがかかりません。ちなみに、東京圏・東京二三区と周辺都市の人口は、一九六〇年に日本の総人口の一八％でしたが、八〇年には二五％、二〇〇〇年には二七％、二〇一〇年には二九％と集中化が進んでいます。他方、大まかに各国の首都人口の総人口比率を比較しますと、ロンドン一四％、パリ一七％、ベルリン四％などです。ただし、ソウルは東京以上の集中率で一九七〇年までは首都圏人口は全国の二八％程度でしたが、二〇一二年には四九％超がソウルとソウルを囲む仁川市などに住むようになっていますから、ヨーロッパに比べて東アジアこそが一極集中や単一化に狂奔することを「近代化」と見紛う強迫観念に囚われ続けているのかもしれません。

　江戸時代の多様性は、二六〇近くあった藩の存在が生みだしたものです。そうした多様性をもちつつも、日本としては一つのまとまりを保っていました。私は、アジアの特質として、多様性と一体性とがバランスをもっていること、すなわち「多にして一」というあり方が、理念型としてではあれ、重要な意味をもってきたと考えています。そうであるとすれば、江戸時代にあったアジア的感性を、一極集中としての中央集権主義による一元化によって喪ってきたのが近現代日本の歩みであったと言えるのでしょう。

「アジアびと」としてのロマンと責務――自負と寂寥の中で

このように見てきますと、「アジアびと」であることは司馬さんにとって悲願でもあったわけですが、同時にまたある種の寂寥《せきりょう》と自負の念を伴ったものであったのではないかと思われます。それに対し、日本人である自分たちが非西欧世界において他に先駆けて近代化し、文明国となってアジアの中心になったという思いをもつことが、ただ優越感になるだけの人もいます。その一方で、いち早く近代化した日本こそがアジアの盟主となって指導しなければならないという意識をもつ人や団体も現れました。しかし、それらとは別に周縁にあること自体に存在意義を認め、それを一種の「ノブレス・オブリージュ」(noblesse oblige)、地位のあるものは責任を負う、として意識される人もいます。

数千年来ただよい続けたあわれな騎馬民族の群像を、何とか自分の小説発想の場でとらえたいというのが、作家になってしまった往年の馬賊青年の、いわば悲しい願いに似たようなものなのである。

(「一枚の古銭」)

このように書かれる司馬さんにとって、近代化したか否かは判断の基準ではありえなくなります。「モンゴルの存在そのものが詩であると私は思ってきた」(『モンゴル紀行』)とされるように、「そこに存在する」ということ自体が大いなる意味をもつのです。司馬さんは、若いころに「モンゴル語を学んだことが、世界と歴史と人間を考えることでよき刺激になっています。……私にとって、ふるさとの人々と同じ重さをもつモンゴルの人々」(鯉渕信一宛、一九九五年一一月書簡)と記されています。しかし、モンゴルや台湾そして朝鮮に対する思いは、ただ存在することで終わるはずはありません。そこは中華＝中国であれ、日本であれ、中心によって圧迫された周縁的存在としての歴史をもっているからです。

そうした歴史と現状にある国家や民族に対して、アジアの周縁に身を置くことを自らに運命づけた者として何をなすべきか。圧迫されている側に立って、そこで何ができ、何をすれば良いのか、という自問と自答――その絶えざる繰り返しこそが、「アジアびとになる」ことではないのでしょうか。

戦前をすこし知り、戦後に生き、かつ多少アジアに実感のある人間で作家である、となると自分だけしかいない（ジマンではなく寂寥《せきりょう》の思いとともに）。（『台湾紀行』）

もちろん、「自分だけしかいない」というのは、「ジマン」ではなく、まさに「ノブレス・オブリージュ」としての責任感の表明です。戦前を少し知り、戦後に生き、かつ多少アジアに実感のある人間で作家であるということは、けっして自分の意志で選び取ったことだけではありません。しかし、「作家」であろうとしたことは、自分だけの責任として引き受けるしかないのでしょう。それゆえ、時代に翻弄され続ける台湾について、明白な回答を示せないとしても苦衷を重ねつつ、書くことを選択されたのではないでしょうか。

しかし、台湾について「寂寥の思いとともに」書くことは、「一つの中国」の存在だけを強要する国際関係の中では軋轢《あつれき》を生むことになります。そうした事態を自己責任として引き受けること、それがロマンだけで終わることのできない「アジアびと」の寂寥であるのかもしれません。ただ、その寂寥は、揺るぎない自負に支えられたものでもあるはずです。

六　懐かしき未来へ──「アジアびと」の明日とは

そうした「アジアびと」としての自侍《じじ》は、過去への寂寥だけとしてあるわけではなく、どのように現在を未来へとつなげていくべきなのかという問題を孕《はら》んでいます。

そうした世界観にかかわる問題は、人生観やコスモロジーの問題と切り離して考えることはできません。司馬さんは、これに関連して「人のいのちは広大な時空のなかにあって一瞬のうちにすぎてゆく。そのことをべつに虚無的な意味ではなく常住感じている」（『古往今来』）という突き抜けた無常観を表明されています。

このような人生観があるからこそ、「ある時、栄えた都市があった。しかしそれは何百年か後に砂漠の砂の中に消えて行ってしまった」といったような司馬文学に特徴的な叙述がでてくるのではないでしょうか。人類の悠久の歴史の中から見れば、何十年にしろ、自分たちがこれだけ栄えた、高度成長した、近代化したと威張っていることにどれほど意味があるのか、を問う視点ですね。遥かな空間から、長大な時間の幅をもって人間の営みを見るような特異な視点がそこにあります。そこでは富裕であるとか、権勢を誇るとかいった営為は、きわめて卑小なものと映じます。そこで人間に求められるべきものは何か。司馬さんは、登場人物にこう反問させます。

なぜあなたは財産をたくわえているのです。人間はよく生き、よく死なねばならぬ。それだけが肝要で、他は何の価値もない。（『草原の記』）

この言葉は、司馬さん自身の価値観とも通底していたはずです。そして、たいへん興味深い点なのですが、福沢諭吉の人生観を連想させます。福沢が自らの人生哲学をまとめた『福翁百話』の中に「人生の安心」という一編があります。そこでは地球は宇宙の中では大海に浮かぶ芥子粒《けしつぶ》のようなものであり、人間はボウフラや蛆虫《うじむし》のようなものだとして、次のように語られています。

宇宙の間に我地球の存在するは、大海に浮べる芥子の一粒と云うも中々おろかなり。吾々の名づけて人間と称する動物は、この芥子粒の上に生れ又死するものにして、生れてその生くる所以《ゆえん》を知らず、死してその死する所以を知らず、由て来る所を知らず、去て往く所を知らず、五、六尺の身体僅《わずか》に百年の寿命も得難し、塵《ちり》の如く埃《ほこり》の如く、溜水に浮沈する孑孑《ぼうふら》の如し。……左れば宇宙無辺の考《かんがえ》を以て独《ひと》り自から観ずれば、日月も小なり地球も微なり。況《ま》して人間の如き、無智無力、見る影もなき蛆虫同様の小動物にして、石火電光の瞬間、偶然この世に呼吸眠食し、喜怒哀楽の一夢中、忽《たちま》ち消えて痕《あと》なきのみ。

こう述べた上で、福沢は貴賤貧富や栄枯盛衰などに心を労することは、おかしく浅ましいことだと断言します。福沢は金儲けのために慶應義塾大学を経営して学問を商売にする人であるとして「学商」と非難され、資本主義的精神を鼓吹したために「拝金宗」主義者として批判されることもありました。

しかしながら、自らはその時代において最も先駆的な業績を残しながら、近代というものを突き抜けて、それを相対化し冷徹に見ていたのです。栄達をきわめたように思える人たちが辿り着いた無常観とも言えるある種の見方を、私たちは振り返ってみる必要があると思います。そうした無常観が「アジアびと」に固有なものであるなどと強弁するつもりは、毛頭ありません。ただ、宇宙とは言わずとも、地球という生態系の中に、人は瞬時だけを生きて存《あ》るのだという事実を弁《わきま》えておくことは、人類が持続的に存続していくためには必須な考え方であることは疑いないように、私には思われます。

「架空の檻」からの脱出──民族から語族の世界へ

次に、注目しておきたいのは、アジアという広がりがあるにもかかわらず、なぜ人々は国家とか民族とかの枠を自分でつくり、そこに閉じこもるのかという問題です。

司馬さんは、「自己と自民族を、思想と権力でもって架空の中にとじこめることほど悪はない」(『街道をゆく──耽羅《たんら》紀行』)として、架空の檻《おり》に閉じ込めてしまう思想と権力を批判されましたが、この枠があるかぎり、人は「アジアびと」としての生き方を妨げられることになります。その枠として最も強固なものが国家であり、グローバル化の世紀といわれる二一世紀においても国境の壁は、かえって高さと厚さを増しつつあるように思われます。

本来は、そうした壁を打ち破る突破口となるべき大学においても、その講座編成の多くが、フランス文学科やイギリス文学科などとなっていて、ヨーロッパ文学やアジア文学という大きな範疇は採られていません。もちろん、言語を学ばなければその国の文学を研究することはできませんし、それを軽視して良いはずはありません。しかし、文化や文学などを国別にしか認識しないことで、視圏が局限されてしまう危険性にも自省的であるべきでしょう。

だからこそ司馬さんは、自らの出身校の後身である大阪外国語大学の元学長に宛てられた書簡で、

「世界を国で分けるという分類法はいかにも十九世紀的で……すくなくともアジア関係は、語族でわけて考えると、自然に文明史観がひろがるような感じが致します」（牧祥三・大阪外大元学長宛書簡）として、国家によってではなく、語族という大きなカテゴリーからアジア関係を見るような人間をつくるべきだと勧められたのです。ここには地球外からアジア関係を見ようとする眼差しがあります。一九世紀の国家を基準とする見方では不適切ではないか、民族単位でしかものを見られないのは、もはや無用なのではないかと提言されたわけです。

地表からの目線と皮膚感覚・想像力

しかしながら、巨視的に鳥瞰《ちょうかん》するだけでは実態を知ることはできません。アジアの多様性を識別するためには周縁からの視点とともに、地表に顔をすりつけるようにして見とおす眼差しも不可欠です。とりわけ、アジア社会の多層性を考えれば、自分がそこに生まれ育ったならば、どのように感じ、振る舞うかという共感力が必要となるでしょう。

アジアを見たり感じたりする場合、高級な情報を分析するよりも、その民族の下層社会に自分が生まれたら、という仮定を肉体化して行って感じとる以外に私は方法がないように思える。（「古本を読む意外さ」）

もちろん、こうした共感の肉体化は、容易にできるものではありません。それを綺麗事として斥けることもできるでしょう。しかし、アジアと日本とのかかわりにおいて欠落していたのは、そう努めようとする意志ではなかったでしょうか？　意志さえ無いところで、それが可能となるはずもないのです。

> 韓国併合のときに、冷静な国民なら、韓国をじっと見るでしょう。古くて、しかも緻密な文化を持った独立国家なのです。そういう国を侵せば、どれだけのうらみを買うか、自国がそうすることを想像するだけで十分わかるのです。（「韓国、そして日本」）

　このように韓国併合の問題点を看破された司馬さんに、一部で批判されるような蔑視感などはなく、かえって緻密な文化をもった国への敬意が示されています。虐げられた民族の人々への想像力を失い、自分が文明の中心に立った、あるいは権力の高みに立ったと驕《おご》る人からは、こうした見方は生まれないはずです。先にも紹介しましたが、韓国併合のとき日本は中華の皇帝と同じ高みに立ったとして、冊封関係を強くことに何らの痛みを感じませんでした。もし、逆の立場になったら、いかに屈辱的と考えるかという想像力を働かす能力と痛覚に欠けていたのです。

　端的に言えば、確かに日本はアジアではありませんでした。近代になって日本はアジアに入っていき、自らを中心とするアジアを作ろうとしました。そのとき、なぜ自らが脱したような華夷意識に基づく中華体制ではない、もっと対等で相互が相手にとっての圧力にならないような関係にあるアジアを作ろうとしなかったのか。そういうアジアを作るのに決して遅過ぎることはない、そのために必要となるのは、「そこに自分が生まれたら、という仮定を肉体化して行って感じとる」感受性と皮膚感覚を養う以外にない——司馬さんが遺されたメッセージは、そう受け取るべきだと思います。

「堂々たる他人」とトランス・ネーション

それでは、具体的どうすればよいのでしょうか？

それは、まず付き合い方、コミュニケーションのあり方から見直す必要があるということだと言われます。

> 隣国との関係はたがいに堂々たる他人であることが結局真の親善につながる。（『街道をゆく――壱岐・対馬の道』）

「堂々たる他人」というときの他人とは、先ずは個としての自立性を相互にもつことが要請されます。そして、次には異なった他者であることを認め合い、差異はあるが対等であることを尊重するという意味だと私は解釈します。いずれかが一方を見下したり、あるいは一方が卑屈になれば、「堂々たる他人」にはなりえません。ただ、そうした「堂々たる他人の関係」を築くことが、最も困難であると身をもって知悉《ちしつ》されていたのも司馬さんであったはずです。そして、「友好を」と互いに言い合っているだけでは、一朝事あれば憎悪に一転してしまうことも否定できません。また、国民全体や民族全体に、それを求めることもできないでしょう。いま、確認しておくべきは、司馬さん自身が、その課題をいかに実践されたかということです。

そこですぐに思い浮かべるのが、トランス・ネーションの人というあり方です。英語にはトランス・ナショナルという言葉はありますが、トランス・ネーションという言葉は一般的ではないようです。これは玄文叔《げんぶんしゅく》さんという司馬さんの対外的なスタンスをよくご存じの方が、司馬さんの「アジアびと」としての振る舞い方につけられたネーミングです。それが意味することは、やや重複するかもしれませんが、朝鮮や沖縄に対して示された次のような言葉に明らかです。

「朝鮮のことを考えるときには、自分が朝鮮人だったらと、あるいは自分が在日朝鮮人だったらと思う。沖縄問題がありますと、自分が那覇に生まれたらとか、宮古島に生まれたらというように考える。そういう具合に、若いころから自分に対して訓練してきました。」
「自分の身につまされて感じる神経ですね。そういう神経を持ったひとびとが、たくさん日本人のなかに出てくることによってしか、日本は生きていけないのではないか。」（『「昭和」という国家』）

このように、司馬さんが朝鮮や沖縄などの人々との間で心がけられた身の処し方、ものの考え方などを指して、玄さんはトランス・ネーションと表現されたのですが、きわめて適確な「名づけ」だと思われます。隣国との関係では「堂々たる他人」になることは容易ではありませんが、他者はどうあれ、先ずは自分自身がトランス・ネーションであろうとすること、それが第一だということですね。卑屈にならず、傲慢にもならず、他者を他者として尊重しつつ、向き合うことを「自分に対して訓練する」というのは、いかにも司馬さんらしい姿勢であるように感じられます。

自らをトランス・ネーションという存在たらしめるということ――それは自然に身につくものではなく、「身につまされて感じる神経」を常住坐臥《じょうじゅうざが》、研ぎ澄ましていく訓練を要することですが、「アジアびと」の先達としての司馬さんは、それを身をもって示されようとしたのだと思います。他方、メディアやインターネット上で自らが日本人であることを誇示し、自分と意見の異なる人を「反日」「非国民」

などと罵《ののし》る人たちの言動がいかに「身につまされて感じる神経」からかけ離れたものであるか――遺憾ながら司馬さんが望まれた日本とは異なった方向に向かっているようです。

人間の解放――「在日日本人」と「私ども人類」との間

それではトランス・ネーションという存在となることによって、最後に人間は何を目指すのでしょうか？　あるいは小説家・司馬遼太郎が最終的にめざしたものは何だったのでしょうか？

実は、これについてもまた次のように明確に断言されています。

人間の目的は人間の解放にある、という小生の唯一の歴史観、人間観に適《かな》うものでした。（姜在彦氏宛、一九八五年八月二九日書簡）

人間の目的は人間の解放にあるという確信に基づいて、文章の力でそれを訴えることが小説家としての存在理由であるというのです。司馬文学は、日本人と日本文化を顕彰するものだという言い方がよくなされます。その評言は、一部は正しいのでしょうが、大きくは間違っているように私は考えています。何よりも司馬さん自身が、自らを次のように規定されているからです。

私自身も、日本社会では在日日本人であり、それ以外の規定は少しもない。社会とはそういうものだし、そうあるべきものである。（『歴史の交差路にて』）

「私は、民族というものに優劣とか血統的な神秘性を感じない」(『街道をゆく――中国江南のみち』)と断言された司馬さんは、しばしば自分を「在日日本人である」と言い、そして最後の亜細亜大学での講演では、「私ども人類」という言い方をされています。一個一個の人間は、確かに日本人であるかもしれませんが、それ以前に何よりも人類の一員としてあるという確たる思いが、ここにはあります。

そのような視点に立てば、『空海の風景』における空海、『龍馬がゆく』の坂本龍馬、『菜の花の沖』の高田屋嘉兵衛、『韃靼疾風録』の桂庄助、『草原の記』のツェベクマさん等々、司馬文学の主人公はみなある意味で、自らが属している社会から欲しないままに、あるいは自らの強い意志によって一旦は自分を生んだ社会から身を切り離すという体験をした人たちであることに気づかされます。そして、自らを「故郷に受け入れられない」境位に置き、自己の存立根拠を確認していった人生行路であるからこそ、まばゆいまでの輝きと憧憬をそこに感じるわけです。自らの属する社会から一歩踏みだし、外から自分が生い育った社会と民族を見直すような目で見る訓練を自らに課すという、その立ち位置こそ、司馬さんにおける「アジアびと」というものの真髄《しんずい》ではなかったかと私は今にして思うのです。

少しばかり理屈っぽく言いますと、「アジアびとになる」とは、異化作用です。何かを相対化するということに止まらず、自分が全く異なるものに変化するということ、異なる立場に自分を変えてみるということです。それが「自分の身につまされて感じる神経」をもつということの意味なのでしょう。そうするには大変な意志力と想像力が必要ですが、その鍛錬の場が小説を書くということであるのかもしれません。

司馬さんが文学のなかで造形された人物は、まさしく自分が違う立場に立ってものを考えてみるという試みを、その人物に託したものなのではないでしょうか。自分が主人公の立場に立ったなら、その主人公に敵対する者の立場に立ったなら、どういうふうに自分が見えるだろうか、自分がいかに考えて行動するだろうかということを考えて、複眼的に人と時代を造形された。そしてそこから、私たちの社会と時代が否応なく迫られている、多国籍化する日本社会での対応の仕方というものを指摘されたと思うのです。

二〇一五年一二月における法務省統計によれば、外国人登録者の国籍（出身地）数は一九〇を超え、登録者数は二二三万人を超えています。司馬さんは、日本の将来を見すえて、次のように述べられています。

憲法下にあって万人が平等という大原則がありますから、日本も小さな合衆国になる……差別はわれわれの没落につながります。……日本も他国の人々がはいってくるときが、われわれが試されるときです。日本国憲法下にあるということだけが、われわれのアイデンティティになっていくわけですから。そのときが、日本がやっと一人前の大人になるときだと思えばいいですね。（『時代の風音』）

司馬さんが指摘されたように、日本も小さな合衆国になりつつあります。そうした時代にあって、ヘイトスピーチが溢れる日常をみるにつけ、「差別はわれわれの没落につながります」という言葉は、ずっしりと重い響きをもって伝わってきます。

さらに私が昨今、身にしみて共感するのは、ナショナリズムについて述べられた次の一文です。

ナショナリズムは、どの民族、郷党にもあって、わるいものではない。ただ浅はかなナショナリズムというのは、老人の場合、一種の呆《ぼ》けである。壮年の場合は自己についての自信のなさの一表現かもしれぬ。若者の場合は、単に無知のあらわれでしかない。(『街道をゆく――耽羅紀行』)

呆《ぼ》けと自信喪失と無知、それらが渦となって奔流のごとく噴き出している東アジア世界の現状を司馬さんが目にされたら、どのように感じられるのでしょうか。

七　人間存在の歌びと、永劫の旅人は帰らず、されど……

ようやく、まとめの段階に入ります。

これまで「在日日本人」、トランス・ネーションという存在としての「アジアびと」司馬さんの軌跡をたどってきましたが、司馬さんは自らの知己であった金達寿さんあての書簡で「人生とは何か」という想いを次のように吐露されています。

「自己は何者か」ということを、われわれ人間は知りたく、知ろうとつとめ、しかし知らずに死んでゆきます。このことを懸命に考えるのは、文学者だけです。金達寿先生の同〔朝鮮〕社会から負担された義務は大きいと思います。ただ同社会はイマのイマの社会ではありません。社会はつづきます。われわれの死後も。

ここに書かれたことから、私は二人の詩人の言葉を思い浮かべています。
一人目は、詩集『草の葉』を書いたホイットマンです。ホイットマン（Whitman, Walt）は「ある歴史家に（To a Historian）」という詩を書いていますが、司馬さんがめざされた人生にも当てはまるように思われますのでその一節を紹介させて戴きます。

生まれながらの権利をそなえた、あるがままの人間を歌い、／めったに外には現われ出ないいのちの脈搏（人間が自身にいだく偉大な矜持《きょうじ》）をしっかり捉《とら》えて／「人間存在」の歌びととして、今からのちに生まれてくるものの輪郭を描いては、未来の歴史を投影する。（酒本雅之訳）

読んだだけでは、ちょっとお分かりにくいかもしれませんが、「人間存在」の歌びととして「やがて生まれてくるものの輪郭を描いては、未来の歴史を投影する」というのは、歴史小説家としての司馬遼太郎がめざした地点を指し示してはいないでしょうか。
そして、二人目は、新潟県小千谷市が生んだ詩人・西脇順三郎さんです。西脇さんの代表的な詩集『旅人かへらず』の末尾は、「幻影の人は去る、永劫《えいごう》の旅人は帰らず」という詩句で結ばれており、その詩碑が小千谷市の市街を見下ろす山頂に建立されています。この詩集の「はしがき」には、その「幻影の人」とは何かということについて、次のように解説されています。

通常の理知や情念で解決の出来ない割り切れない人間がゐる。これを自分は「幻影の人」と呼び、また永劫の旅人とも考える。この「幻影の人」は自分の或る瞬間に来てまた去っていく。

ある瞬間に来てまた去っていかれたようにも今となっては思われる司馬さんが、「幻影の人」であるのかどうかは私には即断できません。しかし、「永劫の旅人」であるとは確信をもって言えるのではないでしょうか。司馬さんは人の死をよく光になぞらえて表現されていましたが、光は去りました。司馬さんの死によって、私たちは直接に司馬さんの風声に接する機会は失われてしまいました。

しかし、シェイクスピアは、「過去は序章である」と書きました。はじまりである過去を知らなければ、本文である現在も将来も書かれることはありません。そして、その序章を学び、過去を受けて本文である現在を書き込んでいくのは現にここに生き、そして後に続く世代です。しかし、決して現在は過去と断絶しているわけではありません。ある事態に直面した時、司馬さんであればこうした事態にどう考えられたのであろうかと、私たちは、司馬さんが書かれたもののなかから引き出して反芻《はんすう》することができます。その限りで、司馬さんは「永劫の旅人」として生き続けていかれるでしょう。

司馬さんは、日本人の歴史意識について、こう述べられています。

どうも、日本人は後世を意識することが薄いらしい。そういう鈍感さを野蛮人であるとする定義が、古い中国にあった。後世を意識するのが、文明人だという。(『街道をゆく――閩《びん》のみち』)

果たして、私たちは司馬さんの言う正しい意味での文明人になっていけるのでしょうか。

ここでは、ほんの一部しか紹介できませんでしたが、司馬さんの遺された風声と足音をたずねることによって、対話は無限に可能になっていくと思います。これまで引用しました司馬さんの文章や書簡は、私自身が読書という営みの中で共感をもって記憶し、私にとって指針となってきたものです。そうしたものの一つとして最後に是非とも引用しておかなければならないオゴタイ・ハーンの言葉が『草原の記』には次のように記されています。

財宝が何であろう。この世にあるものは全て過ぎ行く。永遠なるものとは何か。それは人間の記憶である。

人の死は単なる消滅に終わるのではなく、その音容《おんよう》は記憶という船に乗って新たな航海へと旅立ち、次の世代の人たちへ手渡されて行きます。しかし、待っているだけでは、手渡してはくれません。記憶を受け継いでいくためには、目的意識をもって先人たちの文章をたどる必要があります。

最後になりますが、「アジアびと」についてまとめておきます。それは大きく括りますと、自民族中心主義に陥ることなく、周縁としての視線をもって、相手の側に身を置くことができる、しなやかで柔らかな振る舞いが自然とできる「ひと」であろうかと思います。

もちろん、感受性と想像力に乏しい私などにはそういった視線に立つことは、なかなかに難しいことです。しかし、司馬さんは、そうなるように自分を訓練してきたのだと言われています。そうした歩みを自分に課し、実践し続けて来た人として司馬遼太郎という作家をこの日本社会は持っていたわけです。

その事実を確認し、そして、そうした存在を目標にできることは何事にも代え難い幸せである——そのことを改めて胸に刻んで、私も残り少なくなった日々を、倦《う》むことなく学んでいきたいと思っている次第です。

第二章　熊本びとのアジア――ひとつの「環地方学《リーローカロジィ》」の試み

一　もう一つの坂道を歩んだ熊本びと

日本はアジアという空間の中にあります。そのことに現在では違和感をもつ人はいないでしょう。しかしながら、そのアジアという空間の名称と範域を設定したのは、そこに住む人々ではなく、遠く離れた地域に住むヨーロッパの人々でした。そのため、ヨーロッパから与えられたアジアの範域と自らがそこにあるという帰属意識を抱く範域との間には、当然のことながらズレが生じます。どこまでをアジアというのかは、けっして誰もが一致したイメージをもっているわけではありません。

さらに、そのアジアと日本との関係性や位置づけについても必ずしも共通理解があるわけではないようです。私は韓国や中国・台湾でしばしば「日本人はよく「日本とアジア」という言い方をするが、それは日本がアジアではない、という意味なのですか?」という質問を受けます。確かに書名などにも『日本とアジア』といったタイトルを目にしてきました。このことをイギリス人の研究者と話しますとイギリスでも同様に「イギリスとヨーロッパ」という表現をする人が少なくないとのことでした。そのことは、島国である日本やイギリスが海の彼方にあるアジアやヨーロッパを自らとはどこか違う、しかし別異な存在ではない、という見方をしていることを示しているということになるのでしょうか。

そこには巨大な文明圏の周辺にあるという一種の劣等意識と同時に自分たちの文化は他の諸文化とも異なる特性をもっているという一種の優等意識が、綯《な》い交《ま》ぜになっているようにも思われます。問題は、そうした相反するような意識をもちながら、日本人がアジアとどのように係わってきたのか、アジアの中でいかに生きてきたのか、ということです。このような「日本とアジア」という問題については、すでに様々な著作や論稿が蓄積されてきましたし、私自身も『思想課題としてのアジア』（岩波書店）などで検討しています。

そのことを念頭に置きながら、これから考えてみたいのは、「アジアの中の熊本」あるいは「熊本びとにとってのアジア」という問題です。このことはグローバル・リージョナル・ナショナル・ローカルという四つの空間層において、これまで問題とされてきた「日本とアジア」とは異なるアプローチを取ることを意味します。すなわち、「日本というナショナル」と「アジアというリージョン」との繋がりよりも、「熊本というローカル」が「アジアというリージョン」とどのように繋がっていたのか、に焦点をあててみたい、ということです。

言うまでもなく、「日本というナショナル」は固定した実態としてあるわけではありません。ナショナルな空間は変動しますし、そこに住む人々のアイデンティティも変化していきます。そのことは一八九五年以降の台湾も、一九一〇年以降の朝鮮半島も一九四五年までは、「日本というナショナル」の一部であったことを思い出して戴ければ、すぐに了解いただけることと思います。沖縄も一八九五年の日清戦争終結に至るまで、日清間での帰属問題は決着していませんでした。その意味では、「日本とアジア」という時の「日本」そのものが時代とともに変動しており、当然のこととしてアジアとの係わり方も違っていたことになります。『日本という内部』が変われば、その「外部としてのアジア」も連動して変わるはずです。その反面で、「ローカルな熊本」は行政区画としての変動はありますが、それによって「日本というナショナル」が変わるわけではありません。そのためローカルな視点からアジアを見ることには、「定点観測」という有意性を認めることもできるのではないでしょうか？

いや、理屈はともあれ、ここでのテーマは、熊本という風土で生まれ育った人々が――その人々をここでは「熊本びと」と呼んでおきます――アジアという空間でどのような道を選びながら、歩いていったのか、その足跡をたどってみたいということです。それによって、これまであまり試みられたことのなかった、地方（地域）という視点からアジアとのつながり方、かかわり方の一端でも明らかになればと思っています。

そこで取り上げる時期は、明治から昭和に至る時代ということになります。明治という時代について、皆さんが真っ先にイメージされるのは、司馬遼太郎『坂の上の雲』の時代ということではないでしょうか。この小説は、秋山好古《あきやまよしふる》・真之《さねゆき》兄弟と正岡子規、そして日本海軍において最初の軍神となった広瀬武夫といった人々の青春群像をえがいたものです。秋山真之と広瀬武夫は明治元年（一八六八）に、正岡子規は慶応三年（一八六七）に生まれていますから、彼らの人生はまさに明治とともにあったわけです。これから取り上げる熊本びとも、その多くが明治維新前後の生まれでした。

その人たちが生きた明治という時代、それは『坂の上の雲』というタイトルが象徴として示しているように、坂の上に浮かぶ白雲をめざしながら艱難《かんなん》を乗り越え、その峠に立ったとき新たな世界がさらに眼前に広がっていくという、明治の栄光を含意しているわけです。『坂の上の雲』は、目標としての近代を迷うことなく、それのみを見つめて、青空の下で陽の当たる登り道を上っていく、ある意味で戸惑いのない小説といえるのでしょう。しかし、陽が当たることはなかったかもしれませんが、避けては通れない暗がりの坂道を迷いながら自ら道を切りひらきつつ、上っていった人々もいたはずです。そして、その坂の上の雲の彼方に、現実に生み出されたような近代日本ではなく、もう一つの日本とアジアのつながり方を思いえがいた人がいたのではないでしょうか？

もちろん、いずれが望ましい姿であったのかについての判断は人によって異なるでしょう。その判断を急ぐ前に、まずは熊本びとが、アジアとどのような係わりをもったのか、その事実を確かめておきたいと思います。それは、日本という国がアジアに存在しており、そこで私たちがどのような歩みを進めてきたのかということに否応なく密接に係わるからです。二〇一〇年、中国は日本のGDP（国内総生産）を抜いて世界二位になりました。もちろん、それぞれの国は人口なり面積なりでさまざまに異なった条件がありますから、GDPという指標だけで順位づけたりすることに、ほとんど意味はありません。しかし、中国大陸にある国家が東アジアにおいて大きなプレゼンスをもっていたのが、日清戦争直前までの東アジアの国際状況であったことは確認しておく必要があります。

つまり、日本が中国に対して経済的、軍事的に優位に立っていると見なされた、この百年間は歴史的にみて稀有《けう》な時代であったということです。その稀《まれ》な時代が、変わろうとしているがゆえに、相互に疑心暗鬼となって侮蔑しあうような事態も頻発していますが、安定した状態に落着くまでしばらくの間は試行錯誤を重ねていくしかないのでしょう。しかし、そうした転変する時代にあるからこそ、過剰な反発や敵愾心《てきがいしん》を煽るのではなく、熊本の人たちがアジアとのかかわりのなかで描いた近代のもう一つの姿、あるいはありえたであろう日本の姿を、もう一度立ち返って考えておく必要があるのではないか、と思うのです。それは取りも直さず、「脚下照顧《きゃっかしょうこ》」すなわち、私自身が生い育った風土とはいかなるものであったのか、自らの足元をじっくりと顧みるということに他なりません。

その足元の地平からの眼差しの先に、アジアはどのように浮かび上がってくるのか——そこから、私が考えます「環地方学《リーローカロジィ》」という研究分野の可能性を探っていきたいと思います。

※なお、ここで採りあげる熊本びとや団体・機関などにつきましては、著作・論文や各種の事典、新聞・雑誌記事などに依拠しましたが、それらを挙げるだけで優に一冊の本が必要になります。そのため、引用史料のみを本文中に記すにとどめさせて戴きます。引用に際しては、読み易さを配慮してかな使いや明白な誤字などを改めましたが、「支那」や「満洲」など歴史の実相を示す用語などについてはそのまま使用することとし、引用文中の〔 〕は注記として加えたものです。

二　熊本とアジアのつながり

さて、大正デモクラシー運動の理論的唱道者として知られる吉野作造は、晩年、明治文化研究に没頭しました。そして、その研究と自らの体験を重ね見るかのように、明治初年に生を享《う》け、自由民権の叫びを聞きつつ西洋文化心酔の雰囲気の中に青年時代を過ごした有為《ゆうい》の人には、二つの生き方があったとして次のように記しています。

一は官界に驥足《きそく》を伸ばさんとするもので、他は志を民間に布《し》かんとするものである。しかしてこの後者にもまた自ら二つの型があった。藩閥専制に対する憤慨に動いて、いわゆる政治的革新運動に没頭するものが普通の型で、稀にまた志を当世にのぶるを諦《あきら》め、友を隣邦に求めて先《ま》ず広く東洋全体の空気を一新し、よりてもって徐《おもむろ》に祖国の改進を庶幾《しょき》せんと欲する者もあった。この方は数は少ないが、あるいは早く朝鮮に結び、あるいは遠く支那〔中国〕に身を投じて、後年における我国の大陸経営を陰に陽に資《たす》けている。わが宮崎滔天は実にかくして支那と我国とを結びつけた典型的志士の一人である（『三十三年の夢』解題・福永書店、一九二六年）。

ここで吉野が「典型的志士」として特記している宮崎滔天の境涯については、「夢の世に、夢を追って」（『アジアの思想史脈』人文書院、二〇一七年、所収）で検討しましたが、これから採りあげる熊本びとも官界、政治的革新運動、ジャーナリズムそして教育さらには諜報や商業など多方面にわたって、それぞれに活動の舞台をアジアに求めました。もちろん、朝鮮や台湾や満洲やシベリアへ、移民として渡ったり、商業活動などに従事した人々などアジアで活動したのは、熊本の人たちに限りません。ただ、これから見ていきますように、東アジアにおける国際状況に大きな衝撃を与えた政変や革命などに、熊本びとが深く係わっていたことは間違いありません。また、その事実が日本とアジアのつながりを考えていくうえで重要な意義をもっているように思われます。

ごく簡単に触れておけば、明治一五年（一八八二）にソウル（漢城）で発生した壬午《じんご》軍乱、そして明治一七年（一八八四）同じくソウルで起きた甲申政変などでキーパーソンとなったのは、熊本びとでした。それから一〇年後、明治二七年（一八九四）に日清戦争が起きますが、戦争遂行に不可欠な諜報活動や軍事通訳などにおいて重用されたのも熊本びとでした。しかし、軍事活動を左右する情報収集や通訳となるだけの語学能力は、戦争が始まったからといってすぐに獲得されるものではありません。そこに至るまでに長い時間をかけた教育が必要ですが、その需要に応じることができたのは中国語や朝鮮語の語学教育において、いち早く着手していたのが熊本びとだったからです。

そして、日清戦争における勝利の結果、日本は台湾や澎湖諸島を植民地として領有する帝国となりました。その初めての植民地をいかにして統治していくのか、という難題を解決するために尽力したのが岡松参太郎《おかまつさんたろう》や狩野直喜《かのなおき》、石坂音四郎《いしざかおとしろう》、大津麟平《おおつりんぺい》などでした。また、日本の領有に反対する武力蜂起に対処しつつ、どのように農業開発や産業振興にかかわっていくのか、という課題に対処していったのも古《ふる》荘嘉門《しょうかもん》や津田静一、井手三郎、佐野直喜など熊本国権党の人々でした。

他方、開国後の朝鮮半島にも変化が生じ、これに竹添進一郎や佐々友房、佐々正之、安達謙藏らが率先して対応していきます。朝鮮は日清戦争後の下関条約によって清朝からの国家的独立性を認められましたが、他方で日本による政治的介入を警戒した李朝二六代国王・高宗などを中心にロシアと結んで日本の排斥を図る動きが強まります。この動きを抑えようとして、閔妃《びんぴ》（一八五一〜九五）という名前で日本では知られている高宗の后が殺害される事件が起きました。この事件については日本では、あまり知られてはいないようですが、韓国では閔妃＝明成皇后についてのテレビドラマやミュージカルなどが幾たびも作られ、ミュージカル『明成皇后』は英米などでも公演されました。そして、その事件に多くの熊本びとが関係していることも知られており、日韓両国における認識には大きなギャップがあります。

さらに、明治三七年（一九〇四）には日露戦争が勃発しますが、それに備える石光真清《いしみつまきよ》などの情報収集活動や上田仙太郎などの外交活動そして阿倍野利恭《あべのとしやす》などによる日本紅茶の輸出・販売を兼ねた諜報活動などの動きからは、私たちが日常感覚としてはアジアとは考えていないシベリアと日本とのつながりの様相も浮き上がってきます。

そして、日露戦争が終結した明治三七年（一九〇四）、日本は第二次日韓協約によって当時の大韓帝国を事実上の保護国としますが、それに反発して韓国各地で義兵闘争が噴出し、明治四三年（一九一〇）には安重根によって伊藤博文が射殺される事件も起きます。その安重根の通訳として深い信頼を得たのも熊本びとの園木末喜《そのきすえき》でした。安重根は旅順監獄で多くの揮毫を遺しましたが、園木のほかにそれを入手して自らの想いを書き認《したた》めた人として徳冨蘆花（健次郎）がいます。その書幅を蘆花が入手したのは、併合後の朝鮮・京城で新聞発行を監督していた兄の徳富蘇峰（猪一郎）を訪ねた旅行中の旅順においてでした。

次いで、明治四四年（一九一一）には、辛亥革命が起きます。これによって清朝が滅び、東アジアに最初の大統領制を採る共和国としての中華民国が生まれることになります。この革命には宮崎滔天や清《きよ》藤幸七郎《ふじこうしちろう》をはじめとする熊本びとたちが多くかかわっていましたが、その史実は中国の歴史教科書にも記載されていたこともあって、日本でよりも中国において良く知られているように思われます。

さらに、朝鮮や台湾、中国そして満洲国（中国東北部）においては、ジャーナリストや図書館人あるいは官僚など様々な分野で熊本びとが活動していました。もちろん、移民や満蒙開拓団・満蒙少年義勇隊などで海を渡った多くの人々は、昭和二〇年（一九四五）の敗戦によって引き揚げや抑留という苛酷な事態を強いられることになりました。

このように熊本とアジアという問題は、単にローカルな熊本とリージョナルなアジアとの関係にとどまることなく、近現代における日本とアジアという問題を考える際に象徴的な関係性をみていく位相を示しているように私には思われます。言い換えれば、日本とアジアの関係性を色濃く反映する、いやその関係性を凝縮して示しているのが、熊本ではなかったのか――という問いを立ててみたいということです。おそらく、ここからはどのように日本がアジアとかかわっていったのか、が明らかになってくるのではないでしょうか。それを確かめるために、ささやかながらも「空間思想史の試み」とでもいうべきアプローチが必要ではないかと思っているのです。それは自分がどこに立脚点を置くのかによって、日本やアジアそして世界がいかに異なった相貌をもって現われてくるのか、を確かめる試みになるはずです。

三　空間の心理的距離と交通手段

それでは、なぜこのように熊本とアジアとの深いつながりが生まれたのでしょうか？

今、地図を広げていただいて、熊本市にコンパスの一方の足を置き、もう一方に東京を置いてこれを半径にして円を描くとどうなるかを見てみましょう（図1）。円弧は朝鮮半島では、平壌の北にある安州の近くまで及びます。中国大陸では、上海や寧波にまで至ります。北の方をみますと、ロシアのウラジオストクやナホトカがあります。このウラジオストクという都市は、ロシア語で「東方を征服せよ」という意味です。つまりこの都市はロシアが東方すなわち東アジアに出ていくための拠点として建設されたわけです。そして、ウラジオストクは熊本からの距離でいえば、台湾よりも近いことがわかります。つまり、九州にある熊本からは台湾の方がシベリアより近いように何となく思いがちですが、実際の空間距離は異なるということです。

このように熊本から東京までの距離は、熊本から上海までの距離と空間的にはほぼ同じです。逆に言うと、東京から上海に行こうとするならば、およそ二倍の距離になります。ただ、空間的な距離が近かったから、熊本がアジアとつながりが深かったのかというと、それだけではありません。

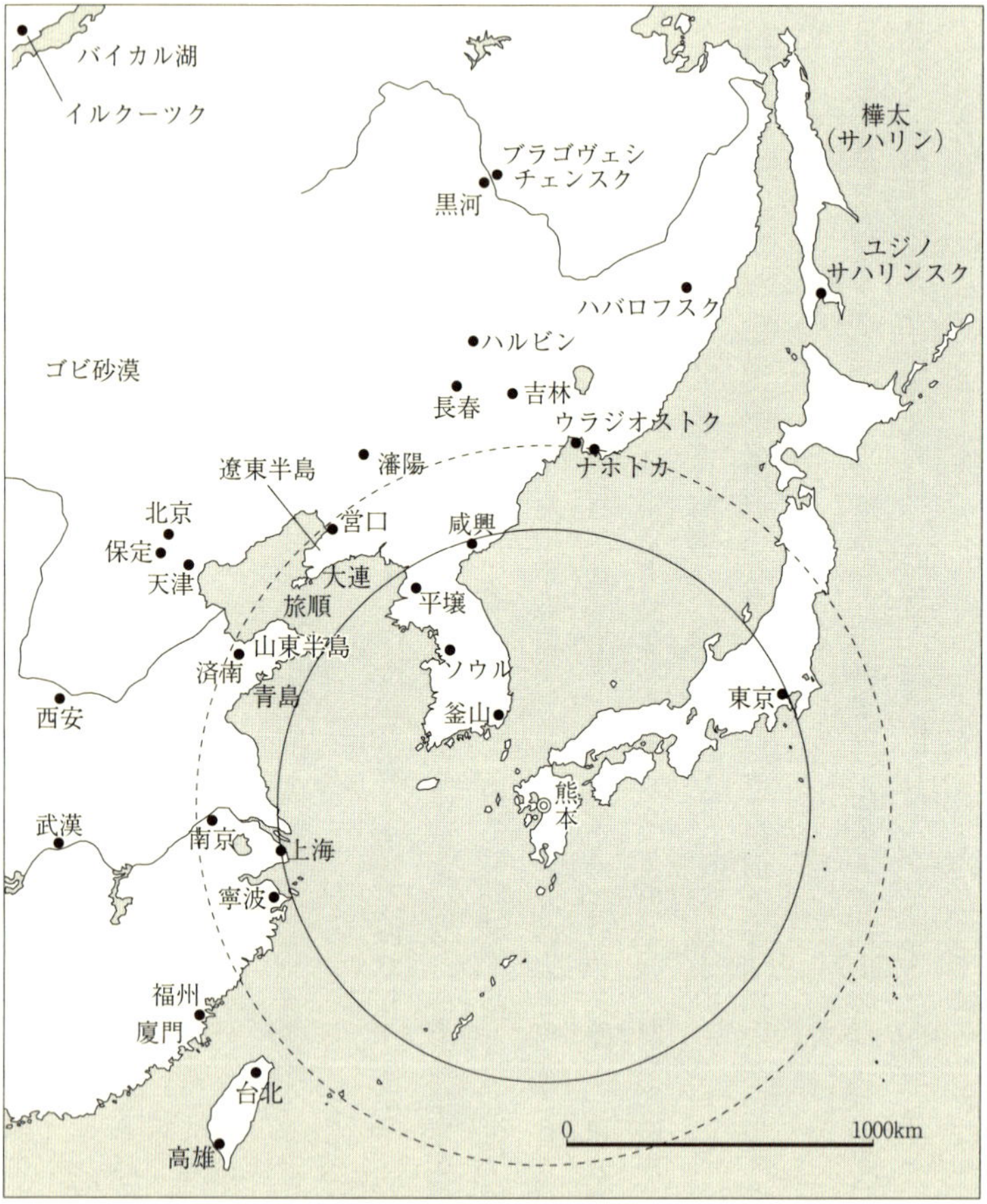

図1　熊本からみた東アジア

現在では、鉄道によって日本列島を縦断することができます。しかし、それでは、鉄道開通以前の明治初期、熊本の人たちはどのような交通手段で東京に行ったのだろうかと、あるとき疑問になり調べてみました。例えば、徳富蘇峰の場合ですと熊本から上京するときに、まず長崎に行っています。なぜ、長崎に行ったかというと、長崎が上海航路の中継地で、瀬戸内海を通って神戸まで船で行くルートがあったからです。つまり、船で神戸や大阪ないし横浜へ行ったのです。直接に鉄道で上京したわけではありませんでした。蘇峰が明治九年（一八七六）に上京した時は、「彼是《かれこれ》一週間乃至《ないし》十日を費やし」（徳富猪一郎『蘇峰自伝』中央公論社、一九三五年、七〇頁）ということです。他方、長崎から上海までは船に乗れば一昼夜ほどで着いたようですから、東京に行くほうが所要時間は長く、心理的距離は遠いように感じられたに違いありません。私の祖父の子どもの頃、明治時代には「今日は海が凪《な》いでいるから、唐人《とうじん》の寝言が聞こえる」といった言い回《まわ》しがあったと聞いたことがあります。ここでの海は、有明海のことを指すはずですが、海によって中国大陸ともつながっているという感覚があったのではないでしょうか。海は、人と空間を隔てるのではなく、つなぐものとして存在していたのです。領海を越えれば、そこに公海があるという空間感覚は、海を生活の場としている人々には常識であったのでしょう。

そして、明治初年であれば、熊本の人が関西や東京に行くにあたっては、徒歩や馬を使う以外なら船を利用して行くのが普通だったようです。『安達謙藏自叙傳』（新樹社、一九六〇年）によれば、明治一七年（一八八四）に安達が佐々友房に同行して上京した際には、熊本城下の外港として坪井川の河口にあった百貫石（百貫港）から船で長崎に出ています。そして、長崎港から船中二泊で神戸に至り、神戸から大阪までは鉄道が開通していたため大阪見物をし、再び船で横浜へ行き、横浜から新橋まで鉄道を利用し、その後は鉄道馬車や人力車を使ったそうです。安達が利用した船便が明治一七年五月に創立された大阪商船株式会社のものであるとすれば、百貫石を出航して有明海から長崎に達し、以後は博多、馬関（現在の下関）、神戸を寄港地として大阪に至るものです。この航路自体は、江戸時代から九州を横断する輸送路として利用されていたもので、筑後川を利用して大分の日田と筑後平野の大川そして肥後平野の百貫石から長崎さらに瀬戸内海を通じて物資を関西方面に輸送するルートでもありました。しかし、百貫石は河口にあって大型船の発着ができなかったため、三角港の築港が進められますが、この築港計画こそ、中国との貿易振興を図るという目的や鉄道建設とも大きく係わっていました（→二五一頁）。

これに対して、九州を縦断するルートとして敷設されたのが、鉄道でした。明治二〇年（一八八七）に熊本の白木為直《しらきためなお》や嘉悦氏房《かえつうじふさ》（その長女・嘉悦孝《かえつたか》が一九〇三年に創設した私立商業女学校が、現在の嘉悦大学となっています）など六名が会社設立発起者総代となって、福岡・熊本・佐賀の各県令に呼びかけて九州鉄道会社が設立されます。その九州鉄道が門司から南進して明治二四年（一八九一）七月、春日駅（現在の熊本駅）までつながりました。この年に小泉八雲が第五高等学校に着任します。同じく第五高等学校に赴任した夏目漱石が、九州鉄道の池田停車場（現在の上熊本駅）に降り立ったのは明治二九年（一八九六）四月一三日でした。二〇一六年は、漱石没後百年になりますが、熊本からみれば「漱石来熊《らいゆう》一二〇年」にあたりますから、「お帰りなさい、漱石祭」などのイベントが一年を通じておこなわれる予定でした。そして、四月一三日には上熊本駅に降り立った漱石を記念する式典などが開かれました。しかし、その翌日の四月一四日二一時二六分に前震、そして一六日一時二五分に本震となる「平成二八年（二〇一六）熊本地震」が起きてしまいました。その被害は、益城《ましき》町、熊本市、南阿蘇市、西原村など広域に及びました。私自身、幼い頃から目にしていた天守閣をはじめ櫓や石垣などが破損・崩壊した熊本城などの情況には胸がつぶれる思いがしています。被災された方々の生活環境がもとのようになるまでには、これから長い時日を要するのでしょうが、一日も早く地震が終息し、復興が進むことを願うばかりです。ちなみに、二〇一七年は漱石生誕一五〇年にあたりますから、漱石との関連で熊本と明治という時代に新たな光が当てられることになるでしょう。

さて、鉄道の話に戻りますと、明治三〇年（一八九七）に初めて上京した宇野哲人《うのてつと》の回想によれば、汽車で門司に出て、門司から徳山まで船で渡り、徳山から汽車で京都まで行き、京都で一泊した後に東京まで三日もかかったようです。そして、三年後の卒業時に帰熊したときにも汽車は下関まで通じていなかったと記しています（『宇野哲人遺著・一筋の道百年』集英社、一九七四年）。神戸と下関までの路線が全通したのは、明治三四年（一九〇一）五月のことでした。主人公・小川三四郎が熊本の第五高等学校を卒業して、鉄道で上京する小説『三四郎』を夏目漱石が『東京朝日新聞』に連載するのは明治四一年（一九〇八）ですが、そのころになると鉄道を使って上京することに違和感もなくなっていたのでしょう。ちなみに、九州鉄道は鉄道国有法により明治四〇年（一九〇七）に国有化され、路線はそのまま鉄道院に引き継がれます。そして、八代まで伸びていた路線が難工事の末に明治四二年（一九〇九）に延長され、吉松・鹿児島間で開通していた路線と接続します。これによって門司と鹿児島の間が人吉経由で全通したことによって九州の南北が鉄道で結ばれることになりました。

それでは熊本から海外に出る場合、どのような交通路や空間配置状況にあったのでしょうか。

日本人の海外渡航が解禁されたのは、「海外渡航差許布告」が出された慶応二年（一八六六）四月七日（陽暦、五月二一日）以後のことになります。しかし、それ以前にも幕府や藩の命令で上海などへの渡航はおこなわれていました。良く知られた例を挙げれば、高杉晋作や五代友厚らが文久二年（一八六二）に千歳丸《せんざいまる》で上海に行き、太平天国の乱や欧米による植民地化の情況を目撃します。高杉はその見聞を『遊清五録』にまとめ、長州藩主に日本にも危機が迫りつつあることを訴えていました。そして、帰国直後に高杉は、久坂玄瑞らと品川御殿山に新築中の英国公使館を襲うことになります。他方、五代は上海で秘かに薩摩藩のために汽船購入の契約をし、慶応元年（一八六五）には藩命によって留学生を率いてイギリス・フランス・ドイツ・オランダなどを巡歴するとともに小銃や汽船、紡織機械を購入して帰国しています。同じ上海体験をしながら二人は違った道を歩んでいくことになったわけです。また、肥後藩でも竹添進一郎などを船の修理という名目で上海に送っていました。

このように上海は日本人が欧米と交渉し、あるいは対峙する際の窓口となっていましたが、その上海と長崎との間に航路が開かれることによって日本は世界とつながっていきます。すなわち、早くも安政六年（一八五九）にはイギリスの汽船会社P＆O（Peninsular and Oriental Steam Navigation Company）がアゾフ号を来航させて長崎―上海間に航路を開設します。これによって長崎は、ヨーロッパと日本を結ぶ最初の国際航路の拠点港となったのです。ついで万延元年（一八六〇）一月にP＆O社は、上海・長崎・横浜間の定期航路を運航させます。

他方、太平洋側から日本とアメリカを結ぶ航路としては、アメリカの太平洋郵船会社（Pacific Mail Steamship Co.）が慶応三年（一八六七）にアメリカ政府の補助金を受けてサンフランシスコ・横浜・香港を結ぶ航路とその支線としての横浜・神戸・長崎航路を開設します。つまり、明治維新の前年の一八六七年には、P＆O社によるヨーロッパからの東回り航路と、太平洋郵船会社による太平洋横断の西回り航路が日本で結ばれ、汽船による定期航路の世界一周が完成していたことになるわけです。太平洋郵船会社は明治三年（一八七〇）に横浜から神戸・長崎を経て上海に至る定期支線を設けますが、このようにイギリスやアメリカの海運会社によって日本の貨物・旅客輸送が独占されることに危機感をもった明治政府は、岩崎彌太郎の郵便汽船三菱会社を支援し、明治八年（一八七五）に横浜・上海定期航路を開設させます。こうして神戸・下関・長崎経由で週一回運航する日本初の海外定期航路が設けられ、激しい運賃引き下げ競争を繰り広げたことによって、太平洋郵船会社とP&O社は撤退していきます。さらに、大正一二年（一九二三）二月には日本郵船が、長崎・上海間に「日華連絡船」を週二回運航することになります。なお、中国へは長崎から釜山・仁川を経由して、あるいは中国の芝罘《チーフー》（煙台）・天津を経て入るというルートも使われました。

朝鮮との間の交通路については、朝鮮の開国とともに、明治九年（一八七六）に長崎・五島・対馬・釜山をつなぐ釜山航路が三菱汽船によって開設されました。そして、明治一三年（一八八〇）に神戸・下関・長崎・五島・対馬・釜山・元山（現在は、北朝鮮から新潟港に入港していた万景峰号の母港として知られています）をつなぐ元山航路が開かれて、月に一回運航をおこないます。さらに明治三八年（一九〇五）九月、漢城から草梁まで京釜鉄道がつながると釜山と下関を連絡するために山陽汽船が「関釜連絡船」を運航させることになります。また、日露戦争時に日本陸軍は軍事輸送を目的として京城と中国国境の新義州を結ぶ京義線を敷設させましたが、日露戦争後には日本が得た南満洲鉄道との接続が図られます。そして、明治四四年（一九一一）に満洲の安東駅と新義州駅間に鴨緑江鉄橋が完工したことによって、大正二年（一九一三）以降、東京から関釜連絡線・京釜線・京義線・南満洲鉄道・シベリア鉄道を経由してロンドンやローマまで行くことが可能となりました。

このようにして、世界への交通路が開かれていったわけですが、中国に行くときにパスポートはどのようにしていたのか、という質問をよく受けます。日本では明治一一年（一八七八）に「海外旅券規則」が定められ、「旅券下附願」と手数料を出して許可されれば旅券を得ることになります。しかし、旅券の携帯を必須とする規定はありませんでした。そのため、明治後半から大正期にかけて中国への渡航者の多くが旅券を携帯しない事例が増加することになります。また、宮崎滔天など革命派を支援する人々の場合は「旅券下附願」などを出すことも憚《はばか》られたはずです。滔天などに限らず、ロシアや中国、朝鮮へはわざわざ手数料を取られたり、警察官や領事館での検査を受けることになる旅券を所持する煩わしさを省いていたともいえます。これは厳密にいえば、密航にあたりますが、密航者が全て検挙されたわけでもありませんでした。そのため中国政府は大正六年（一九一七）に中国への渡航者に旅券携帯を義務づける通牒を出して、日本政府への対応を迫ります。そして、日中政府間での協議の結果、大正七年（一九一八）一月からは日中相互に旅券を免除することが確認されました。

ところで、開国後の日本にとって外交的な脅威となっていたのは、その名も「東方を征服せよ」という意味をもっていたウラジオストクを拠点とするロシアの南下政策でした。このロシアの南下政策に対抗するのが日本の「北進」論であり、そのために日本政府は明治九年（一八七六）にウラジオストクに貿易事務館を開設しました。これは沿海州方面の日本人居留民の保護・管理も目的とするものでしたから、この時点で日本人が沿海州に渡っていたことがわかります。それではウラジオストクや沿海州にどのような交通手段で渡ったのか、が問題になります。ウラジオストクへの航路については、現在では日本海側の敦賀や新潟からの航路を思い浮かべますが、明治一四年（一八八一）に神戸・釜山・元山・ウラジオストクをつなぐウラジオストク航路が先に開かれました。これに対して明治三五年（一九〇二）、日本海沿岸の産業振興に資することを目的に「日本海航路補助法」が制定され、政府は大阪の大家商船に対し、敦賀・ウラジオストク間を中心に門司を起点（三六年から敦賀を起点）として日本海沿岸一〇港、それに釜山・元山を周航する甲線と、小樽を起点として七尾（石川県）・ウラジオストク間を甲線諸港を逆に周航する乙線の就航を命じました。新潟からの直行便は明治四〇年（一九〇七）に越佐汽船会社が開きますが、この年には大家汽船の解散を承けて大阪商船が敦賀・ウラジオストクの直航路と函館・小樽そして小樽・七尾・新潟などに寄航する二つの回航路を開設しています。

これに対してロシア義勇艦隊（図2）は、早くも明治一〇年（一八七七）にウクライナ南部の黒海に面した港湾都市オデッサから長崎を経由してウラジオストクへ至る南海航路を開いていました。義勇艦隊という名称は奇妙ですが、要するに船舶購入の財源に義援金を募り、有事の際に備えて作られた商船艦隊という意味です。また、ユーラシア北部の大陸国家であったロシアが、南海航路を利用したというのも現在では不思議な印象を与えますが、日露開戦直前の一九〇三年にシベリア鉄道が開通（全通は一九一六年）するまで、一八八〇年代後半でもモスクワからシベリアを経由してウラジオストクに至るまでは、およそ二五五日かかっていました。このユーラシア大陸を東西にまたぐ巨大な帝国にとって、ウラジオストクまでの陸路はあまりにも遠く、悪路に悩まされるものでした。そのため、一八六九年に開通したスエズ運河を利用してオデッサ・ウラジオストク間を四〇日程度で結ぶ義勇艦隊は、物資

図2　ロシア義勇艦隊の広告『日露貿易案内』1916年

や囚人などを輸送し、帰りには中国茶などの輸入で利益をあげることができたのです。また、当時ウラジオストクには船を修理するドックがなかったため、長崎まで回航する必要がありました。

この航路を利用して島原や天草諸島などから女性たちがシベリアに渡ったのですが、定期航路を利用するお金もないまま四〜五人乗りの木の葉のような手こぎ船に乗って沿海をつたわりながら七〇余日をかけて密航したり、海鼠《なまこ》漁などの漁船に便乗して渡ることもありました。こうしてシベリアやハルビンなど中国東北部に渡った女性たちのことを「北のからゆきさん」と呼ぶ人もいます（倉橋正直『北のからゆきさん』共栄書房、一九八九年）。からゆき（唐行き）さんというと、東南アジアに行った女性たちを思い浮かべられるかもしれませんが、からゆきさんは土木請負業者などとともに先ずは北に向かっています。シベリアやウラジオストクなどが、開発中でロシア女性が少なかったためだといわれていますが、後に触れます石光真清の諜報活動を物心両面で支えたのは、バイカル湖近くまで渡っていた「北のからゆきさん」たちでした。石光の自伝四部作の一つである『曠野の花』には、お君、お花、お米などの中国人馬賊と関係の深い女性たちが出てきますが、『曠野の花』というタイトルにはシベリアや北満洲などで凄絶な境遇に圧し殺されそうになりながらも、ひたすら自らの花を咲かせようとしている女性たちへの石光の共感が込められているのではないでしょうか。

熊本とアジアとのつながりの先駆となったのは、多くの女性たちであったことは間違いありません。本来、そうした女性たちの足跡をたどることは、「熊本びとのアジア」を課題とする以上は不可欠の作業であることは明らかです。しかし、現時点で私が知りうる事実は、あまりにも少ないというのが真情です。

四　藩校時習館の漢学と刑法学――木下韡村と門下生

このように熊本とアジアの国との空間的な距離が近く、交通手段があったから、熊本の人たちはアジアに親近感を覚え、渡航にも心理的抵抗が少なかったのかも知れません。しかし、それだけでアジアとの係わりができるわけではありません。問題は言葉です。中国語や朝鮮語（ハングル）やロシア語をいかに熊本の地にあって修得していたのかという問題を考えておく必要があります。

その言葉という点でも、熊本の文化的伝統が大きな意味合いを持っていました。熊本藩の藩校時習館での漢学教育は、たいへん優れたものであったと言われています。とりわけ、刑法に関係する中国の唐・明・清の律などについては、長年にわたって研究が蓄積されてきていました。熊本藩の刑法は、明治になって新しい刑法を制定するときも参考にされていますが、それに携わったのが木下業広《きのしたなりひろ》（一八〇五～六七。通称は宇太郎または真太郎。号は犀譚《さいたん》、韡村《いそん》など）に学んだ人たちでした。

木下は藩校・時習館や江戸の昌平黌そして佐藤一斎の私塾などで学んだ後、藩主・細川斉護《ほそかわなりもり》の侍読《じどく》や時習館訓導を務めた儒者で、中国の刑法典などの法制について深い学識を備え、裁判にも与っていました。木下は熊本の農民出身の儒者でしたが、佐藤一斎とともに文政・天保年間の「大儒」と並び称された松崎慊堂《まつざきこうどう》にも学び、松崎門下として知り合った安井息軒《やすいそっけん》や塩谷宕陰《しおのやとういん》らと終生、交流を重ねていたことでも知られています。当時、安井・塩谷・木村は「三大文章家」とも称されていました。司馬遼太郎の小説『峠』で知られる河井継之助《かわいつぐのすけ》は、越後長岡藩の人ですが、河井も木下の才識を尊崇し、百日でも半年でも一緒に学んでみたい、と望んでいたそうです。

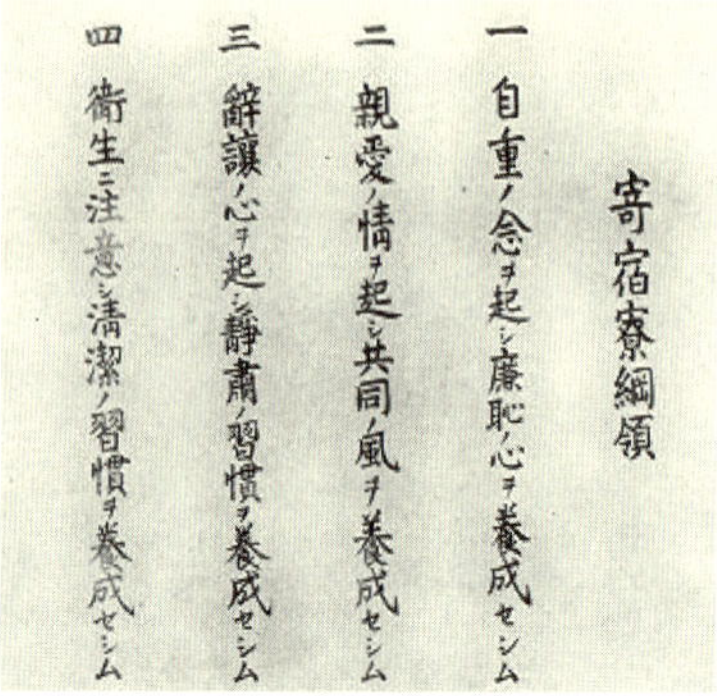
寄宿寮綱領
一　自重ノ念ヲ起シ廉恥ノ心ヲ養成セシム
二　親愛ノ情ヲ起シ共同ノ風ヲ養成セシム
三　辞譲ノ心ヲ起シ静粛ノ習慣ヲ養成セシム
四　衛生ニ注意シ清潔ノ習慣ヲ養成セシム

図3　木下広次が制定した「寄宿寮綱領」

木下の次男が、京都帝国大学(1)の初代総長となって「自重自敬」をモットーとする自由の学風を首唱した木下広次《きのしたひろじ》（一八五一〜一九一〇）です。広次は、明治三年（一八七〇）に熊本藩の貢進生として大学南校に入学、明治五年には明法寮（後の司法省法学校）に転じてボアソナード(2)にフランス法を学び、パリ大学に留学して明治一二年（一八七九）に法律学士の学位（後に博士号も取得）を得ています。帰国後は、文部省に入り、東京帝国大学法科大学教授に就き、教授兼任のまま第一高等学校校長などを務めました。第一高等学校校長在任中の明治二三年（一八九〇）には、「自重・親愛・辞譲・清潔」の四項目からなる「寄宿寮綱領」を制定して学生による自治寮を開設しましたが、これは当時の教育環境において画期的な対応でした。さらに、明治二六年（一八九三）には井上毅《いのうえこわし》・文部大臣の下で、文部省専門学務長として高等教育改革を進め、明治三〇年（一八九七）に京都帝大が創立されると同時に初代総長に任ぜられたのです。

そして、木下の三男・哲三郎も司法省法学校でフランス法を学び、明治二四年（一八九一）にロシア皇太子を負傷させた大津事件に大審院判事として判決にかかわっています。哲三郎にはフランス刑法や民法についての翻訳書のほか、『刑事訴訟法講義』などの著作もあります。

なお、木下の弟・助之《すけゆき》（時習館訓導助教を経て上京して太政官や東京府に勤務し、帰熊後には初代の熊本県議会長、玉名郡長、衆議院議員などを務めました）の孫が劇作家の木下順二です。順二は、旧制熊本中学（現在の熊本高校）や第五高等学校に学び、「ぶどうの会」の上演で広く知られた『夕鶴』や明治初期の熊本を舞台とする戯曲『風浪』を発表しています。また、助之の娘・常は木下広次に嫁ぎ、その次男が、昭和天皇の侍従次長を務めた木下道雄です。

さて、木下は時習館のほか私塾・韡村書屋《いそんしょおく》でも教育にあたりましたが、門人帳によれば九州一円はもちろんのこと、遠くは信州・高遠《たかとお》や武蔵の国など各地から優秀な書生が集っていました。宮崎滔天の兄で、西南戦争で戦死した八郎も木下門下の一人です。それらの門下生の中でも卓抜だったのが「木門四天王」と呼ばれた、竹添進一郎・井上毅・木村弦雄《きむらつるお》・古荘嘉門の四人です。また、岡山から遊学して木下に学んだ坂田警軒《さかたけいけん》（岡山の興譲館館長、衆議院議員、慶応義塾講師などを務めました）と竹添進一郎と井上毅の三人が「木門の三才」と呼ばれることもあります。

井上毅は、法制官僚として大日本帝国憲法や教育勅語の起草にあたるなど、明治国家の法制デザイナーとしての役割を担うことになります（井上に関しては、前掲『アジアの思想史脈』Ⅳ、参照）。なお、井上の後妻となったのは木下の長女・鶴子でしたから、木下広次は井上の義弟にあたります。

木下の門下生からは、井上や古荘の他、佐賀出身の鶴田皓《つるたあきら》（一八三五～八八）など中国の律令を学んだ人が輩出し、明治維新後には刑部省や司法省などに入って、「新律綱領」（明治三年）や「改訂律例」（明治六年）などの刑法典の編纂にあたりました。ボアソナードがフランスから招聘されてフランス刑法をモデルとする刑法が制定されるまでは、中国の律令に倣った法律で日本は動いていたのです。そのボアソナードを日本に招聘するにあたっては、鶴田と井上などがパリを訪れて面会し、その識見と人となりに感銘を受けたことが契機となっています。ちなみに、司法省に入って検事となり、ボアソナード立案の刑事訴訟法にあたる「治罪法」草案審査に参画し、後に司法大臣となって刑法の全面改正や監獄の改良などに尽力したのが、熊本出身者として初めて総理大臣となった清浦奎吾《きようらけいご》（一八五〇～一九四二）です。[3]

このように井上や鶴田そして鎌田景弼《かまたかげすけ》（平十郎）や早川助作など、木下の門下生の多くが司法省などに入って法制官僚や司法官として活躍の場を得ていきました。熊本（肥後）藩は、幕末の徳川幕府側（佐幕派）の立場を選択したため、維新後の薩・長・土・肥の四藩出身者が主流となった藩閥政府では傍流であり、実務官僚として自らの能力を示さざるをえなかった事情もありました。また、維新後にも藩命によって上京して法学を学び司法官に進んだ人も少なくありませんでした。熊本県鹿本町に生まれた古荘一雄（一八四八～一九三二）も司法省に出仕し、大阪控訴院長となり、第八代の関西大学学長も務めています。

問題は、なぜ法制や司法関係に進んだ人が多かったかということですが、それは熊本藩時代に、中国の律令の研究が進められ、刑法典の施行において蓄積があったことと無関係ではありません。律とは中国の刑法典で、令は皇帝の命令を意味しますが、熊本藩では明朝の律に学んで宝暦四年（一七五四）に「御刑法草書」を制定します。これによって追放刑を廃止して、「徒刑」を先駆的に採用するなど、全国の藩法にも影響を与えました。要するに、鎖国政策が採られた時代に熊本は律令の研究を通じて、中国とのつながりを持っていたわけです。

そして、明治維新直後、新たな刑法典の制定が必要となった明治新政府は、熊本藩の律令研究の蓄積に着目して、明治元年（一八六八）に藩主・細川護久《ほそかわもりひさ》を刑法事務科総督に、熊本藩士の津田信弘・木村貞通らが刑法事務掛に任じられました。そして、「御刑法草書」や明律・清律を参考に、「仮刑律」一二四条が起草され、その後は「新律綱領」や「改訂律例」などが制定されていくことになります。

この「仮刑律」起草に参画した熊本藩の儒者の一人が、岡松甕谷《おかまつおうこく》（一八二〇～九五。名は辰で、通称は辰吾のち伊助。甕谷の呼び方について、遺族は「ようこく」とされています）です。岡松は、帆足萬里《ほあしばんり》や木下犛村などに学び、維新後は東京で私塾・紹成《しょうせい》書院を設立し、中江兆民や徳富蘇峰らに漢学を教えました。中江兆民は、ルソーの『社会契約論』を明治一五年（一八八二）から翌年にかけて漢文に訳して『政理叢談』（後、『欧米政理叢談』と改題）に連載し、『民約訳解』として刊行します。これは一八九八年に兆民の名を出さないままに『民約通義』として中国で刊行され、また中国からの留学生で宮崎滔天に親炙《しんしゃ》していた田桐《でんとう》によって一九一四年に『共和原理　民約論』あるいは『民約論』と題して日本と中国で翻刻されています。兆民は「東洋のルソー」と称されることになりますが、兆民が漢文で達意の文章を著すことができたのは、岡松に学んだことによります。兆民は岡松の文章を評して、「その材を取る極めて宏博にして、即ち三代秦漢より下明清《みんしん》に及び、旁《かたわ》ら稗官野史《はいかんやし》、方技の書に至る迄、時に応じ意に任せ、駆使して遺さず、而して其紙に著《あら》はるる所、所謂字々軒昂《けんこう》して、しかも且つ妥帖《だちょう》（穏当）を失はず」（『兆民先生』）と弟子の幸徳秋水に語り、絶賛していたそうです。岡松は、東京大学・女子高等師範などでも教鞭をとり、帝国学士院会員に選出されています。

岡松の三男（長兄・次兄が夭折したため、長男と記すものもあります）、参太郎は日本における民法学創始者の一人で、アジアとの関連では台湾や満洲における旧慣調査などで重要な役割を果たしましたが、参太郎につきましては改めて触れます。なお、岡松の四男（前述の理由から、次男とも記されます）、匡《ただ》四郎《しろう》（一八七六〜一九五九）は鉱山学者で井上毅の養嗣子となり、東京大学教授や満洲の鞍山《あんざん》製鉄所所長そして鉄道大臣などを務めています。匡四郎は戦時中の一九四二年一月に創設され、原子爆弾の研究にも着手することになる技術院の総裁に任じられますが、官僚セクショナリズムの壁を打破できずに二年で辞任においこまれました。戦後、サンフランシスコ講和条約の調印に向かう吉田茂首相に宛てて、原爆のために日本の基地を一部でも使用させないと主張することは世界で唯一の被爆国である日本にとって当然であるのみならず人道上の義務である、との意見書を送っています。

五　竹添進一郎と中国・朝鮮

さて、木下韡村の門下でアジアと深いかかわりをもった人として、竹添進一郎（一八四二〜一九一七。字《あざな》は光鴻《みつあき》、号は井々《せいせい》）がいます。父親の光強は豊後・日田の広瀬淡窓の門下で、竹添は四歳のころから父の膝下で中国の古典『孝経』や『尚書（書経）』を暗記し、幼児からその詩才を嘱目《しょくもく》されて天領であった天草から熊本に転籍するという異例の待遇を受けます。そして、木下の下で一五歳から一三年間学びましたが、一八歳頃からは木下の代講や時習館の訓導などを務めていました。幕末には藩命によって京都や江戸や奥羽などを探訪し、勝海舟からも信頼をえていました。慶応三年（一八六七）には、藩の蒸気船・万里丸の補修が必要となったため、漂流をよそおって上海の浦東ドックに渡り、欧米による植民地化の状況を実見する特異な体験もしています。

明治に入って長崎で英語を学び、廃藩後に上京し、井上毅の推輓《すいばん》によって修史局御用掛となり、次いで法制局御用掛になりました。明治八年（一八七五）には勝海舟らの推挙によって特命全権大使・森有《もりあり》礼《のり》の随員として中国に渡り、その漢学の知識を活かして中国の政官界や学界の人と交わります。

そして、明治九年（一八七六）五月から、熊本出身で北京公使館一等書記官見習であった津田静一とともに一一一日におよぶ長途の旅に出ます。その旅は、北京を出て、石家荘から黄河を渡って洛陽へ、難関の函谷関《かんこくかん》を通って西安へ、さらに陝西・四川などを巡り、重慶から揚子江を船で下って三峡から洞庭湖を経て上海に至るというルートでした。簡単に言いましたが、それから約一〇〇年後の一九八〇年代に私が旅行した当時でも、四川省の成都と雲南省の昆明の間でも列車で一昼夜かかるほどでした。列車でさえ楽ではない行程を竹添と津田は、蒙古の行脚僧の出で立ちで歩いているのですから、その健脚ぶりには驚嘆を禁じえません。特に、「蜀《しょく》の桟道《さんどう》」を踏み越えていますが、ここは四川省北部と陝西省の南部を結ぶ険阻《けんそ》な道で、古くから要害の地として知られていました。この三万五千キロにも及ぶ苦難の旅の様子を記したのが、竹添の『桟雲峡雨日記並詩草《さんうんきょううにっきならびにしそう》』です。桟雲の桟は崖の中腹に棚のように張り出して作られた桟道、峡雨の峡は舟行の難所とされてきた揚子江上流の三峡を指します。この本は中国の山水の景観・史蹟を賛美しながらも、日々の苦難や見聞を書き留めた日記と漢詩をまとめたものですが、これこそは日本人が実際に中国を歩いて書いた最初の著作であり、近代日本の中国研究の嚆矢《こうし》となったものです。李鴻章や著名な考証学者であった兪樾《ゆえつ》など中国の文人からも絶賛され、勝海舟のほか井上毅や岡松甕谷、中村正直らが跋文を寄せていることからも、その声価が高かったことがわかります。この紀行文は、その後の日本人の中国旅行記のモデルとなり、後年に東亜同文書院の学生が奥地調査をおこなうときの必読書となります。文章自体は、中国の古典籍を踏まえた格調高い漢文や漢詩で書かれていて難しいのですが、平凡社の東洋文庫から岩城秀夫氏による精細な現代語訳注本が出されて読みやすくなっています。

竹添はその後、天津領事や北京人使館書記官として琉球の帰属問題に関して李鴻章などと会談を重ねましたが、解決には至りませんでした。そして、明治一五年（一八八二）にソウルで発生した壬午《じんご》軍乱では清朝代表の馬建忠との交渉にあたり、朝鮮弁理公使となってからは中国の京城駐在提督であった呉長慶とも交際を重ねています。壬午軍乱は、日本にならった新式軍隊の創設によって疎んじられた軍人たちが起こした反乱で政府要人を殺害し、日本公使館も襲われて日本人軍事教官も殺害されました。乱後、日本は済物浦《さいもっぽ》（仁川）で暴動首謀者の処罰・賠償金支払い、公使館護衛のための軍隊駐留などを定めた条約を締結しました。これに対抗して清朝が宗主権の行使を強化したことから、日本と清朝の対立が激化し、朝鮮の内部でも清朝からの独立派と清朝とのつながりを求める事大派との対立が深まっていきます。

そして、竹添が公使として朝鮮に駐在していた明治一七年（一八八四）一二月に起きたのが、甲申政変です。これは金玉均や朴泳孝らが清朝からの自主独立と日本の明治維新にならった内政改革をめざして起こしたクーデターでした。金玉均らは閔《びん》氏一族の支配に反対し、閔氏に強い影響をもっていた清朝が清仏戦争に敗北した機会をとらえてクーデターを決行したわけです。このクーデターでは井上馨・外務卿や竹添も了承を与え、日本公使館の守備軍の援助をえたことによって、反閔氏路線をとる大院君（一八二〇~九八）と提携して新政府樹立が宣言されます。(4) しかし、政変から三日後、清朝の袁世凱《えんせいがい》が率いた軍隊一五〇〇名が武力介入したため、竹添は出兵させた約一〇〇名の公使館守備軍に撤退を命じます。日本公使館も焼打ちにあい、死傷者も多数出て、竹添らは命からがら帰国します。竹添の対応に対しては、その弱腰ぶりを非難し、義勇兵を派遣する動きが日本各地で起きました。また、東京で熊本出身の学生たちが結成していた淡水会は、「竹添進一郎君は天領天草に成長せらる。肥後藩人にあらず」という新聞広告を出しています。

この甲申政変で、それまで日本人が朝鮮に期待をかけていた改革が失敗するのではないかという懸念が日本に広がり、そのときに書かれたのが福沢諭吉の「脱亜論」です。福沢は朝鮮の改革に希望をかけ、物心両面で支援を続けていただけに甲申政変の失敗、そして金玉均らの親族に対する朝鮮政府の残虐な処分を知って絶望とともに憤りもまた大きかったわけです。

甲申政変後、金玉均は日本に亡命し、福沢諭吉や後藤象二郎らの援助をえて再起を図りました。当初は日本政府によって、それなりに遇されますが次第に迷惑視されたことや朝鮮政府の刺客を避けるために小笠原諸島や札幌などを転々とすることになります。その不遇の間、親身になって交わったのが荒尾出身の宮崎滔天です。滔天の著書『三十三年の夢』には、金玉均との親交の様子が描かれています。しかし、金玉均は明治二七年（一八九四）、上海にわたり、朝鮮政府の刺客・洪鐘宇《こうしょうう》によって暗殺されました。金の遺体は朝鮮に送還され、「大逆無道」の罪人として死体を引き裂く極刑に処されて、大道にさらされました。

いずれにしましても、熊本の漢学の伝統は明治の法制整備、外交交渉などにおいて重要な役割を果たしたと思います。竹添も外交官としては必ずしも功績をあげたとは言えないようにも思われますが、公使退任後は井上毅・文部大臣の推薦もあって東京帝国大学で中国の経書を講義するなど漢学研究において業績をあげ、中国の古典『左伝』の注釈書として『左氏会箋《さしかいせん》』を二〇数年かけてまとめた業績によって帝国学士院賞と文学博士号を与えられています。この間に竹添家に起居して儒学と中国文学を学んだのが、熊本県宇土郡の生まれで済々黌に学び、狩野直喜と同級であった松崎鶴雄（一八八八〜一九四九。号は、柔甫・柔父）です。松崎は竹添に学んだ後、四一歳で大阪朝日新聞通信員を兼ねて中国に留学し、長沙で葉徳輝・王先謙などから儒学を学びます。その後、大正九年（一九二〇）に大連の満鉄図書館司書となりますが、満鉄社員に柔父会で中国文学を講じました。松崎は『詩経国風篇研究』などを著して中国人も「感服するほどに中国古文書に詳しい方」（八木沼丈夫）と評されました。また、『柔父随筆』（座右宝刊行会、一九四三年）、『雨の思ひ出』（座右宝刊行会、一九四六年）などに収められた随筆については「非常の名文」（横光利一）、「好個の名随筆」（志賀直哉）と称《たた》えられています。

なお、竹添の次女・須磨子は木下広次の媒酌によって、講道館柔道の創始者・嘉納治五郎と結婚しています。東京高等師範学校校長でもあった嘉納は、中国人留学生のための学校として宏文書院（弘文書院）を東京・牛込に設立して日本語や数学・理科そして柔道などを教えましたが、ここには魯迅をはじめ宮崎滔天と深く交わることになる黄興などが学んでいます。

竹添や先に挙げた岡松甕谷などは、漢学とともに蘭学や英学も学ぶことによって漢学の伝統に新たな研究視角を持ち込むという面で日本の中国研究やアジア研究を開拓するという役割を果たしました。

次には、このような漢学の伝統と東洋語学教育が明治以後、どのように展開したのかをみていきたいと思います。

六　熊本における東洋語学教育

明治維新以後の日本では、欧米の学術である洋学が隆盛を迎え、それまでの漢学や国学は古典学として片隅に押しやられた感があったことは否定できません。しかし、東アジア世界という規模でみれば、外交や学術の分野においてコミュニケーション・ツールとしての漢文は、有効性をもっていました。もちろん、漢文を中国語で発音していたわけではありませんが、漢文を読み書きできれば筆談で中国人と交流することができたのです。宮崎滔天と孫文も筆談で意見を交わしていました。竹添が外交官として登用されたのも、何よりも卓越した漢文力によって、李鴻章などと交渉できたためでした。

そして、中国や朝鮮について研究するための基礎的な学力として必要とされたのが、漢文の読解力でした。明治以後、それまでの漢学を中国学や朝鮮学さらにはアジア研究へと展開させていくにあたって、熊本における漢学の伝統が大きく寄与することになったことは見逃せない事実です。もちろん、漢学を

図4　同心学舎

中国学に転轍させた先達は、熊本以外の地からも輩出しています。しかし、「肥後漢学の三羽烏」といわれた狩野直喜、古城貞吉《こじょうていきち》、宇野哲人《うのてつと》の三人が近代日本における漢学界に与えた影響は多大なものであり、三人とも同心学舎・済々黌《せいせいこう》の出身であったことには興味深いものがあります。さらに、中国や朝鮮で新聞を発行したジャーナリストを輩出したのも済々黌でした。これに関して、明治三二年（一八九九）、済々黌出身の宗方小太郎が執筆し、井手三郎が校閲して「肥後生」という筆名で残された「清国ニ於ケル肥後人」という文章には、「今や、我が熊本人が世人に先《さきんじ》て、東亜大陸の事情に精通し、その一挙一動、稍々《やや》世人の注視を惹《ひ》くに至りしもの、その基因する所は、全く同心校・済々黌の学窓の下より発し来れる賜《たまもの》なりと謂《い》うも、決して過言にあらざるを信ずるなり」と説かれています。

それではなぜ、済々黌出身者の多くの人がアジアとのつながりを深めたのでしょうか？

その大きな契機となったのは、明治一〇年（一八七七）の西南戦争の戦禍によって熊本城下一帯が焦土と化し、読むに書物なく、学ぶに学校もない、という窮状にあって前途に迷う青少年のために学舎《まなびや》を設けたことでした。

明治一五年（一八八二）に開校した済々黌は、佐々友房（一八五四〜一九〇六。号は克堂）、古荘嘉門（一八四〇〜一九一五）、高橋長秋（一八五八〜一九二九）[5]らが明治一二年（一八七九）に創立した同心学舎（明治一四年に同心学校と改名）が前身でした。創始者の佐々は、吉田松陰・佐久間象山らと交流のあった国友昌（一八二三～八四。通称・半右衛門。号・古照軒《こしょうけん》のち鉄叟《てっそう》[6]）や神風連（敬神党）につながる国学者・林櫻園《はやしおうえん》に学び、さらに水戸学の藤田東湖などに私淑して勤皇思想を奉じていました。佐々については、明治六年（一八七三）江戸遊学中に会った木戸孝允が「後世恐るべしは、この子なりと、大いに望みを属《しょく》し」、副島種臣が「風格に惚れ込んで、養子にするつもりであったが、本人は大鵬《たいほう》の志を抱きて、ほどなく故山の風雲を望んで飛び去った」（有耶無耶山人『近代人物側面観』読売新聞社日就社、一九〇八年、一五一～一五二頁）といった逸話が伝えられています。ちなみに、佐々は国友昌の娘・静《シゲ》と結婚しており、後に触れます国友重章の義弟にあたります。また、佐々の三男・弘雄は政治学者として九州大学教授を務めた後、熊本日日新聞社長、参議院議員になっています。

　佐々は、欧米と対峙するためには中国と提携しなければならないと考えていましたが、明治七年の台湾出兵に際しては真の友好のために先ずは清朝を膺懲《ようちょう》する必要があるとして、義勇兵として参加する準備を整えていました。この時は、和議が成立したため出兵は断念せざるをえませんでしたが、東アジアにおける日本の権益拡大をめざす国権主義的立場から出発していたわけです。他方、藩閥政府の欧化主義政策には強く反発し、池辺吉十郎《いけべきちじゅうろう》（一八三八～七七）[7]らとともに明治一〇年の西南戦争では西郷隆盛軍に加わったことによって賊軍として罪に問われることになります。

　こうして藩閥政府の下では自らの政見を発揮する機会を奪われることとなったため、アジアに新天地を求める子弟を教育することに尽力した側面もあったように思われます。そのことは、西南戦争後における熊本の荒廃に直面して、若人の人心を建設的に立て直すためにも、「志気を海外に向わしめ、清・韓〔中国・韓国〕に向て勢力を樹立せば、以て世人に対して先鞭《せんべん》を着くることを得べし」（前掲「清国ニ於ケル肥後人」）と佐々らが考えたという記述からも明らかです。

しかしながら、佐々らが同心学舎を設立した動機としては、横井小楠の実学党による洋学教育や熊本洋学校の生徒が熊本バンドを設立したようなキリスト教の振興に対抗して、藩校・時習館の学風を復興するという意図があったことも無視できないように思われます。「党争の国」とも評される熊本では、とりわけ明治初年には勤皇党と実学党と学校党との対立に象徴される熊本県内の政争が激しくなっていました。その政争は、自由民権運動が全国的に広がるなかで宮崎八郎らが植木学校を設立してルソーの民約論（社会契約論）などを紹介し、松山守善や徳富蘇峰らが結成した相愛社などの民権結社が唱える主権在民論や民選議院開設論に対抗する党派の発生を促すことになります。

同心学舎は、このような自由民権派に反対する学校党と勤王党と呼ばれていた人々が集って作った私塾でした。そのため「我が皇威の尊厳を益し、我が国権の拡張を謀《はか》らんとす」（「同心学舎建設趣意書」）という建学の目的を掲げていました。そして、明治一五年（一八八二）二月に私立済々黌となったときには、「一．倫理を正し人義を明らかにす。一．廉恥《れんち》を重じ元気を振う。一．知識を磨き文明を進む。」という三綱領が定められ、「忠君愛国の士を養成して以て国家有用の資に供するにあり」（佐々友房「済々黌規則」）と掲げています。済々黌の名称は、『詩経』大雅・文王にある「済済多士文王以寧（「済済たる多士、文王以て寧《やす》んず」）から採られたもので、多士済々、卓越した人材が多く集まっていることを意味するものです。

こうした志向をもって建学された済々黌における科目の中心は、当然のことながら「皇漢学」に置かれました。皇漢学とは日本の古典や歴史に関する皇学と儒学を中心とする漢学とを併せ学ぶ教科であったと思われます。佐々自身は、水戸学を重んじていましたから、皇漢学も水戸学の解釈に準拠していたのでしょう。しかし、同心学舎や済々黌の中心となった人たちは、時習館で学んでいましたから、朱子学としての漢学を復興することをめざしていたのかもしれません。

時習館が中国の律の研究を重視していたことは、先に述べましたが、初代教授であった秋山玉山《あきやまぎょくざん》は、授業規則ともいえる「時習館学規」の注釈において中国語を話す「華語師」を置くことが不可欠であることを力説し、「今や明律《みんりつ》を学ぶに華語に通ぜざれば義理のみを以て推《お》すべからざるものあり。故に学校を設け、この師なきは一大欠事なり」と記していました。つまり、日本式に漢文の意味を理解することには問題があり、中国語として漢文を読まなければ明朝の律の正確な把握は困難だと主張したわけです。こうした原語主義による研究・教育の必要性は、荻生徂徠《おぎゅうそらい》の古文辞学派とも通じるものですが、時習館では「華語師」を置くことはできませんでした。このように時習館では実現できなかった学習方法を実行したのが同心学校であり、済々黌でした。

同心学舎は学費を取らないこともあって財政的に困難をきわめ、明治一四年（一八八一）に組織を改めて同心学校としますが、このとき初めて中国語と朝鮮語が選択科目として教えられることになりました。佐々らが中国語と朝鮮語を教育する必要性を改めて認識するにあたっては、東京で組織された興亜会との関連についても留意しておく必要があります。

明治一三年に創設された興亜会は、近代日本におけるアジア主義団体の先駆けとして知られていますが、後に述べます細川護美《ほそかわもりよし》が会長を務め、佐々も会員となっています。興亜会は、欧米の言語学習が隆盛になるなかで中国・朝鮮などのアジア諸国語が疎かにされていることに危機感を抱き、「支那語学校」で人材育成を図ることを重要な事業目的に掲げていました。その支那語学校教授であった熊本出身の吉田義静が帰郷し、次代を担う青年の関心を海外に向ける必要があると力説したことが佐々らのアジア語教育方針を後押ししたようです。福沢諭吉が明治一二年に開設した慶應義塾附属支那語学科は明治一四年には閉鎖されていましたので、同時期に日本の学校で中国語を教えていたのは東京外国語学校、興亜会支那語学校そして同心学校だけであったと思われます。

同心学校では朝鮮から李東仁とともに日本を訪れていた呉鑑が朝鮮語を教えていましたが、呉鑑が日本を去るにあたって佐々友房の弟・正之《まさゆき》（一八六二〜一九二八）など七人の学生が次々に朝鮮に渡って言語の修得を進めています。帰国後の呉鑑は金玉均らと同じく独立派として活動しましたが、甲申政変で亡くなっています。なお、呉鑑を伴った李東仁は、東本願寺の僧侶・奥村円心の手引きでいち早く日本に密入国し、明治維新後の日本の状況を金玉均らに伝えるなど独立派の形成に重要な役割を果たしています。

しかしながら、同心学校も財政上の理由から廃校となり、明治一五年に政治結社・紫溟会《しめいかい》の教育部の位置づけをもった済々黌として改めて開校されます。このとき中国語の教育は専門科として継続されましたが、朝鮮語教育は廃止されました。紫溟会は、明治一四年（一八八一）九月、在熊の佐々や津田静一らが東京の井上毅や安場保和《やすばやすかず》（次女の和子が、後藤新平の妻です）らと連携して自由民権運動に対抗するために組織された団体で天皇主権論を唱導していました。紫溟とは、「筑紫の海」を意味します。

その紫溟会の結成において示された「紫溟会主旨」は、井上毅が起草したものですが、「能《よ》く国を興す者は政党なり、能く国を覆《くつがえ》す者もまた政党なり」として、社会契約説や主権在民説を唱える自由民権派の政党に対抗し、これらを抑えることを目的とすることを宣言していました。すなわち、「官権を弄《ろう》し、私利を営み、苟且偸安《こうしょとうあん》〔その場かぎりの安楽を求めること〕をもって公議を壅塞《ようさい》し、内乱を醸成する者は即ち我党にあらざるなり。抑《そもそも》また熱躁悖戻《はいれい》、虚無共和の説を唱えてもって社会の秩序を破壊する者は即ち我党にあらざるなり」というのです。この主旨にそって「一．皇室を翼戴《よくたい》し、立憲の政体を賛立し、以て国権を拡張す。二．教育を敦《あつ》くし人倫を正し、以て社会の開明を進む。三．厚生の道を勉め、吾人の独立を全し、以て国家の富強を図る。」という「規約」が定められましたが、第二項と第三項はあくまで各自が目的とすべきことで、会として施行する項目は第一項であるとされていました。要するに、明治一四年政変によって立憲政体が立てられることになった状況に対応して、皇室尊重すなわち天皇主権説を基に国権の拡張を図るというものでした。この国権拡張主義が、アジアへの進出を促すものとして佐々らの言動の基軸として通底していくことになります。

この基軸は明治一七年（一八八四）三月に政党としての紫溟会を、「教と道徳をただす学術」の講究を目的とする学術団体に改組した紫溟学会にも引き継がれます。紫溟学会への改組をリードしたのは津田静一と推測されますが、理由としては対抗すべき自由民権派が勢力を失ったためだとされています。紫溟学会の綱領は、「道義を講究す。綱常を扶植す。治教を輔賛す。開明を増進す。」の四項となっており、学術研究に重きが置かれていました。紫溟会の政治部が発行したのが『紫溟雑誌』で、津田静一を社長、高橋長秋を編集人、中西牛郎《なかにしうしお》（→一三八頁）を主筆として月三回刊行されます。そして、明治一五年八月には『紫溟新報』と改題し、当初は隔日刊でしたが、後に日刊紙となりました。『紫溟新報』は明治二一年に『九州日日新聞』(9)となり、昭和一七年（一九四二）の「一県一紙」政策によって『九州新聞』と合併して、現在の『熊本日日新聞』に至っています。

井上毅や山田信道《やまだのぶみち》（のち、農商務大臣、会計検査院長）らは、自由民権運動の理論的支柱となっていたフランス学やイギリス学に対抗するため東京で独逸学協会《どいつがくきょうかい》を組織し、その教育機関として独逸学協会学校を開設しますが、これが独協大学・独協医科大学の前身となったものです。紫溟会もまた独逸学協会の出版物などを、機関誌『紫溟雑誌』に転載・紹介するなど思想的に共鳴し、佐々もドイツ学と国学・漢学を併せて学ぶことを強調していきます。このため、済々黌出身の鳥居素川、松崎鶴雄、上田仙太郎などが独逸学協会学校に進んでいます。こうして、済々黌では明治一八年（一八八五）の組織拡張にともなって、皇漢学科・独逸学科・英学科・支那語学科の四科編成と改められました。そして、山口から山縣良蔵を招いてドイツ学を担当させています。熊本のドイツ語教育は、明治二〇年（一八八七）五月に熊本第五高等学校の前身である第五高等中学校が設置されてから本格的に開始されますが、紫溟会と済々黌が先鞭をつけていました。

　しかし、明治一九年には支那語学科は廃止されます。なぜ、明治一九年に廃止されたのかは、財政的な理由のほかに、全国的な思潮も無視できないかと思われます。江戸時代の唐通事と異なる中国語教育は、外交上の必要から設けられた外務省漢語学所に始まり、文部省所管の東京外国語学校でも通訳の養成が設置目的とされていました。東京外国語学校は明治一八年に東京大学に移管されましたが、翌年一月には漢語・朝鮮語・ロシア語の三科が東京商業学校語学部に所属を変えます。しかし、直後の二月には語学部そのものが廃止されます。その理由については、文部卿であった大木《おおき》喬任《たかとう》によれば、中国語・朝鮮語・ロシア語については外務省が必要とする人員を満たしたため、以後は商業活動で用いられるものとして「商業に附属する科業」として教えればよいとの判断に至ったようです。持続的な人材養成からみれば、これら三語の教授も不可欠だったはずですが、欧米語の習得が外交上も優先されたと思われます。

　ただ、済々黌での中国語教授の廃止は、実際に中国に渡って現地で中国語を習得することに重点が移った段階での措置であった側面もあると思われます。佐々友房は、明治一七年（一八八四）の清仏戦

図5　明治17年、上海渡航時の記念写真（右から宗方小太郎・佐々友房・佐野直喜）

争視察のため宗方小太郎と佐野直喜を伴って上海を訪れていますが、視察後も両名を中国に留まらせ、井手三郎などに続いて中国へ渡った人々とともに情報収集活動などに従事させます。日本で中国語の手ほどきをした後は、中国事情を実地に体得しなければ、ただ喋々《ちょうちょう》と論述するだけの空疎無用の論客を作るに終わることを佐々は警戒していました。

佐々は、日本が欧米のみに目を向けて、一条の鉄鎖を連ねるはずの中国の実情を知らないことは、後日、大きな災厄をもたらすと危惧し、次のように訓辞していたからです。中国と連携するという「眼光を高所に着けて徐《おもむろ》にその歩を進め、怠らず躓《つまず》かず孜々《しし》勉強して、大に熟練する所あり、以て他日清国に渡航し、親く彼の地を踏みてその風俗を知り、土宜を詳にし、或は貿易に従事し、或はその他の業務に奔走せざるべからず」（佐々「支那語学科を設けしに就ての談話」『克堂佐々先生遺稿』改造社、一九三六年、二一四頁）。

済々黌での中国語教師となったのは上林大三郎《かんばやしだいざぶろう》、御幡雅文《おばたまさぶみ》（一八五九〜一九一二）などでした。上林は熊本出身で東京の興亜語学校で中国語を学んでいました。後に日清戦争が起きますと、熊本郵便電信局に在勤していましたが、広島の大本営に召集されています。御幡は東京外国語学校在学中に参謀本部から北京官話修得のために北京に派遣され、明治一五年（一八八二）に熊本鎮台に赴任し、そこで歩兵第一三連隊附陸軍少尉であった荒《あら》尾《お》精《せい》（→二四〇頁）と知り合い中国語を教えています。そして、明治一七年（一八八四）から済々黌でも中国語を教えましたが、明治一九年に済々黌で正課としての中国語が廃されたこともあって、明治二〇年に熊本鎮台を辞めて故郷の長崎に帰り、長崎市立商業学校で教鞭をとっています。御幡は、その後、上海に設けられた日清貿易研究所や日清戦争時の従軍通訳、さらに日本領有直後の台湾総督府における中国語教授などで多くの熊本びとと交流することになります。

御幡は『華語跬歩《かごきほ》』や『官商須知文案啓蒙』など多くの中国語教科書を著すなど、近代日本における中国語教育において大きな業績を残しました。こうして全国に先んじて設置された中国語や朝鮮語の教育は、現地に渡って学ぶ機会が増えたこともあって下火になっていきましたが、済々黌出身者は中国と様々なつながりをもっていきます。このような済々黌と中国との関係を知っていたためでしょうが、辛亥革命が成功した後に訪日した孫文は、大正二年（一九一三）三月に宮崎滔天とともに済々黌を訪れています。

このような同心学校や済々黌などにおける中国語教育の結果として、日清戦争が起こると「当時全国の支那語に通ずる者は悉《ことごと》く召されて通訳官に命ぜられて従軍せしが、その内我熊本出身者」は総員五二名を占めたとして、「我が熊本人が多年力を清国に用ひしもの此に至って始て英華を吐きたるを見る可きなり」と井手三郎「清国ニ於ケル肥後人」には記されています[10]。そして、津田静一ら済々黌関係者が加わって設立された九州学院では、日清戦争での通訳の不足をおぎなうため、明治二八年（一八九五）一月に中国語通訳すなわち軍事通訳官を速成養成する文科の別科として「支那語学科」が急遽開設されていました。

なお、済々黌は、私立から県立に移行しますが、明治三三年（一九〇〇）に第二済々黌が作られて以後熊本県立熊本中学校、熊本高等学校へと発展します。その初代校長が済々黌出身の野田寛で、済々黌と熊本中学が「一幹両枝」となって切磋琢磨することに尽力しました。明治二九年（一八九六）に熊本県中学済々黌の分校が天草・山鹿（城北）・八代に作られ、天草高等学校・鹿本高等学校・八代高等学校へ、また熊本中学の玉名分校が玉名高等学校へとそれぞれ発展しています。また、明治二一年（一八八八）には済々黌附属女子校が設立されましたが、明治二四年には独立して尚絅女学校と改称され、現在は私立尚絅高等学校になっています（→三七〇頁・注105）。

済々黌の他、熊本における中国語や朝鮮語の教育を担ったのは、明治二八年（一八九五）に熊本簡易商業学校として開校した熊本商業学校でした。日本の商業学校で中国に修学旅行を実施したのは、明治二九年（一八九六）の長崎商業の上海旅行が最初ですが、次いで明治三二年（一八九八）には熊本商業が上海への修学旅行をおこないます。商業学校として設立まもなかった熊本商業が上海への修学旅行を断行したのは、初代校長であった東奭五郎《ひがしせきごろう》（一八六五〜一九四七）と第二代校長であった中川静《なかがわしずか》（一八六六〜一九三五）が共に長崎出身で中国の事情にも詳しく、上海を身近な感覚で捉えていたためでした。東は東京商法講習所（後に一橋大学）を卒業し、長崎商業学校校長を経て明治二八年（一八九五）開校した熊本簡易商業学校長に就きましたが、その際に長崎商業から教員数名を連れてきています。こうして熊本商業は長崎商業の教育を先例とし、実習販売所としての筆紙墨販売所などを設置していますが、東は商業学校卒業生が貿易の担い手にならなければならないこと、そして日本は中国との貿易を振興しないかぎり未来はないことを力説していました。熊本商業の校章は、「桜に錨《いかり》」ですが日本を象徴する桜とともに、船の錨を組み合わせたことは海外へ飛躍する人材育成の願いが込められていたのでしょう(11)。卒業生の回顧によれば、「卒業生は早く外国に行け、支那に、満洲に、朝鮮に、南支に、北米に、南米にと大いに奨励されたので、当時全国商業学校卒業生の統計に、在外者は熊商が第一であった」（『熊商百年史』熊本県立熊本商業学校、一九九六年、一〇四頁）ということです。

　上海への修学旅行を実現させた中川は、その経緯について「私は長崎市に生まれたため、少年時代から親族または知人の上海往復を見慣れていたので、学生の上海旅行を一般の人ほどむつかしく考えなかったのである。市内の有力者たちと雑談していた席上で右の計画を話してみると、意外にも満場一致といわんばかりの賛成を得た」（「熊本商業時代の回顧」『熊商』創刊号、一九三二年）と述べています。ここに記されていますように、上海への修学旅行に対しては、肥後銀行・肥後農工銀行・熊本米穀株式取引所などが助成金を提供し、出発に際しては熊本市長であった辛島格《からしまいたる》らが集って送詞を贈っています。

　中川が日本学生海外旅行のパイオニアと称した熊本商業の上海（のちに南京を含む）旅行は、昭和五年（一九三〇）に満洲・朝鮮旅行に替わるまで続けられました。上海・南京旅行は、中国を実地に見聞するとともに、欧米文化の片影に接する機会となって海外雄飛の希望を高めていったと異口同音に回顧されています。その一人に下益城郡城南町（現在の熊本市南区）に生まれ、明治四一年（一九〇八）に卒業した上塚司《うえつかつかさ》（一八九〇〜一九七八）がいます。上塚は、上海旅行がいかに感激に満ち、その後の進路を決定したかについて、次のように述べています。

> 卒業前の上海旅行は楽しかった。当時は日本郵船の長崎上海間の定期航路があって、朝早く長崎を発つと、翌日は揚子江の河口に入り、黄埔江《こうほこう》を遡《さかのぼ》って上海に着くのである。滔々としてたゆみなく、支那大陸を西から東へと貫ぬき流れること三千五百哩《マイル》、灌域《かんいき》七十二万平方哩、十二省にまたがり三億の民をはぐくみ、支那貿易の半分を呑吐《どんと》する此の偉大な河を目の前にして、満十七歳の胸は感激にふるえた。私が神戸高商を出て志を支那に向け、南満洲鉄道株式会社に入社したのも、入社して

数年の後に……意見書を提出して揚子江流域の重要性を説き、灌域十二省の経済調査の必要性を提唱し、許されて前後二ケ年に亘る大調査に従事したのも、少年時代にこの河に魅せられて抱いた夢の実現にほかならなかった（「第二外語と上海旅行」前掲『熊商百年史』一一七頁）。

上塚は、熊本商業で三年間中国語を学んでいたことが、揚子江域の調査に役立ったと記していますが、その調査報告書として八三〇頁におよぶ『揚子江を中心にして』（織田書店、一九二五年）を公刊しています。上塚は、その後、高橋是清の秘書官となって『高橋是清自伝』『経済論』『随想録』などの編纂に尽力し、自らも衆議院議員となっていますが、後半生を拓植事業に打ち込んでいきます。昭和五年（一九三〇）に創設された国士舘高等拓植学校（昭和七年に日本高等拓植学校に改称）の校長となり、さらにブラジル・アマゾナス州パリンチンスにアマゾニア産業研究所を設立してアマゾン移民に尽力することになります。こうした自らの軌跡についても、「東洋一の大揚子江より世界巨川に帝王大アマゾンへの転向も若い日の上海旅行によって刻みつけられた大きな河に対する限りない愛情がもたらしたと言っても過言ではあるまい」（前同、一一八頁）と述懐しています。

ちなみに、上塚の叔父が「ブラジル移民の父」と呼ばれる上塚周平《うえつかしゅうへい》（一八七六〜一九三五）です。周平は下益城郡杉上村《しもましきぐんすぎがみむら》（現在の熊本市南区）に生まれ、済々黌・五高を経て東京大学法科を卒業し、翌年の明治四一年（一九〇八）には輸送監督として第一回移民船・笠戸丸による移民七八一名を引率します。その後もブラジル拓植に尽力し、プロミッソンで没しました。

熊本商業では、明治三八年から中国語と朝鮮語を第二外国語として一週四時間、そして英語は八時間教えていました。教師にはネイティブの人を雇い、語学だけで授業時間数の三分の一に達しました。朝鮮語の授業は韓国併合後の明治四三年に廃止されましたが、中国語教育は随意科として昭和一九年（一九四四）、敗戦の前年まで続けられていたのです。朝鮮語の授業廃止については「こちらがめんどくさい朝鮮語を習うよりは、向こうに日本語を教えた方が日鮮融和上早道だ」（前掲『熊商百年史』一三四頁）との判断があったそうです。

このように、熊本びとの海外進出は東アジアに限定されていたわけではなく、海外移民も積極的に進められましたから、大正七年（一九一八）に財団法人熊本海外協会が創設されると東洋語学の研修もおこなわれます。大正一二年（一九二三）に刊行された『海外協会要覧』によれば、熊本海外協会は、蒙古に三名、南洋に四名の「派遣生」を送っています。そして、昭和一三年（一九三八）には、前年に起きた日中戦争を遂行するという要請に応じて、熊本海外協会は約一年間で日常会話をマスターする速成教育による中国語学校として「熊本県支那語学校」を開設しました。さらに、大東亜共栄圏を掲げて日本の進出地域が広がると、これに対応するため支那語科・露語科・馬来《マレー》語科の三学科から成る三年制の東洋語学専門学校が昭和一八年（一九四三）に開校されました。この学校が、戦後に熊本語学専門学校となり、その後に熊本短期大学、そして熊本商科大学となって現在の熊本学園大学へと発展しています。この熊本海外協会から東洋語学専門学校の設立に至る動きの中心となっていたのが、後述する阿倍野《あべの》利《とし》恭《やす》であり、その経歴が熊本の東洋語学専門学校において露語科を設置したことに深く係わっていました。

七　漢学から中国学へ――狩野直喜と「京都支那学」

このように佐々友房らによって着手された東洋語学教育は、様々な分野で人材を生んでいきましたが、佐々その人自身については熊本国権党[12]や帝国党などを指導した人物として策士や黒幕という評価も少なくありませんでした。しかし、大江義塾を開き、自由民権論を唱えて、済々黌の儒教教育などを鋭く批判していた徳富蘇峰も明治三九年（一九〇六）九月に佐々が逝去した際には、「我が『国民新聞』の最も熱心な読者を失い、公においては、一種の名物男を喪《うしな》へり」と悼《いた》み、「彼は英雄にもあらず、豪傑にもあらず、また世間のいわゆる縦横の策士にもあらず、腹黒き陰険なる詭譎《きけつ》〔奇怪〕なる政客にもあらず。ただその行徑《ぎょうけい》〔人のおこない〕、動《やや》もすれば、村夫子《そんぷうし》たるを脱する能《あた》わざりしも、その志は、恒《つね》に天下に存したるの有志家のみ」として村の学者・先生のような素朴で率直な人柄と風采ながらも、常に日本からアジアへ目配りを忘れない志を持つ続けた生涯であったと評しています。そして、「村夫子たる彼は一県の少年を教養してこれを韓国、満洲、北清、及び南清に配付せり。彼は口に帝国主義を説くに先んじ、既にこれを実行したり」（前掲『克堂佐佐先生遺稿』六〇八～六一一頁）と、その教育者としての意義を讃えていました。

これから述べていきますように、佐々の薫陶を受けた人々は、東アジア各地に赴いて教育やジャーナリズムや政略活動などに従事することになります。その中でまず採りあげておきたいのは、東アジア研究の分野です。

先に同心学舎や済々黌で学び、「肥後漢学の三羽烏」呼ばれた狩野直喜・古城貞吉・宇野哲人の名をあげておきました。三人は、近代日本における中国学の形成に重要な役割を果たしましたが、そのうちで狩野直喜（一八六八～一九四七）は内藤湖南や桑原隲蔵《くわばらじつぞう》などとともに京都大学で「京都支那学」とも呼ばれる独自の中国学の学統の形成に貢献しました。狩野は「君山」の号で知られていますが、生まれた年が戊辰すなわち明治元年（一八六八）であったことから、「戊辰年生」という号も用いていました。

明治という時代とともに生きたことに自ら期すところがあったと思われます。狩野は竹添進一郎に漢学を学び、済々黌を卒業後、東京に出て有斐学舎（→三六五頁・注84）に在寮しながら開成学校や大学予備門（第一高等中学校）を経て東京帝国大学文科大学に入ります。秋山真之と同年で、夏目漱石や正岡子規らとも同学だったわけです。そのためもあったのでしょうが、漱石の作る漢詩については特に関心をもって評価していたようです。

済々黌における漢学は、宇野哲人の証言によれば朱子学（宋学）や水戸学を重視したものでしたが、狩野は東大で島田篁村《しまだこうそん》（重礼）に師事して清朝の実証学に接し、自らも中国に留学するなかで「実事求是」の方法論を体得していきます。「実事求是」とは、事実を究めることに努め、物事の真理を求めるという清朝の学風を特徴づける言葉ですが、そこでは独断や独創性を顕示することは戒められ、あくまでも解釈の根拠を追求することが重視されました。こうした学問方法は、現在では常識かと思われますが、当時にあっては異端として排斥されかねないものでした。ここで狩野らの業績を明らかにするために、迂遠になりますが、少し時代背景を見ておくことにしましょう。

江戸時代の日本では、朱熹《しゅき》によって大成された朱子学（宋の時代に集大成されたため宋学とも呼ばれる）が正統な官学として重視されていました。朱子学においては、漢や唐の時代に主流であった古典の字句の注釈・解釈を重んじる訓詁学に対して、宇宙の原理や人間の本性を明らかにしようとする「性理学」や宇宙の本体を理としてそこから生じる陰陽の気の運用が物を生じさせるとする「理気説」などが重視されました。そして、それらに基づいて物事の道理を究めて自己の判断力を高める「格物致知」と、君臣・父子の別をわきまえて上下関係や礼節を重んじる「大義名分」とを尊重することか理想的な政治の根本条件になると説きました。このように主張する朱子学は、李朝時代の朝鮮や江戸時代の日本における封建社会における倫理的支柱として機能しました。他方、中国では明の時代になると、朱子学が現実と遊離し形骸化したとして、王陽明などが時代に適応した実践倫理を説くことになります。陽明学では、心の働きが天理であるという「心即理」、そして人間の心に本来備わっている善悪判断能力である良知をつきつめることで理想社会の実現をめざす「致良知」が説かれ、それらに基づいた実践が重視されます。それは朱熹の先知後行説に対して、知識や認識は必ず実行することを要請するものであり、知と道徳的実践である行とは合致しなければならないという「知行合一」をモットーとするものでした。

　幕末の肥後藩では、時習館などの学校党は朱子学を重んじましたが、これを批判して学問の実効性を重んじる横井小楠らの実学党は陽明学の一派ではないかという非難も出されていました。そして、維新後は実学党派が洋学校を設立し、小楠の高弟であった徳富一敬《とくとみかずたか》が長男の蘇峰らと大江義塾を開くことになりましたが、これらの動きに対抗して時習館の復興をめざした済々黌では「倫理を正し大義を明にす」「廉恥を重んじ元気を振ふ」などの綱領を掲げています。

　いずれにしましても、このように朱子学や陽明学は、いずれも自分自身の見解に基づいて儒教の経典を解釈する「性理学」ないし「理学」として展開しました。しかし、清代においては自己の見解を競うのではなく、古書や古文書などから証拠を引いて実証的に経典の解釈をおこなう「樸学《ぼくがく》」とも呼ばれる考証学や書誌学が主流となっていきました。日本でも江戸時代に狩谷棭斎《かりやえきさい》（ちなみに、法号は常関院実事求是居士です）や渋江抽斎《しぶえちゅうさい》らが清朝考証学・書誌学の影響を受けましたが、考証学としての客観性を求めることは自己の創見を戒めることとして、面白みに欠けるとも見なされていました。

　しかし、済々黌に学びながら、朱子学にも違和感をもっていた狩野直喜はヨーロッパの文献学の方法論も採り入れ、科学的実証主義に基づく漢学の再興をめざすなかで清朝の考証学を重視することになります。狩野は済々黌時代から漢詩の創作において卓抜した能力を示していましたが、済々黌を卒業して東京の神田共立学校や東京開成学校に進んで以後は、英語やフランス語の修得にも励み、さらに文部省留学生として北京で同時代の中国語を学んでいます。同時代の中国語を「時文」と言いますが、清朝から中華民国にかけての文章を読解できることは、従来の「漢文」学者とは異なる中国学を開拓していくうえで有効な意味をもちました。また、明治三三年（一九〇〇）の義和団事件（北清事変）のとき、狩野は北京に留学中でしたが日本公使館に籠城して激動の中国の実態を肌で知ったことも、中国を歴史的な漢文明の国としてだけ評価する漢学とは異なるスタンスを狩野がもちえた背景となったと思われます。また、変動期の中国で歴史的文献や史料を保存する必要から、狩野が他の中国学者に先駆けて現地で貴重な資料に接することができたことも新たな中国学の分野を開く契機となりました。

その中で、特筆しておかなければならないのは、明治四三年（一九一〇）に内藤湖南や小川琢治《おがわたくじ》らと敦煌《とんこう》文書の調査をし、敦煌学への道を開いたことです。敦煌の周辺には、四世紀から一四世紀まで開鑿された五〇〇近くの石窟があることが確認されていますが、これらの石窟のうち莫高窟《ばっこうくつ》に秘蔵されていた文書が偶然に発見されたのは明治三三年（一九〇〇）のことでした。そして、一九〇七年にはイギリスの考古学者スタイン（Stein, Marc Aurel）が一万点にもおよぶ経典や写本などをロンドンの大英博物館に持ち帰ります。スタインはこの業績により、Sir の称号を得ましたが、中国語に通じていなかったため、資料的価値が高いものばかりではありませんでした。次いで、一九〇八年には中国語や仏教学などに精通していたフランスのペリオ（Pelliot, Paul）が大量の文書の中から資料的価値の高い逸品を買い取ってパリに運びました。そして、一九〇九年にペリオが帰国の途次、写本の優品を中国の学者に見せたことから、その歴史的「発見」が世界の学界に知られることになり、清朝政府は敦煌文書を北京に運ばせます。狩野や内藤湖南らは、その情報を得て翌年に早速、敦煌文書の調査をおこなったわけですが、この時は仏教関係の文書しか調査できませんでした。

そのため、大正元年（一九一二）秋から翌年春までのヨーロッパ留学中に敦煌文書の写本を精査した狩野は、帰国後に「唐鈔古本尚書釈文考《とうしょうこほんしょうしょしゃくぶんこう》」「支那俗文学史研究の材料」などの論文を発表します。この論文のタイトルにも含まれていますように、狩野の中国学の特徴は経典だけでなく「俗文学」を対象として重視した点にあります。稗史《はいし》や伝奇や戯曲などを、民衆の日々の営みや生活世界を反映した文学として捉える視点もまた従前の漢学には欠けていたものでした。また、江戸時代以来、朱子学などを「正学」とみなして新解釈・新学風の旗幟を鮮明に打ちたてることを憚る風潮が強かった東京から離れ、そうした学風を遺憾とする狩野の気概が、支配者の立場から中国文化を解釈するのではなく、民衆の文化・風俗を視野に入れた中国文明の批判的検証という研究方法に向かわせたのでしょう。狩野は朱子学とりわけ『大日本史』史観に基づく水戸学を重視した佐々友房の済々黌で学びましたが、朱子学・水戸学に基づいて作られた皇国史観には疑念を抱いていました。死の直前、病床にあった狩野を見舞った細川護貞がなぜ日本が戦争に走り、国家を破滅に導いたかと尋ねたところ、狩野は朱子学を誤って採り入れたためだと答えたそうです。

このように、狩野は「京都支那学」を開拓するとともに、日本の中国研究を世界的な水準に引き上げることに貢献しました。敦煌文書の「発見」と、京都帝国大学文科大学の創設が、ほぼ同時期であったことからも分かりますように、狩野や内藤湖南らが新たな漢学としてのシノロジー（支那学）を切り拓いていった時代とは、ヨーロッパにおけるオリエンタル・スタディーズ（オリエンタリズム、東洋学）に新気運が生まれていた時代でもありました。そこではアジアにおける考証学の再興とヨーロッパの考古学・実証主義との幸運な出会いもありました。まさに、人が時代を作るとともに、時代が人を作ったと言うこともできるのでしょう。

なお、「支那学」の「支那」という言葉については、これを殊更に蔑称として使用する人が絶えないことは事実ですが、本来は始皇帝の秦などを指すSin, Chinaと同じ語源に基づくといわれ、「支那」という文字も中国の仏教徒が自ら使用したものでした。また、孫文らが東京で組織した中国同盟会の機関誌『民報』は、そもそも華興会の宋教仁《そうきょうじん》が主宰していた『二十世紀之支那』（一九〇五年六月、創刊）を継承したものであり、革命家自身が「支那」という名称で清朝とは異なる政治体制による二〇世紀の中国を展望していたという事実があることも指摘しておくべきでしょう（ちなみに『民報』の編集所は、東京市牛込区（現在の新宿区）新小川町に置かれましたが、これは宮崎滔天の自宅でした）。狩野らも「支那」を蔑称として用いたことはなく、世界的に通用していたSinologyと同意のものとして「支那学」と称していたものであることは、誤解されないように願っています。

図6　狩野君山先生像

狩野は、その後、中国との文化交流を主眼とする外務省の対支文化事業の調査委員となり、また北京における東方文化事業総委員会の日本側委員としても尽力し、その一環として創設された東方文化学院[13]京都研究所の初代所長も務めました。東方文化学院は当初の構想では東京だけに設置される予定でしたが、理事長の服部宇之吉が「京都は中国研究の盛んなところでもあるし、狩野先生もおられるから」として京都にも研究所を設けることを強く進言したという逸話も伝わっています。東方文化学院京都研究所は、現在の京都大学人文科学研究所の前身のひとつとなってきました。研究所分館の中庭には、「狩野君山先生像」という銅像が立てられ、今も遙か遠く、中国の動静を見つめ続けているようです。

八　中国文学・哲学通史の先駆——古城貞吉と宇野哲人

続いて、「肥後漢学の三羽烏」のうち、古城貞吉（一八六六〜一九四九。号は坦堂《たんどう》）と宇野哲人（一八七五〜一九七四。号は澄江《とうこう》）をみていきましょう。

古城は狩野直喜とは、七・八歳の頃からの友人で竹添進一郎に漢学の手ほどきを受けた後、同心学舎から東京大学予備門（後の第一高等学校）に進みます。予備門の入学は古城が狩野に一年遅れ、また病気で中退しています（一説には、数学が苦手で退学したとも伝えられています）。古城は再び済々黌にもどったようですが、その後は独学で中国研究に没頭し、明治三〇年（一八九七）に『支那文学史』（経済雑誌社）を著します。この著作は明治二四年に起筆し、日清戦争での中断を経て執筆されたもので、古代から清朝時代まで一貫した視点で中国文学を通史として史上初めて描いた記念碑的著作となりました。ここで古城は、中国文学が歴代王朝の皇帝の文教政策によって発展してきたという視点に立っているように思われます。そのため学校制度と修学内容に留意しつつ、文学作品だけではなく文化史にも目配りした著述となっています。

古城もまた上海や北京に渡って中国人の呉清秋などに考証学を学んでいます。同時に、古城は上海で発行されていた『時務報』に掲載される日本文の新聞・雑誌記事を中国文に翻訳した「東文報訳」を担当していました。『時務報』は、変法維新（変法自強）運動の担い手であった汪康年《おうこうねん》や梁啓超《りょうけいちょう》らが一八九六年八月に創刊した新聞であり、国政改革の指針となるべき外国の制度や政情の紹介を重視しており、英字新聞の他、フランス語やロシア語の新聞の翻訳も含まれていました。しかし、変法維新運動は日本の明治維新をモデルとしていましたから、日本語記事の翻訳は最も重視されていました。しかも、日本語による記事は日本の社会状況などにとどまらず、世界情勢の変化を伝えるものであり、古城はロシアの南下の情況などアジアを取り巻く欧米列強の実態を中国に伝えようとしていたことがわかります。

さらに、日清戦争後の日本による台湾経営が多くの困難に直面していることも古城は隠すことなく訳載しています。こうした多様な記事を日本語新聞や雑誌から探し出し、そして翻訳するという作業を、古城は一八九八年八月に『時務報』が戊戌の政変によって終刊するまでひとりで担当していたのです。さらに『時務報』以外にも『農学報』『蒙学報（蒙学書報）』にも訳文を入稿しましたし、『農学叢書』や『日本学校章程』『中国工商業考』などの日本書の中国訳もおこなっていました。平均すれば毎月二、三万字以上の翻訳を担当したと言われていますが、母国語でもなかった中国語に翻訳しつづけるだけの学識と語学力をほとんど独学で修得していったのです。

古城は明治三二年（一八九九）、日報社（後の東京日日新聞社）の特派記者となって北京に派遣されますが、翌年六月から八月まで義和団事件に遭遇して北京の日本公使館に籠城して護衛にあたります。この時に一緒に籠城したのが、狩野直喜と服部《はっとり》宇《う》之吉《のきち》であり、清朝の図書府である翰林院《かんりんいん》の鎮火作業や『永楽大典』の保護にも尽力しています。古城はこうした中国体験を踏まえながら、文字の形・音・意味を研究する「小学」を修め、さらに民衆に好まれた稗史や戯曲についての知識を得て、『支那文学史』に補訂を加えていきます。古城が三一歳のときに公刊した『支那文学史』は、世界で最初に中国文学を通史として描いたものであり、王朝の変遷と文学の発展とを連動させて記述するという方法は、その後の中国文学史のスタイルに強い影響を残しました。こうしたスタイルは古城が『支那文学史』を書き始めた明治二四年の前年に三上参次と高津鍬太郎の共著として公刊された『日本文学史』の影響を受けたものと思われますが、そもそも「文学史」という概念そのものがアジアにはなく西欧から継受したものであったことも確認しておく必要があります。

中国人自身の手で中国文学史が公にされるのは、古城の『支那文学史』から七年ほど後になりますが、古城の『支那文学史』は一九二二年に『中国五千年文学史』として開智公司から翻訳出版されています。

ちなみに、中国史に関しては、那珂通世《なかみちよ》が明治二一年（一八八八）から明治二三年にかけて漢文の『支那通史』五冊を刊行し、これは中国で翻刻されています。このような那珂や古城の業績は、中国で「日人代庖」とも呼ばれました。日本人が中国人に代わって包丁をふるって中国の歴史や文学史を料理したという意味です。ただ、中国文学史や中国通史を日本人が中国人に先んじて記述することができたのは、西欧で生まれたナショナル・スタディーズという方法を中国よりもいち早く受容した日本に既に漢学の蓄積があったこと、そこに西欧の学知と中国学とが結びつく契機があったことを確認しておく必要があります。しかしまた、古城や那珂などが中国語とナショナル・スタディーズの習得に血のにじむような研鑽を重ねたことも忘れてはならないはずです。

古城は、明治三四年（一九〇一）に中国から帰国した後、東洋協会殖民学校（後の拓殖大学）や東洋大学などで教鞭をとり、東方文化学院東京研究所研究員・評議員などを務めました。また、漢詩文の振興のために年刊の『廻瀾集《かいらんしゅう》』を編集して大正・昭和期の漢詩文界を主導しました。さらに、古城の業績として逸することができないのは、熊本の学問文化を後世に伝えるために済々黌の発起人の一人であった宇野東風らとともに『肥後文献叢書』全六巻の編纂にあたり、『井上毅伝』も執筆していることです。また、愛書家として中国などで購入した漢籍は二万八千冊におよぶともいわれます。その旧蔵書の一部は永青文庫《えいせいぶんこ》に架蔵されています。永青文庫は、古城のよき理解者で中国文化や敦煌文書に魅せられ、美術品や中国書を蒐集した細川護立《ほそかわもりたつ》が、細川家に伝来する文化財の散逸を防ぐ目的で東京・目白台の細川家屋敷あとに昭和二五年（一九五〇）に財団法人として設立したものです。なお、細川家や藩校・時習館などから伝えられ、古城の旧蔵書を加えた漢籍の多くは現在、慶応義塾大学附属研究所・斯道文庫に坦堂文庫として寄託されています。

さて、三羽烏の最後の一人が、皇太子・浩宮の名付け親として知られる宇野哲人です。宇野は熊本市内坪井町に生まれ、父・丈九郎は藩校時習館の句読師《くとうし》を務めた儒者で、哲人の子・精一も戦後の漢字制限に反対した中国哲学研究者として知られています。つまり、漢学は宇野家にとって家学というべきものでした。宇野もまた済々黌で漢学を学びますが、宇野は福沢諭吉らが漢学を時代遅れの学問であると非難したことに反発し、自分一人でもさびれゆく学問と運命を共にしようと決意したということです。済々黌から五高に進み、一年生の時の組担任が夏目漱石でした。五高では小泉八雲（ラフカディオ・ハーン）から英会話を学び英文学の魅力にもひかれたそうですが、欧化思想に対する反骨精神から漢文科を志望することになります。

宇野は東京大学文科大学で狩野直喜と同じく島田篁村《しまだこうそん》（重礼）などから教えを受けますが、先輩の桑《くわ》原隲蔵《ばらじつぞう》などがヨーロッパの東洋学を摂取する方法にも刺激を受けています。東大卒業後は東京高等師範学校教授となり、東京大学でも「支那哲学」を担当しました。そして、ドイツと中国に留学し、ドイツ哲学と中国哲学とを重ねて研究していきます。宇野は明治三九年（一九〇六）から二年間、中国に留学し各地を旅行していますが、その時の旅行記と論稿を『支那文明記』（大同館、一九一二年）として刊行しています。その中で「支那国民性論」として民主的・家族主義・迷信・保守的・社交的など一三の特質が挙げられていますが、その中には相互に矛盾している指摘がみられます。しかし、こうした宇野の見方は、その後の日本人の中国人観の原形ともなっています。

宇野の研究分野は、儒教を中心とした中国哲学史研究でしたが、ここでも西洋に「哲学史」が存在するなら中国においても「哲学史」があるべきだとして、哲学通史の体系化をめざします。そして、ドイツのヴィンデルバント（Windelband, W.）の哲学史をモデルにしながら、唐虞《とうぐ》三代から同時代の清朝末期におよぶ『支那哲学史講話』（大同館、一九一四年）を著し、中国哲学の通史叙述に新生面を開きました。また、『支那哲学概論』（支那哲学叢書刊行会、一九二六年）では、中国哲学研究が扱うべき分野を宇宙論・倫理説・政治論の三部で分析する方向性を示し、張岱年『中国哲学大綱――中国哲学問題史』などの「問題史」研究の先駆をなすなど、漢学を中国哲学へと脱皮させる先導者となりました。

宇野は数え歳百歳で天寿を全うしましたが、東京大学や北京大学をはじめとして多くの大学で教鞭をとった後に初代の実践女子大学学長を務め、また東方学会の会長などを歴任しました。その門下からは『大漢和辞典』や『広漢和辞典』で知られる諸橋轍次《もろはしてつじ》などが輩出しました。また、九一歳のとき美智子妃殿下に依頼されて皇太子・浩宮に毎週木曜日に三十分間、『論語』を講じたことでも知られています。

狩野・古城・宇野は、共に大正一四年（一九二五）から日中共同事業として開始された東方文化事業（日本側では対支文化事業）の枢要な担い手として活躍し、その事業の一環と設置された東方文化学院の京都研究所所長を狩野が、東京研究所評議員を古城が務め、宇野も東方文化学院長に就いています。

九　アジア連帯――長岡護美の興亜主義

それでは、熊本びとにとってアジアとの繋がりは、いかにあるべきだと考えられていたのでしょうか。この問題にアプローチするときに、まず挙げておかなければならない人物が長岡護美《ながおかもりよし》（一八四二～一九〇六。号は雲海）です。長岡は熊本でもあまり知られてはいないようですし、研究も進んでいない人です。長岡は、熊本藩主・細川斉護《ほそかわなりもり》の六男で分家して長岡姓を名のり、幕末には佐幕派と討幕派の間を周旋して「肥後の牛若」と呼ばれていました。明治政府の参与や熊本藩の大参事などを務めて、明治維新後の藩政改革を断行しました。そして、明治五年（一八七二）から明治一二年までアメリカ滞在を経て、イギリスのケンブリッジ大学に留学します。イギリス滞在時には王立地理学協会（Royal Geographical Society）に入って、地理の研究が日本の将来にとって重要な意味を持つことを学び、帰国後同じくイギリス王立地理学協会員であった鍋島直大《なべしまなおひろ》やウィーン勅立協会会員となっていた渡辺洪基《わたなべこうき》らと協議して明治一二年（一八七九）に東京地学協会を設立しました。

東京地学協会では、地図作製のための技術研究や欧米地理学・博物学の紹介そして国際情勢や旅行報告の講演会などを開催し、日本における地理学研究の草分けとしての役割を果しました。また、伊能忠《いのうただ》敬《たか》の地図作製事業の顕彰や郡司成忠《ぐんじしげただ》海軍大尉（文学者・幸田露伴の兄）による千島列島・占守島《しゅむしゅとう》への移住計画支援など、調査・探検事業の依頼や後援も積極的におこないました。

日本がアジアに進出していくとき、重要となるのは地図です。軍隊を動かすためには海図や軍需品の輸送・調達にかかわる地理学的分析をまとめた「兵要地誌」の作成が不可欠となります。経済開発を進めるためには、どこにどういう資源があるのかを探るための地質調査が必要となります。そうした地図と地質図を作成するには、膨大な費用と人材が不可欠となりますが、そのための啓蒙活動を東京地学協会が担ったわけです。戦前・戦後の日本の国宝保存や文化財保護行政に多大な貢献をし、永青文庫をつくった細川家一六代・細川護立《ほそかわもりたつ》も、この東京地学協会の会長を務めています。

長岡護美は、アジア進出という目的に限らず、世界的な観点で地理学の研究をおこなう目的で東京地学協会をつくりましたが、農商務省の外郭団体となった東京地学協会の事業からアジア研究者も生まれてきます。例えば、中国の歴史地理学・地図学史という研究分野の草分け小川琢治《おがわたくじ》は、東京大学の地質学科で学んでいた時に日本領土となった台湾の地誌作成を東京地学協会から依頼されて『台湾島諸島誌』を著します。その際、中国の「方志」という地誌の利用方法を学び、自然科学としての地質学とを融合させた「史学地理学」へと発展させます。そして、明治四一年（一九〇八）に京都大学に地理学講座が新設されると教授となり、多くの研究者を育成しました。小川の研究は、日本のアジアへの進出とも密接にかかわっており、日露戦争が勃発すると満洲で地質調査をおこない、朝鮮でも中国との国境問題であった「間島」調査にあたります。そして、昭和六年（一九三一）に満洲事変が勃発すると『中華民国及満洲国』の境域図などを監修し、日中戦争が起こると『戦争地理学研究』（古今書院、一九三九年）を刊行しています。この小川琢治の三男がノーベル物理学賞を受賞した湯川秀樹で、東洋史学の貝塚茂樹は次男、中国文学の小川環樹《おがわたまき》は四男ということになります。このように、日本の中国学研究に小川父子が果たした役割は極めて大きいものでした。

さて、長岡の活動としてより重要なのは、清国公使の何如璋《かじょしょう》と親交のあった宮島誠一郎や曾根俊虎《そねとしとら》らが首唱して明治一三年（一八八〇）に結成した興亜会の会長となったことです。興亜会は文字通り、アジアを興すことを目的に設立された会です。それに先だって、大久保利通が中国のことを知らなければいけないと考え、支援してつくった振亜会がありました。ところが、明治一一年に大久保が暗殺され、振亜会は活動を停止してしまいます。そこで、長岡はアジア復興をめざして交流するために不可欠である言語の修得を重視して、まず中国語学校をつくります。順序からいうと逆かもしれませんが、その中国語学校の本体として興亜会ができるわけです。その興亜会員で熊本出身の吉田義静が熊本に帰ってきて遊説したことを受けて同心学校で中国語教育が始まったことは、先に述べたとおりです。

興亜会は「亜細亜全州の国勢、日々に萎靡《いび》不振に帰する」状況を慨嘆し、「日支の両大邦連絡せざれば、大局を維持すべからず」という危機感から組織されたもので、中国のほか朝鮮からの参加者も集いました。興亜会は『興亜会報告』を創刊し、明治一五年（一八八二）まで二四集を発行しています。そして、明治一六年には亜細亜協会に改称し、ここでも日中両国の青年に双方の言語を学ばせるための語学学校を設け、留学生の交換をおこなうなど日中提携をめざして活動を続けていきます。亜細亜協会では、歴代の清国公使などの外交官をはじめとする駐日アジア人士との親善交流を図り、機関誌などでアジア情勢の紹介や広報活動をおこなっています。上海にも支部が設置されましたが、日中関係が緊迫化していくとともに次第に提携方針が変わっていったため、明治三三年（一九〇〇）に東亜同文会に吸収されて解消しました。亜細亜協会の会長には、長岡が外交官として国外にあったときは伊達宗城《だてむねなり》や榎本武揚《えのもとたけあき》が短期間交代しましたが、創立から解消に至るまで長岡が就いていています。また、東亜同文会では近衛篤麿《このえあつまろ》（近衛文麿の父）が会長に、長岡が副会長となっています。さらにロシアが満洲へと進出してくることを懸念した近衛篤麿が、明治三三年（一九〇〇）に国民同盟会を、さらに明治三六年（一九〇三）に対露同志会[14]を結成すると、長岡もこれらに参加しての近衛の活動を補佐しています。

東亜同文会は、近衛や佐々友房らが明治三一年（一八九八）に組織した同文会と長岡護美や池辺吉太郎（三山）・宮崎滔天らが明治三〇年（一八九七）に「東方問題、殊に支那問題を研究し、時局を匡救《きょうきゅう》することを目的」として結成していた東亜会とが合併して成立したものです。これに亜細亜協会などのアジア連携やアジア研究を掲げる団体が結集したことによって、中国や朝鮮に日本語学校を設置し、新聞発行などの事業を進めることになります。同文とは同じ文字（漢字）を使用するという意味ですが、東アジアは同じ人種で同じく儒教を重んじるとして、「同文・同種・同教」であることを東亜の諸邦が連携していくための基軸であると唱えたことから東亜同文会と名づけられたものです。東亜同文会には長岡が会長代理に就いたのをはじめとして、幹事に国友重章、評議員に清浦奎吾・佐々友房・内田康哉が選ばれるなど熊本びとが主要なメンバーとして参加していました。

東亜同文会は、「清国を保全して東亜久安の策を定め、宇内永和の計を立つる」ための日中の英才育成を期して、まず南京に明治三三年（一九〇〇）に南京同文書院を創設しました。しかし、義和団事件によって運営に支障が生じたため、翌年、上海に東亜同文書院と名を改めて設立されることになりました。東亜同文書院は修業年限三年、政治科・商務科からなる学校として中国語と中国事情の教育を重視します。そして、沖縄を含む各府県から府県費（公費）学生を集めました。卒業時には論文作成のための実地調査旅行としての長期の「大旅行」が実施され、その踏査範囲は中国から東南アジアに及んでいます。その調査報告論文をもとに大正四年（一九一五）から『支那省別全誌』全一八巻が刊行されました。上海の東亜同文書院は、大正一〇年（一九二一）に専門学校となり、昭和一四年（一九三九）に大学に昇格します。敗戦時に閉鎖されましたが、後継として愛知大学が設立されました。なお、東亜同文書院には、大正九年（一九二〇）に中国人学生のために中華学生部が新設されましたが、昭和六年（一九三一）には生徒募集を停止しています。

東亜同文書院には宗方小太郎など多くの熊本びとが係わっていたため、南京には全国に先駆けて三名が県費で派遣され、上海には熊本から毎年数名が県費留学生として派遣されました。熊本県費派遣留学生は待遇が良かったこともあって学生の人気は高く、日中を舞台に活躍する希望をもった学生にとって憧れの学校でした。熊本出身の東亜同文書院の卒業生には、内藤熊喜《ないとうくまき》（のちに華北電業副総裁）、坂田長平（のちに天津信託興行や三和貿易公司など経営）などの他、後に触れる井手友喜、西本省三、中山優《なかやままさる》、若杉要などがいます。

さらに、東亜同文会は「支那部」と並んで明治三二年（一八九九）には「朝鮮部」を設け、朝鮮半島で日本語教育をおこなう日本語学校を設立しますが、その運営と教育にも熊本びとが深く係わります。また、「朝鮮部」は明治三二年に月刊の韓国語新聞『漢城月報』を刊行し、東京で編集監督として国友重章が、漢城（ソウル）では菊池謙譲がハングル版の作成に協力しましたが、創刊後半年で廃刊になっています。

このように、長岡はアジアとの連携事業に携わりましたが、留学生としてイギリスのミドル・テンプルで法学を修め、オランダ特命全権公使を務めるなど欧米の生活や学問にも通暁していました。熊本での修学時代には、時習館で木下《きのした》韡村《いそん》や国友昌などに漢学を学び、二人を近侍として京都などで西学書や世界地図などを購求していました。欧米からアジアをみるという当時としては希少な視点をもっていたことが、東京地学協会や興亜会・亜細亜協会などで長岡が指導的役割を担う一因になったと思われます。

また、国友らに学んだ漢詩の創作に優れていたため、何如璋をはじめとして日本に外交官として駐在していた鄭孝胥《ていこうしょ》（神戸総領事などを務め、満州国の初代国務総理に就任）などの中国や朝鮮の政治家や外交官との交流を興亜会などで深めることができました。さらに東亜同文書院の開院式に出席するために明治三四年（一九〇一）、中国に渡った際にも両江総督・劉坤一《りゅうこんいつ》、両湖総督・張之洞《ちょうしどう》、商務大臣・盛宣懐《せいせんかい》など清朝改革に積極的な官僚や両湖書院山長（院長）梁鼎芬《りょうていふん》、農桑学堂提調（教頭・事務長などに相当）羅振玉《らしんぎょく》などの文人との漢詩の唱和をおこなうこともできました。このとき長岡は劉・張の二人の総督に『清国改革奏議』を手交しましたが、この意見書によって義和団事件で西安に避難していた光緒帝と西太后が北京に帰って清末の新政改革に着手する一因となったとも言われています。

そして、新政改革によって日本への中国人留学生が多数派遣されるようになると、その教育にも熱意を注ぎ、明治三五年（一九〇二）には中国人の日本留学生を対象とする教育機関として東京・神田に設立された東京同文書院の院長に就いています。こうした官僚や留学生たちとの交歓もあって、中国の文人の中では「日本には富嶽あり、雲海公あり」とも伝承されたそうです。雲海とは長岡護美の号で、その生涯は長岡護孝編『長岡雲海公傳』（全六巻、一九一一年）にまとめられ、漢詩文集として『長雲海詩草』（一八六八年）・『雲海詩鈔』（一九〇〇年）などが公刊されています。

一〇　世界政府構想――津田静一の「宇内共和」論

長岡が東京を拠点にアジア連携をめざしたのに対し、熊本にあって活動したのが、先に触れた竹添進一郎と一緒に中国を旅行した津田静一（一八五二〜一九〇九。号は楳渓《ばいけい》、図南《となん》）です。津田の妻は外交官であった東政図《ひがしまさみち》(15)の長女・美佐児《みさこ》（雎子）です。東京雑司ヶ谷の法明寺に葬られ、墓は熊本市横手の妙永寺にあります。津田もまた知られるところ少ない人物ですが、『楳渓津田先生傳纂』（津田静一先生二十五回忌追悼会、一九三三年）や『錦溪舊友会誌』（錦溪舊友会、一九三七年）などのほか、彼が編集・寄稿した『紫溟雑誌』、『紫溟新報』、『文学世界』（当初は『大東立教雑誌』）、『大東雑誌』などに依って、言動を詳らかにしていけば熊本とアジアのつながりの多面性が見えてくるのではないかと思われます。津田は父親で熊本藩士であった信弘が、横井小楠の実学思想に共鳴していたことも影響したのか、小楠の甥の横井佐平太・太平らと同じく一八歳で渡米します。

ちなみに、横井佐平太・太平の兄弟は日本最初の官費留学生となりました。太平は病をえて帰国し、現在の熊本第一高等学校がある古城《ふるしろ》の地に、アメリカから退役軍人リロイ・ジェーンズ（Janes, Leroy Lansing 一八三八～一九〇九）を招いて熊本洋学校を設立すべく尽力しましたが、惜しくも明治四年（一八七一）の開校時に太平自身は肺結核で他界していました。二〇一六年四月の熊本地震で、水前寺公園に移設してあったジェーンズ旧邸が倒壊したことは痛嘆のきわみです（図8）。なお、兄・左平太はアナポリスの海軍兵学校に学び、いったん帰国して結婚したのが東京の女子美術学校（現在の女子美術大学）を創設した玉子（図9）で、その甥が熊本生まれの英文学者で島崎藤村らと交わった戸川秋骨《とがわしゅうこつ》です。左平太も再帰国後に元老院に勤めましたが、太平と同じく肺結核で死去しています。

図7　津田静一

さて、津田は明治二年（一八六九）にアメリカのイエール大学で政治学や法律学を勉強し、このとき併せて中国語も学んだと思われます。また、儒学にも励み、ア

図８　崩壊前のジェーンズ旧邸

図９　横井玉子

メリカから父にあててアジア・アメリカ・ヨーロッパの世界の三ブロックを拮抗《きっこう》させていくために、中国と連携してアジアに「連合の盟」を結ぶ必要があるとの議論を展開していました。

　帰国後、明治八年（一八七五）には北京公使館一等書記官見習として中国に渡り、このとき竹添と中国旅行をすることになったわけです（→九〇頁）。その後、大蔵省紙幣局学場幹事兼教員となりますが、辞任して熊本に帰り、明治一四年（一八八一）に佐々友房らと紫溟会を立ち上げ、自由民権運動に対抗して国権論を唱導しました。そして、『紫溟雑誌』の創刊にかかわりますが、明治一八年（一八八五）から明治二〇年まで細川護成《ほそかわもりしげ》に従ってロンドンに留学します。この留学中に津田は、人体はすべて宇宙に満ちているガスの一種である動物磁気の作用下にあり、体内においてこの磁気の不均衡が生ずると病気になるという医師メスマーのたてた学説であるメスメリズム（mesmerism・暗示療法）を学んでいます。そして、帰国後には薬物を使わずに人体に触れることで治療することを試み、「傳気術」（『文学世界』第一三号、明治二一年六月）などの論説を書いて紹介しています。霊波や動物磁気という仮説は、科学的に実証できなかったものの、心因性のヒステリー症状などに治療効果があったとも言われており、津田がどこまで信じていたのかは別として、その関心の広さをうかがうことはできます。

ともあれ、津田は、ヨーロッパにあってもアジアの将来に危機感を抱き、佐々友房にあてて「方今の急務は興亜の策を講じ、日清の連合を図るに在《あ》り」と訴えていました。その興亜策の一環として津田は、植民事業などで活躍できる人材を育成するため、九州に初の私立大学を設立することを構想します。アメリカに留学した津田は、アメリカの大学の多くが私立大学であり、創立当初はいずれも小規模であったことに鑑み、小規模ではあれ私立大学を設立することが九州の発展にとって不可欠だと考えたのです。その構想の下、津田は帰国後に紫溟学会の学術部として東肥教育会を設立して、その会長となります。東肥教育会は「一．学術を錬磨す。一．教育を振作す。一．国民の品性を上進す。」ことを目的に、済々黌内に設立されたもので、機関誌『大東立教雑誌』（後、『文学世界』に改題）発行のほか、定期的に学術講演会を開催しています。『大東立教雑誌』などの主筆となったのが中西牛郎で、安達謙藏が編集人となっています。

次いで明治二二年（一八八九）に設立したのが熊本文学館であり、設立趣旨としてアジアの存立が脅かされている時にあって、「亜細亜の道徳」をもって「欧米の山を蔽《おお》い」、「亜細亜の智識」をもって、「欧米の野を浸《ひた》す」ことを期して、「漢・英二国の文学を教授」することが掲げられていました[16]。熊本文学館は、明治二四年（一八九一）に春雨黌（医学教育機関）・熊本法律学校・済々黌などの私立学校と合併して九州学院となります。九州学院は、「私立・九州大学」への発展を期して、医学部・法学部・文学部の三学部で構成され、津田は文学部長として教育に携わります。津田は「私立・九州大学」の設立構想に関して、嘉納治五郎などにもアドバイスを得ていました。この九州学院でも一時、軍事通訳官養成のために「支那語学科」が設けられていました。なお、現在、熊本市中央区にある九州学院は明治四四年（一九九一）にアメリカのルーテル協会宣教師チャールズ・L・ブラウンによって創設されたキリスト教主義の学校であり、津田らが創設した九州学院とは直接の関係はありません。

こうしたアジアで活躍できる人材の育成事業を重ねた後に、津田は植民事業に着手します。津田がまず着手したのは、朝鮮移民を進めるための事情視察であり、佐々友房らと明治二七年（一八九四）に朝鮮に渡り、ソウルの東端に「楽天窟」と名づけた調査拠点を構えます。「楽天窟」は朝鮮在住の日本人の集会所としても機能しますが、津田らが台湾の拓植事業に赴いた後は熊本県から派遣された朝鮮留学生の学校兼寄宿舎として活用されることになります（➡一七九頁）。

朝鮮での開拓を進めるために津田らは、明治二六年（一八九三）に九州移民会社を設立し、また榎本武揚や佐々友房・古荘嘉門らと東京殖民協会を創設して南米移住を県民に勧めました。津田の考えた植民事業とは、武力を背景とするものではなく、「政府に依頼せず、我国人民が自ら奮って植民会社を創設し」（「殖民政略」明治二〇年一〇月）、あくまでも自らの労力によって土地を切り拓くことでした。そののため津田静一の実弟で熊谷家を継いだ熊谷直亮《くまがいなおすけ》（一八六二〜一九二〇）[17]は、明治二六年（一八九三）一二月から翌年にかけてタイに渡り、運河開鑿会社による新田開発と農業移民に関して調査をおこなっていますが、結果的には移民は送られませんでした。

そして、日清戦争の結果、日本が台湾を領有すると津田静一は、すぐに事情調査に出かけ、熊本県人に呼びかけて開拓事業に着手します。津田の台湾での活動については未詳なことが多いのですが、まず日本軍の上陸状況を調査して、台湾領有の困難さを認識し、民間人による産業開発が不可欠であるとの決心を固めます。津田は、台湾事業発起人会を起こして資金を集め、明治二八年（一八九五）に岡本源治ほか五〇余名を率いて台南の蕃甘蔗寮に入植し、屯田兵式の開拓を試みたようです。この時に津田らを迎えたのが、台南支庁長であった大津麟平《おおつりんぺい》でした（↓一六二頁）。
津田は、ヨーロッパからの帰途、東南アジアの製糖事業を調査しており、文明の発達に伴って砂糖の消費量は増えていくはずであり、台湾で製糖事業を興す必要があると考え、台湾拓殖株式会社を設立して砂糖黍《さとうきび》（甘蔗《かんしょ》）栽培を企画します。しかし、領有直後の台湾では先住民族による抵抗運動やマラリアなどの疫病のリスクもあったため、開拓事業には困難が伴いました。津田たちも幾度も土地を奪われた農民の襲撃に悩まされます。また、移民の増員も進まず、慣れない風土での開拓事業ですぐには成果を挙げることができませんでした。開墾地の変更を余儀なくされ、襲撃を受けて台湾人に変装して避難するといった津田の辛苦を見かねた同志たちは、津田に細川家の家令を務めることを促します。結局、鳳山県手巾寮などの開拓事業を甲斐大牛《かいたいぎゅう》らに託して、津田は帰国することになりました。甲斐らが受け継いだ開拓地は、高砂製糖会社に買収され、後に塩水港製糖株式会社に併合されて主要な砂糖栽培地となっていきます。なお、津田は明治三六年（一九〇三）から明治四二年に没するまで台湾製糖株式会社の監査役に就いていました。

それでは津田は、熊本とアジアとの繋がりをどのように考えていたのでしょうか。

津田は外交官として中国に駐在した経験から、アジアがヨーロッパの植民地になっている現実に対して不満を持ち、アジア諸民族と連帯して欧米に対抗することを主張するようになります。しかし、決してヨーロッパの文明すべてを否定したわけではありません。津田はアメリカやヨーロッパでの生活体験から、アメリカやヨーロッパが世界に文明を普及させていく進取の精神に富んでいることを評価していました。しかし、同時にそれが武力を背景にした弱肉強食の世界を国際法として正当化する侵略性を持っている事実を鋭く批判し、正義の道を世界に広げていくのが日本人の使命と考えます。そこで達成しようとしたのが、微弱な小国であっても生存を保障される世界政府（宇内政府）を建てることでした。アジアに真の平和をもたらすためには、単にアジアだけが平和になろうとしても無理であり、アジアの平和を基礎にして世界に広げていく。そのためには世界各国が新たな方針の下に、連合盟約をおこなって、便宜の地に政府を設け、各国から選出された代議士によって世界憲法（各国共議約束憲法）を制定し、各国にこの憲法を遵奉させることによって世界に共和制による政治（宇内共和政治）を普及する以外に良法はない（「吾党の共和論」明治一五年一〇月など）というのです。もちろん、こうした議論については時期尚早との批判が出るに違いないとしても、まずは熊本から議論を起こして、日本さらに世界の「学士社会」に諮《はか》り、各国の政府を説得して多数の賛成をえていけば、茫漠たる夢想に等しいとおもわれる議論も早晩必ずや実行されるはずである、というのが津田の考えでした。

世界政府論や世界憲法論は、東京専門学校（現在の早稲田大学）の創立者の一人である小野梓《おのあずさ》や自由民権運動の理論的指導者であった植木枝盛《うえきえもり》なども主張していますが、津田も熊本の自発的結社から世界に向けて議論を広げていこうと呼びかけていたわけです。

世界政府論は、厳密に言えば世界連邦論とは異なりますが、イタリアのダンテ『帝政論』を始めとして、西欧でも様々な論者によって唱えられてきました。しかし、本格的な世界運動として展開されるのは、第一次世界大戦後に組織された国際連盟が戦争抑止に失敗したことを踏まえて、一九四六年一〇月に「世界連邦政府のための世界運動」がルクセンブルクで決議されてからです。この世界運動にはバートランド・ラッセルやアインシュタイン、湯川秀樹などが賛同しています。また、世界憲法は、広島・長崎に原子爆弾が投下されたことに衝撃を受けたアメリカ・シカゴ大学総長ロバート・ハッチンスなど世界連邦樹立を訴える学者たちで構成された世界憲法審議委員会が、一九四八年三月に「世界憲法予備草案（シカゴ草案）」として発表したものが有名です。

日本でも昭和二四年（一九四九）に発足した超党派の世界連邦日本国会委員会が、現在でも活動しています。また、平成一七年（二〇〇五）に出された「戦後六〇年国会（衆議院）決議」で「政府は、日本国憲法の掲げる恒久平和の理念のもと、唯一の被爆国として、世界のすべての人々と手を携え、核兵器等の廃絶、あらゆる戦争の回避、世界連邦実現への道の探究など、持続可能な人類共生の未来を切り開くための最大限の努力をすべきである」と記されていたことも改めて確認しておきたいと思います。日本の政府や国会が、世界連邦実現への道を、実際にどのように探求しているかは不明ですが、京都の綾部市から始まって二四〇近い自治体が「世界連邦都市宣言」を出し、熊本でも熊本県・熊本市・八代市・人吉市・山鹿市・菊池市が宣言しています。

現在の世界連邦運動は、津田が構想した世界政府論や世界憲法論と同じものではありません。しかし、日本が「世界の世話焼き」となって世界平和を達成しようと考えた横井小楠と同じく、父親が実学党に属していた津田にも儒教の四海同胞主義という思想が確固たる確信として根付いていたように思われます。そうした思想を「夢想」と笑い飛ばすことは簡単ですが、困難だからこそ克服することに意義があると考えた横井小楠や津田静一などの営為には、鼓舞されるものがあるように思われます。

津田の逝去に際して、『九州日日新聞』（一九〇九年一二月二九日）は、津田の一生について「文学館を起して育英の事に従い、または対韓の事業を企て、あるいは台湾の拓殖を図り、その事多くは蹉跌《さてつ》に終わりしといえども、しかもその規図《きと》する所、大にして、心を用いるの熱誠なるに至っては、人みな敬服せざるは無かりき」（「誄詞《るいし》」）と評し、「偉器を抱いて世に施すに至らずして逝く、これ氏に親炙《しんしゃ》せる者の悼惜《とうせき》に堪《た》えざる所なり」（「津田静一氏逝く」）と記しています。果たして、その評言を私たちはどのように受け取るべきなのでしょうか。

二　台湾領有と開拓——古荘嘉門と熊本国権党

以上、述べましたように、津田静一の台湾への関心は強く、「台湾は南洋の飛石である。台湾の拓殖は南洋拓殖の第一歩である」（前掲『棣渓津田先生傳纂』一一～一二頁）と語ることを常としていたようです。その抱負を自らの号に込めて、「図南」と称していました。図南とは、『荘子』「逍遙遊」に想像上の巨鳥である鵬が南方に向かって飛び立とうとする姿を指して言ったもので、南に発展しようと試みること、転じて大事業を計画することを意味します。こうした南に向けて日本の発展を図るという主張は、「南進」論と呼ばれ、早くも明治二一年（一八八八）には長崎・平戸出身の菅沼貞風《すがぬまていふう》が『新日本の図南の夢』という論稿を記していました。

熊本びとの台湾への関心は、明治七年（一八七四）の台湾出兵に熊本鎮台管下の歩兵一九大隊（七四四名）・第三砲隊分遣隊（一五〇名）が派遣されたほか、九州各地から召集された士族の徴集隊（五七三名）に応じたことに始まります。このとき宮崎八郎も義勇兵からなる「徴集隊」入って台湾に渡っています。

しかし、本格的に台湾との繋がりができるのは、日清戦争の結果、台湾が割譲されてからであり、津田が台湾事業発起人会から調査主任として台湾に派遣されたのも、この時でした。そして、津田たちが台湾開拓事業をおこなっていた時期に台湾総督府で先住民族に対応する最前線に立っていたのが、木下《きのした》韡村《いそん》の「木門四天王」の一人、古荘嘉門《ふるしょうかもん》（一八四〇～一九一五。号は火海）です。

古荘は、幕末に藩命をうけて竹添進一郎とともに奥羽視察をおこない、維新後は河上彦斎《かわかみげんさい》や木村弦雄らと熊本藩の飛地である鶴崎（現在の大分市）に有終館という軍事訓練所を作っています。河上彦斎は尊王攘夷を主張し、佐久間象山を京都で斬殺するなど「人斬り彦斎」の異名をとっていました。禁門の変では長州藩に属して戦い、幕府との第二次長州戦争では高杉晋作に協力して軍監を務めました。明治二年（一八六九）、長州諸隊の脱退騒動の首謀者とみられていた大楽源太郎《だいらくげんたろう》を河上が庇護《ひご》していたとして捕えられ、明治四年に処刑されます。このため有終館も藩庁命令で閉鎖され、古荘も大楽を庇護し、岩倉具視の密偵・沢田衛守を暗殺することを教唆したとの嫌疑をうけて禁固三年の刑をうけます。しかし、八カ月の入獄で赦免されますが、これは司法省に出仕していた同門の井上毅が司法卿であった大木《おおき》喬任《たかとう》に赦免願を出したためでした。井上が古荘こそ私欲を捨てて新国家建設のために身命を賭す人材であると訴えたことによって、古荘は明治七年には司法省に出仕し、大阪上等裁判所長になります。しかし、明治一〇年に再び沢田衛守殺害教唆の罪を問われて未決のまま収監され、三年を経て大審院から無罪の申渡書が出されて出獄しました。放免後、明治一四年（一八八一）に古荘は官界に復帰し、内務省に勤務しますが、この時もまた伊藤博文らの政府高官に働きかけたのは井上毅でした。

井上は伊藤宛の書簡で「私郷里中にて前途同心共力いたしたき人物は、独《ひとり》この人にて、この人なれば少年輩の人望もこれあり、十分の団結力を得候」と力をこめて説いています。井上は郷里熊本における政治運動の指導者として全幅の信頼を寄せることができるのは古荘ただ一人であり、井上自身の今後にとっても欠くことのできない重要人物であると切言していました。

そして、その言のとおり、明治一四年（一八八一）九月に井上毅・古荘嘉門・安場保和《やすばやすかず》ら在京の官吏と在熊の佐々友房・津田静一らが協議して紫溟会を熊本で組織すると、古荘は免官となって帰熊し、紫溟会の柱幹となって奮迅することになります。この紫溟会の趣旨を起草したのが井上毅で、紫溟会の政治部として同心学校が済々黌と改められ、古荘が副黌長に、佐々と津田が幹事に就きます。紫溟会は、先にも触れたように明治一四年の国会開設・憲法制定の詔勅を受けて自由党や立憲改進党が組織され、フランスの人民主権論やイギリスの議会主権論そして民約（民定）憲法論が高まったことに対抗して、天皇主権・欽定憲法論を地方から唱導するために結成されたものでした。

紫溟会は、明治一七年（一八八四）に紫溟学会と改称し、明治二二年には熊本国権党となって県下の国権主義者を糾合しますが、その総理に古荘が就任します。紫溟会の発足に尽力した古荘は明治一六年末に青森県大書記官に転じ、明治二〇年には文部大臣森有礼《もりありのり》に認められて第一高等学校長になります。そして、明治二三年には佐々友房と古荘は衆議院議員として中央政界に進出し、条約改正運動や日清・日露戦争などをめぐって「対外硬（対外強硬）派」を形成しました。その後、全国的に勢力を伸ばした政友会に対し、熊本では国権党が圧倒しつづけましたが、昭和初年には政友会と民政党の対立が熊本にもおよび、その対立のなかで国権党も消えていきました。

そのような政治的活動において、ここで注目しておきたいのは古荘ら熊本国権党員が、いち早く台湾での活動を重視したことです。古荘や佐々は、日清戦争後に台湾が割譲されることを予測し、野村《のむら》靖《やすし》内務大臣や井上馨・品川弥二郎らの長州閥の首脳に、陸海軍とともに植民隊として派遣して欲しいと要請します。この要請が受け入れられて、古荘は明治二八年（一八九五）に陸軍省雇員として台湾に赴任し、台南県知事心得に任じられます。しかし、割譲後の台湾では台湾巡撫の唐景崧《とうけいすう》（一八四一～一九〇三）を総統として台湾民主国が建国され、(18)「わが台民、敵に仕《つか》うるよりは死することを決す」と宣言して日本軍への抵抗運動が続いていました。そのため、古荘も台湾民主国の崩壊まで動きが取れずに待機していましたが、明治二九年には台湾総督府の民政局内務部長に就くことになります。

その直後、台湾中部の嘉義に近い雲林において激烈な抗日武装蜂起が起き、これを日本軍が鎮圧する過程で一般人多数が殺傷される事態に至ります（雲林事件）。古荘は被災者の救済・慰問と反乱軍対策の調査のために派遣されますが、その際に随行したのが明治一七年（一八八四）に佐々が上海に伴って中国語を習得させた済々黌出身の佐野直喜でした。佐野は台湾領有直後に『台湾土語』という語学書を出版し、先に挙げた御幡雅文も『警務必携台湾散語集』を刊行していますが、それまでの中国語学習が台湾統治という事態に直面して、新たな用途を見出していったということだったのでしょう。領有直後の通訳については「探偵即通訳」と公文書にも記されていたように、台湾の内情を調査することも主要な任務となっていました。

さて、古荘は佐野らを通訳としながら、紳商の代表として基隆《キールン》に上陸した日本軍を迎接して台北入城を成功させた辜顕栄《こけんえい》（一八六六〜一九三七）(19)や嘉義地方の林武深などを仲介者として説諭をおこないました。そして、被害者へ救恤金《きゅうじゅつきん》を給付するとともに戦災を恐れて避難した住民の帰還を呼びかけ、さらに日本統治への帰依を促す告諭文の配付などによって治安回復に努めます。雲林での秩序回復にあたった古荘は、ついで嘉義において救恤金配付や帰順の説諭にとどまらず、警察官を増員させて住民に「連庄」や「保甲」の「自守自衛」の組織を作らせる方策をとります。これは中国から台湾に伝わった自治制度を基にして台湾総督府が推進したものですが、庄とは日本の町村に相当するもので、連庄によって庄の連合体を組織することになります。また、保甲制とは中国の宋時代に王安石の新法として制定されたもので、成年男子に武器を与えて地域の警防にあたらせた組織でした。ただし、保と甲の編成は時代や地域によって異なり、日本の統治時代の台湾では一〇戸をもって一甲とし、一〇甲をもって一保とする制度となりました。甲と保には、それぞれ選挙ないし指名によって無給の長が置かれましたが、一保ごとに設けられた自衛組織は警察の指揮下に活動することになっていました。甲と保では周知機関として保甲会議が開催されましたが、ここにも警察官が臨席していました。要するに、保甲制とは相互監視と連座制を徹底して地域秩序の維持を図ろうとする隣保連帯による自治的警察制度でした。そのため警察官は行政機構の末端組織であるとともに住民と日常的に接して、徴税のほか衛生や教育などの民政を担当することになりますが、これが「警察政治」として台湾統治の特徴の一つとなっていきます。なお、台湾で正式に保甲制度が実施されたのは、明治三一年（一八九八）八月で古荘が帰国した後でした。

このように古荘は、台湾の地方名望家の協力をえて自治組織を作らせることに尽力しましたが、抗日蜂起が絶えることはありませんでした。そもそも清朝が統治していた時代でも、異民族統治に対して抵抗する動きは間断なく続き、「三年小反、五年大乱」という言葉があったほどでした。そのため、後に述べますように、台湾総督府は一九一〇年代に入ると軍隊と警察を駆使して「匪賊」や「土匪」を「討伐」し「帰順」させる「理蕃事業」を実施しました（→一五九頁以下）。しかし、その「理蕃事業」の成果による模範「開化」地区とされていた台中州霧社（現在の南投県仁愛郷）で、苛酷な強制労役や差別待遇などに反発した高山族の人々が加わった大規模な武装蜂起として霧社事件が昭和五年（一九三〇）に起きます。台湾総督府は飛行機や毒ガスなどを使って鎮圧を図り、さらに翌年には第二次霧社事件によって蜂起の生存者の多くが殺害されました。この蜂起に衝撃をうけた台湾総督府が翌年から徹底した先住民同化政策を実施したように、台湾の「平定」＝治安秩序の安定は古荘が数年で成し遂げられる事業ではなかったのです。台湾領有から大規模な蜂起である大正四年（一九一五）の西来庵事件まで日本軍の死傷者は一万一二七七人（戦死者五二七人、戦病死者一万二三六人、負傷者五一四人）にのぼっていますが、これは日清戦争における戦病死者数三二五八人を大きく上回っており、台湾領有後の戦闘の方が多大な犠牲を強いるものであったことになります。ただし、戦病死の多数はマラリア・赤痢などの疾病によるものでした。また、正確な人数の確定はできませんが、台湾側の死者数は約二万九千人におよぶといわれています。

ちなみに、現在の台湾（中華民国）には漢族のほか、一六の先住民族が認定されており、一九九四年以降、「原住民」が公式の呼称となっています（先住民には、既に亡んだ民族という語感があるため、「原住民」が用いられています）。これに対し、清朝時代は約三〇〇万人の漢民族以外を「蕃人」と呼び、そのうち主に農業に従事して清国の統治に服する約一〇万人の原住民を「熟蕃」、山地で狩猟・採取などを生業として清朝に服属しない約一二万五千人の原住民を「生蕃」と称していました。こうした呼称は、日本統治期に引き継がれ、山地の原住民を蕃人・蕃族、生蕃、高山族などと称し、抗日軍事行動をおこなった場合は「匪賊」や「土匪」などと呼びました。そして、「匪賊」や「土匪」に対しては、軍事力による「討伐」によって「帰順」させる政策をとりました。

古荘は明治三〇年（一八九七）に帰国して群馬県知事や三重県知事、そして衆議院議員などを務めた後、貴族院勅選議員に選ばれています。その歩みをたどってみますと、井上毅が期待したように郷党をまとめあげる人望と指導力を発揮し、帝国日本の拡張にも一役を担ったと言えるのでしょう。そして、井上が明治二八年三月に没するまで、相互の信頼関係は揺らぐことなく続いたようです。

いずれにしても、津田は拓殖会社設立などによって民間主導での台湾開拓を主導し、古荘は日本政府と台湾総督府をバックに台湾への植民政策の基盤を作ろうとしました。熊本国権党は、こうした二つの方向性を両輪として、熊本びとを先駆として日本人がアジアに雄飛する「図南の夢」を模索していたのです。

なお、台湾に関係した紫溟学会員としては、『紫溟雑誌』や『文学世界』などの記者であった中西牛《なかにしうし》郎《お》（一八五九〜一九三〇）を逸することはできません。中西は、木村弦雄に漢学・洋学を習った後、同志社や東京の勧学義塾で英語を修め、帰郷して明治一四年（一八八一）に私塾・神水《くわみず》義《ぎ》塾《じゅく》を開いて英語やフランス語を教えていました。そして、済々黌の開校に際しては発起人の一人となって、自らも万国公法（国際法）の講義などをおこないました。そして、紫溟学会や東肥教育会にも参加して、津田静一の下で機関誌の編集にあたりました。明治二一年（一八八八）にアメリカへ遊学、帰国後は西本願寺文学寮の教頭となって雑誌『経世博議』を発行しています。当時、井上円了（哲学館、現在の東洋大学の創設者）らが、キリスト教の誤った考えを否定し、仏教の正しい考えを示すとして「破邪顕正《はじゃけんせい》」という仏教運動を展開していましたが、中西はこれに対抗して『宗教革命論』『新仏教論』などを著して仏教改革の必要性を説く論陣を張ります。その後は『大阪毎日新聞』『東京日日新聞』などの記者を経て、明治三一年には清国政府官報局の翻訳主任となり、さらに台湾に渡って土地調査局など台湾総督府の嘱託として活動をおこないました。中西の台湾に関する活動として注目されるのは、日本の台湾領有に際して日本軍の台北入城を引導し、その後は台湾屈指の実業家として、またキリスト教徒の思想家として活躍することになる李春生について『泰東哲学家李公小傳』（台湾日日新報社、一九〇八年）をいち早く編纂していたことです。李は台湾総督府に協力して保良局を設置して抗日運動を抑え、先に挙げた辜顕栄とともに台湾総督府紳章を授けられています。その後裔である李景盛・延禧・延齢は、それぞれ台北庁参事や台北市協議会員、台北州協議会員を務め、さらに総督府評議会員にも選出されるなど日本の台湾統治と深いかかわりをもつことになります。中西は辜顕栄とも交わり、その邸宅に滞在していたとき中治稔郎《なかじとしろう》という総督府の官吏だった人物に会います。このとき中西が説いた扶桑教《ふそうきょう》の教義に示唆を受けた中治は、日本の天照大御神と中国の海神である媽祖《まそ》（天上聖母）が同一であると説く大母教という教派を起こします。天母教が開発を手がけようとしていた地域は、現在も台北市北端に天母という地名として残っています。日本に帰ってからの中西は、再び仏教運動に専心し、天理教や神道扶桑教の経典編纂にたずさわり、昭和二年（一九二七）には神道扶桑教の大教正となるなど、近代日本の宗教史において異彩を放つ存在であったと思います。

一二　台湾統治における旧慣調査——岡松参太郎と狩野直喜

こうした台湾への植民に向けた動きとともに、台湾の統治を法制や人類学的見地から整備しようとした熊本びとの活動にも注目しておく必要があります。先にも述べたように、日本に割譲された台湾では、それに反対する武装蜂起が絶えることなく続いており、いかにして法制や生活習慣や文化の異なる台湾を統治していくかという課題が重くのしかかっていました。なによりも「台湾領有の時にその政策の助けとなるべき我国民の経験というものは何ものも無かつた」だけでなく、「文明的植民政策の準備行為というものは殆どない」（後藤新平『日本植民政策一斑』拓殖新報社、一九二一年、四～六頁）状況の中で、統治の方法を手探りしながら進めるしかなかったからです。

その課題に応えるべく、明治三一年（一八九八）に第四代の台湾総督に任じられた児玉源太郎は、自らの「任務は台湾を治めるにあって、征討するにあらず」として武装蜂起を武力で討伐・鎮圧するコストを抑えるために、生活秩序の平穏化を図ることによって統治の安定を図ろうとします。その目的に最適の人材として当時、四二歳であった後藤新平（一八五七〜一九二九）を民政局長に抜擢します。[20]

医師でもあった後藤は日本が初めて直面することになった統治のあり方について、「植民政策はビオロギー（生物学）である」という考えをもっていました。この生物学に基づく植民地統治策については、比目魚（ヒラメ）の目と鯛の目の対比という良く知られている比喩があります。すなわち、「鯛の目はちゃんと頭の両側についている。比目魚の目は頭の一方についている。それがおかしいといって、鯛の目のように両方につけ替えることはできない。比目魚の目が一方に二つ付いているのは、生物学上その必要があって付いている」。それと同じように、「社会の習慣とか制度とかいうものは、みな相当の理由があって、永い間の必要から生まれてきているものだ。その理由も弁《わきま》えずにむやみに未開国に文明国の文化と制度を実施しようとするのは、文明の逆政というものだ。そういうことをしてはいかん」というものです。

このように異民族統治の要諦として、それぞれの社会に固有の文化と制度を尊重すべきであると考えた後藤は、「台湾を統治するときに、まずこの島の旧慣制度をよく科学的に調査して、その民情に応ずるように政治をしたのだ。これを理解せんで、日本内地の法制をいきなり台湾に輸入実施しようとする奴らは、比目魚の目をいきなり鯛の目に取り替えようとする奴らで、本当の政治ということのわからん奴らだ」（鶴見祐輔著・一海知義校訂『正伝・後藤新平』第三巻、藤原書店、二〇〇五年、四七六〜四七七頁）という持論をもって明治三一年（一八九八）に臨時台湾土地調査局を、次いで明治三四年（一九〇一）に臨時台湾旧慣調査局を設定します。[21] 植民地統治をおこなうためには、土地とそこに住む人々そして法・生活慣習の実態を把握しておくことが不可欠となりますが、台湾総督府は土地調査、戸口調査、旧慣調査という調査事業をおこなっていきます。なお、ここで旧慣というのは、既に使われなくなった慣習という意味ではなく、当時の台湾で有効であった日本法とは異なる法令や慣習を指しています。

そのなかで租税の基礎となる土地の所有権を確定する土地台帳と名寄帳を作成していくためには、土地に関する法慣行の調査が焦眉の課題であることが痛感され、後藤が旧慣調査の責任者として白羽の矢を立てたのが京都帝国大学法科大学の民法担当教授であった岡松参太郎（一八七一～一九二一）でした。岡松は、先に挙げました岡松甕谷（→八八頁）の三男です。履歴としては、熊本生まれとなっていますが、実際に生まれたのは父・甕谷が講義のために訪れていた延岡（現在の宮崎県延岡市）でした。東京の第一高等学校を経て、東京帝国大学法科大学英法科で民法を、大学院では債権法を専攻しています。そして、公布直後の民法典について外国法・外国文献を博引旁証した解釈書である『註釈民法理由』（一八九六～九七年、有斐閣書房）を二四歳の若さで執筆し、注目を浴びました。日本民法典の総則編など前三編は明治二九年（一八九六）四月に公布されたのですが、岡松の著作は、その翌月から発行されていますから、おそらく岡松も編纂事業に関与していたと思われます。この学界を驚嘆させた全三巻の大著でデビューした岡松は、開学予定であった京都帝国大学法科大学の教授ポストを約束されてドイツ・フランス・イタリアで三年間の留学生活を送ります。そして、明治三二年（一八九九）九月、新設された京都帝国大学法科大学の教授に就任し、明治三四年（一九〇一）一〇月に児玉総督と後藤民政長官の依頼によって臨時台湾土地調査局の事務嘱託に就任します。

岡松はイギリス法専攻ではありましたが、父・甕谷の訓練を受けて幼いころから漢籍に親しみ、漢文読解においても秀でた能力をもっていたことが岡松に白羽の矢が立った理由だと思われます。三〇歳になったばかりの岡松を強く推薦したのは、岡松の東京帝大の一年先輩で台湾における土地調査を担当していた中村是公《なかむらよしこと》（一八六七～一九一七。名は「これきみ」とも呼び、「ぜこう」は通称）だと言われています。中村は夏目漱石の学生時代からの親友で、南満洲鉄道総裁であった明治四二年（一九〇九）、漱石を朝鮮・満洲の旅へと誘ったことで有名です。(22)中村は、岡松の専攻が民法であり、『不動産登記法』（一九〇五年、法政大学）に結実したような土地台帳や建物台帳をヨーロッパの法制度との比較的視点での研究を進めていたことを知っていたと思われます。

岡松は、明治三三年（一九〇〇）二月に初めて台湾を訪れました。このとき岡松が法制調査については未経験であり、いかなる方法でどのように成果を挙げることができるかなど見当もつかないと述べたのに対し、児玉に「総《すべ》てお前の自由にするがよい。政治上の問題というのではなく、学問の研究をするつもりでやってよろしい」（前掲『正伝・後藤新平』第三巻、四七二頁）と言われたことから岡松は事業に参画することになります。そして、臨時台湾土地調査局が収集した台北地域の資料をもとに『台湾旧慣制度調査一斑《いっぱん》』と題する報告書を提出し、この報告書が示した方針に従って明治三四年（一九〇一）一〇月に臨時台湾旧慣調査会が発足しました。臨時台湾旧慣調査会は、目前の行政・司法の課題に対応する施策の資料を提供するとともに、将来に向けて日本内地とは異なる台湾独自の立法を準備するための特設機関でした。児玉や後藤は約束通り、事業に一切介入することもなく、設置期限も設けられてはいませんでした。

臨時台湾旧慣調査会は、会長を民政長官とし、土地・親族・相続などの法制に関する旧慣調査を担当する第一部と、農・工・商業・経済に関する第二部から成り、第一部長に岡松が、第二部長には岡松の姪・中村ソノヲが嫁いでいた愛久沢直哉《あくざわなおや》（一八六六〜一九四〇）が就きました。岡松は京都帝大教授との兼職でしたから、大学の休暇時などに台湾に渡って委員や補助員が収集した資料の分析と編述をおこなっていきます。(23)

第一部は、法制・行政・経済の三科に分かれ、法制科は台湾全域における私法的慣習を集大成した『台湾私法』を明治四二年（一九〇九）から明治四四年（一九一一）にかけて刊行しました。『台湾私法』は、本文六冊、附録参考書七冊、総頁で五八六六ページにも及ぶものでした（また、関連報告として『台湾糖業一斑』（一九〇九年）なども公刊されました）。『台湾私法』叙言には、その目的として「一は以て台湾旧慣の実際を査明し行政および司法上目前の需要に応じ、施設の資料を供するを目的とするといえども、一は以て支那法制の根本的研究を遂げ、学理的編述を了し、以て他日台湾立法の基礎を作るを目的とす」として、現実の行政や司法の業務に対応できるような資料を提供することと、将来的には台湾固有の立法の基礎資料とすることが掲げられています。しかし、台湾における旧慣調査を進めるなかで、その淵源ともなっている中国の旧典・先例や台湾と近接する中国南部における慣行を調べる必要が出てきます。その点について『台湾私法』叙言で岡松は、次のように力説します。「従って、これが調査方針もまた啻《ただ》に台湾全島の旧慣調査を闡明《せんめい》するのみを以て足れりとせず、その根拠淵源に遡《さかのぼ》り、支那本土の制法《せいほう》の一斑を示し、南清一帯の慣習の大体を明らかにすることを期せざるべからず」と。

こうして中国本土の法・制度や台湾の対岸にある中国南部の旧慣を調査する必要を認めた岡松が、その要務を依頼したのが、京都帝国大学法科大学の同僚であった織田萬《おだよろず》（一八六八～一九四五）でした。織田は日本の行政法学の基礎を築いた法学者で、大正一〇年（一九二一）からは九年間にわたってオランダのハーグに設立された国際司法裁判所判事を務めましたが、ヨーロッパ法学専攻であったため中国法制史の専門家の協力をえる必要がありました。とはいえ、当時は世界的にみても清朝時代の法制史は未開拓の分野でした。そこで織田が適任者として協力を仰いだのが、狩野直喜です。狩野も専門外の分野でしたが、調査委員となることを受諾し、明治三八年（一九〇五）にまず『清国行政法』の第一巻「汎論」を刊行します。そして、大量の資料を分析するために明治四〇年以降、浅井虎夫、東川徳治《ひがしかわとくじ》、加藤繁などを補助員として編纂を進めます。そこでは織田が行政法・自治制度などを、狩野が中央政府組織や官吏制度などを、浅井・東川・加藤が地域の法制や土地・産業制度などを分担して調査し、主に京都で作業が進められました。

『清国行政法』の編纂においては清朝の成文法規や史料を分析し、行政制度全般について系統づける文献学的手法が取られ、当初から実地調査はおこなわない方針となっていました。ただ、狩野は岡松や織田と共に明治三六年（一九〇三）八月に清国・韓国に調査旅行をおこなうなど、相互に連絡をとりながら作業を進めていきます。

『清国行政法』は、汎論を補訂して上下二冊とした新編の第一巻と、各論の第二巻から第六巻、そして索引一冊として編纂され、大正四年（一九一五）にその作業を終えました。後藤新平は『清国行政法』を台湾統治の手引き書とするだけではなく、日本人が中国の開発においても十分な能力をもっていることを世界に示すものにしたいという抱負をもっていました。その後藤の抱負に沿って外国語訳が試みられ、関口隆正や内村邦蔵などによって中国語訳がおこなわれて第一巻は公刊されました。しかし、フランス語訳は計画だけにとどまりました。『清国行政法』は、細部に不備な点もあると言われますが、網羅的な内容と正確さにおいて類をみない著作として清朝史研究に欠かせない史料となっています。

この多大な労苦を要した編纂事業を通じて、狩野はそれまでの文学や歴史学を中心とした中国学にとどまらず、その背景にある中国の社会構造や生産制度などにも目を配りながら史料を解読していく独自の方法を体得していくことになります。狩野は京都帝大文学部で大正七年（一九一八）九月から五年間にわたって「清朝文学」を、大正一二年（一九二三）四月から翌年三月まで「清朝の制度と文学」を主題とする特殊講義をおこなっていますが、これらは『清国行政法』の編纂経験を踏まえたものであり、その一端は『清朝の制度と文学』（みすず書房、一九八四年）としてまとめられています。

また、東川徳治『支那法制史論』（一九一五年）が臨時台湾旧慣調査会・法制科から刊行されましたが、東川はその後『支那法制史研究』（一九二四年）・『典海』（一九三〇年。一九三三年に『支那法制史・増補』と改題）などを、浅井虎夫は『支那法制史』（一九〇四年）・『支那ニ於ケル法典編纂ノ沿革』（一九一一年）などを、加藤繁は吉野作造との共著『支那革命史』（一九二二年）や『唐宋時代に於ける金銀の研究』（一九二五〜二六年）などを著しています。それらの成果が、植民地統治の必要性から生まれたものであることは否定できません。しかしまた、台湾の旧慣調査が、日本における中国法制史や経済・社会史の研究に道を拓いていった事実も無視することはできないように思われます。

一三　岡松参太郎の「蕃族・番族」調査と石坂音四郎の「旧慣立法」起案

以上、見てきましたように、台湾で進められた旧慣調査は、日本が初めて直面した植民地統治の方策として実施されたものでしたが、日本における中国法制史研究を育む苗床となったと言えます。そして、日本における文化人類学的調査の先駆けとなったことも否定できません。さらに、岡松自身にとってその体験は、立法学や比較法学の研究へと導くものでした。

岡松参太郎は、臨時台湾旧慣調査会のおける公務と並行して、民間団体として設立された台湾慣習研究会の委員となります。台湾慣習研究会は、機関誌『台湾慣習記事』(24)を刊行し、台湾各地の慣習のほか裁判の判例などが収集・報告されることになりますが、岡松もたびたび寄稿しています。

岡松が台湾の旧慣を重視した背景には、台湾が清国の版図として二〇〇年を経ている以上、「官に整然たる制法あり、民に確固たる慣習あり。この制法・慣習は一朝一夕にこれを改廃し得べきものにあらず。台湾の施政は必ずや、その基《もとい》をこの制法・慣習の上に置かざるを得ず」（岡松『臨時台湾調査会第一部調査第一回報告書』上巻・叙言）という確信に基づくものでした。そしてまた、「自治制の慣習」こそ、台湾における「一種の民法」であり、この旧慣に従った立法によって台湾の民法を世界的に最新で最良の法律とし、それによって日本の民法そのものを改めていきたいという願望を抱いていたからでした。岡松はその意向を『台湾慣習記事』（第五巻三号、一九〇五年八月）に寄稿した「日本民法の欠点を論じて台湾立法に対する希望に及ぶ」という論稿で明確に述べています。岡松によれば、台湾の旧慣は文明の進化から遅れた野蛮民族の法令であり、これを改めて文明的統治を図るためには先進文明に基づく日本の法令を強制的にも施行していく必要があるという意見も根強いが、それは間違った考え方である。日本の法律は、ドイツ法とフランス法との折衷物・混合物に過ぎず、「最も悪く出来上がりし」ものに過ぎない。要するに、「日本民法に於ける欠点は、大小何百も何千もこれあらん。また商法、訴訟法、刑法等に於いても欠点甚だ多きを見る」ものであり、欠点の多い日本法を台湾に施行して同化することは問題が多い――と指摘します。では、いかにすべきか。そこで参照すべきは、イギリス統治下のインドにおける立法がイギリスのコモンローに準拠しながら、実は逆に「英の法律は植民地たる印度の立法に依り、改善せらるるの結果を見た」という模範例である、として次のように結びます。「願わくは、英本国の印度に於けるごとく、台湾の制度を完美ならしめ、台湾が内地法に倣《なら》うにあらずして、かえって日本内地法をして台湾法を模範とするに至らしめんことを」と。

このように旧慣に基づく立法を確立することによって、本国と植民地とが相互に改善されるとし、

図10　岡松参太郎

図11　石坂音四郎

「(日本)帝国の台湾に対する目的、地位の類することは、英国の印度に於ける目的、地位と或る点はほぼ同じである」という見解は、岡松と同じく後藤新平も表明していました。後藤はさらにイギリスがインド統治に成功した要因として「マコレー、ピーコック、メーン、スチーブンなど有名なる諸士に嘱託して法典編纂の事業を企て、僅かに十三年にしてこれを完成した」(「台湾経営上旧慣調査制度の調査を必要とする意見」『台湾慣習記事』第一巻五号、一九〇一年五月)ことを称揚しています。後藤が、インド最高会議議員でインドに関する立法に重要な役割を果たしたマコレー(Macaulay, T. B.)やケンブリッジ大学教授・インド総督法律顧問としてインド法の集成に尽力し、法学研究に歴史的・比較法的方法論を導入して法人類学の基礎を築いたメーン(Maine, H. J. S.)などの名を挙げているのは、岡松らにその役割を期待していたからではないでしょうか。

　岡松が、その役割を果たす機会は、明治四二年(一九〇九)、臨時台湾旧慣調査会に第三部・立法部が置かれたことによって訪れます。第三部は岡松を部長とし、岡松の京都帝大の同僚であった民法の石坂《いしざか》音《おと》四郎《しろう》(一八七七〜一九一七)や民事訴訟法の雉本朗造《きじもとときぞう》（一八七六〜一九二二）[25]などの法学者や司法・行政の関係者などを法案起草委員として、台湾に施行する法令の起草と審議が進めることになります。立法部では「台湾民事令案」・「台湾人事令案」・「台湾親族相続令案」のほか、「台湾祭祀公業令」・「台湾合股《ごうこ》令」などの草案が起草されます。祭祀公業とは、福建省や広東省などで中国の宋代から存在していた慣習であり、同姓一族が共有地を持ち、その収穫によって先祖をまつる組織のことです。また、合股とは中国の宋時代に始まり明清時代に広くおこなわれた共同出資による企業形態で、持ち株を意味する股を複数の出資者が連帯保有して責任を負うものです。出資者は血縁や地縁で結ばれ、股の運営・処分も出資者の了解を必要とします。

このような草案の起草がおこなわれたのは、植民地であった台湾では、日本の法令とは独立に台湾総督が「律令」と呼ばれる法律と同じ効力をもつ命令の制定権を与えられていたからでした。[26]

こうした台湾に固有な「律令」草案を起草するために、明治四二年（一九〇九）には臨時台湾旧慣調査会第一部には「蕃族科」が設置されました。しかし、日露戦争後の明治三九年（一九〇六）に児玉源太郎が台湾総督を退任し、後藤新平が南満洲鉄道株式会社（満鉄）総裁となって台湾を離れたことによって、旧慣調査に基づく立法という方針も揺らぎ始めます。岡松もまた明治四〇年（一九〇七）に「南満洲鉄道株式会社の性質」という論文を執筆し、「文装的武備」[27]を唱える後藤の要請に応じて満鉄理事に就任し、満洲でも調査事業を担当することになります。京都帝大在任のまま満鉄理事に就くことには文部省や京都帝大から異論が出ますが、後藤が押し切って実現させた人事でした。このとき、中村是公も台湾総督府から満鉄副総裁に起用され、後藤・中村・岡松のトリオが満鉄の草創期を担うことになりました。

満鉄調査部は、明治四〇年（一九〇七）四月に設置され、四一年一二月に満鉄調査課と改称されます。

調査部は、経済・旧慣・ロシアの三班編成で発足しましたが、岡松は担当理事として人事などの運営のほか旧慣調査班の指導にあたりましたが、実務を担当したのは初代調査課長となった川村鉚次郎《かわむらりゅうじろう》と宮内季子《みやうちきし》（一八七一〜一九一九）でした。川村は台湾でも旧慣調査を担当しており、大正六年（一九一八）まで課長として草創期の満鉄における調査機関を主導しました。川村は後に満鉄理事になります。宮内は京都帝大法科大学で織田萬に、大学院で岡松の指導を受け、卒業後は裁判所勤務を経て臨時台湾旧慣調査会に赴任します。そして、おそらく岡松の指示を受けたと思われますが、中国北部の旧慣調査にあたるために北京に赴き、明治四〇年（一九〇七）に満鉄調査課に入って旧慣調査班主任となっています。なお、宮内は岡松の姪・中村適《かなふ》と結婚しています。

また台湾における旧慣調査の体験は、岡松と川村と宮内によって満洲へと持ち込まれたことになりますが、旧慣調査班の成果は『満洲旧慣調査報告書』全三巻一〇冊（一九一三〜一五年）として刊行されました。

岡松は明治四〇年（一九〇七）から翌年にかけてヨーロッパ各国で調査機関についての視察をおこない、それに基づいて後藤に新たに調査部局の設置を提案します。(28)岡松の提案を受けて、明治四一年（一九〇八）に満鉄東京支社の管轄下に東亜経済調査局が創設されます。岡松はその理事も兼務しましたから、京大教授と満鉄理事のほか臨時台湾旧慣調査会の部長など、多忙をきわめることになります。

しかし、大正七年（一九一八）に原敬内閣が成立すると日本の法制を台湾にも施行するという内地法延長主義が取られることになります。既に、大正三年（一九一四）には立案作業を終えた第三部が廃止となっていたため、岡松らの法案起草も結果的に陽の目をみることなく、立ち消えになっていきました。そして、臨時台湾旧慣調査会自体も、大正八年（一九一九）五月に解散し、二〇年におよぶ事業を終えることになります。しかし、「蕃族科」の調査事業を続行する機関として「蕃族調査会」が新たに設けられました（なお、「蕃族調査会」は大正一一年（一九二四）三月に解散しています）。

岡松は、大正二年（一九一三）、四二歳で京都帝大教授を、翌年に満鉄理事を退任します。その後は、中央大学に勤めるとともに、民法研究と台湾の旧慣調査に打ち込んでいきます。岡松が台湾旧慣調査の最後の課題として取り組んだのは、「番族」と称されていた高山地域の「原住民」の慣習研究でした。明治四二年（一九〇九）に設置された臨時台湾旧慣調査会第一部「蕃族科」とその後継機関である「蕃族調査会」からは、調査報告として『蕃族調査報告書』全八冊、『番族慣習調査報告書』五巻八冊が刊行されました。岡松は当初、こうした調査そのものは人類学の領域に属するものであり、法学者が関与すべきではないと考えていました。ところが、大正五年（一九一六）に「法律上の妻の地位」を研究するにあたって台湾の高山原住民族の中に母系主義の慣習があることを思い出し、これらの調査報告書を読んだところ、その旧慣が法制史研究にとって貴重な対象であると確信して研究を進めることになりました。その成果が全八巻、総頁三九三二ページから成る『台湾番族慣習研究』（一九二一年）でした。その叙言によれば、かつてイギリスのメーンがインド民族の慣習を研究して『古代法 Ancient Law』を著したことを契機として法制史研究が大きく進展したように、「台湾番族」の慣習こそ現存する民族の旧慣のなかで最も貴重なものであると確信するに至ったこと、またドイツ留学中の恩師で民族比較法学の開拓者でもあったベルリン大学のコーラー（Kohler, Joseph）に明治四一年（一九〇八）に再会した折に「番族」研究がヨーロッパの法学界に大きく裨益すると奨励されたこと、などを思い出し、欧米の学界に先鞭をつけられることは日本の学界にとって痛恨事になると考えて研究を進めたと書かれています。

このように岡松は、後藤が岡松ら日本の法学者に期待していた課題に最晩年になって取り組んだことになりますが、『台湾番族慣習研究』の校正を自らは終えることなく、大正一〇年（一九二一）に逝去します。享年、五〇歳でした。晩年の岡松については、大正八年（一九一九）九月八日の『法律新聞』には「法学博士岡松参太郎氏は学問が唯一の道楽、苟《いやしく》も閑さえあれば書物に没頭している。氏には二百年間に民法の研究を大成すとの念願がある」という記事が載せられ、「二百年掛りの民法研究」とのタイトルが付せられています(29)。岡松の大願は、台湾旧慣調査とともに日本の民法を欧米のみならず東アジア世界との比較的展望をもって完成させることでした。その「宿志」の一端が大正五年（一九一六）に刊行された代表作とされる『無過失損害賠償責任論』であり、序言には「無過失責任論の研究は予が宿志にして、しかして従来、学俗両務に妨げられ力をここに専《もっぱ》らにするを得ず。近年閑居、述作に従事」できるようになったとして精力を本書に傾注できる喜びを記しています。

確かに、岡松が「学俗近接」を時論とする後藤新平の要請に応じて、台湾や満洲における旧慣調査などの役職という「俗務」に時間を奪われたことは、本来の「学務」にとっては妨げになったかもしれません。しかし、岡松が法学的視点から旧慣調査をリードしたことが全く無意味であったとは言えないように思います(30)。

岡松自身、ヨーロッパ留学から帰国直後に東京専門学校（現在の早稲田大学）でおこなった講演「独逸ニ於ケル法律教育」で日本の法学教育には「法律学は実際の学問である、社会の生活を規定して往《い》くものであるという観念がなくなっておりはしないか」と反問し、ドイツでは「実際を尊び実際的の講義ばかりして、つまり法律を運用しているということに非常に重きを置いてやってい」ることに敬意を払っていたからです。岡松は「朗読を筆写する講義」から「実用に耐える知識を教授する講義」に変える必要性を訴えていたのです。ドイツ法学といえば、制定法の論理的完結性を想定して条文を忠実に検討し、法概念の体系を形式論理によって体系化することを任務とする「概念法学」として批判されることが多いのですが、岡松は逆に実情を丹念に調査したうえで構成した法体系こそが学理となると考え、それを可能にする対象として台湾や満洲における旧慣という「生ける法」にアプローチしたのではないでしょうか。さらに、岡松は国家や主権や国法などの概念を平易に解説した『法制問答』を台湾や中国からの留学生にも理解してもらうため、岡松の父・甕谷が開いた紹成書院の幹事で台湾・台中県弁務署長も務めた関口隆正《せきぐちたかまさ》による漢文訳『漢訳・法制問答』（吉川弘文館、一九〇六年）として刊行するなど、欧米の法政思想をアジアへ継受することにも関心をもっていました。

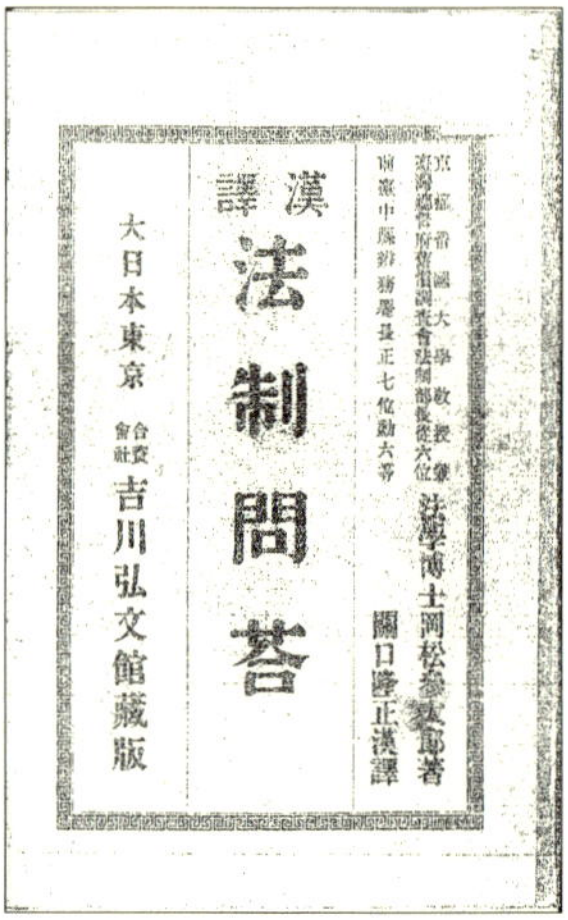

図12 『漢訳・法制問答』

そして、岡松と同じく生活実態に基づく立法の必要性を強調し、台湾においても旧慣に基づく法令の起草に尽力したのが、先に名を挙げた京都帝国大学法科教授の石坂音四郎でした。

石坂は、熊本県上益城郡上島村（現在の嘉島町）に生まれますが、一〇歳で父と死別したため長兄の援助を受けて第一高等学校、東京帝国大学法科大学に進みます。そして、明治三五年（一九〇二）に独法科を首席で卒業し、同年に京都帝国大学法科大学の講師となりました。翌年に助教授となり、星亨の長女・薫子と結婚してドイツ・フランス・イタリアなどに三年間留学します。留学中には、法学のほかにフランスの社会学や心理学・論理学・哲学に強い興味を抱いて書籍を蒐集しただけでなく、ゾラ、モーパッサン、イプセン、トルストイなどを読破しています。帰国後の明治四〇年（一九〇七）に石坂は岡松を継いで民法講座担当の教授に就くとともに、臨時台湾旧慣調査会起草委員に任じられます。この年に「慣習法論」を『京都法学会雑誌』に発表していることは台湾における旧慣調査と切り離して考えることはできないでしょう。そして、大正四年（一九一五）に東京帝国大学に転任しますが、大正六年に四一歳の若さで逝去してしまいました。石坂の研究者生活は大学卒業後、一五年ほどであったにもかかわらず、その間に大著『日本民法債権総論』（全六巻、有斐閣書房、一九一一～一六年）や『民法研究』（全三巻、有斐閣書房、一九一一～一七年）、そして遺著となった『債権法大綱』（有斐閣書房、一九一七年）・『改纂民法研究』（上・下巻。有斐閣書房、一九一九～二〇年）[31]などの不朽の業績を遺しました。

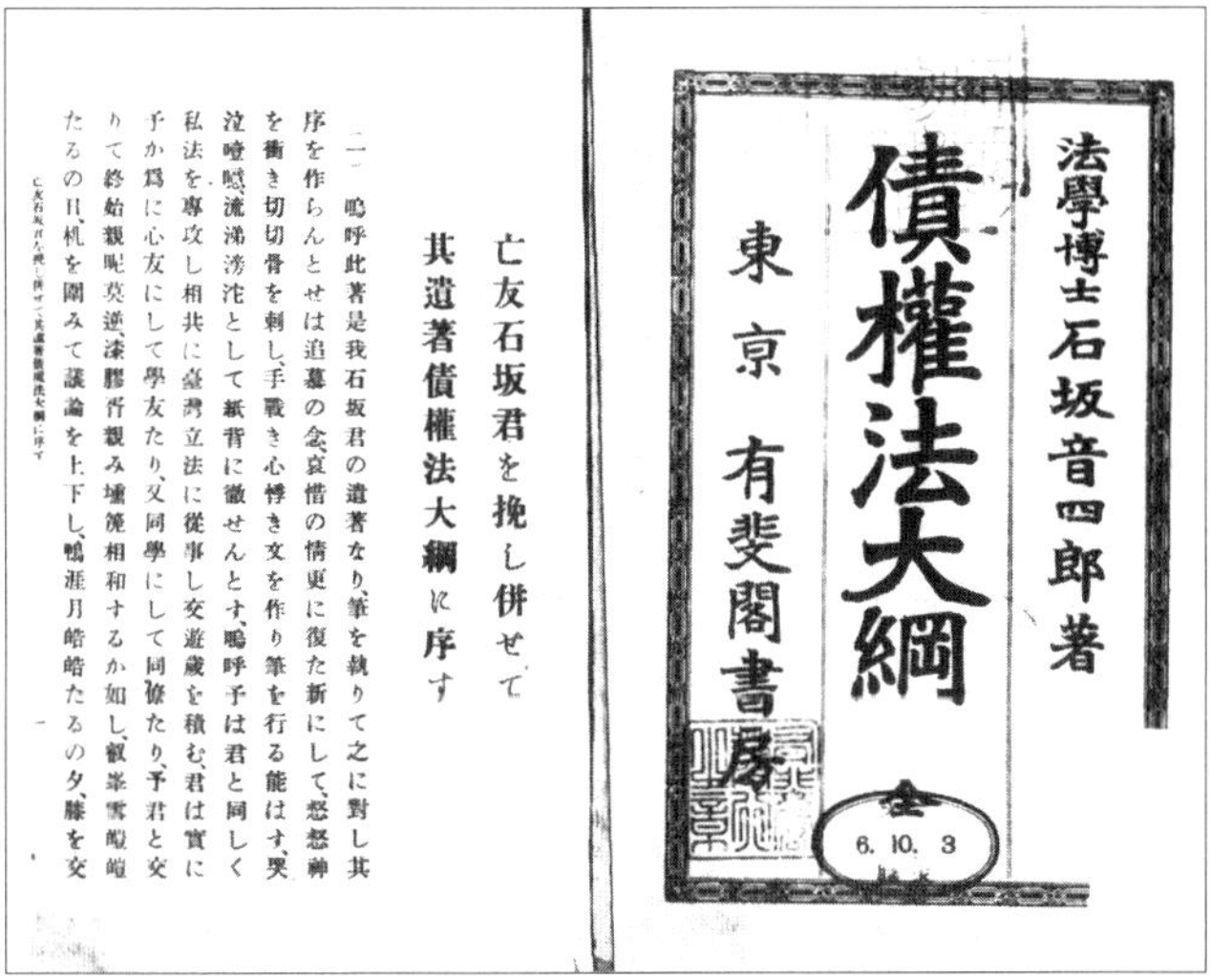

図13 『債権法大綱』

石坂は、法律を起草者（立法者）の著作物としてではなく、「人民の一般意思を表現せるもの」として法律を解釈することを主張し、そのうえで論理的に緻密な法解釈によって判例批評や体系的著作を重ね、岡松とともに日本の民法学の基礎を確かなものにすることに貢献しました。そして、比較法学研究を重視しつつも、外国法はあくまでも参考資料として、末弘厳太郎《すえひろいずたろう》らに先駆けて逸早く「日本法学の独立」を図るべきことを唱導していました。その業績については、「日本民法学におけるナンバーワンの巨匠」（石田喜久夫「石坂音四郎――日本民法学の山脈における最高峰」『法学教室』第一八一号、一九九五年、九八頁）との評価もあります。

石坂が唱えた法律の解釈を、当該の社会や時代における価値判断も勘案しながら論理的に導くという説は、当時の台湾における法慣習や法的思考を調査することによって立法をおこなうという作業に密接につながっていたように思われます。このことは、石坂に日本の民法学の将来を託していた岡松が、その早すぎる死について痛惜の想いをつづった文章の中からも知ることができます。この石坂の遺著に付された「忘友石坂君を挽《ばん》し、併せて其遺著債権法大綱に序す」は、四二頁にもおよぶ長大な追悼文となっています。そこでは、天道の無情、偉才に祚《さいわ》いせず、学問に禍《わざわい》することの苛酷さを恨みながら、「嗚呼《ああ》、君、今長已《ちょうい》して教えを乞うの学友なく、與《とも》に歓ぶの心友なし。浩嘆《こうたん》、咨咨《しし》として慰むるに由なく、長恨、綿綿として尽くるの期なけん」として、腹蔵なく論じ合った日々の思い出を綴るとともに、石坂の学問的業績の真義を解き明かした岡松にとっても一代の名文となっています。

ここでは、その中でも台湾における法案起草について記した箇所を引いて、実際にどのように起草作業が進められたかを確認しておきたいと思います。

岡松は、先に述べたような台湾の旧慣に基づく法令の起案を「旧慣立法」と呼んでいますが、その担当を石坂の帰国を待って依頼し、石坂と雉本の二人に実体法と手続法とを分担してもらったと記しています。そして、岡松と石坂・雉本が相談しながら、京都に設けられた調査事務所と台北の法案審議会とで作業をおこなっていきます。その様子は次のようなものでした。

石坂と雉本は「相携えて尽瘁《じんすい》勉励、古今の分権を渉猟し、東西の法理を考覈《こうかく》し、京都調査事務所の一室、草案の起稿に当たりては君〔石坂〕が正正の論、堂々の議、所信一歩を仮さず、断案折衷を容れず、一条の法文、論議夜を徹し、日を重ぬること稀ならず」というもので、石坂が議論をリードした一面がうかがえます。さらに台北での審議会でも議論が白熱することになりますが、それについて岡松は、「また台北法案審議会の議場、法案の討議に臨みては、君、長扇、卓を叩きて法文の理由を述べ、その適用を示し、時にまた口角泡を含みて異説を喝破し、自見《じけん》を宣弁《せんべん》す。予〔岡松〕が台湾旧慣調査の大任を終了し、民事立法の難事を完成するを得たるもの、ひとえに石坂、雉本二君の賜《たまもの》にして、しかして大半実にこれ石坂君の功なりき」と謝意を表しています。石坂の法案起草にかけた迸《ほとばし》るほどの情熱や自説の根拠を突きつめた上で忌憚のない議論を展開する姿が、髣髴と浮かびあがってくるようです。石坂もまた岡松と同じく日本の民法典よりも優れた法令を台湾に施行したいという思いに駆られていたことが、こうした言動となって現れたのでしょう。

その努力と情熱は、果たして報われたのでしょうか。この点についても、岡松は哀惜の念をこめて書きます。やや長くなりますが、台湾における「旧慣立法」の命運を知るためにも引用しておきたいと思います。

石坂君は親族法および相続法に造詣する所深く、曩《さき》に台湾旧慣調査会の事業として台湾土人に施行すべき親族、相続令を立案するや、君〔石坂〕もっぱら之《これ》に任じ、数年に渉《わた》り、支那古来の慣習と欧州古今の法制とを調査比照し、支那民族の旧慣を尊重すると同時に文明の法理に抵触《ていしょく》せず、現代に実施しうべき法律の考案に苦慮し、台湾親族、相続令五百余条を起草し、添うるに浩瀚《こうかん》綿密なる理由書を以てし、併せてまたこれに関する数多《あまた》の施行法、手続法を編纂し、さらにこれらの法案を台湾法案審議会に付議すること数夏におよび、毎期、議を重ぬること数十回、君また毎《つね》にその説明、答弁に当り、終に確定草案となり、台湾当局者は内務省を経て之《これ》を法制局に提出し、爾後《じご》年を閲《けみ》すること三年、今やその人、既に亡く、しかして案、なお法制局に彷徨《ほうこう》す。

この一文によって、岡松や石坂らが腐心した「旧慣立法」がどのようなものであったのか、その顛末《てんまつ》を知ることができます。さらに、ここからは法令を「人民の一般意思を表現せるもの」と考え、その社会生活に応じたものとして立法しなければならないとした石坂民法学の真面目《しんめんもく》が「旧慣立法」の現場で、いかんなく発揮されたことを知ることができます。

このような石坂の「旧慣立法」を重視する考えは、朝鮮統治に対しても貫かれていきます。石坂は韓国併合後の法制に関して、ヨーロッパ諸国の植民地法制の得失を比較したうえで、それらとは異なる日本独自の法制を採用することを提言しますが、そこでも強調されたのは次のような論理でした。

「法律は自然的に生長すべきものにして人為的に発達すべきものにあらず」、「人民の文化の程度に合せざる法律は仮令《たとい》善良なる法律と雖《いえど》も却《かえ》りて悪結果を生ずるものなり」、「健全なる植民政策を樹《た》てんと欲せば植民地の人民を重んじ、その慣習を尊び、これを保護する必要あるべきは言うまでもあらじ」、「故になんら正当の理由なくして徒《いたずら》に旧慣を打壊するは不得策の至りと言わざるべからず」、「植民地には植民地の従来の慣習を行わしむることを必要とす」、「植民地における特別法を制定するには、ま先ず植民地の法律、慣習を調査するを要す。調査成《な》りて立法に移るべきなり」(「殖民地に於ける立法問題」『太陽』一九一一年二月号、五七〜六四頁)というのです。しかしながら、「本来、法律が国家の権力に依りてのみ行わるるものとなすは、大いなる誤解なり」という石坂の法律観そのものが、植民地どころか本国でも受け入れられることがなかったのが近代日本の法制でした。そのため朝鮮統治においても、石坂の提言は無視されて終わりました。

こうして、岡松や石坂・雉本たちが自らの学知を結集して、起案した法令も理由書も水泡に帰してしまいました。しかしながら、と岡松は記します。確かに、「旧慣立法」法案そのものは陽の目をみることはなかったとしても、石坂が留学から帰国して京都大学で開講したときの演題として相続法を選び、最後に書いた論文が親族法に関するものであったことに鑑みれば、台湾で「旧慣立法」に尽力したことは、石坂にとっての生涯の研究課題と無縁ではなかったはずではないか。そして、実際、石坂の書架には、長氏相続問題に関するヨーロッパの書籍など立法政策や経済論などの資料が蒐集されていたというのです。そこで遺された友人たちが相談して、それら資料を一括して京都帝国大学法科大学に寄贈することにしたといいます。

「幸に他日、君が志を嗣《つ》ぐ人のあらんことを待たんとす」、との希望を持って。

一四　大津麟平の「理蕃策原義」

さて、話題をもう一度、台湾の旧慣調査に戻します。台湾の旧慣調査においては、『蕃族調査報告書』と『蕃族慣習調査報告書』にみられるように、「蕃」と「番」の二つの文字が使われています。これについて、岡松は「「番」とは古昔の支那大陸に於て北狄《ほくてき》・南蛮・東夷・西戎《せいじゅう》と謂《い》えるがごとく、漢人が一定の民族に与えたる固有の名称にして「番」は決して蕃または蛮にあらざるなり」(「母系主義ト台湾生番」『法学新報』第二七巻一一号、一九一七年）と述べ、「番」という字に民族的・文化的な差別を含めないように留意していたようです。

しかしながら、清国統治時代から使われていた番族や蕃族という用語が、日本の統治下でも蔑称の意味合いをもっていたことは否定できません。そのため公文書や新聞などでも「不帰順蕃（番）」や「兇蕃（番）」といった表現が頻出しています。このような表現が用いられたのは、取りも直さず、日本の統治に対する抵抗運動が絶えることがなかったことを示すものでした。後藤新平は「生物学の原則」による台湾統治を唱えましたが、そこでも「土匪の殲滅《せんめつ》を警察をもって為《な》す」方針を掲げていました。

そして、児玉源太郎総督も「蕃界に棲息《せいそく》する蕃人は頑蠢《がんしゅん》、馭《ぎょ》し難《がた》く、野生禽獣に斉《ひと》し。……刻下、新領土経営の急要《きゅうよう》は決してかかる緩慢なる姑息手段を准《ゆる》さず。宜しく速やかに鋭意して前途の障碍《しょうがい》を絶滅せしむることを期すべきなり」（台湾総督府警察本署『理蕃誌稿』第一編、一九一八年、一五六頁）と「原住民」を野生の禽獣とみなし、障害となるなら絶滅しなければならないと断言しています。長い年月をかけ、「慰撫《いぶ》を加えて誘導する」ような「姑息手段」を排して、その絶滅を図ることを憚らなかったのです。実際、明治三〇年（一八九七）から明治三四年までの間に捕縛した「土匪」は八〇三〇名、うち殺戮した者三四七三名にのぼるという数字もあります（前掲『正伝・後藤新平』第三巻、一八七頁）。また、緒方武歳編『台湾大年表』（一九三八年）の明治三五年四月三〇日の項には「匪徒討伐開始以来、匪徒を殺戮または逮捕せしもの一九八八名に達す」との記述がありますが、「匪徒」を裁判にかけずに殺す「臨機処分」が認められていましたから、実数はつかめないというのが実情であったはずです。明治三五年の「大討伐」では「捕虜となし、裁判の上死刑となせしもの五三九名、臨機処分に付して殺戮したるもの四〇四三名の多きを数えた」（前掲『正伝・後藤新平』第三巻、一八七頁）とも記録されています。

いずれにしろ、児玉総督の下で平地の先住民族の抵抗は一応、鎮圧されました。しかし、児玉の後を継いで明治三九年（一九〇六）四月、第五代台湾総督となった海軍大将佐久間左馬太《さくまさまた》にとって、台湾領有から一〇年以上を経ても絶えることのない山岳地帯の先住民族の抵抗をいかに抑えるかという「理蕃事業」が最大の統治課題となります。そもそも山地の先住民族には、異民族の支配に服する慣習もなく、新たな支配者が一方的な政策を強いることは自らの生活秩序や環境を破壊する行為としかみなされませんでした。また、国家や国法という観念もなく、自治的慣行によって生きてきた人々にとって、異民族である日本人の法令や施策さらには母語とは全く無縁な日本語を強制される理由も不明でしたから、反発を強めざるをえなかったのです。そもそも「理蕃事業」の最大の目的は、土地の所有権区分を確定して租税の対象を決め、民有地と官有地を区分することにありました。これによって樟脳《しょうのう》の生産と森林業・鉱業の開発がめざされたわけです。そのため、台湾総督府は割譲から半年後の明治二八年（一八九五）一〇月には「官有林野及樟脳製造取締規則」を定めています。しかし、山地に住む先住民族の多くは土地を先祖からの遺宝として維持し、他者への分譲などは許されないという土地所有の観念をもっていましたから、「文明的な近代法」と謳われた日本の所有権区分に従う限り、その土地は「無主地」として剝奪されることに他なりませんでした。

佐久間総督は、明治四三年（一九一〇）から山地の先住民族に対する「五箇年計画理蕃事業」を実施しましたが、その実態は「隔絶と圧制」による「蕃地討伐五箇年事業」とも呼ばれたものでした。「理蕃事業」においては、日本の統治に帰順することを促すために仕事を与えたり、生計の補助をしたり、教育機会を与えるという施策と、これとは逆に警察力や武力をもって鎮圧する施策とを併せておこなうことになります。

こうした「蕃地」に住む「蕃人」を日本の統治に服従させるための事業である「理蕃事業」は、清朝の統治時代からおこなわれていましたが、最も有効な施策として進められたのが、「隘勇線《あいゆうせん》」を設けることでした。「隘勇線」とは、平地の帰順した民族と抵抗を続ける山地の民族を分離するために柵や鉄条網で山地の民族を包囲し、封じ込めるために設けられた境界線でした。「隘勇線」には必要な地点に砦や砲台が置かれ、高電圧鉄条網、地雷なども使用されており、ライン内への進入は禁止されました。隘勇線の警護にあたる人が「隘勇」であり、帰順した先住民族も雇用されることになります。「隘勇」の駐在所は「隘勇寮」と呼ばれました。明治二二年（一八八九）には、「隘勇線」の総延長は四七〇キロメートルにもおよんでおり、山地の民族は山岳地区に押し込められるか、集団で下山して保留地内に移住するかを強制されることになっていたのです。そして、「隘勇線」の内側に住む民族を「生蕃」、外側に住む民族を「熟蕃」とも呼んでいました。

もちろん、佐久間総督の下でも、「理蕃事業」としての授産事業も進められ、山地民族の一部は狩猟や粗放農業をやめて、定着農業や養豚・養蚕などの生業に移ることが促されます。また、「蕃童教育所」などの教育施設や医療機関や産業指導所なども次第に整えられていき、「文明化された本国」を見せるために内地観光旅行や「文明化された植民都市」を見せるための台北観光なども繰り返されました。

このような「慰撫による帰順」と「武威による討伐」という飴と鞭、すなわち「恩」と「威」の政策をいかに組み合わせていくのか、が「理蕃事業」政策の柱となります。ただし、総督府が定めた「保留地」や「包容地」への集団移住によって異なった生業を強制された人々の生活が安定したわけではなく、再び山地に帰ったり、マラリアなどの疾病によって多数の死者が出るなどの悲劇も生じました。

しかし、絶え間ない武力抵抗や蜂起を「蕃害」とみなした佐久間総督の下で進められた「理蕃事業」

では、「隘勇線」の中に入ることを禁止して帰順させ、それに従わない場合は「隘勇線」内部への塩や銃器の流入を防ぎながら、「隘勇線」を徐々に標高三千メートルの高山地帯に向けて前進させ、帰順か餓死かを迫る方式が取られました。その「隘勇線」を狭めていくために前線に立たされたのが、軍隊や警察でした。五箇年計画中に動員された警察隊は八〇〇〇人、軍隊を含めると一万人にのぼりますが、その討伐作戦は時に凄惨をきわめたものでした。その体験談は、あまり残されていませんが、二年にわたって「生蕃討伐」に従軍した加藤洞源（洞源は法名、本名は新一）の自伝（『綾瀬市史3——史料編・近代』一九九五年。資料110「台湾先住民族「討伐」記」）によれば、大砲や機関銃による砲撃をはじめ、崖を予め崩してから家屋を焼き払って「敵蕃」を追いつめ、崖から落ちたところを銃剣で七、八人の警官が串刺しにし、なお抵抗する者は銃で殺すなどの方法が取られたようです。また、先住民族間や「蕃社」内部の対立を利用して「味方蕃」に「反抗蕃」を攻略させ、離反と憎悪を増幅させることによって抗日の矛先をそらす方策も採られました。そして、計画五年目の大正三年（一九一四）には、台湾の脊梁山系の西側から台湾守備隊、東側からは警察隊の各々約三一〇〇名と六〇〇〇名を越える人夫が投入されて包囲圧縮作戦が実施され、「五箇年計画理蕃事業」が強制的に終了されることになります（「太魯《タロ》閣《コ》蕃の役」と称されました）。

もちろん、これによって武力抵抗が絶えたのではなく、五箇年計画が終了した翌年に起きた西来庵事件（台南庁、噍吧哖《タバニー》で発生）では鎮圧のために歩兵四個中隊・山砲兵一個小隊が出動し、検挙者一九五七名、その後の投降者・逮捕者二七〇名におよび、八六六名が死刑判決を受けますが最終的には一三二名が死刑に処せられています。その後も武力蜂起は相つぎ、昭和五年（一九三〇）一〇月以降、二次にわたるタイヤル族による大規模な霧社蜂起事件が起きます。「最後の未帰順蕃」と称された高雄州旗山郡のブヌン旗タマホ社二〇〇余名が下山して州庁前で帰順式に応じたのは、昭和八年（一九三三）年のことですから、台湾領有から三八年、「五箇年計画理蕃事業」が終了してからでも二〇年近くを要したことになります。

こうした「理蕃事業」の最前線で日常的に「蕃族」と接していたのが警察であり、「蕃族」統治を統括していたのが、台湾総督府に設けられた「蕃務」機関でした。

そして、佐久間総督時代に台南県警部長や警視本署そして蕃務本署のトップなどを務めたのが、大津《おおつ》麟平《りんぺい》（一八六五～一九三九。号は獲堂）です。大津は合志郡杉水村（現、菊池郡大津町）に熊本藩藩士・俊太郎の長男として生まれましたが、父親が明治九年（一八七六）の神風連による熊本城焼き打ちの際に斬り殺される不運にあいます。養育に困った母・美津は、弟の高橋正直が医師を継ぐ者を求めていたため、麟平は大阪に出て高橋の援助を得ながら、大阪市立学校から東京大学医学部予備門に進みます。このため大津の出身地が大阪と記されることもあります。大津は医学から法学へと関心を移し、第一高等学校に転学しますが、高橋からの仕送りを止められたため、アメリカ留学から帰国後に専修学校（現在の専修大学）の創立に参画した大蔵官僚で財政学者の田尻稲次郎に師事し、田尻塾で起居しています。

明治二三年（一八九〇）、東京帝国大学法科大学を卒業した後に新潟・埼玉などの参事官を経て、自ら志願して明治二九年（一八九六）に台湾総督府に赴任します。明治三三年（一九〇〇）には半年余り休職しますが、その後は地方の警察署長や総督官房の秘書官などを務めた後、明治四一年（一九〇八）からは警視本署の警視総長、蕃務本署の蕃務総長など、「理蕃」政策の最高責任者を務めます。そして、大正二年（一九一三）六月には蕃務総長を願いに依って免官となります。(32)

その後は、岩手・徳島などの県知事を歴任し、日本武徳会武道専門学校長にもなっています。また、大正一二年（一九二三）三月から一五年五月まで、東亜同文書院の第四代院長に就いていました。

なお、大津麟平の妻・満喜《まき》は熊本出身の湯地丈雄《ゆちたけお》（一八四七〜一九一三）の娘ですが、丈雄の祖父・龍彦には佐々家から津尾子が嫁していましたので、佐々友房・正之にとって湯地丈雄は叔父にあたり、麟平は佐々友房らの遠縁になります。湯地丈雄は福岡警察署長を務めていた明治一九年（一八八六）に長崎で起きた清国水兵暴動事件に接して、国防意識覚醒の必要性を痛感し、退職後は全国各地で幻灯映写と講演をおこなって資金を募り、明治三七年（一九〇四）に「元寇記念碑—亀山上皇像」（現在、福岡市・東公園）を建てています。この募金運動には佐々兄弟や済々黌の生徒も賛同・支援しています。また、丈雄の弟・恒雄は熊本県における養蚕業振興に尽力して、県内各地で巡回教師を務めたほか肥後製糸株式会社を設立して多くの女性従事者を育成するなど、蚕糸業振興に生涯をささげました。

さて、大津が台湾を去った表向きの理由は病気となっていますが、佐久間総督による理蕃事業に反対する意思表示であったことは、大津が書いた『理蕃策原義』（一九一四年）に「予や、台湾に奉職すること十八年、その間理蕃に従事すること八年、日夜努力したりといえども、遂に卑見の容《い》れらるるに至らず、寸効を致すことあたわず、事業未だ全く成らず」と自分の意見が容れられなかったことを特記していることからも明らかです。その無念さや後悔もあって大津は、岩手県知事となっていたにもかかわらず、あえて個人出版として『理蕃策原義』を著し、理蕃事業を見直す必要性を訴えようとしたのです。

台湾総督府は大正二年（一九一三）六月に民政組織を改編し、蕃務本署における調査事業などを廃止して討伐事業だけをおこなう機関としました。しかし、大津から見れば、これこそ台湾総督府が「単純にして偏倚《へんき》せる軍事主義または感化主義」（『理蕃策原義』四五頁）に走ることを宣言したに他ならないとして、次のように激越に批判します。

この討伐事業を以て直《ただち》に理蕃事業となす、これ全局に渉《わた》りて蕃族を廓清《かくせい》せんとする強烈なる忠実なる希求なきか、又は蕃界の真相に通ぜずして徒に独断的理想に馳するものにあらざるなきを得んや。かくの如くにして遂行したる討伐の結果は果していかなるべきや。予は蕃界の廓清容易に見るべからずして永く聖代の汚点を残さんことを憂て止まざるものなり。（『理蕃策原義』四七頁）

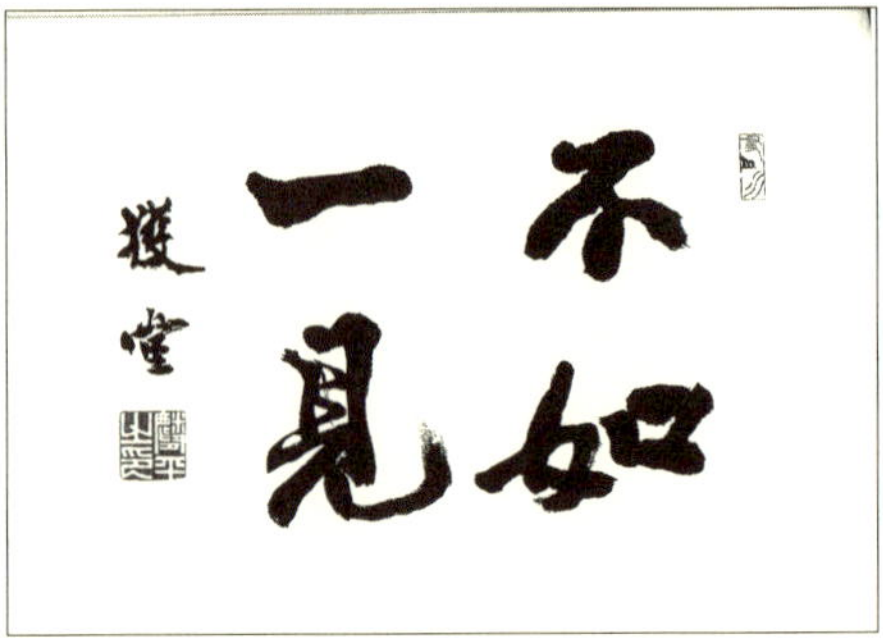

図14 「一見不如」

こうした経歴や議論からも明らかなように、ほとんど台湾の人々と直接に交わることのなかった岡松や狩野などとは異なり、大津は図14に掲げた揮毫、「一見に如かず」（「獲堂」は円覚寺の宗演禅師から贈られた号です）を座右の銘として「現場主義」を取り、積極的に「土匪」や「蕃族」との交渉を図った人であり、また岡松らの旧慣調査を陰で支えた人でした。大津が現地視察後に出した復命書には、「隘勇線」を精力的に巡視しうえで、具体的な対応策が提言されています。もちろん、大津も「蕃務」処理のトップとして責務を果たす必要がありましたから、「不帰順蕃」をいかに帰服させるかを優先させていますが、その「理蕃事業」の中軸となっていたのは、「蕃族」の「討伐」ではなく台湾のインフラ整備や開発を進めて授産事業をおこない、先住民族が自主的に融和策に転じることを促す「廓清」政策でした。また、高温湿潤の山地で「蕃族討伐」の最前線に立たされる警察官や軍隊の被害や心理的負担をいかに軽減するかについても腐心していました。

大津は、台湾が中央の脊梁山脈によって分断され、東西の交通が不便であることや山地に交通路が開けていないことが、山地先住民族の孤立と部族間の対立を招いているとして、自らの見聞に基づいたルート開鑿案を提示しています。また、「隘勇」として雇用されている先住民が再び抵抗することのないようにするための予防策や勤務する警察官の健康と士気を維持するための「隘勇寮」での衛生状態改善策を考え、「酒保」と呼ばれる日用品や嗜好品を販売する売店の経営方法などについても具体的に提言しています。大津は「隘勇寮」の「酒保」を先住民族が集う場所として、娯楽や教養を提供することも「理蕃事業」では重視すべきであると考えていました。また、「隘勇線」を設置する際に森林を皆伐して見晴らしを良くしようとする政策に反対し、森林保護や「隘勇」の日射病を防止するためにも大樹を残すこと、さらに農業に転業しようとしている先住民族が開墾地を優先的に活用し、その所有権を保護されるような施策をとる必要性などを訴えています。

多くの先住民族と接した大津は、帰順しない蕃族は野蛮で「出草」と呼ばれた襲撃と首狩りなどの「蛮習」も、その民族なりの慣習や信仰に基づくものであって武力によって圧殺すべきものではない、という考えをもっていました。「生蕃は概して活溌にして勇気に富めり」（「理蕃事業の現状――大津蕃務総長の談」『神戸又新日報』一九一九年九月九日）というのが大津の先住民族観でした。これに対し、佐久間総督は「明治天皇に御誓い申し上げたる、島内一人の治外の民なく、全島を挙げて皇沢《こうたく》（天皇の恩沢・恩恵）に豊浴せしめ」ることが自らの職責であり、「天恵の壌土と富源とを開拓して我が喫緊の急務なる食糧問題の解決に資せん」とすることが「台湾統治の根本精神」（小森徳治『佐久間左馬太』台湾救済団、一九三三年、四九〇頁）とみなしていました。このような佐久間総督にとって、一日も早く統治目的を達成するために軍隊の投入は不可欠であり、軍人や警察官の犠牲はやむをえないものでした。

例えば、佐久間総督は、明治四三年（一九一〇）のガオガン蕃討伐に出動に際して「糧食、欠乏を告げたるときは、軍人はガオガン人の肉をもってこれを補充すべきことを命じたり。この旨、大津〔麟平〕総長に伝達し、軍隊と協同一致して討伐の目的を達すべし」（前掲、小森『佐久間左馬太』一九頁）と命じています。「隘勇線」警護にあたる警察官や先住民族の健康や娯楽にも細大の注意を払っていた大津が、この命令を受けてどのような感想をもったのか、想像に難くありません。

それでは大津が「理蕃策」を進めるにあたって最も必要と考えたのは、なんだったのでしょうか。それは先住民族の実態をまず正確に把握する、ということでした。そのために不可欠なことは、先住民族の言葉を理解することですが、「タイヤル語」や「パイワン語」や「ブヌン語」などを理解できる日本人は皆無というのが実情でした。岡松参太郎らが進めた旧慣調査においても、中国語と先住民族の言語を理解する「通事」を雇って通訳をしてもらうしか方法はなかったのです。大津は、「各〔隘勇〕線を巡視するに何《いず》れも蕃語通訳の欠乏を感ず。然るに漸次包容《ほうよう》蕃人〔包容地に帰順した山地民族〕の増加するに従い、益々これが必要を感ずるに至る」（「大津麟平警察本署代理の深坑宜蘭蕃界視察復命書」一九〇七年四月三日。『理蕃誌稿』第二編、五三三頁）と、実際に現場に立ったものでなければ分からない所感を抱きます。討伐するにせよ、帰順を勧めるにせよ、相手側の事情や要求がわからない限り、政策選択もできないことになります。ましてや、旧慣調査をおこなおうとするなら言語不通の状況では不可能のはずです。しかし、台湾総督府が最優先したのは、領有直後に伊沢修二が士林の芝山巖に芝山巖学堂を開設して日本語教育から着手したように、日本語を台湾の共通語として普及させることでした。

これに対して大津は、日本人と先住民との婚姻などによって、先住民族の言語や慣習を知ることを提案しています。すなわち、「もし不適当なる通訳ならんか、とうてい理蕃の目的を達すること能《あた》わざるべし。ゆえに今日において蕃語通訳養成の準備をなすは、極めて急務なり。今、蕃語通訳を養成するに最も捷径《しょうけい》〔近道〕とするは適当の者には若干の補助を与えて公然蕃婦を娶《めと》らしむるに如《し》くはなし」（前同、『理蕃誌稿』第二編、五三三頁）というのです。実は、このように通婚によって女性を通訳とし、交流・交易をおこなうという方法は、清朝の統治下でもおこなわれており、「生蕃婦」や「蕃婦」、「蕃婆」などと呼ばれていました。もちろん、こうした方法は、政略的な婚姻政策として大きな問題を含んでいたため、さまざまな問題が派生し、かえって民族間の離反を促す事例が後を絶ちませんでした。その事実については大津自身、「蕃婦を娶《しゅ》するは多少弊害あるを認むる」として、弊害を除去することを前提にしていました。しかし、武力討伐によって不帰順蕃を抹殺するのではなく、相互の誤解を避けて交流を図るためには、「蕃婦」をはじめとする「蕃語通訳養成の方法を講ずるは目下の急務なりと思料す」と切言していたのです。大津の『理蕃策原義』には、この通婚政策に関しては、言及されていません。

実際には、日本人の男性と先住民族の女性との婚姻もありましたが、こうした通婚によって子どもが産まれることは大和民族の純血性を汚すものだという声が大きくなってきたことから、次第に公にされることはなくなっていきました。おそらく、大津自身も婚姻による通訳養成は、不首尾に終わることを懸念していたと思われます。

しかし、ここで確認しておかなければならないのは、大津が「一．まず蕃界の真相を審《つまびらか》にし、二．これに対する我が要求を明確にして方針とし、三．その要求はいかにして満足せしめ得べきやを攻究して手段を定め」（『理蕃策原義』四二頁）ることを「理蕃策」の最も根本となる「原義」と考えていたことです。このように先住民族の情報を正確に把握することを自らの職務の大前提と考えていた大津が蕃務本署長となった明治四三年（一九一〇）五月、蕃務本署に調査課が新設されています。調査課は、「蕃地測量および製図」をおこなう測図掛、「蕃社台帳」や史料を編集する編修掛、「理蕃調査」をおこなう調査掛の三つの掛からなっていました。この調査課には、中国で警察学堂の教習などを務め、台湾でも警察官勤務の経験があった佐倉孫三をはじめ、台湾民俗史研究の草分けとして知られる伊能嘉矩《いのうかのり》（一八六七〜一九二五）や台湾の人類学研究に大きく寄与した森丑之《もりうしの》助《すけ》（一八七七〜一九二六）、さらには東アジア人類学の開拓者であった鳥居龍蔵《とりいりゅうぞう》（一八七〇〜一九五三）など

図15 『蕃界』創刊号

が技手や嘱託として名を連ねることになります。

　そして、明治四五年（一九一二）一〇月には、調査課内に「生蕃研究会」が設置され、翌年一月から雑誌『蕃界』を刊行し、大津も寄稿しています。『蕃界』は調査課員がおこなった先住民族に関する民俗調査や理蕃事業の成果などを報告することを目的としていました。しかし、「生蕃研究会」が事務局を置いていた調査課そのものが大正二年（一九一三）六月に廃止されてしまったことによって、「生蕃研究会」も『蕃界』も自然消滅の運命をたどります。大津が蕃務総長を辞任したのも、まさにこの調査課廃止と時を同じくしていました。調査課技手で大津にやや遅れて総督府を辞めて帰国した森丑之助は「今日総督府が蕃人に対し多くの計画をやられましたに就きましては、前週の船にて帰国されました大津麟平氏もやはり御同感であったように存じますが」と前置きをしたうえで、「私共も同じく命を棄ててもその前に殪《たお》れたい、また自分は何ら役に立たなくとも自分の努力なり精神に依って、たとえ一人の

怪我にても、同じ出すにしても少なく出したいという希望の下に」（「台湾蕃族に就て」『台湾蕃族志』臨時台湾旧慣調査会、一九一七年、第一巻附録、四頁）やってきたが、その思いが閉ざされたために帰国するに至ったという無念の心境を記して、大津らが佐久間総督の「理蕃事業」に反対の意志表示として辞めたことを示唆しています。大津や森などは、武力による討伐だけでは先住民族の反抗を激発させるだけでなく、警察官や軍人にも多大な被害が出ていることに懸念を抱いていたのです。

そして、大津自身も『理蕃策原義』において、この調査課廃止を含む民政部の課規程の改正について、「蕃務本署における撫蕃機関を全廃し、調査課を罷めたり、これに依りて討伐方針いよいよ明瞭となれり」（四六頁）と断言しています。大津には、「それ政治は深遠なる理想に基づき、凡百の知識を集めて完成を期するものなり」との確信がありました。そして、「理蕃事業」も政治である以上、「政治なるが故に武力を以て兇悪を懲《こ》らすの精神あると同時に寛容を以てこれを懐《なつ》くるの用意なからずべからず」として、軍事にも感化だけにも偏らない永続する政治としての理蕃事業の要諦を論じます。しかし、にもかかわらず、「台湾総督府は理蕃事業を以て蕃人に対する政治となさず、またその悪習慣を防止矯正するを以て目的とせずして、討伐《ママ》するを以て目的とするものなりと云うも過言にあらざるべし」（以上、四五頁）と痛烈に批判しています。結局、総督府が蕃務本署から調査事業を廃止し、討伐事業だけに集中させたのは「理蕃事業は即ち討蕃事業なりとの理想を表明したるもの」（四六頁）に他ならならないと大津は判断します。それこそ「政治の理想」を損なうものであり、その結果は「永く聖代の汚点を残さんことを憂《うれい》て止まざるものなり」（四七頁）と憂慮せざるをえなかったのです。佐久間総督による「討蕃事業」に対し、このような根本的で激越な批判を加えた大津が、台湾総督府において「蕃務」の責務を負うことは、もはや限界に達していたのでしょう。

もちろん、大津は「理蕃事業」の責任者でしたから、「出草」と呼ばれた首狩りや「さらし首」を武勇の誇りとする慣習などを文明的に未開であり、野蛮な風習であるとして差別的言辞を使って非難しています。問題は、その「蛮俗」が風土や慣習にもかかわらず本当に改めなければならないか、改めなければならないとして、どのような方策が先住民にとっても事業の最前線に立つ警察官や兵士にとって最も弊害が少ないのか、を見きわめて、いかなる施策をとるか、ということでした。そのうえで大津は、軍事的な討伐は一時的な効果しかないだけでなく大きな禍根を残すのに対し、政治は対象となる先住民族の実情を知悉したうえで対応する永続的な効果をめざすものでなければならないはずだと考えていました。そうした見地からすれば、「馘首《かくしゅ》〔首狩り〕は彼らの立場からすれば叛乱的にあらず平常的なり。状況はもとより鎮静なるがゆえに討伐して鎮静する必要なきものなり。討伐はむしろ動乱の原因となるを以て討伐をおこないたるときは、その結果銃器整理の効を収めざればその討伐は無意味なるべし」(『理蕃策原義』四三頁)として、むしろ無差別な討伐策こそが動乱の原因になっていると批判します。そして、先住民族の狩猟民としての慣習や文化を尊重し、死活問題となる銃刀砲の接収は即時に強制的におこなうのではなく、祭祀や娯楽に供する銃砲については火薬管理などを厳重にして貸し出すなどの方法によって漸次、減らしていくことができると提案します。さらに、自らの経験に即して、先住民族に就業能力を与えるための施設や資金の提供そして技能教育などの授産事業や教育・布教活動、物品交換、医療行為、見聞を広めるための観光事業など、各分野にわたっての「理蕃策」を提示することになります。大津が蕃務総長となった明治四二年(一九〇九)には宗教の布教にも努めていたことは、「大津総長は深く考うる所あって、今一応宗教方面よりの慰撫教化を試むるため、……同年布教使を蕃務本署の布教事務嘱託として〔真宗西本願寺〕派より十名(臨済宗より数名)採用せらるる事になった」(『真宗本派本願寺台湾開教史』一九三五年、一〇一頁）などの記載によって確認されます。

こうした大津の意見書が、どこまで総督府の官僚たちに影響を与えたかは不明です。常識的に考えれば、台湾総督にあからさまに反対した退職者による意見書が公式に採用されることはないでしょう。しかし、大津が去った後でも、蕃務本署には大津と同じ意見をもつ人が少なくはなかったはずです。そのためでしょうか、『理蕃策原義』が公刊された翌年の大正四年（一九一五）一月、佐久間総督は理蕃事業が一段落したとして、以後は「威圧」政策から「綏撫《すいぶ》（慰め、いたわる）」政策に改めることを表明しています。そして、具体的には「蕃人」に適合する教育や産業の奨励、都会観光などの社会教育、物品交換制度の改善、そして「狩猟用銃器弾薬の貸与」（「理蕃革新ノ第二期」『理蕃誌稿』第三編、二〜五頁）などが挙げられています。これらの「革新」施策は、まさしく大津が『理蕃策原義』で提言したものでした。そして、七月にはその担当部局として蕃務本署の下に理蕃課が新設されます。その後、大正八年（一九一九）、蕃務本署は警務局に改編され、台湾総督府の「理蕃行政」機構は昭和二〇年（一九四五）までそのまま続くことになりました。

さて、ここで大津と岡松の関係を述べておきますと、岡松は旧慣調査にあたりながらも「番族調査」は人類学的調査を主眼としておこなわれるものであって、人類学の門外漢である自分は法学者としてその調査報告に関心もなく、他の機関に任せていたと『台湾番族慣習研究』叙言で告白しています。それでは実際に台湾の旧慣調査を指揮していたのは、誰だったのでしょうか。それは自らも蕃地調査を繰りかえしていた大津だったと思われます。臨時台湾旧慣調査会の事業計画をみますと、明治四一年（一九〇八）度の「蕃人調査」の項目には、小島由道に関して「大津委員の指揮を受け、蕃人調査に従事す」、伊能嘉矩については「本会嘱託を命ず。……任命の時期は大津委員において定む」などの記事があります。また、森丑之助についても、大津から岡松に宛てた明治四一年（一九〇八）三月二四日付けの書簡で、総督府殖産局の雇員であった森が長年にわたって「蕃界」調査をおこなって事情に通暁しているとして小島由道の調査補助係に任用する許可を求めていました。要するに、大津は現地に赴くなかで、人類学や民俗学の手法で実地調査をおこなっている人たちの専門分野や能力を把握し、自らも委員となっていた臨時台湾旧慣調査会における調査事業を実際に指揮していたということです。そして、小島由道が刊行した『番族慣習調査報告書』第一巻の序文に、明治四二年（一九〇九）に初めてタイヤル族の慣習調査に従事し、大正元年（一九一二）に脱稿したため「これを本会委員大津麟平氏に提出せり」と記されていることからも、調査を取りまとめていたのが大津であったことがわかります。また、同じく岡松に宛てた書簡でも、法的調査をおこなうにしても「蕃語」に通じなければ実態を知ることはできないとして、総督府学務課に勤務していた小川尚義《おがわひさよし》（一八六九〜一九四七。後に台北帝大教授、台湾先住民諸語の比較研究で業績を挙げました）に委嘱することを報告しています。大津は現地語の修得が、台湾統治にとって緊要な課題だと考えて、その方法論と人材発掘を模索し続けていたのです。

大津はまた岡松が重視した臨時台湾旧慣調査会の第三部・立法部の委員も兼任しており、岡松と共に台湾の旧慣を尊重した立法をおこなうことにも尽力しました。しかし、岡松や大津の努力は、日本法に同化させることが台湾を文明化するために最善の方策だとする内地法延長主義の前に報われることはありませんでした。多くの台湾総督府官僚にとっては、先住民族の言語や慣習などを調査してそれに対応するといった手間をかけるよりも日本法をそのまま施行することが、簡便でもあり、「善政」であると信じて疑う必要もないほどに自明なことだったのです。

なお、大津が台湾で試みたことに航空機の導入という問題があります。『台湾航空発達史』に依れば、ヨーロッパでの軍事演習を視察していた大津は、警察活動に航空機を用いることを提案しています。これが台湾における航空機利用の端緒となりますが、予算関係からの反対にあって断念せざるをえなかった大津は航空機の代わりに気球を利用して「理蕃事業」に活用することを試みます。ただ、それはあくまでも威嚇作用をめざしたもので効果もなかったようですが、大津の提言は大正八年（一九一九）に実現して総督府警務局航空班が作られ、そのための飛行場整備がおこなわれて本格的な航空機の導入が進んでいくことになりました。

蛇足になりますが、台湾に関しては、もう一人だけ熊本バンドの結成にも参加した家永豊吉《いえながとよきち》（一八六二〜一九三六）を挙げておきたいと思います。家永は筑後・柳河の生まれですが、熊本英学校に学び、徳富蘇峰らと明治九年（一八七六）にL・L・ジェーンズ（→一二五頁）から洗礼をうけ、徳富らと同じく同志社英学校で学びました。その後、アメリカに留学し、ジョンズ・ホプキンス大学で哲学博士号（Ph. D）取得して帰国、東京専門学校（現在の早稲田大学）で政治学部の改革に尽力し、日本における政治学研究の開拓者となります。家永は慶應義塾や東京高等商業学校の教授を務めた後に、英語力を買われて外務省に転じました。しかし、外務省も退職したところで、徳富の紹介によって明治三二年（一八九九）に台湾総督府製薬所に任用され、台湾統治にとって重要課題であったアヘン制度の調査を担当することになります。そして、西アジアにおけるアヘンの実情を調査するために、台湾総督府の命令を帯びて明治三二年五月に台北を出発、翌年の三月に帰着するまで総日数二八九日におよぶ大調査旅行を敢行しました。その間、家永は徳富蘇峰の求めに応じて、各国での見聞を記した書簡を送り続けます。それらの書簡は、徳富が主宰する『国民之友』に掲載された後、徳富の勧めで『西亜細亜旅行記』（民友社、一九〇〇年）として公刊されました。(33)

この旅行記は、ペルシャからカスピ海のバクーを経てオスマン帝国そしてエジプトまでを日本人として初めて踏破した記録であり、ほとんど西アジアについての知識がなかった当時の日本人にとっては貴重な情報源となったものです。

家永は、明治三四年（一九〇一）に台湾総督府を辞めた後、再び渡米してシカゴ大学やコロンビア大学で日本に関する講義をおこない、日露戦争に際しては日本の立場を説明して支援を求める講演を精力的に続けました。しかし、昭和一一年（一九三六）一二月にニューヨーク州の自宅近くのオニーダ湖の凍結した亀裂に落ちて事故死してしまいました。もし家永が事故にあわなかったなら、翌年の一九三七年七月七日に勃発し、泥沼化していった日中戦争に対してどのように日本やアメリカの世論に訴えていったのか――家永の考えを知りたかったと思うのは私だけでしょうか。

一五　朝鮮語学習と熊本びと

さて、ここで時代と場所を変えて、朝鮮半島に目を移してみたいと思います。

先に述べましたように（→九九頁）、佐々正之ら七名[34]は明治一四年（一八八一）以来、帰国する呉鑑[35]とともに朝鮮に渡って朝鮮語の習得に努めていました。それでは、佐々らの朝鮮語学習とは、そもそも日本における朝鮮語教育制度の中で、どのような意味をもっていたのでしょうか。

江戸時代において朝鮮との外交交渉にあたっていたのは、対馬藩であり、釜山に草梁倭館《そうりょうわかん》を設けて日本人が駐在し、そのため「韓語司」を設けて朝鮮語「通詞」の育成にあたっていました。しかし、朝鮮開国論や征韓論などの高まりを受けて朝鮮語通訳育成の必要性に迫られた明治政府は、明治五年（一八七二）、長崎県対馬の厳原《いずはら》に「厳原韓語学所」を置きました。「厳原韓語学所」は外務省の所管となりましたが、このことは対馬藩・宗氏の「家役」とされていた日朝交渉の権限を外務省が奪うことを意味するものでした。そして、「厳原韓語学所」での朝鮮語教育が旧態のままで成果を挙げられないと判断した外務省は、翌明治六年、草梁倭館に「草梁韓語学所」を開設します。ただ、「草梁韓語学所」開設とともに、学校関係はすべて文部省が管轄することとなったため、この語学所は海外に文部省が設置した最初の外国語学校となりました。

その後、「草梁韓語学所」は、明治一三年（一八八〇）に文部省が東京外国語学校に朝鮮語科を設置したことによって、これに引き継がれる形になりました。東京外国語学校は明治六年（一八七三）に創設されましたが、設立時に朝鮮語科は置かれていませんでした。しかし、日朝外交交渉の複雑化とともに、学校管理を文部省の下に置くという方針によって東京への移転が進められたものと思われます。

ただ、東京外国語学校そのものも対外関係の比重をいかにみるか、という政府の方針に沿って大きく変転していきます。東京外国語学校に設置されていた英語・独語・仏語と中国語（漢語）・ロシア語・朝鮮語の六科のうち、英語・独語・仏語の三科は大学予備門（後の第一高等学校）に移管され、中国語（漢語）・ロシア語・朝鮮語の三科は明治一八年（一八八五）に東京商業学校に移されました。英語や独語などは欧米との外交交渉や国家形成を担うエリート養成に不可欠なものとし、中国語（漢語）や朝鮮語などは商業や交易などの実業に不可欠なものとするという選別がなされたといえるでしょう。しかし、東京商業学校に併合された東京外国語学校は第三部の語学部に位置づけられたものの、翌年の明治一九年には語学部自体が廃止されましたから、国立の朝鮮語教育機関が消えてしまうことになります。こうした決定の背景には、未だ日朝貿易が低調であったために、卒業生を出しても就職先がなかったという事情もあったようです。

もちろん、外交交渉のためには対象国の言語を修得した人材を絶やすことはできないはずでしたから、外務省は明治一六年（一八八三）に中国に派遣留学生を送りましたが、朝鮮に派遣したのは日清間の衝突の危機感が高まる明治二四年（一八九一）になってからでした。しかし、定期的にまとまった留学生が送られたわけではなく、明治二四年から明治四一年まで九人ほどが修学期間三年で派遣されただけでした。[36] しかも、外務省派遣とはいうものの、朝鮮に外国人に言語を教える教育機関が設けられていたわけではなく、留学生が自分で教師や教材を探して朝鮮語を学ぶという状態でした。

このように外務省派遣留学生でさえ自力で学習方法を模索しなければならなかった状況にあって、既に明治一四年（一八八一）以来、朝鮮において語学の習得にあたっていた紫溟会（熊本国権党）関係者が「楽天窟」を拠点に熊本からの留学生を受け入れていたことを外務省派遣留学生たちは羨望の目をもってみていました。[37] さらに、熊本でも済々黌での朝鮮語授業は正課としては廃止されましたが、明治二一年（一八八八）九月には紫溟学会の倶楽部として「鎮西館」が紫溟新報社に隣接して開設され、講演会のほか、「朝鮮会」では朝鮮語の授業もおこなわれました。ここで朝鮮語の手ほどきを受けた人が、個人的に朝鮮に渡ったり、後に熊本県派遣の朝鮮語留学生となっていきます（→二二二頁）。

このように、全国的にみれば低調だった朝鮮語教育において、熊本びとの中では少数ながらも朝鮮語の習得が続けられていました。そして、明治二七年（一八九四）八月、朝鮮問題をめぐって日清戦争が勃発すると朝鮮語の需要が一気に高まり、これに対応するため一一月に泥縄式ながらも高等商業学校（東京高等商業学校、東京商科大学などを経て、現在の一橋大学）の第二外国語に朝鮮語科が新設されることになります。しかし、高等商業学校の朝鮮語科も明治三〇年（一八九七）になると授業担当者がいなくなってしまいました。そこで、同じ年に高等商業学校に附属外国語学校が附設され、英・仏・独・ロシア・スペイン・中国（清）・朝鮮の七学科が設けられることになり、この附属外国語学校が二年後の明治三二年（一八九九）度から東京外国語学校（現在の東京外国語大学）として独立することになります。この東京外国語学校では日清戦争後の東アジアへの「海外雄飛」を担う人材を育成するために、ロシア・中国・朝鮮語が重視されました。

さて、日清両国の対立の焦点となっていた朝鮮では、明治二六年（一八九三）に「東学」(38)という宗教の信徒が政府の圧制や外国人の経済的侵略に反対して各地で組織的運動を展開するようになります。こうした朝鮮事情を視察するため、三月には佐々友房や安達謙藏たちが朝鮮に渡りました。佐々はこのとき袁世凱に面会して、朝鮮情勢やロシアの動向などについて意見を交わし、ロシアの南下を防ぎ東洋平和を維持するためには日清同盟を強化すべきであるという合意をえていました。

しかし、翌年の明治二七年（一八九四）、朝鮮各地で「東学」の信徒が閔氏政権打倒と日本軍民の駆逐を唱えて決起する中、全羅道では地方官の誅求《ちゅうきゅう》に苦しんでいた農民を率いて全琫準《ぜんほうじゅん》が蜂起し、五月末には全州を占領します。農民軍はさらに「駆兵入京、尽滅権貴（兵をソウルに進め、特権貴族を滅ぼせ）」、「逐滅倭夷、澄清聖道（野蛮な日本人を追い払い、聖道を清めよ）」を掲げ、ソウルをめざして進撃しようとしますが、政府には鎮圧する軍事力がなかったため、六月に「全州和約」を結び、全羅道では農民自治による執綱所という組織が設けられることになります。その一方で、政府は農民軍を鎮圧するために清国軍に派兵を要請しました。

これに対して、甲申政変後の明治一八年（一八八五）に日清間で結ばれていた天津条約で、将来の派兵の際には相互に事前通告すると規定されていたとして、日本も六月二日に居留民保護を名目に出兵することを決定します。こうして農民戦争自体は休止していたにも拘わらず、甲申政変後の朝鮮における清国の優位を覆すべく日本は朝鮮の内政改革を清国に提案します。しかし、清国がこれを拒絶したことをうけて、大鳥圭介公使は朝鮮に清国との宗属関係を破棄させ、清国軍隊を駆逐することを日本に一任するという最後通牒を突きつけます。その期限日の翌日となる七月二三日、日本軍は朝鮮国王による日本への清国軍駆逐の依頼公文などを入手するために朝鮮王宮を占領しました。この王宮占領という手法が、一年後の閔妃事件の先例となります（→三五八頁・注52）。こうして日本軍は七月二五日に豊島沖で清国軍艦を攻撃し、二九日には牙山を占領した後、八月一日に清国に宣戦布告することになります。

日清戦争が勃発すると、日本の新聞社は戦地通信のために特派員を派遣します。その中には新聞『日本』から派遣された正岡子規なども含まれていました。このとき長年にわたって朝鮮語や朝鮮事情を学んでいた佐々正之や相部直熊らは通訳として従軍するとともに、熊本国権党の機関紙『九州日日新聞』の特派員として戦況報道を送りました。とりわけ、正之は最強の城塞といわれていた平壌に至る戦闘状況を「北征日記」「北征日記補遺」などと題して連載して、反響を呼びました。また、津田静一の弟・熊谷直亮も第一師団の通訳官として従軍するとともに『国民新聞』に軍事通信を送りました（→三四九頁・注17）。

『九州日日新聞』は、第一軍に小林孫一郎、第二軍に高木正雄・相部直熊を、ソウルに佐々正之を、広島の大本営に高木靖臣を配置して日清戦争の戦況把握に努めます。さらに、熊本国権党員が陸続として朝鮮に渡りますが、これが朝鮮における新聞事業に熊本びとが関与する契機となります。この点については、次節で改めて述べるとして、熊本びとの朝鮮半島における活動にとってきわめて重要な意味をもった事業に触れておく必要があります。

それは明治二九年（一八九六）から明治三七年（一九〇四）まで五回にわたって、熊本県が朝鮮に語学留学生を送ったことです。留学生たちは朝鮮語の通訳や朝鮮総督府官吏として活動しただけでなく、新聞記者や日本語教育者として、あるいは朝鮮研究者として、さらには仏教運動家として活躍することになります。こうした留学生派遣策を献策したのは佐々正之であり、それを熊本県議会でリードしたのは佐々友房や安達謙藏などの熊本国権党の人々でした。佐々友房や津田静一らは、日清戦争後に密接となるはずの日朝関係を踏まえて熊本びとが朝鮮で事業を展開するためには朝鮮語に通じた人材の育成が急務であることを説き勧め、明治二八年（一八九五）に県費で留学生を派遣することが決議されたのです。

留学生は三年間の留学期間を終えた後は、引き続き朝鮮で就職する義務を課されていました。留学生たちは、ソウルの日本人居留地・筆洞にあった佐々正之の住地の一角に津田静一が入手していた「楽天窟」において学習を進めます。留学生たちは、五〇室もある広壮な「楽天窟」で朝鮮人料理人によって飲食の提供をうけ、佐々正之らの熊本びとや朝鮮人の玄学圭、柳苾根、韓章會などから朝鮮語を学んだほか、日本の公使館・領事館員から英語や数学などの授業も受けます。そして、春と秋には一カ月にわたって朝鮮各地を旅行して見聞を深めていきます。その学習の模様について、二期生の中村健太郎は「その当時は内地人というたところで、ごく少数でありましたから朝鮮の人から、珍らしがられました。特に私らは、留学生として学問に親しむ方でしたから、自然交際も、中流以上の人に多くできることになり、暇さえあれば朝鮮の人々を訪ねて色々教えて貰いましたが、御馳走をしたり見物に連れて往ったり、それはそれは可愛がられたものです」（「楽天窟と其の時代」『朝鮮語』第一巻一号、一九二五年一〇月、八八頁）と回顧しています。これに対して明治三〇年（一八九七）に外務省から派遣された留学生であった藤波義貫の回顧談によれば、朝鮮語教師の自宅に通うことを希望した時、「日本人が私の家に出入りすると云うことが知れようものなら、そら大変です。私の家、皆殺されるかも知れません」、また家庭教師として「私毎日ここ来ること朝鮮人知ったら困ります」と「まるで命懸けの様」で「それ程、日本人が忌避」されていたそうです。藤波は「このような漢城の天地であるから、朝鮮人に交際を求めて語学や人情風俗等を究《きわ》め様《よう》と努めて見た処で、到底だれも相手になって呉れ手がない」中で唯一無二の教師を相手にして朝鮮語を学ぶしかなかったと、その苦難を語っています(40)。こうした学習環境の相違の原因が、外務省派遣の留学生であったことによるのか、それとも「楽天窟」が特殊な空間として認容されていたのかは不明ですが、ともあれ三一名におよぶ学生が熊本県から派遣されて朝鮮語を習得していったのです。

熊本県派遣の朝鮮語留学生は、修了後に朝鮮で就職することが義務づけられていましたが、第一期生が卒業した明治三二年（一八九九）には就職口がなかったため、佐々正之らは卒業生救済や「楽天窟」の維持に尽力します。そして、明治三五年（一九〇二）に語学生補助のために出資者を募って「同志講」という信用組合を組織し、明治四〇年（一九〇七）に最後の卒業生を出すまで支援を続けました。

明治三七年（一九〇四）に日露戦争が起きると、第一期から第三期までの朝鮮語留学生たちは従軍して通訳や偵察の任務に就きます。さらに明治三八年（一九〇五）、韓国警務顧問部の改革に伴って通訳官試補に第三期・第四期生から八人が任用されています。

一六　朝鮮における熊本びとの新聞事業――安達謙藏と芥川正

さて、イギリスの植民地政策を紹介した津田静一は、朝鮮や台湾をはじめとする海外への移民事業に着手することを熊本国権党員に訴えていましたが、この呼びかけに呼応して明治二六年（一八九三）になると津田や佐々友房をはじめとして、古城貞吉、安達謙藏、甲斐大牛、国友重章、小早川秀雄、村上一郎、佐藤敬太、平山岩彦、佐藤潤象、渋谷加藤次などが次々に朝鮮に渡っています。そして、それぞれの目的に沿って、事業方面と政治方面に分かれて活動していくことになります。

事業方面では、佐藤潤象が朝鮮政府農商部顧問として済州島山林調査に加わり、佐々正之が木浦《もっぽ》港の買収計画を進めていました。正之はまた漢城の南大門通りに薬店を開業しますが、正之の家には後に閔妃殺害事件に関係することになる片野猛雄などが寄留するなど、「楽天窟」と並んで熊本びとの活動拠点となっていきます。さらに正之は安達謙藏による『漢城新報』の創刊に参画し、その廃刊まで経営にたずさわっています。

安達謙藏（一八六四～一九四八）は、熊本藩士二平の子、済々黌で佐々友房の教えを受け、済々黌の宿舎長（生長）を務めながら『大東立教雑誌』などの編集にあたっていましたが、明治二六年（一八九三）には佐々友房に同行して朝鮮を訪れています。安達は、この朝鮮視察において朝鮮半島を南北に二分して清国と日本がそれぞれを庇護下に置き、ロシアの南下に備えるべきだとの構想を抱くことになります。しかし、病床にあった井上毅・文部大臣から朝鮮よりもシベリア視察を先行すべきだと説かれて、準備に取りかかっていた矢先、朝鮮で甲午農民戦争が勃発したため井上の了解を得て明治二七年（一八九四）六月に朝鮮へと赴きます。そして、日清戦争が勃発すると『九州日日新聞』の特派記者として従軍しています。安達は病を得て、いったんは帰国しますが、明治二七年一〇月に釜山に渡り、そこで室田義文総領事(41)から新聞発行を勧められます。

安達は井上毅から得ていた示唆もあって、日清戦争で日本が勝利したとしてもシベリア鉄道が開通した暁には朝鮮がロシアに併呑されるであろうと予測していました。そのためには日本人がロシアに機先を制して朝鮮各地で事業をおこない、朝鮮の独立を助けて日本に対する防禦の障壁としなければならないと考えていましたが、新聞事業こそ日本人が朝鮮で活動するために不可欠の情報を提供できると判断します。そこで早速、熊本の『九州日日新聞』の山田珠一、浅山知定、宇野七郎らと協議のうえ、倒産していた印刷会社から印刷機や活字を買いとり、熊本から大畑秀夫や菊池景春らの編集委員とともに印刷工などを呼び寄せて明治二七年一一月二一日に『朝鮮時報』(42)を創刊しました。

『朝鮮時報』の創刊について、『九州日日新聞』は「今や朝鮮は百事革新の途に上らんとするの時に会し、これが革新の先導を為す者は我国民の責任たらざるべからず。しかしてこの事業のごときもまた朝鮮の革新を助くるにおいて必ず少なからざるの力を致さん」（「釜山に於ける新聞発兌」明治二七年一一月二日）として新聞発行を朝鮮における「革新の先導」と位置づけています。また、佐々友房も新聞事業(43)は熊本が朝鮮において着手した事業の端緒であり、熊本びとがこれに続いて力を朝鮮での事業に尽くすべきことを説き勧めていました。佐々はまた、仁川における新聞発行事業にも注目していました。仁川では明治二三年（一八九〇）一月に創刊された『仁川・京城隔週商報』が、明治二四年に『朝鮮旬報』、明治二五年に『朝鮮新報』と改題され、『新朝鮮』となった後に再び『朝鮮新報』となりますが、その編集者として『九州日日新聞』の高木正雄が招請されていました。明治三〇年（一八九七）当時、「日本人居留民数は京城で一五八〇名、仁川で三九五〇名」（藤原義貫「二、三十年前を顧みて」『朝鮮語』第一巻一号、一九二五年一〇月、八六頁）とされていますが、居留民がこれら邦字紙の主な購読者でした。

朝鮮における新聞発行事業に携わった熊本びとは、熊本国権党や『九州日日新聞』の関係者だけではありません。その論調から独立して新聞発行を続けた人として、釜山で日本語新聞を発行した芥川正が挙げられます。芥川は同心学舎を卒業して『紫溟新報』記者となりました。その後は上京して『東京日々新聞』の記者となって、明治一七年（一八八四）の甲申政変の際には朝鮮に特派されています。しかし、次第に佐々友房ら熊本国権党の政策に同調できずに自由党に入りますが、宗方小太郎や高木末熊らとはジャーナリストとしての交流を続けています。日清戦争後は台湾で『台湾日報』の記者となり、その後は朝鮮に渡って『大邱《てーぐ》新聞』発行にかかわり、明治三九年（一九〇六）には『朝鮮時事新報』（黒龍会の朝鮮通といわれた葛生能久《くずうよしひさ》らが発行していた『朝鮮日報』の後継紙）の主筆に招聘されました。しかし、『朝鮮時事新報』が財政難から廃刊されたため、芥川は明治四〇年（一九〇七）一〇月に自ら『釜山日報』を創刊することになります。

芥川は昭和三年（一九二八）に八四歳で亡くなるまで『釜山日報』の社長を務めて朝鮮における新聞発行事業を指導した他、釜山競馬倶楽部理事長として競馬場建設なども手がけました。芥川が亡くなった後、『釜山日報』は甥の浩が実務を引き継いだことによって昭和二〇年（一九四五）の敗戦時まで発行されています。敗戦後、浩の次男・和男や三男・典らは釜山日本人世話人会の役員として、朝鮮半島からの引き揚げ事業に尽力しています。

一七　熊本国権党と新聞事業――『朝鮮時報』・『漢城新報』・『平壌新報』

先に述べたように、佐々友房は新聞発行事業を朝鮮における「革新の先導」と位置づけていました。同様に、日清戦争の局面の展開とともに、日本政府も朝鮮改革に着手して戦後経営に備えることを重視することとなり、外務大臣などの要職を重ねてきた井上馨を特命全権大使に任じます。この降格ともいえる人事は、伊藤博文が切望し、井上馨も自ら内務大臣を辞して実現したものでした。井上は明治二七年（一八九五）一〇月に京城に赴任しますが、安達謙藏はそれを待ち受けて面会し、「韓〔国〕人の啓蒙には、何を措《お》いても先ず朝鮮諺文《おんもん》による新聞を発行する要ありと力説し」（前掲『安達謙藏自叙傳』四七頁）てハングルによる新聞発行の必要性を説きます。朝鮮政治の改革を自らの責務と任じていた井上も新聞発行の重要性を認め、一等書記官であった杉村濬《すぎむらふかし》（一八四八～一九〇六）[44]に安達の新聞発行を援助するように命じました。

ところで、安達が釜山で創刊した『朝鮮時報』は、その主力が『九州日日新聞』関係者であったことからも明らかなように民間事業であり、発行部数も小規模な新聞でした。また、印刷設備なども既存の新聞社を買収したものでした。しかし、新聞事業には印刷機購入など多大な初期費用がかかります。とりわけ、日本語だけでなくハングルをも併せ用いることになれば、費用は莫大なものとなります。実際、新聞創刊のために安達は東京築地活版所でハングル活字八万個を購入しなければなりませんでした。安達が井上公使に依頼したのも、その創刊費用でした。しかし、安達が井上公使に新聞発行を要請する以前に、京城に居留する日本人有志からもハングル新聞発行の願いが外務省に出されていたため、杉村は安達と居留民有志との共同経営を妥協案として提示します。しかし、共同経営では社論の混乱が起こることを懸念した井上が安達一人による経営を強く主張した結果、安達は外務省機密費を得て明治二八年（一八九五）二月に『漢城新報』を創刊することになります。この新聞は、日本語とハングルの両国語で紙面が構成された初めての新聞でしたが、補助金を毎月外務省から受ける政府機関紙といった性格をもつものでした。漢城を拠点としていた佐々正之も創刊に参画しています。

ちなみに、外務省では世論操作のためにおこなう新聞社への補助金交付や投資そして新聞社・新聞記者への働きかけを「新聞操縦」(45)と称しましたが、『漢城新報』は外務省が新聞操縦として最初に刊行した新聞でした。後に朝鮮公使となった小村寿太郎によれば、『漢城新報』は「我国の利益を奨励保護し、朝鮮の文化を誘掖《ゆうえき》啓発するの機関として新聞の必要を感じて発兌《はつだ》すること」になったということです。

図16　漢城新報社と社員

佐々友房・正之や安達謙蔵らが新聞発行を重視した理由は、ひとつには新聞を通じて日本の朝鮮政策を普及し、朝鮮「改革」のための啓蒙活動ができると考えたためでしたが、もちろん、それだけではなく、取材活動を通してあまり制限を受けることなく情報を集めることができたためでした。新聞を発行することによって、朝鮮に関する情報を収集させ、それを外交政策の参考にできる利点が認められたからこそ、外務省も機密費を出すことができたわけです。もちろん、朝鮮で、しかもハングルを用いた新聞を刊行していくためには、朝鮮側の協力が不可欠となります。安達は、杉村の推薦を受けて度支部《たくしぶ》協弁（財務省の高官に当たります）の安駉寿《あんけいじゅ》に新聞社創設に必要な土地家屋を現物出資する形で提携を得ることに成功します。安によって提供された『漢城新報』の社屋は、楼門づくりで数十の部屋があり、豪壮な庭園がある八百坪に及ぶ屋敷でした。

しかし、広大な土地家屋を提供したものの安は、新聞の編集や経営に係わることはありませんでした。社長には安達が就き、主筆は佐々友房の義兄・国友重章、編集長には熊本で小学校教員であった小早川秀雄(46)を、編集員に佐々木正、会計に牛島英雄を招聘するなど、『朝鮮時報』と同じく熊本国権党の関係者が社員のほとんどであったからです。ただ、ハングル記事を載せる必要から、韓文担当記者として尹《いん》敦朮《とんじゅつ》が採用されました。

こうしてハングル記事が一・二面、日本文記事が三・四面に載った四面建ての『漢城新報』は、当初は朝鮮人の購読者も増え、とりわけ国友重章による漢文による論説は好評を博したといわれています。また、安達自身も新聞の信用は雑報記事の機敏さと正確さにあるとして、自ら公使館その他の要路の人々の間を毎日訪問して記事の蒐集に努めたと回顧しています。

安達が次に新聞創刊の地として着目したのは、平壌でした。明治三七年（一九〇四）、日露戦争が勃発すると安達は朝鮮各地と中国との国境地帯を視察し、「人口および繁華の点に於て京城に次に位するのみならず、政治上に於てもまた京城に次ぐの枢要地」である平壌こそが、「日露戦争の結果として近き将来に帝国臣民、大発展の場所」（「安達謙藏平壌新報社設立意見書」）となり、日本人として永住する決心をもった新聞人を確保できると考えたからでした。この安達の意見書を受けて、外務省でも平壌での新聞創刊の必要性を認め、公使館の監督下において新聞社を創設するための資金を支出します。

こうして、安達は明治三八年（一九〇五）七月、平壌で隔日刊の『平壌新報』を創刊します。『平壌新報』は六頁建てで、ハングル記事が二頁を占める構成となっていました。『平壌新報』の主幹となったのも安達の親友で第一期熊本県派遣朝鮮語留学生の監督を務めた真藤義雄であり、ハングル文担当記者は熊本県派遣朝鮮語留学生の第二期生であった宮嶋秋汀でした。ただ、『漢城新報』と異なり、『平壌新報』は外務省からの補助金が創刊時に限られていたこと、さらに『平壌実業新報』という実業紙が刊行されたことなどから経営困難に陥り、明治四一年（一九〇八）に三年で廃刊に至っています。

このように釜山から漢城（ソウル）そして平壌へと、安達ら熊本国権党員による新聞発行の拠点が移動していった軌跡そのものが日本の朝鮮半島での影響力の拡張を反映したものでした。しかし、その動きは、けっして円滑に進んでおこなったものではなく、そこには様々な曲折や衝突が生じることになります。その象徴的な事件が、明治二八年（一八九五）に『漢城新報』社員などが加わって起こした閔妃殺害事件でした。

一八　閔妃殺害事件とは何か

明治二八年（一八九五）一〇月八日未明に起きた閔妃殺害事件は、韓国では一八九五年の干支・乙未から乙未事変《ウルミサビョン》と呼ばれています。[47] この事件に加わった民間人四八名のうち、二一名が熊本県出身者でした。それではなぜ、こうした事件がなぜ起き、どうして熊本びとが係わることになったのでしょうか。

この事件については、大院君首謀説、三浦の独断専行説、日本政府による指示ないし黙認説、日本の民間人による偶発説、李周会の指示説などがありますが、なにが真実かを見きわめていくためには、日清戦争前後の日朝関係について確認しておく必要があります。

先にも触れましたように、閔氏政権に不満をもった甲午農民戦争がいったん鎮静化した明治二七年（一八九四）七月、日本軍は閔氏政権に内政改革を求めて景福宮を占領し、大島圭介公使は閔氏と対立していた高宗の父・大院君を摂政として復権させ、金弘集《きんこうしゅう》に内閣を組織させます。金内閣は、立法権をもつ軍国機務処を設置し、行政機構改革、科挙廃止と官吏登用制度の改革、政府と宮中の分離、身分制廃止、租税の金納化、警務庁設置による警察制度の強化などの「甲午改革（朝鮮では甲午更張）」と呼ばれる改革事業に着手します。しかし、政府と宮中の分離によって政治から排除されることに対して大院君が反対するなど、改革に対する抵抗も強まってきました。そのため、日清戦争が日本優勢のうちに進むなかで日本の影響力をさらに強化する必要性を認識した日本政府は、大鳥公使に代えて井上馨を特命全権公使に任命して改革に介入することになります。井上公使は大院君を政権から排除し、金弘集と朴《ぼく》泳孝《えいこう》の連立内閣を組織させ、清国との関係断絶に向けた内政改革を高宗にも要求し、明治二八年（一八九五）一月に清国からの自主独立と内政改革を誓約した(48)「洪範一四カ条」を宣布させました。

さらに、改革を促進させるために各部署に日本人顧問官を配置し、その指導下で内閣制と宮内府制の再編や司法制度の改革そして軍務部と訓練隊の設置などを進めます。この改革の主眼は、高宗と閔妃さらには大院君を政治に関与させない「宮廷の非政治化」と日本軍の指揮に従う軍隊として訓練隊の設立にありました。この訓練隊をめぐる処遇が、閔妃殺害事件が起こされる引き金となります（→一九四頁）。

そして、日清戦争後の下関条約によって朝鮮が清国からの独立を果たしたことから、日本主導の「甲午改革」が進展をみせるはずでした。しかし、明治二八年（一八九五）四月の三国干渉になす術もなかった日本の外交力を劣勢とみた閔氏派は、ロシアのヴェーベル（Veber, Karl Ivanovich）公使夫妻に接近して日本の排除を図ります。これに対し、日本政府も六月には「将来の対韓政略は、なるべく干渉を息《や》め、自立せしむるの方針を執るべし」との閣議決定をおこなわざるをえませんでした。さらに閔氏派は井上公使が一時帰国している間に勢力の奪回を図り、親ロシア派の李範用・李完用らを登用するとともに、内務大臣として甲午改革を主導していた金弘集内閣の朴泳孝を閔妃に対する謀叛の疑いで逮捕する策に出ます。親日派の朴泳孝は逮捕を免れて日本へ亡命しますが、閔氏派と金弘集内閣との対立は激化することになりました。

井上が朝鮮の政治において最も必要だと考えたのは、国王一族による「人の支配」から「法の支配」へと転換することであり、その方針は「法典政略」という言葉で当時は呼ばれました。なぜなら、開国以来の朝鮮政治が不安定なのは、高宗の父である大院君と高宗の妃である閔氏一族との抗争が絶えなかったためであり、そしてそれぞれが清国や日本あるいはロシアやアメリカなどの影響力を時に応じて利用することで外交政策にも混乱が生じるとみていたからです。そこで井上は改革を進めるにあたって閔妃と大院君に対して「二人とも政治に関係してはならぬと云う厳命をし」ます。これによって大院君は隠居同然の身となったものの、「王妃の方は、なかなか引っ込んで居ない。この王妃は女性としては実に珍しい才のある豪《え》らい人であった。……国王に何角《なにか》と指図するので、事実上の朝鮮国王はこの王妃だと謂《い》っても好い」（小谷保太郎編『観樹将軍回顧録』政教社、一九二五年、三二四頁）という状況は変わりませんでした。それどころか、朴泳孝事件は閔氏派がロシアの支援を受けて日本の干渉を排除することを意味するものでした。

朴泳孝事件が起こると井上公使は急ぎ帰任しますが、閔氏派との対立を収めるために同派の官僚を登用し、反閔氏派を退けるなどの宥和策に転じます。井上公使は、三〇〇万円を朝鮮政府に貸与するなどの懐柔策を採った他、小早川秀雄に「朝鮮開国始末」という記事を書かせて『漢城新報』に連載させましたが、これも閔氏派に甲午改革への支持を求めるために掲載させたものでした。しかし、井上がこうした懐柔策を採らざるをえなかったという事態そのものが、日清戦争に勝ったにもかかわらず、日本がロシアの前に朝鮮を支配する影響力を失っていく退勢にあることを示すものでした。そして、そのロシアと協働して日本を排除しようとしている主体が閔妃に他ならないという認識が共有されていたのです。さらに安達などの在朝日本人にとって、井上が「宮中政略」と呼ばれる閔妃懐柔策に転じたことは「軟化」として受け入れ難いものでした。その反発は万策尽きて退任せざるをえなかった井上に対してではなく、矛先を換えて尖鋭化し、閔妃排撃という主張へとつながっていきます。

こうして対応に行き詰まった井上は、後任に同じ長州閥で予備陸軍中将であった三浦梧楼《みうらごろう》を推薦しますが、首相であった伊藤博文も井上も交代にあたって三浦に明確な指針を与えることができませんでした。自らを軍人であり外交の門外漢であることを自認していた三浦は「自分は外交の事は、一向知らんから、先ず政府の意向を聞いて置きたい。朝鮮は独立させるか。併呑するか。日露共同の支配にするか」（前掲『観樹将軍回顧録』三一九頁）の三策のうち、どれを採るのかを、何度も確認しますが、回答は与えられないままに赴任だけを急がされました。「ソコで我輩は政府無方針のままに渡韓する以上は、臨機応変、自分で自由にやる外は無いと決心した」（前掲『観樹将軍回顧録』三二〇頁）わけですが、三浦が「独断」で閔妃排除の挙に出ることを日本政府は想定したうえで公使に任命したとも考えられます。井上ほどの外交通が「匙を投げた」難題を、三浦が外交的手段で解決できるはずがないことは、三浦に着任を薦《すす》めた伊藤博文も山県有朋も十分に分かっていたに違いありません。

明治二八年（一八九五）九月一日、三浦は赴任しますが、井上公使は事務引き継ぎのためとして半月あまり帰国を延ばしていたため、三浦は外交交渉に当たることを控え、外出もせずに読経に明け暮れていたともいわれています。そのため、井上公使時代の閔妃工作に不満をもっていた安達が三浦公使に会って真意を聞いたのは、井上が帰国した翌日か翌々日であったとのことです。

そこで安達は、三浦に新公使としての対韓政策の真意を聞き質《ただ》します。それに対し三浦がどのように答えたのか、について安達は次のように書き記しています。

公使は実に無造作に発言して曰く、「どうせ一度はキツネ狩りをせねばならぬが、君の手許《てもと》に若い者（当時は壮士と称していた）が、どのくらい居るか」と尋ねる。予（安達）はその言葉が何を意味するか、突然にハッと脳裡に閃《ひら》めくものがあったので、胸中非常な感動を受け、即座に返答した。「居る。然《しか》しながら新聞経営のために連れて来ているのだから、総じて温厚な者しか居ない。もし元気のよい者が必要なら、暗号一本うてば、いつでも郷里から必要なだけを呼び寄せることができる。すぐ呼ぼうか」と云うと、公使は「いやそれには及ばぬ。しかしこれは絶対秘密だよ」と目くばせしてくれた。予は、三浦公使に不動の決心あることを確かめて帰途についた……（前掲『安達謙藏自叙傳』五七頁）

この回憶の真否のほどを確認する方法はありませんが、安達は平山岩彦だけに内々に輪郭を打ち明けただけで、『漢城新報』社員にも、また「楽天窟」や佐々正之の居宅に集っていた人々にも内密にして秘かに時の至るのを待ったということです。ただし、『漢城新報』の小早川秀雄が書いた「閔后殂落《そらく》事件」（国立国会図書館憲政資料室所蔵。広瀬順皓監修『近代外交回顧録』第5巻、ゆまに書房、二〇〇〇年所収）によれば、安達は平山に計画を打ち明け、平山はすぐに小早川や佐藤敬太らに打ち明けており、「絶対秘密の目くばせ」は逆に作用していたことになります。こうした経緯から、安達らは自分たちが主体となって閔妃排除の挙に出ると考えたようです。

しかし、果たして三浦は、民間人を主体として行動を起こす決心をしていたのでしょうか。

朝鮮問題にも外交交渉にも無縁であった三浦が、何らかの判断を下すためには朝鮮に長年暮らし、朝鮮の政情に詳しい人に頼らざるをえなかったことは当然です。そして、三浦が最も頼ったのは、杉村濬書記官でした。本来、杉村は三浦赴任時に外務省に帰任するはずでしたが、三浦を出迎えて話をするなかで自らのシナリオを三浦が実行してくれることを確信した杉村はそのまま居残ります。

三浦が「アノ事件は皆な杉村の筋書ぢゃ。俺の役目は、無論井上の尻拭ひさ。対韓方針につき何度問うても、廟議で指図をせぬから、俺の方針でやったのさ」（三戸十三編『観樹将軍豪快録』日本書院、一九一八年、七六頁）と回顧していることが、この事件の核心をついた発言ではないかと私には思えます。杉村自身も、閔妃事件は「時勢に迫られ、不得已《やむをえず》に出でたるものにして余〔杉村〕は実にその計画者の一人たるを免れず、否むしろ計画者の中心たる姿なり」（杉村濬『明治廿七八年・在韓苦心録』杉村陽太郎刊、一九三二年、一八三頁）と明確にその役割を記しています。

ただ、杉村にとっては安達ら民間人が多数加わったことは、大きな誤算でした[49]。杉村のシナリオでは、あくまでも閔妃に反対する大院君と解散措置に反対する朝鮮の訓練隊が自発的におこなったクーデターであることを対外的に認識させ、日本人が関与していることをいかに隠すかがポイントだったからです。

そのことを杉村は「余が当初の計画は、事を挙《あ》ぐるに当りて表面に本邦人を使用するを好まず。なるだけ朝鮮の訓練隊と李周会など一派の力に依り、無事に大院君入闕《にゅうけつ》〔宮城入り〕の目的を達せんとしたるなり」(前同『在韓苦心録』一八三頁)と述べています。そして、軍隊の指揮に武官の楠瀬幸彦を、大院君を宮中に参内させる工作に宮内部顧問の岡本柳之助を、李周会などとの連絡には朝鮮国補佐官の浅山顕蔵を、そして朝鮮の訓練隊と日本の守備隊との連絡のために通訳一人を配置して、秘密が洩れないように留意していました。この軍事行動によって杉村が課題としていたのは、「他日の防範として大院君の政務干預《かんよ》を禁じ、李埈鎔《りしゅんよう》を遠《とおざ》けて、王妃および王世子の安心を買わんとまで注意したりき」(前同『在韓苦心録』一八三頁)と明記しているように、閔妃の殺害ではなく、大院君にも閔妃にも政治に関与させない体制を確立することであったと言います。(50)ただ、この軍事行動の中で閔妃が殺害される可能性が全く想定されていなかったとはいえないでしょう。いずれにしても、そこで起きた事件が外部に漏れないためには、民間人が入っていることは避ける必要があると杉村は考えていました。

しかし、当日になって、杉村が想定もしていなかった次のような事態が起きたと言います。

然《しか》るに、事は初志と違い夏来、宮中の横暴と井上公使の軟変に憤慨したる日韓の有志者(その中、事に先《さきんじ》て動機を作りし人々もあり)は、窃《ひそか》にこの挙《きょ》あるを聞き雀躍自禁する能《あた》わず、甲乙相伝えて馳せ加わり、邦人のみにても数十名の多きに及びたるがため事は予計の外に出て、竟《つい》に邦人関係の形迹《けいせき》を掩蔽《えんぺい》するを能わざるに至らしめたり(前同『在韓苦心録』一八三〜一八四頁)

つまり、杉村が最も留意していた日本人の関与という形跡を隠すという計画が、「雀躍して自制することのできなかった」民間人が加わったことによって失敗したというのです。(51)杉村によれば、そもそも閔妃殺害ということは計画の中になかったが、民間人が加われば三浦などがいくらこれを禁止したところで必ずや、こうした非常の事態が起きることは十分に推測できたといいます。それは一般の感情が反日姿勢を強める閔妃に対して激憤した状況にあり、前年七月に日本軍が朝鮮王宮を占拠した際に閔妃を殺害しなかったことを後悔する雰囲気があったからだということになります。閔妃事件における「殺害は主なる事件に伴われ、勢に乗じて興りたる附帯事件に過ぎず」というのが、杉村の結論でした(52)。

それではなぜ、こうした齟齬《そご》が生じたのでしょうか。それは恐らく三浦が、杉村の計画の核心や進行状態を知らないままに大院君の引き出しに支障が生じることを恐れ、安達謙藏と国友重章を呼んで一〇月七日に助力を求めたことにあると思われます。それ以前、三浦と安達が面談した際に「キツネ狩り」という隠語を使ったことも、安達らにこの計画の目的が閔妃殺害にあるという誤解を与えたはずです。ただ、三浦は二、三人の助力で良いと発言していたのですが、漢城には既に数十人に即時に情報が伝わる人的ネットワークができていたため、三浦も杉村も想定していなかった多数の民間日本人が駆けつけることになってしまったのです。漢城に着いて一カ月程度で、在住日本人の事情も知らなかった三浦が、前任者の井上の閔妃懐柔策に不満を抱いていた安達らに対して友好的言辞を使ったことも誤解を招いた一因と思われます(53)。

ただ、杉村もいつ計画を実行に移すかを確定していたわけではありませんでした。しかし、一〇月に入ると閔氏派も欧米の外交官も日本がなにか策動しているのではないかという懸念をもつに至っていました。そして、一〇月七日、安駉寿《あんけいじゅ》（当時は軍務大臣）が日本公使館を訪れて訓練隊と朝鮮巡警との衝突が続発し、さらに激化の兆しがあるために訓練隊を解散し、八日には武装解除するとの申し出を伝えたことで事態は動き出します。訓練隊は日本軍の影響を受けていましたから、その訓練隊を解散したいという申し出は、取りも直さず、日本の影響力を排除するという閔氏派の意志表示であると三浦らは受け取ります。

要するに、日本側からみれば訓練隊が解散され、武装解除されてしまえば日本の影響力が無くなるだけでなく、訓練隊と大院君によるクーデターの渦中で閔妃が殺害されたというシナリオが成り立たなくなることになります。訓練隊解散の要求を伝え聞いた三浦公使は、一〇月七日午後三時に安達と国友を公使館に呼び、当日夜に挙行すると通告し、細かな打ち合わせをおこないます。これを受けて安達は漢城新報社に集合していた佐々正之、平山岩彦、松村辰喜らとともに夜一〇時ごろに行動を起こします。安達らの役割は、仁川から日本守備隊などを率いてくる岡本柳之助（宮内府兼軍部顧問）と合流して、大院君邸に至って大院君を決起させ、さらに訓練隊を先頭にして王宮に侵入して閔妃を殺害することにありました。日本守備隊については、訓練隊と宮中を守る侍衛隊との衝突を鎮圧するために出動するという口実が用意されていました。

本来、王宮への侵入は夜陰に紛れておこなわれるはずでしたが、大院君が仕度に手間取ったこともあって、孔徳里にあった大院君の別邸を出発したのは一〇月八日午前三時過ぎであったようです。出発にあたって、岡本柳之助は「狐は臨機処分すべし」(54)と叫んだと書き残されています（前掲、杉村濬『在韓苦心録』一二〇頁）。ただ、杉村は岡本に閔妃殺害の意図はなく、自分もまたそのような目的を持ってはいなかったと弁明しています。

そして、四時三〇分ごろ、岡本や安達らは禹範善《うはんぜん》や李斗璜《りとおう》らが指揮する訓練隊や日本の守備隊・警察官と合流し、光化門などから梯子で王宮に入ります。深夜でもあったため、アメリカのダイ（Dye, W. M.）が指導して王宮護衛を担っていた侍衛隊との激しい戦闘もないままに閔妃と目される女性を殺害し、遺体を池に沈め、その後に焼いて裏山に埋めたということになっています。(55)

ただし、実際にどのように殺害がおこなわれ、その遺骸がいかに処遇されたかは、不明です。三浦らは、事件は大院君を奉じた朝鮮の訓練隊や日本人を装った朝鮮の民間人によって起こされたものだと説明します。しかし、宮中にいたダイやロシア人建築家サバチン（Seredin-Sabatin, A. I.）などの目撃証言がありましたし、王宮を出た午前八時過ぎにロシアやアメリカの公使と出会い、多くの市民が日本人の一団を目撃していたため、日本の関与自体は否定できませんでした。漢城一等領事であった内田定槌《うちださだつち》が外務大臣の西園寺公望に書き送ったように、この事件は「歴史上に古今未曾有の兇悪を行うに至りたるは我帝国のため実に残念至極なる」問題でした。そして、欧米の外交官から強い抗議が出されたために、日本政府は三浦を解任し、外務省政務局長の小村寿太郎を団長とした「法律顧問調査団」を漢城に派遣して事態収拾にあたらせます。そして、三浦や安達ら[56]四八名が日本に召喚されて広島地方裁判所で、また軍関係者八名は広島の軍法会議で裁きを受けることになります。その結果、軍人は無罪、三浦や安達らは全員が証拠不十分で明治二九年（一八九六）一月二〇日に免訴となりました。

一九　閔妃殺害事件の結末

それでは閔妃殺害事件に関与した熊本びとは、どのような人だったのでしょうか。

広島地方裁判所予審判事・吉岡義秀による「予審終結決定書」に記されている四八名のうち、熊本びとの出身地と職業は、次のようになっています。

1．国友重章（山本郡〔鹿本郡〕菱形村、無職業）2．廣田止善（飽託郡城山村、農業）3．平山岩彦（飽託郡黒髪村、無職業）4．佐々正之（飽託郡出水村、売薬商）5．澤村雅夫（熊本市上林町、無職業）6．片野猛雄（飽託郡大江村、無職業）7．隈部米吉（玉名郡大原村、農業）8．菊池謙譲（八代郡鏡町、新聞記者）9．佐々木正（宇土郡宇土町、新聞記者）10．前田俊蔵（下益城郡海東村、農業）11．家入嘉吉（阿蘇郡宮地村、無職業）12．牛島英雄（熊本市長安寺町、新聞社員）13．松村辰喜（阿蘇郡内牧村、小学校教員）14．小早川秀雄（熊本市北坪井町、新聞記者）15．中村楯雄（飽託郡広畑村、雑貨商）16．佐藤敬太（山鹿郡中富村、農業）17．田中賢道（球磨郡岡原村、農業）18．平山勝熊（山本郡田底村、新聞社員）19．安達謙藏（飽託郡力合村、新聞記者）20．渋谷加藤次（飽託郡奥古閑村、朝鮮国内部顧問官）21．宮住勇喜（熊本市小幡町、新聞記者）

そして、決定書では「被告〔安達〕謙藏・〔国友〕重章の両人は、被告〔三浦〕梧楼の教唆に応じ、王后陛下を殺害せんと決意して同志の招集に尽力」し、そこで集められた者のうち、「〔平山〕岩彦ほか十数名は被告謙藏・重章等より王后陛下を殺害すべき被告梧楼の教唆を伝えられ、各殺意を決し、その他右等の事実を知らず一時の好奇心に駆られ付和」したものであったと、認定されています。その他、岡本柳之助に教唆された被告も殺意を決めていたことを認めています。しかしながら、結論として「前記の被告人中、その犯罪を実行したるものと認むべき証憑《しょうこ》十分ならず」として総ての被告人を免訴と決定しました。

確かに、日本公使館の内田定槌が「明治二八年十月八日朝鮮王城事変之報告」で日本政府に通知したように、当日に王妃などを殺害したのが日本人であることは間違いないものの、誰が殺害したのかを決定することができなかったことは事実のようです。もちろん、「王妃は我陸軍士官の手にて斬り殺されたりと云う者あり、また田中賢道こそその下手人なりと云う者あり」（前掲『近代外交回顧録』三一頁）といった風評がありました。そのため三浦など四七名は謀殺及兇徒聚衆《きょうとしゅうしゅう》の罪で、平山岩彦は宮内府大臣・李耕植《りこうしょく》を殺害した故殺の罪で予審に付せられていました。

この免訴の決定に対して、小早川秀雄は多くの真実を逸する点があるとし、結論において「俄《にわか》に証拠不充分なりと称して免訴したるところ、人をして噴飯に堪《た》えざらしむる者あり」（前掲『近代外交回顧録』四二八頁）として疑問を呈しています。小早川によれば、閔妃殺害に関する「事実の真相は、既に明々白々、また些《いささ》かの隠暗を残さ」ないものであり、この事件を純粋の刑事事件として扱い、国際間の政略問題を考えなかったならば「四八名の連累者中、重きは極刑に処せられ、さらぬもまた重罪に処せられた」（前掲『近代外交回顧録』三九八頁）に違いなかったはずだと書いています。

このように小早川を含めて、当事者である誰もが閔妃や李耕植などを殺害したのが日本人であることを認めていたにもかかわらず、なぜ全員が免訴となったのでしょうか。

一つには軍法会議で先行して免訴の決定が出ていたことから、その均衡が図られたということもあったでしょう。

他方で小早川が重視していたのは、朝鮮での裁判の結果でした。不平等条約であった日朝修好条規の下で、朝鮮側は日本人を裁判にかけることはできませんでしたが、事件に関与したとされる朝鮮人は謀反の罪で裁判を受けることになります。そして判決では、岡本柳之助らが働きかけていた李周会（軍部協弁）の他、殺害には無関係であった尹錫禹《いんしゃくう》（親衛隊副尉）、朴銑《ぼくせん》（日本公使館雇員）の計三人が閔妃殺害犯として死刑に、その他に四名が終身刑、四名が懲役刑に処せられました(57)。

この間の事情について小早川は、朝鮮での裁判において李周会が、日本人が罪に問われるのは忍びないとして「自ら閔后殺害の下手者なりと称し、進んで法廷に自白して刑に処せられ、以て日本志士の冤《えん》枉《おう》〔冤罪〕を伸《の》べん〔罪を晴らす〕と図り」（前掲『近代外交回顧録』三九七頁）、偶々おなじ獄中にあって極刑に処せられることになっていた無実の二人を自分の命令で殺した殺害者だと証言して三人が死刑に処せられたことにあったと言います。「斯《か》くて表面上、閔后の下手者は、韓国にその人を発見するを得て、我政府は必ずしも強《し》いて志士を謀殺の罪に問うの必要なきに至」（前掲『近代外交回顧録』三九九頁）ったと記しています。そして、こうした判決が出たために、閔妃殺害者についても「洋服を着けたる朝鮮人が、志士の中に混じ来って、凶刃を揮《ふる》うたのだとの風説を、そのまま信じて居るより外《ほか》はあるまい」（前掲『近代外交回顧録』二五九頁）として真相を曖昧にすることになったというのです。小早川自身、朝鮮人による殺害は作られた「風説」に過ぎないが、日本人の殺害者の特定はできないという、わだかまりを持ち続けていたのではないでしょうか。

さらなる理由として挙げられるのは、一八九五年一一月に閔妃を失った閔氏派と親ロシア派の李《り》範《はん》普《しん》らが親日派の金弘集内閣を打倒するために起こしたクーデターが失敗する事件が起きたことです（春生門事件）。このクーデター未遂事件にはロシアとアメリカの兵士が関与していたことが発覚したため、閔妃殺害事件を厳しく批判していたロシアもアメリカも日本政府を抗議する名目を失うことになり、日本政府も外交的配慮をする必要がなくなったため免訴が可能となったということです。

もちろん、閔妃殺害事件は、立場を換えて、もし日本の皇居に外国の軍隊や民間人が入って同じような行為をおこなったとしたら、どういう感情を私たちが抱くだろうかと考えてみればその重大さに否応なく気づくはずです。しかし、当時の日本人の反応は違ったものでした。熊本・八代出身の菊池謙譲（一八七〇～一九五三）は、「当時、乙未事変に対する日本国民の同情は、絶大深甚であった。彼ら被告が、宇品埠頭《ふとう》に現わるるや、各地より集合した歓迎者は沿路堵列《とれつ》をなし、被告一行は甚大なる同情、熱情的歓迎を表し、一時は広島獄事のため、その見舞訪問者全市客館に充満し、あたかも凱旋軍を迎うるの光景であった」（菊池謙譲『近代朝鮮史』下巻、大陸研究所、一九三七年、四三八頁）と記していますす。また、三浦梧楼も監獄から出ると、「あの辺の有志者の歓迎会に招かれた。それから汽車で帰ったが、沿道至るところ、多人数群集して、万歳万歳の声を浴せかけるようなことであった」（前掲『観樹将軍回顧録』三四四頁）という状況であったと回顧しています。

当時、松山にいた夏目漱石も明治二八年（一八九五）一一月一三日の正岡子規宛の書簡で「小生近頃の出来事の内尤《もっと》もありがたきは王妃の殺害と浜茂の拘引《こういん》に御座候」と書き送っていました。浜茂の拘引というのは、東京市の水道管納入に関する汚職事件で日本鋳鉄会社社長の浜野茂が拘引された事件ですが、漱石も王妃殺害と汚職事件を同等にみていたようです。

閔妃は、清朝の西太后と同じように君主を背後から常に操っており、日本との関係を悪化させている元凶だというのが、当時の論調でした(58)。また、閔妃が殺害されたのは、大院君派と閔氏派との党争が繰りかえされた中で生じた事であり、自業自得でこそあれ、日本人が責められるのは筋違いだという主張も少なくありませんでした。事件の経緯について、ほとんど真実を知らされていなかった多くの日本人が、三浦たちを凱旋将軍のように迎えたのは、そのような思潮の反映だったのでしょう。

徳富蘇峰は、この事件に関して、三浦らが已むにやまれぬ思いで蛮行に出た心情は理解できないことはないとしても、「国民は深く切に彼らが無謀の挙を以て一国の大事を過つを難づ」と批判しています。こうした国際的に無謀な事件を起こしたことによって、日本を国難に陥れる過ちを犯したと強く非難していたのです。

それでは、この事件はどのような事態を招いたのでしょうか。

事件当日の一〇月八日早朝、各国公使に先駆けて入宮した三浦公使は、閔妃が王宮を脱出したとして、閔妃を廃位し庶人にするという「廃后詔勅」を出させます[59]。さらに親ロシア派閣僚を追放し、内部大臣に兪吉濬《ゆきつしゅん》、度支部大臣に魚允中《ぎょいんちゅう》、法部大臣に張博《ちょうはく》、学部大臣に徐光範《じょこうはん》、外部大臣に金允植《きんいんしょく》などの親日派を就かせる第四次金弘集内閣を組織させて、日本の指導下での内政改革に着手させます。この時期、日清戦争後で最も日本の影響力が強まることになり、そのこともあって当初は懐疑の目をもって見られていた三浦ら事件関係者は、「ヒステリー王妃」を排除した憂国の志士として讃えられることになります。しかし、王妃殺害という行為が日本の大使の指揮下でおこなわれたことに対して、国際法を無視した野蛮国の行為としての非難は絶えませんでした。何よりも朝鮮国内では王妃の政治的介入や閔氏派の施政に批判的であった人でさえ、日本人による蛮行には反発し、義兵蜂起の一因にもなりました。ハングル紙『大韓毎日申報』などには、「万劫《ばんごう》〔永遠〕に忘れ難き恥辱」であると大書されています。

しかし、王妃を殺害された高宗や閔氏派の人々にとって、日本の脅威はさらに高まり、日本を牽制するためにロシアに一層の支援を求めることになります。また、金弘集内閣によって進められる陰暦廃止や種痘法の実施などの「改革」は、国民の心情や生活習慣との乖離を生じていきます。その象徴的な事例が、「断髪令」の施行でした。儒教の教えによれば、身体髪膚《はっぷ》は両親から授かったものであり、これを傷つけないことが孝行の基本とされていました。日本でも文明開化期の「断髪」には抵抗が起きましたが、朝鮮では「髪を切るなら、首を斬れ」といった更に激しい反発が生まれ、武装蜂起も起きました（乙未義兵）。

翌年の明治二九年（一八九六）になると日本に対する反発は、さらに高まります。そして、親ロシア派の李範晋《りはんしん》らは、ロシア公使のヴェーベルと謀って二月一一日、身辺に危険を感じていた高宗と王世子を宮女用のかごにのせてロシア公館に移します。以後、一年間にわたって高宗はロシア公使館で政務を執ることになり、ロシアの影響下に置かれることになります（俄館播遷《がかんはせん》。俄はロシアを指す）。高宗は、その日のうちに金弘集や兪吉濬などの五人の大臣を逆賊として逮捕・処刑の命令を出します。そのため総理大臣の金弘集と農工商大臣の鄭秉夏《ていへいか》は群衆によって撲殺されて死体は焼かれ、度支部大臣の魚允中も捕らわれて殺害されました。その他、趙義淵《ちょうぎえん》・張博・兪吉濬らの閣僚は日本へ亡命し、親ロシア派の李範普や李完用などが主導する内閣が発足して断髪令を廃止するなど日本の影響力は著しく減退していきます。そして、軍制はロシア式に改編され、財政もロシア人顧問によって運営されて、ロシアは鴨緑江沿岸と鬱陵島《うつりょうとう》の山林伐採権をはじめとする多大な利権を獲得することになります。この年の六月に特命全権駐劄公使となった原敬は、当時の朝鮮の状況について「官民一般は勿論、在留外国人に至るまで、排日の風潮頗《すこぶ》る盛にして、我行為には其事の何たるを問わず、皆反対を試むるの情勢に有之《これあり》候、是れ中迄もなく一両年内政干渉の反動と、昨年十月八日王妃殺害事件とに原因致候」と記し、さらに高宗の感情は殺害事件以来「何事に拘わらず日本に関係する事柄は兎角《とかく》御不興に感ぜらるる」といった報告書を送って慨嘆しています。(60) 要するに、井上公使の「改革」政策以来の外交政策とりわけ閔妃殺害事件は、日本にとって百害あって一利もなかった、今やお手上げ状態を強いられているというのです。原敬らしい透徹した洞察であり、事件の歴史的意義は、ここに尽きています。

こうしてロシア公使館に国王が滞留するという異常事態に対し、民間においては自主独立国家としての主権確立を図るための啓蒙自強運動が起き、甲申政変時にアメリカに亡命していた徐載弼《じょさいひつ》が帰国して『独立新聞』を発行します。『独立新聞』は法治主義や自由民権論を唱導して各地に支社を置き、独立協会を設立して自主独立の世論を醸成していきます。独立協会は、中国に対する事大主義の象徴であった迎恩門と慕華館に代えて独立門と独立館を建立し、独立館では討論会を毎週開催して自由民権の確保や議会開設などの問題を討議しています。他方で、高宗に対しては、他国に依存せずに自国の利権を守護することを要求する上疏《じょうそ》をおこないます。こうした独立協会の運動は、様々な社会層の人々が参加して討議を重ねる万民共同会運動へと発展していきますが、なかでも高宗にロシア公館から出て宮廷に還ることを要求する世論が高まっていきます。また、ロシア一国に偏する外交に対しては各国から抗議が強まっていきます。高宗は内外の圧力と勧告に抗しきれず、明治三〇年(一八九七)二月にロシア公使館から慶雲宮(現在の徳寿宮)に戻り、国号を大韓帝国、年号を光武と改め、一〇月に皇帝即位式を挙行しました。

このように閔妃殺害は、一時的には日本の影響力を増大させたものの、その反動は予想以上に大きく、国際的にも日本への不信感と警戒感を引き起こし、高宗と高官たちをロシアと結びつけることに作用しただけでした。それだけではなく、「国母」を殺害した日本人への憤激の記憶を今に至るまで刻みつけることになりました。

明治四二年(一九〇九)一〇月二六日、ハルビン駅頭で伊藤博文は義兵中将を名乗る安重根に狙撃され、命を落としましたが、安重根は伊藤を殺害した理由を記した「伊藤博文罪悪十五箇条」の一番目に「閔皇后弑殺《しさつ》の罪」を挙げていました。安重根は「今より十年ばかり前、伊藤さんの指揮にて韓国王妃を殺害しました」と説明していますが、伊藤が直接に指揮した事実は現在まで確認されてはいません(安重根の思想については拙著『アジアの思想史脈』人文書院、二〇一七年、第八章参照)。伊藤が三浦を再三説得して公使に任命した首相であったことから、閔妃殺害を直接に指令しなかったとしても責任は免れないと安重根が考えていたのかどうかまでは不明です。

その安重根が関東都督府地方法院で訊問を受けた際に通訳を務めたのが、熊本県派遣朝鮮語留学制度の二期生であった園木末喜でした。園木は七城町（現在、菊池市）の出身です。安重根は園木先生へ贈るという二つの揮毫を書いていますが、その一つには「贈園木先生　日韓友誼善作紹介　庚戌二月　大韓国人　安重根」と書かれています。「日韓交誼善作紹介」とは、日韓が親善を図るためにはお互いがよく知り合うことであるといった希望を託したものと解釈されます。

徳冨蘆花も、兄の蘇峰が京城にいたときに朝鮮と中国を旅行しますが、その途中、旅順で安重根が書いた「貧而無諂　富而無驕（貧しくとも諂《へつら》わず、富んでもおごらない）」という揮毫を手に入れています。これは現在、東京の蘆花公園の記念館に架蔵されており、蘆花が大正二年（一九一三）に手に入れたという経緯とテロリズムによって宿志を遂げようとした行為を悲しむという趣旨の添え書きがあります。安重根の手形が落款の代わりに押されていますが、薬指が切れています。これは断指といい、日本からの独立を誓うために同志とともに自ら指を切ったものでした。

安重根は、園木が多くの人が閔妃事件殺害事件に加わった熊本の出身であることを知り、それについて何か語り合ったりしたのでしょうか。

二〇　閔妃事件後の熊本びと――田中賢道・菊池謙譲・松村辰喜・佐々正之

さて、閔妃事件殺害事件に加わった熊本びとの多くは、安達謙藏など『漢城新報』関係者が中心であったため、熊本国権党との関連が重視されてきましたが、田中賢道・廣田止善・中村楯雄の三名は熊本の自由民権派に属していたことにも留意しておく必要があります。

田中賢道（一八五五〜一九〇一）は、竹崎茶堂、木村弦雄、宮崎八郎などに学び、熊本における自由民権運動の先駆者の一人でした。しかし、宮崎八郎に従って熊本協同隊を組織して西郷軍に加わり懲役五年の刑を受けます（三年で特赦）。田中はイタリアのガリバルディを敬慕し、西南戦争にもガリバルディが愛用していた赤シャツを真似て赤い肌着を着て従軍したとの逸話が残されています。出獄後は、相愛社で徳富蘇峰などと自由民権論を唱導し、明治一四年（一八八一）に自由党が組織されると上京して『自由新聞』に入っています。国内での自由民権運動が下火になる中で朝鮮に渡り、朴泳孝が日本に亡命する際に同道し、「思ひきや　安宅《あたか》の関の　故事《ふるごと》を高麗《こま》の旅路の　夢に見んとは」と詠んでいます。朴泳孝を源義経に、自らを弁慶に見立てていたようです。そして、朝鮮で閔妃派への反対運動を続ける中で、閔妃事件に加わることになりました。出獄後は布哇《ハワイ》殖民会社を井上敬次郎らと創設して、移民送り出し事業に従事します。田中はまた竹崎順子が熊本女学校を創設した際には助力を惜しみませんでした。明治三三年（一九〇〇）に伊藤博文らが立憲政友会を組織すると、これに参加して政界への進出を図りましたが、翌年に東京大学病院で没しています。

また、菊池謙譲も事件に関与したときの身分は、徳富蘇峰の『国民新聞』特派員であり、釈放後の明治二九年（一八九六）から翌年にかけては国民新聞記者・民友社社員として日本国内で活動しており、熊本国権党との直接の繋がりはありませんでした。菊池は後に触れます中島裁之と同じく京都本願寺の普通教校に学んだ後、東京専門学校（現在の早稲田大学）で英語と政治学を修めました。卒業後に佐々友房の勧めで朝鮮に渡り、仁川の『朝鮮日報』の記者となりますが、明治二七年（一八九四）に大院君の知遇を得たことから漢城でも名士として知られるようになっていきます。閔妃事件に誘われたのも大院君と面識があったためでした。免訴後は日本に亡命していた大院君の孫・李埈鎔《りしゅんよう》らの世話をし、大院君との連絡係を務めるなどの関係を維持しています。後に著した『大院君傳――朝鮮最近外交史・附王妃の一生』（日韓書房、一九一〇年）でも大院君を評価する一方で閔妃には厳しい批判を述べています。

通信記者としての菊池は、日清戦争時が起こると『国民新聞』に「平壌観戦記」などの戦況記事を送って注目を浴びました。そして、閔妃殺害事件で獄中にあったときに寄せられた友人たちの厚情に応えるとして『朝鮮王国』（民友社、一八九六年）を公刊しています。その後、明治三一年（一八九八）に渡韓禁止令が解けると朝鮮に渡り、『漢城新報』の主筆（その後、社長兼任）となります。しかし、明治三六年（一九〇三）に経営体制の立て直しを要求する林権助《はやしごんすけ》公使との対立によって『漢城新報』社長を解任されたため、新たに『大東新報』を刊行しました。『大東新報』は赤字を出しながらも二年半、日朝有志の寄付で維持しましたが、徳富蘇峰の勧めで廃刊とし、菊池は統監府嘱託となって鴨緑江一帯や京釜鉄道周辺地の調査事業に携わりました[61]。菊池はまたロシアの南下政策に対抗するために佐々友房や黒龍会の内田良平らによって結成された対露同志会の朝鮮における活動の中心となっていきます。日露戦争後は、日韓合邦を唱える一進会会長・李容九や内田良平と日韓併合に向けた運動に加わっています。

日韓併合後には、朝鮮通信社を創設しますが、初代朝鮮総督・寺内正毅の施策に反対して事業を継続できなくなったため、大邱に移って民団長として過ごします。寺内総督が退任した大正六年（一九一七）一〇月に民本社を興し、『民本評論』を刊行します。その会社名や雑誌タイトルからは、吉野作造の民本主義を意識していたことが窺われます。

しかし、大正八年（一九一九）三月に三・一独立運動が朝鮮各地で沸き起こると褓負《ほふ》商団（行商人集団）を利用して鎮圧活動に従事するなど、日本の韓国統治に対しては支持する立場を採っていました。

ただ、軍隊や憲兵警察によって治安優先を図る武断統治ではなくメディアや教育による統治方針を支持していましたから、「文化政治」や「心田開発」などを掲げる斎藤実《さいとうまこと》・総督には協力し、斎藤総督の申し出を受けて大正一一年（一九二二）から大陸通信社の経営にあたります。菊池は斎藤総督から委嘱されて朝鮮事情調査を担当するとともに、「内鮮融和」団体のひとつ「儒道振興会」の顧問も務めていました。大陸通信社は昭和三年（一九二八）まで続きましたが、菊池はその後、著述生活に入り、昭和五年（一九三〇）から五年間、李王職編纂委員(62)を務めています。

昭和二〇年（一九四五）、菊池は五三年に及ぶ朝鮮での生活にピリオドを打って帰国しますが、その後も分断した朝鮮半島や朝鮮戦争などに関する論説などを書き続けて、昭和二八年に東京・板橋の寓居で死去しています。菊池は『金剛山記』（鶏鳴社、一九三一年）・『朝鮮諸国記』（大陸通信社、一九二五年）・『朝鮮雑記』（南山吟社、一九三一年）・『近代朝鮮史』（大陸研究所、一九四〇年）など朝鮮の民俗や風土・歴史などの関する多くの著作を残しています。

ところで、閔妃殺害当夜の状況については、松村辰喜《まつむらたつき》（一八六八〜一九三七）の証言も貴重なものです。阿蘇町内牧に生まれた松村は、坂梨小学校校長を経て朝鮮に渡り、『漢城新報』記者となっていましたが、朝鮮で知己となったのが与謝野鉄幹（寛）でした。与謝野は明治二八年（一八九五）に朝鮮に渡り、乙未義塾という日本語学校で教師として勤務していました。そして、閔妃殺害の謀議については知っていたものの、漢城を離れていたために事件には関与していません。しかし、嫌疑をかけられて退去処分を受けています。その後も与謝野は朝鮮問題に関心を持ち続けていました。

与謝野は、明治四〇年（一九〇七）に「五足の靴(63)」の一行として熊本を訪れます。その折に松村は鉄幹に事件当夜を懐旧して、次のように語っています。

大院君が深夜異邦の志士に護せられて王妃を刺さむとするに、悠々冷水を引いて身を拭《ぬぐ》ひ、徐《おもむろ》に髪を結び、衣装を此か彼かと選び改め、更に天地四方の神を拝し、祖宗を祀り、而して漸く輿《こし》に乗る。この間、費やすこと三時間。志士等、もどかし加りて促せば、大事を挙ぐるに然《し》か軽々なるべけんやと云う。これがために予定の時間より五時間も遅れて、王城の正門に達した頃は既に白々と夜が明けた。

ここには事件当夜の大院君の行動が活写され、なぜ人目につくような時間帯に王城に入って行かざるをえなかったのかが明らかにされています。大院君がこうした行動を取ったのは、抵抗の意思を示すためだったのか、通例の所作だったのかは不明ですが、閔妃殺害を内紛に見せかける予定であった松村たちの苛立った心理状態が伝わってきます。閔妃事件後の松村は、次には中国革命のために中国に渡って奔走しています。

そして、辛亥革命後の大正一〇年（一九二一）には、大熊本期成会を設立して、町村合併や電車・水道の整備などの運動を進めました。さらに熊本県の公園主事として国立公園期成会を結成し、昭和九年（一九三四）に阿蘇国立公園の指定を受けることに成功しました。

こうした松村の人となりについて、与謝野鉄幹は「なつかしや　肥後の辰喜は　二十とせの　昔も今も　世をなげく友」と歌っています。松村は、次々と課題を立て、問題解決に首を突っこんだことから、「ワク立て博士」「阿蘇の泥亀」などとも呼ばれました。

この他、『漢城新報』主筆であった国友重章は、広島監獄の在獄中に井上匡四郎や池辺義象から贈られた井上毅の『梧陰存稿』などの読書に耽っていました。そして、明治三一年（一八九八）に東亜同文会が組織されると幹事となって日中問題解決のために活動することになります。以後、明治三三年（一九〇〇）に北清事変が起きるとロシアの満洲進出に危機感を抱いた近衛篤磨・頭山満・犬養毅などと国民同盟会を結成し、日本政府に強硬政策を取るように働きかけます。国民同盟会は、日英同盟が結ばれたことによって危機感が一時的に鎮静したことから明治三五年（一九〇二）に解散します。しかし、ロシア軍が満洲から撤退しなかったため、明治三六年（一九〇三）に対露同志会を組織して、対ロシア強硬論を唱導しています。国友は日露戦争後にポーツマス会議が開催されると講和問題同志連合会を結成してロシアに譲歩することに反対する国民運動を唱導し、明治三八年（一九〇五）九月の日比谷公園で国民大会を開催しましたが、これは日比谷焼き打ち事件の発端となりました。この時、徳富蘇峰の国民新聞社も焼き打ちにあっています。

国友の著作としては、外国人に内地雑居を認める条約改正に反対した『条約改正及内地雑居――一名内地雑居尚早論』（内地雑居講究会、一八九二年）が有名ですが、新聞『日本』などに掲載された論説の基軸となっていたのは「対外硬」と呼ばれる立場でした。これは時の政府の外交政策を批判し、「アジアの自覚」を国民に呼びかけるものでしたが、日清・日露の対立を強調することによって開戦気運を高めることに作用したことは否定できません。国友は、井上毅に認められて上京し、宮内省や法制局に勤めましたが、「奇骨の人」と称されたように「官」への反発心が強く、条約改正問題で政府の異見に反対して退官した後は、新聞『日本』や『東北日報』、『漢城新報』などで健筆を揮いました。その一方で、朝鮮では各地の調査を進め、特に釜山を「欧亜の玄関」とみて高島義恭らに釜山の築港や埋め立て事業などを勧めています（→二三六頁）。また、中国東北部の間島地方（現在の延辺朝鮮族自治州）の歴史地理調査をおこない、間島が朝鮮の領土に属すべきだとの結論に達して政府に警告し、間島地方の領土問題は日清朝三国で交渉事項となっていきます。

しかし、名利を求めることのなかった国友が、貧困生活のなか四八歳で病死したときには遺体に着せる着物もない窮状にありました。それを聞いた、頭山満は、それこそが国友にふさわしいとして弔ったそうです。遺骨は熊本市の本妙寺に葬られましたが、生前から「死んだら骨を長白山に埋めてくれ」との願いを友人たちが叶えようとしたものの、その分骨は実現しなかったようです。

なお、平成一七年(二〇〇五)五月一〇日、高宗と明成皇后が埋葬されている洪陵を訪れた国友重章の孫・河野龍巳さんと家入嘉吉の孫の妻・家入恵子さんが事件に対して謝罪されています。閔妃事件から一一〇年を経てのことでした。

閔妃事件関係者のなかで最後に言及しておきたいのは、佐々正之です。佐々は広島監獄を出た後に、明治三〇年(一八九七)に朝鮮に渡り、再び売薬業を営むとともに『漢城新報』の経営にあたります。そして、漢城の筆洞(日韓併合後に大和町となります)に千坪余の土地を購入して屋敷を構えますが、その敷地内に「楽天窟」があったことから熊本県派遣朝鮮語留学生の世話にもあたりました。正之は熊本県派遣朝鮮語留学生であった園木末喜から安重根が処刑の直前に白紙に墨汁で押した手形を譲り受けていましたが、この話を伝え聞いた安重根の息子夫人と孫が所望したため正之の子息・亀雄は快諾して進呈しています。正之宅には初代総監となった伊藤博文や『京城日報』の監督であった徳富蘇峰らが、しばしば訪れたそうです。日露戦争後には、漢城郊外に弘済院と名づけた農場を開き、漢城の自宅から往復して晴耕雨読の生活を続け、昭和三年(一九二八)に京城帝大附属病院で死去しています。

佐々正之も経営に関与していた『漢城新報』は、閔妃事件で記者や読者を一挙に失う危機に直面しましたが、事後処理にあたった小村寿太郎が外務省補助金を増やすなどの援助を与えたことによって漢城における唯一の日韓両語紙として継続して発行されました。しかし、明治三九年（一九〇六）八月三一日に統監府に買収されて廃刊に至ります。そして、その翌日の九月一日から初代統監・伊藤博文の発意によって創刊されたのが『京城日報』でした。(64) つまり、『京城日報』は、一一年余にわたる歴史をもつ『漢城新報』を継承する形で創刊されたものであり、昭和二〇年（一九四五）に廃刊に至るまで統監府さらに朝鮮総督府の機関紙として発行されることになります。そして、明治四三年（一九一〇）八月の韓国併合とともに『京城日報』などの監督に就任したのが、徳富蘇峰でした。

二一　京城日報社の熊本びと——徳富蘇峰・阿部充家・中村健太郎

『国民新聞』の社長であった徳富蘇峰は、初代朝鮮総督・寺内正毅《てらうちまさたけ》の要請を受けて、明治四三年（一九一〇）から大正七年（一九一八）までの八年間、『京城日報』の監督となって毎年数回みずから京城に赴き、また国民新聞社から人材を送り込みました。京城に出向していた人々は、東京の国民新聞社を本社と呼び、京城日報社を支社と目していたそうです。

日露戦争以後、韓国の併合を主張していた蘇峰にとって、新たな植民地となった朝鮮において世論の誘導はきわめて重要な課題であり、寺内総督から相談を受けると次のように考えたと書いています。

> 当時朝鮮における新聞政策は未だ定まって居ず、当初は総督府で買収したる京城の一新聞の経営を依托《いたく》する筈であった様だが、予は寧《むし》ろこの際一切の新聞を『京城日報』に集中するに如《し》かずとの意見を具し、それが容れられて、遂に予が監督となり半島における言論に微力を効《いた》すこととなった。

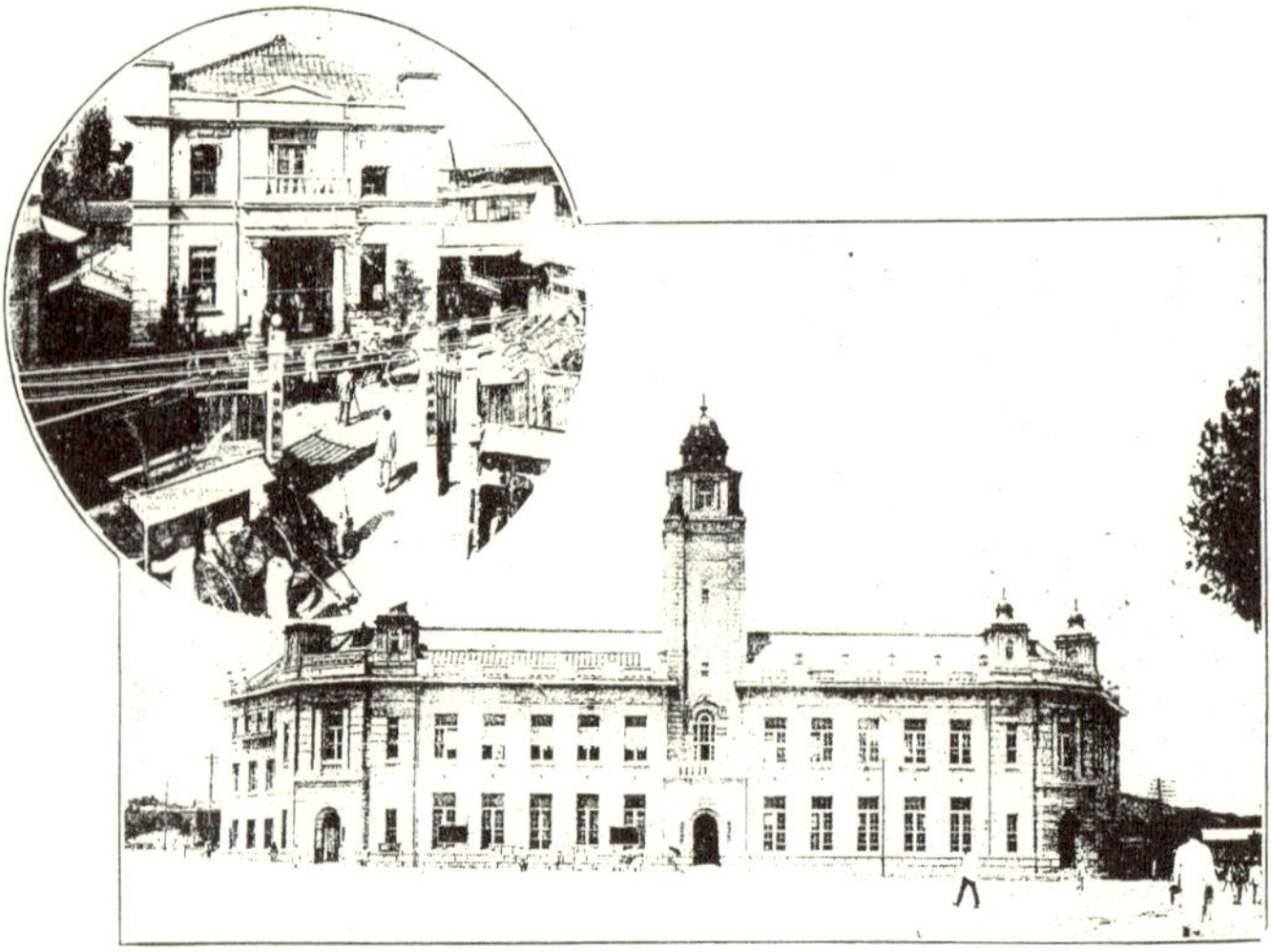

図17　京城日報社（左上・創刊時の社屋、下・新社屋）

（『蘇峰自傳』中央公論社、一九三五年、四一六頁）

こうして蘇峰は明石元二郎・憲兵隊司令官兼総督府警務総長と協力しながら、それまで刊行されていた『国民新報』・『皇城新聞』・『漢城新報』・『漢陽民報』などを廃刊させます。その後も、日本統治に反対してきたハングル紙の『大韓毎日申報』を買収して『毎日申報』と改題し、『京城日報』と『毎日申報』の二紙を発行する京城日報社の監督として蘇峰が就任することになります。その編集方針は、「総督および総督府を本位とし、その施政の目的を達せんことを務《つと》むること」と取り決められました。

このような「言論機関の統一」が「言論の自由」と対立することは、蘇峰もよくわかっていました。しかし、「併合以前の朝鮮における言論界は紛々《ふんぷん》として乱麻のごとく、もしこれを統一せざる場合においては、折角の併合も、殆ど水泡に帰するの虞《おそれ》無しとしなかった」。そのため「併合の目的を完全に達せんとするには、是非ともある期間は言論の機関を統一し、少なくとも日韓併合の聖旨に副《そ》うべき順序を踏むべき必要があった」（前掲『蘇峰自傳』四七四頁）と判断したと言います。蘇峰自身が、朝鮮総督府による「新聞操縦」を一手に引き受ける京城日報社を監督することを提案していたわけです。蘇峰は京城における新聞のみならず、朝鮮全土の新聞を統一することを建言しましたが、これは実現することはありませんでした。

そもそも伊藤博文が『京城日報』を創刊したのは、統監府に批判的な『大韓毎日申報』などのハングル新聞や『京城新報』（峰岸繁太郎が経営）に対抗するためでした。伊藤も当初は言論を禁圧すれば陰謀や秘密結社を激成するとして、言論には言論で対抗する方針でした。そして、欧米人とりわけ宣教師向けに発行されていた英字紙に対抗する宣伝紙として、The Seoul Press を明治三九年（一九〇六）一二月から統監府の機関紙として発行しました(65)。こうして、統監府から『京城日報』と The Seoul Press が発行されたわけですが、これはイギリス人ベセル（裴説、Bethell, Ernest T.）が明治三七年（一九〇四）七月に創刊した『大韓毎日申報』と明治三八年（一九〇五）八月一一日に創刊した The Korea Daily News に対抗させる意図がありました。イギリス人の経営であったため、直接には統制できなかったからです。しかし、伊藤も激しい統監府批判に手を焼いて、次第に統制強化策に転化していきました。

統合後、寺内総督はさらに言論統制を強化し、ハングル紙の発行を一切禁止し、邦字紙の総督政治報道にも厳しい統制を加えることになります。峰岸繁太郎が発行していた『京城新報』も廃刊に追いこまれています。しかも問題は、京城で出される新聞を統制しただけでなく、京城に持ち込まれた日本の新聞紙までもが発売禁止や押収処分にあったことでした。この処分を指示したのは明石警務総長でしたが、言論の取締りが峻厳すぎるとして、京城駐在の日本人記者クラブである春秋会からも抗議が出されました。しかし、明石は日本人の自由な言論による総督政治批判は朝鮮統治に悪影響を及ぼすものであり、日本人の言論の自由は植民地においては適用されないとして、言論統制を強化していきました。

このように、蘇峰が寺内総督を説得して進めた「一切の新聞を『京城日報』に集中する」という言論統制政策に対しては、朝鮮のみならず日本国内からも強い非難が出ました。寺内総督の過酷な言論政策は「新聞紙の敵」であり、「世界文明の敵」として「撲滅」しなければならないといった激しい意見も現れました（『新聞総覧』一九一一年版、四九八～五〇〇頁）。さらに、朝日新聞の京城特派員であった岡野養之助が「告天子」という筆名で明治四四年四月三日から一七日まで『東京朝日新聞』に連載した「寺内総督論」では、寺内の統治が軍人至上主義の軍政に他ならず、それが必然的に「軍事警察なり、文官抑圧なり、言論迫害なり、干渉束縛なり」の閉塞状況を引き起こし、日朝両国民の非難・怨声を高めているとして一五項目にわたって追求していました。そして、明石警務総長を使って全国の警察を掌握させ、干渉主義をあらゆる局面で断行しており、今や言論弾圧が寺内の代名詞となっていると非難していました。

蘇峰自身も日本国内においては新聞を政府が統制することには反対していました。ただ、その反面で日清戦争時に知り合った寺内から『国民新聞』に対して資金援助を受けており、財政基盤の確立こそが自由な言論活動の前提であるとの確信も持っていました。しかし、それ以上に蘇峰が重視したのは、併合後の朝鮮では何よりも併合反対の思潮を抑えるのが先決であり、それこそが言論の使命であるということでした。蘇峰は「朝鮮の印象」と題した見聞記の中で、「朝鮮人ほど空論を好《この》むものはない、朝鮮人ほど党争を好むものはない。三人寄れば必ず党派を生じるのである。一事件あれば必ず陰謀を企てるのである」との判断を示し、さらに「その朝鮮人に向って、ハイカラ的の空理空論を鼓吹せんか、恐らくは朝鮮は、社会思想、虚無思想、革命思想、謀叛思想の温室たらんも未だ知るべからざるものである。

朝鮮人ほど流言浮説に動かさるるものはない。然《しか》るに朝鮮に向って無制限に近き言論の自由を主張するが如きは、実に危険千万である」(『太陽』一九一二年六月一三日号、三八一頁)と断言していました。[66]

しかし、蘇峰自身にとっては、韓国併合そのものは長年にわたって切望してきたものであり、歴史の必然というべきものでした。蘇峰によれば、日本と朝鮮は本来一家であったのが、本家＝日本と末家＝朝鮮に分かれて無用な争闘を繰りかえしてきたものの、ここに双方の合意によって「末家の看板を取りて、本家に合体したるのみ。これ実に本家のために悦《よろこ》ぶべきのみならず、寧《むし》ろより多く末家のために祝せざるをえ」(「朝鮮併合の辞」『国民新聞』明治四三年八月二九日)ない、「史的自然の発展」として併合があり、朝鮮人を忠良な日本人にすることが日本人の義務であるとともに責任として課されたということでした。ただ、そのことは朝鮮を「政治学の実験室」として、朝鮮の民俗や歴史を無視して統治をおこなうことではないと断言します。「かの朝鮮人の生活的瑣事《さじ》までも日本流儀を当て嵌《は》め、これを彊《し》いて、しかして後、改革の業を達したりとするが如きは、実に統治の目的を阻害する鈍賊といわざるを得ず」(「朝鮮統治の要義」『京城日報』連載。以下は『両京去留誌』(民友社、一九一五年)転載の頁数。二四七頁)というのです。蘇峰が強調したのは、「朝鮮の歴史と妥協するを以て、その第一義とせざるべからず」(二二九頁)という点でした。

それは帝国主義国としてローマやイギリスが成功したのは、「その新附民人の風俗、習慣を重んじ、その必要已《や》むべからざるの外《ほか》は、従来の成行《なりゆき》に一任したるがためのみ」(二四三頁)という先例に従うべきだという以上に、甲午改革などに見られたように、日本の先進性を標榜して野蛮国を開化するといった姿勢を取ってきた従来の対韓政策を戒めるものでした。「彼らに新しき物を与うるに先《さきだ》ち、曽《かつ》て彼らの固有したる或物を収拾し、択取して、これを彼らに復帰せしむる必要なきか。これ吾人が漫《みだり》に一掃的革新論者に雷同する能《あた》わざるゆえんなり」（二三二頁）と蘇峰は力説していました。

このような統治される側の歴史的条件や要請の現状を知悉していなければならないという考え方は、台湾旧慣調査会の岡松参太郎などにも通じるものですが、実は台湾から始まって朝鮮そして関東州・南洋諸島・満洲国の統治に至るまで、日本が自らの統治の正当性根拠として振りかざしたのは「近代的法治制度による支配」ということでした。そこでは日本的法治制度こそが近代化・文明化に他ならないとされ、旧慣を無視する日本人官僚は「法匪」と呼ばれることもありました。

もちろん、蘇峰も朝鮮の旧慣保持だけで統治が可能だとは考えていたわけでも、軍事力・警察力が不要だと考えていたわけでもありません。むしろ、「威力ある仁恵」を施すことが不可欠だと考えます。そして、その威力とは何よりも言論の力であり、仁恵とは新たな臣民となった朝鮮人が内面から統治を了解し受け入れることを意味しました。すなわち、統治の目的を達成するためには、「（第一）朝鮮人をして統治の已《や》むべからざるを観念せしむるにあり。（第二）統治を以て、自己に利益ありと思惟せしむるにあり。（第三）統治に満足し、統治に悦服し、統治を楽しましむるにあり。」（二三三頁）という三つの段階に向けて指導していくことが不可欠だというのです。そうした状態に導くにはメディアの働きが重要であり、そのためにこそ言論機関の一元化が必要だと考えたのです。しかし、同時に蘇峰が朝鮮統治において最も難事とし、最も警戒したのは、「朝鮮人よりも、世界の傍評よりも、寧《むし》ろ日本人の放恣《ほうし》なる言行にあるを虞《おそ》れざるを得ず」（二七三頁）という事態でした。

こうした言論統制によっていかなる成果を挙げえたと蘇峰は考えていたのでしょうか。韓国併合から五年を経た大正四年（一九一五）の一〇月一七日から三〇日まで一四回連載された「朝鮮統治の治績」において、蘇峰は寺内総督の下で、期待された以上の成果が挙がっていることを称揚し、最も批判を浴びていた憲兵警察制度についてもそれが行きわたったがゆえに秩序安定をもたらしたと高く評価します。そして、自らの言論活動も踏まえて、「朝鮮統治の目的は威圧にあらず、心服にあり。これを心服せしむるには、物質的に満足せしむると同時に、精神的に満足せしめざるべからず。精神的に満足せしめんには、彼等の自尊心を尊重せざるべからず。しかもその操縦の機宜に到りては、謬柱《びうちゅう》の見に拘泥《こうでい》すべからず。要はただその人を待って行なわるるのみ」と心理的操縦の重要性を重ねて説いていました。

このように京城日報社に一切の新聞を集中させたことは、蘇峰からみれば「操縦の機宜」をえた言論政策であったかもしれません。しかし、言論界という視点からみれば総督府機関紙を除くメディアが統制下に置かれ、思想・表現の自由が抹殺されることを意味していました。それが韓国併合後の植民地統治を円滑にさせたにせよ、蘇峰自身にとっても寺内総督や明石警務総長からの規制からフリーハンドで執筆できたわけではなかったようです。なによりも寺内総督の訓示で作られた京城日報社の「社是」では「京城日報社員は、忠君愛国の精神を発揮して朝鮮総督府施政の目的を貫徹するに勗《つと》むる事」(『京城日報社誌』京城日報社、一九二〇年、五頁)として、総督府への従属が指示されていたからです。

経営方式も大正二年(一九一三)からは蘇峰と総督府代表との合資会社形式に改められましたが、資本金七万円全額を総督府が負担したため、経営の本質に変化はありませんでした。ただ、蘇峰自身については「総督政治を声援翼賛するは論を俟《ま》たないところであるが、時潮の推移は勢い現状の維持を許さず、一大英断をもってこれを打破し、全然御用紙という軌範を脱して、独歩の地に立脚し新聞紙固有の使命に向って邁進すべきであるという意見を持っておられた」(藤村生「京城日報社由来記――歴代社長の能不能と其退社理由」『朝鮮及満洲』一九二四年九月号、四二~四三頁)との観察がなされていました。

それでは蘇峰個人にとって朝鮮体験は、どのような意味をもっていたのでしょうか。

熊本生まれの蘇峰は、加藤清正の朝鮮出兵談などを幼いころから聞いて育ち、また父・一敬の師であった横井小楠が朝鮮の儒者・李退渓の影響を受けていたことを知っていましたから、朝鮮の文化には少時から崇敬の念をもっていました。京城日報社の監督であった蘇峰に対しては、年額五千円以内の旅費・交際費・手当が支給されましたから、多い年には年四回、年平均三回程度の朝鮮旅行を八年間も続け、それによって朝鮮の文化や風土の実態に触れる貴重な機会となったことは、東京と京城を往復した記録としての『両京去留誌』から知ることができます。中村健太郎によれば、蘇峰は朝鮮各地で古書籍や書画・骨董を買い集めていますが、その鑑識眼は確かなものであったようです。朝鮮での見聞や蒐集した古書籍は、その後に『近世日本国民史』全百巻を執筆するにあたっても有益であったと思われます。蘇峰は朝鮮での生活について、次のように記しています。

> 予は及ばずながら、日本人が新附の民たる朝鮮人に対する態度について、最も丁寧親切、恭敬慇懃《いんぎん》なるべきを以てした。しかして事実予自身も、朝鮮諸名士と互に遺憾なき交際を結び、予は李完用、宋秉畯《そうへいしゅん》、趙重応などの諸氏を友人に数えうるのみならず、李埈鎔《りしゅんよう》、朴泳孝氏らは固《もと》より旧知であれば言うまでもなく、その他各方面の朝鮮人士とも、互に真率なる交際をなし、聊《いささ》か彼らの感情を融和するばかりでなく、その意見を疎通するの便を計ったと思う。また朝鮮統治についても、朝鮮の各地を巡回し、寺内総督にもそれぞれ意見を陳述したこともあり、その他文化国としての朝鮮を認識し、朝鮮の文化について、これが発揚を竭《つと》めた。（『蘇峰自傳』四七四～四七五頁）

そして、朝鮮文化への貢献として、朝鮮人名辞書や朝鮮史の編纂そして海印寺一切経《いっさいきょう》（大蔵経）の印刷などを挙げています。寺内総督時代は、武断政治が強行されたことは否定できませんが、一面で韓国併合とともに古蹟調査を開始し、その事業を大正四年（一九一五）に開設した朝鮮総督府博物館に統合したうえで大正六年には「古蹟及遺物保存規則」を公布するなどの文化財保護事業もおこなわれていました。『大正三年度朝鮮総督府施政年報』によると、「歴史の証徴又は美術と為るべき価値あるものと検定したる官有建造物又は古墳等にして修理の急施を要するもの」を総督府が保存するとの方針を示し、官房土木局の営繕工事として修理事業が進められています。また、関野貞《せきのただす》によって古蹟の基礎台帳作りと等級付けがおこなわれ、その成果は大型豪華本の『朝鮮古蹟図譜』として刊行されています。

　なお、蘇峰が「海印寺一切経の印刷」と記しているのは、海印寺の高麗大蔵経再彫本を底本としておこなわれた補修・印刷を指すと思われますが、これは『大正新輯大蔵経』として完成することになります。校訂に不備があるとの批判もありますが、漢訳仏典の最高峰とも評され、現在でも世界の仏教研究に寄与しています。これらの事業が、すべて蘇峰が寺内総督に「意見を陳述した」ものではなかったにせよ、蘇峰が朝鮮文化の保存と研究に自分なりに努力したことは否定できないでしょう。

　さて、蘇峰は『京城日報』と『毎日申報』の「監督」として社務を統括していましたが、京城日報社に朝鮮の事情に通暁した人材を送り込むだけでも国民新聞社にとっては大きな負担となっていました。しかし、両社間で相互に重要な情報を電報で通信し、その費用を朝鮮総督府から交付されていましたから、朝鮮や中国についての取材・情報収集網を利用できたことによって『国民新聞』は他紙よりも優位に立つことができました。そのため京城で指揮を執る社長の人事は重要な意味を持ちましたが、総督府時代の初代社長に指名されたのは、蘇峰門下の逸材と呼ばれていた『国民新聞』政治部長の吉野太左衛《よしのたざえ》門《もん》（一八七九〜一九二〇）[67]でした。吉野は「積極主義」を取ってフランス製輪転機を購入して『京城日

図18　吉野太左衛門

図19　阿部充家

報』売り上げ部数の拡大を図るなどの貢献をしましたが、京城での生活に適応できず、病気のため大正三年（一九一四）に辞任し、国民新聞社副社長の阿部充家《あべみついえ》（一八六二〜一九三六。号は無仏）が第二代の社長として赴任します。

阿部は、熊本生まれで池辺吉十郎（池辺三山の父）に漢学を、ついで同志社で英学を学びました。熊本に帰って、盈進《えいしん》小学校の教員や蘇峰が開いた大江義塾の舎監を務めました。また、自由民権運動に奔走していた時には保安条例違反で追放されたこともあって、官権の専制的な行使には反対する姿勢を貫きました。こうした気質が、後年、反体制の側に立つ朝鮮の民族運動に対してシンパシーを抱くとともに、朝鮮人留学生から信望をえることにつながったと思われます。

そして、蘇峰とともに上京して民友社に入り、『国民新聞』の発展に生涯を通して協力しています。京城日報社社長としての阿部は、吉野時代の放漫財政を立て直すとともに、青島戦跡視察団や満洲・九州視察団の派遣、そして総督府施政五周年記念・朝鮮物産共進会や家庭博覧会の開催などの事業も推進しました。阿部は朝鮮事情の収集にも積極的であったことが、「湖南遊記」や「無仏開城雑話」などの紀行文からもうかがわれます。また、朝鮮の人々とも交わりを深めて厚い信望を得ており、朝鮮の青年たちから家を寄贈され、そこで青年たちと語り合うことを楽しみとしていました。三・一運動で収監されていた崔南善《さいなんぜん》の赦免にも尽力したと伝えられています。(68) 阿部の朝鮮での活動で注目されるのは、日朝間の仏教交流をリードし、朝鮮仏教の振興を自らの使命と考えていたことが挙げられます。阿部は鎌倉円覚寺管長の釈宗演の教えを受けて、「無仏」との法号を与えられていたように禅宗を信仰していました。朝鮮総督府学務局に宗教課が設置されたのは、阿部の尽力によるものだといわれています。阿部は、次に述べる中村健太郎とともに朝鮮仏教会を組織し、朝鮮における仏教の振興を図り、留学生派遣事業などを支援します。

そして、大正七年(一九一八)、寺内正毅が朝鮮総督から首相に転じると、寺内内閣に対して批判的論説を『国民新聞』が掲げたとして寺内と蘇峰の間で対立が生じます。蘇峰からすれば『京城日報』とは違って『国民新聞』は政府機関の御用新聞ではありませんから、抗議を受ける理由はないとして六月に監督を辞任します。この時、阿部をはじめとして出向社員も京城日報社を退社することになりました。蘇峰や阿部は総督府機関紙としての制約から脱したいという思いを次第に強めていましたから、潮時だったのでしょう。また、蘇峰自身は、『近世日本国民史』の執筆に専念するために時間を確保したいと焦慮していたことも大きな理由でした。

ただ、阿部は朝鮮から帰った後も朝鮮に多くの知友を有する事情通として、斎藤実総督のブレーンとしても活動しています。とりわけ阿部が腐心したのは、三・一運動以後の「内鮮融和」をいかに図っていくかという問題でした。阿部は、三・一運動が起きた要因として「在朝日本人の朝鮮人への差別的言動」・「外国人宣教師による煽動」・「新教育を受けた青年の処遇」を朝鮮統治における「三大難関」として挙げ、斎藤総督に助言するとともに自らも解決に向けて実践しています。その方策の一端として阿部は斎藤総督とともに「将来有望な」朝鮮人留学生への学資援助や宿舎の提供、就職の斡旋などの事業を進めています。この事業は、「親日派」育成ではないかとの疑念を生んで、留学生の間に分断をもたらすなど必ずしも成功はしませんでした。また、資金的にも個人の拠出によるものでしたから限定された人数を対象としたものでしたが、阿部個人としては力の限りを尽していました。

阿部はさらに朝鮮で探訪した多くの寺院や厳しい戒律の下で営まれる朝鮮仏教の紹介にも努め、日本の僧侶を朝鮮に送って修行させていました。この活動は京城新報社時代から着手していましたが、三・一運動以後には外国人宣教師の対日批判を牽制する意味合いもありました。

阿部は、大正一五年（一九二六）一月、東京に設立された中央朝鮮協会の専務理事となるなど、その後も一貫して自らが理想とする「内鮮融和」を目指して活動を続けています。阿部が交流した「新教育を受けた青年」には、崔南善・李光洙《りこうしゅ》・崔麟《さいりん》などがおり、学資支援をおこなった「将来有望な」留学生としては女性教育・農村啓蒙運動などを帰国後に推進した黄信徳・朴順天・韓小済などが挙げられます。こうした人々は、総力戦体制が強化されていくなかで日本の戦争遂行に協力したことから親日派と目されることになりますが、阿部や斎藤らがめざした「内鮮融和」に反対する運動のリーダーとなった劉英俊や金俊淵なども含まれていました。

京城新聞社には、阿部の他にも多くの熊本びとが勤務していました。その中には蘇峰との関係というよりも、『漢城新報』関係者がいたことも注目しておく必要があります。たとえば、深水清（一八六九～一九四二）は、熊本市生まれで済々黌から日本法律学校（現在の日本大学）に進みました。佐々友房などの国権党員と交友があり、明治二七年（一八九四）に朝鮮に渡り、『漢城新報』の主幹となり、後に『京城日報』主幹にも就いています。そして、京城居留民団議員、京城学校組合議員、京城商業会議所副会頭などを歴任した後に帰国し、昭和三年（一九二八）に衆議院議員となり、熊本米穀取引所理事や『九州日日新聞社』社長も務めています。

さらに、ここで特に触れておきたいのは、熊本県派遣朝鮮語留学生の二期生であった中村健太郎です。中村は熊本国権党の鎮西館で開催されていた朝鮮会で朝鮮語を学び、熊本県派遣留学牛に選ばれます。漢城に渡ってからは、他の留学生とともに「楽天窟」で佐々正之から懇切な世話や指導を受け、平壌学堂で日本語教育にも携わっています。三年間の学業を修了すると私塾・洛淵義塾[69]で教鞭をとった後、京釜鉄道会社に勤務するかたわら朝鮮各地の釈迦誕生祭（浴仏日）の流灯や七夕などの歳時・民俗にも関心をもって調査を進め、朝鮮人と見紛われるような所作を身につけていったそうです（中村健太郎「朝鮮風習の研究」『朝鮮生活五十年』青潮社、一九六九年、二八～三八頁）。その後、『漢城新報』のハングル版を担当していましたが、熊本出身の丸山重俊が警務顧問となって赴任してきたため文書の翻訳や新聞検閲を補佐する翻訳官を務めました。蘇峰は、その卓越した朝鮮語の能力に着目してハングル新聞『毎日申報』[70]の責任者として中村に白羽の矢を立てます。

『毎日申報』は『京城日報』とともに京城日報社が二本の柱として発行したもので、両紙の記事の大半は同じものでしたが、朝鮮人を読者とするために記事の取捨選択が重視されました。蘇峰は、その発行趣旨を「毎日申報の新聞紙として存在する理由は、我が天皇陛下、至仁至愛、日鮮人一視同仁の思召《おぼしめし》を奉戴し、これを朝鮮人に宣伝するにあり」（前掲『京城日報社誌』一二三頁）と訓示しています。中村はハングル紙としての『毎日申報』の紙面改革に取り組みますが、特筆すべきはハングル活字を新たに作ったことです。中村はハングル活字体を公募しますが、適切なものが見つからなかったため閔宇植の妻から宮廷で用いられていた「宮体」を入手します。そして、東京の民友社を通じて「諺文五号」と呼ばれる五号活字を作って新聞を作成しますが、これは当時のハングル新聞としては最初の試みでした。これによって紙面の字数が倍増するとともに、輪転機による高速印刷が可能となったことは朝鮮の印刷界に画期的な新風を吹き込むものであったと回顧しています（前掲『朝鮮生活五十年』五七～五八頁）。中村はさらに短編小説を懸賞募集し、挿絵を入れるなどの試みをしていきますが、これらもハングル語紙における革新的な体裁として先鞭をつけるものでした。

中村はまた、阿部充家と朝鮮仏教者との通訳と接待を通じて自らも仏教に関心を抱くようになり、京城・長沙洞にあった妙心寺別院で後藤瑞巌《ごとうずいがん》が主宰していた「無門会」や「摂心会」で禅道の修行に励んでいきます。「無門会」には京城在住の実業家や軍人・官僚・医師とその婦人たち、そして阿部充家や深水清などのジャーナリストが集っており、文化サロンの様相を呈していました。その開催内容や予告記事は、『毎日申報』に定期的に載せられています。そして、中村は京城で丁字屋商店を営んでいた小林源六の資金提供によって大正九年（一九二〇）に設立された朝鮮仏教大会（一九二五年に財団法人・朝鮮仏教団と改称）に加わり、雑誌『朝鮮仏教』[71]を主宰することになります。

阿部の在任中の『京城日報』や『毎日申報』には、仏教関係の記事が第一面から頻出していますが、これは阿部と中村による仏教振興運動を反映したものでした。そこでは大谷光瑞のアジア紀行文、[72]釈宗演や後藤瑞巌などの講演記事や黒板勝美の古蹟調査記事が、朝鮮人僧侶の姜大連や仏教研究者の李能和などが執筆した論説とともに並んでいます。

しかしながら、このような仏教振興事業は単なる宗教事業としてだけ進められたわけではありません。朝鮮仏教大会の理事会に参加していた朝鮮総督府の下岡忠治政務総監が、「どうぞこの事業をして、真に仏教に依って、朝鮮における我々同胞の融和および朝鮮統治の大なる助けも得られる」(「朝鮮仏教大会に望む」『中外日報』一九二四年一二月一七日)ことを望むとの期待を述べていたように朝鮮統治に資することが求められ、顧問に朴泳孝や李完用などが加わることになります。そして、そもそも宗教心の発揚を促すことを意味して事業の中で用いられていた「心田開発」という用語が、斎藤実総督の下では忠良なる臣民を育成するための精神教化事業である「心田開発」運動となって展開していきます。

このように総督府による介入が強まるとともに朝鮮人僧侶の日本留学派遣や講演会開催などの活動も沈滞していき、朝鮮人からの要求に応えるというよりも「仏教による内鮮融和」事業へと変質していったことから朝鮮人の支持を失っていきます。そのため昭和四年(一九二九)には改めて朝鮮人主体の朝鮮仏教普及会が組織されましたが、この団体も満洲国建国後の昭和七年(一九三二)一二月には「内鮮融和」と「日満親善」とを共に達成するための「東亜仏教共和会」に改組されていきました。

こうした趨勢のなかで中村は、大正一一年(一九二二)には『毎日申報』を辞職して朝鮮総督府警務局の嘱託となって、ハングル新聞の検閲を担当することになります。三・一運動以後に総督となった斎藤実が、「一視同仁」から「習慣及び文化の尊重」までの一三項目にわたる施政方針を発表し、『東亜日報』『朝鮮日報』『時事新聞』などのハングル三紙の発行を許可したため、ハングルに通暁した中村による検閲が必要とされたからでした。斎藤総督は、中枢院による朝鮮固有の文化や慣習の調査をおこなわせた他、教会や説教の会場を許可制から申告制にする布教規則の改訂も実施して、仏教以外にキリスト教の宣教師を懐柔するなどの「文化政治」を進めましたが、これらの施策を進言したのも阿部充家や中村でした[73]。阿部や中村が宗教対策を重視したのは、三・一運動において侍天教《じてんきょう》・仏教・儒教などの指導者が大きな役割を果たしたことに衝撃を受けたことも一因となっていました。

そして、阿部や中村に更なる衝撃を与えたのは、大正一二年（一九二三）九月一日に起きた関東大震災で朝鮮人暴動の流言が広がり、自警団などによって多数の朝鮮人が殺害されたことでした。この事件に対して朝鮮では反日感情が高まり、民族運動が再燃します。朝鮮在住の日本人にとって、三・一運動のような独立運動が再び朝鮮全土で勃発することは脅威となるため、これに対処する必要性が認識されます。そうした折、日本国内で反社会主義・反共産主義を掲げて興国運動をおこなっていた「皇民会」の幹部で東北帝大総長や学習院院長を務めたこともある北條時敬《ほうじょうときゆき》らが京城で講演会を開きます。この活動を聞いた斎藤総督は、丸山鶴吉・総督府警務局長に同様の団体を朝鮮にも作ることを指示し、これを受けて実際に組織づくりを担当したのが警務局嘱託であった中村でした。

斎藤総督はこの団体に同民会と名づけ、中村に朝鮮在住の日本人だけでなく日本国内の支持と参加者を募ることを求めます。中村は代議士経験のある佐藤虎次郎や中枢院参議の申錫麟《しんしゃくりん》などともに数カ月にわたって日本国内で賛同者と募金を集める活動をおこなった結果、渋沢栄一や大倉喜八郎をはじめ三井・三菱財閥などの財界人、加藤高明や犬養毅などの政治家、徳富蘇峰のほか頭山満や内田良平などの朝鮮問題に関心をもつ民間人などが賛同者として名を連ねることになります。

こうして大正一三年（一九二四）四月、北條時敬を会長に同民会が正式に発足しました。同民会の副会長には李載克、顧問には朴泳孝・李完用などの朝鮮人も名を連ねており、昭和五年（一九三〇）までに会員数は約三千人に達しています。同民会は綱領として、「大局に高処して内鮮融和の徹底的実行を期す」・「質実剛健の気風を養い軽佻浮薄の思潮を排す」・「勤勉力行の風を興して放縦惰弱《ほうじゅうだじゃく》の弊を戒む」の三項目を掲げていました。中村は常任理事として会の運営を実質的に担いますが、活動の中心となった講演会や研究会・座談会では日本語が普及していなかったこともあって中村がハングルで説明したり、通訳をすることがほとんどでした。同民会の活動として特色があったのは、朝鮮全土から集められた講習生に「同民精神」を修得させる目的で毎年開催された「同民夏季大学」でした。講師は総督府や満鉄などから招請されましたが、大川周明や黒板勝美なども講師となっています。夏季大学での講義内容は、一般にも普及させるために『同民叢書』として刊行されました。さらに一九二六年からは地方農村の子どもを対象とした通信教育も始められ、「高等普通学科全科」と「普通学校五・六年学科」の二種類の「朝鮮で唯一の独習用講義録」を独自に編集して廉価で頒布していました。地方青少年の通信教育事業は、同民会のなかで最も重視されたものでしたが、農民に対しても蚕業講習会や農事改良研究会などを開催しています。さらに会報『同民』を通じて精神修養や産業開発のための広報活動をおこないましたが、こうした活動は「内鮮融和」と「産業開発」という斎藤総督の施政方針と表裏一体のものでした。

また、その精神修養による「心田開発」という点では、朝鮮仏教団の趣旨とも合致するものでしたから、丁字屋の小林源六は同民会に対しても資金面で援助していました。このように朝鮮仏教団と同民会をつなぎ、そして双方の活動を下支えしたのが中村でした。中村は昭和一六年（一九四一）に総督府嘱託の職を辞しますが、そのまま朝鮮にとどまり、敗戦となって追われるように引き揚げています。

二二　朝鮮における教育・開発事業――真藤義雄・渡瀬常吉・渡辺豊日子

熊本県派遣留学生であった中村健太郎は、自らのハングル練習を兼ねて朝鮮人に日本語を教える学校や私塾で教鞭をとりましたが、朝鮮における教育事業でも熊本びとが多く携わっています。

先に述べましたように、東亜同文会は朝鮮部を設けましたが（↓一一三頁）、そこで課題とされたのはアジア復興のために連携できる担い手を育成することでした。そのためには日本語で通じ合える朝鮮人を育成することが急務であるとして、平壌と城津《ソンジン》（咸鏡北道。現在の金策市）に日本語学校を設立します。このうち明治三二年（一八九九）に開校した平壌日語学校の初代校長として抜擢されたのは、第一期の熊本県派遣朝鮮語留学生の監督を務めた真藤義雄でした。そして、熊本県派遣朝鮮語留学生一期生の隈部一男や二期生の中村健太郎も招かれて日本語を教えています。

平壌日語学校は、東亜同文会の朝鮮からの撤収にともなって総監府に移管され、明治四〇年（一九〇七）三月には官立平壌日語学校、明治四二年四月には官立平壌高等学校となりましたが、真藤はその教授として務めています。その間、真藤は安達謙藏の依頼をうけて、明治三八年（一九〇五）七月に創刊された『平壌新報』の社長となっています。そのハングル版は、中村健太郎や園木末喜などと同じく熊本県派遣朝鮮語留学生の第二期生であった宮嶋秋汀が担当しました。『平壌新報』は、外務省からの補助金が創刊時だけであったことや、邦字紙として他に『平壌実業新聞』などが創刊されて読者を奪われたことなどから三年半ほどで廃刊に至りました。真藤は、帰国後は細川侯爵御家職として永青文庫の設立にも尽力しています。

他方、朝鮮においては、キリスト教布教のための学校建設と日本語教育もおこなわれました。その中で最も成果をあげたといわれるのが、渡瀬常吉《わたぜつねきち》（一八六七〜一九四四）でした。渡瀬は、八代生まれで徳富蘇峰の大江義塾に学び、八代教会で洗礼を受けました。小学校教師を経て海老名弾正が校長をしていた熊本英学校や熊本女学校で国語を教えています。その後、海老名に従って布教運動に従事することとなり、神戸教会や日本基督組合教会・本郷教会の牧師となります。そして、明治三二年（一八九九）、大日本海外教育会が経営する京城学堂に小島今朝次郎の後任の堂長として赴任しました。

大日本海外教育会は、明治二七年（一八九四）二月に東北学院院長の押川方義《おしかわまさよし》や東京英和学校（現在の青山学院）校主であった本多庸一《ほんだよういつ》などを中心にキリスト教海外伝道を目的として結成された団体でした。その結成時期からも推測されるように、日清戦争を「義戦」として正当化するとともに、日清戦争の目的とされた「朝鮮独立」の後にキリスト教を普及するための基盤として教育事業に着手しようとするものでした。その設立趣旨は、「朝鮮国現時の状態に同情を表し、その教育のために懇《ねんご》ろに計画し、ひたすらに該国民の心霊を開導し、その国力を涵養し、その国粋を啓発し、真に善良強健なる一国独立の基礎を育造せんことを期図《きと》す。これ我儕《わなみ》が今上皇帝の勅旨を奉体し、その最も任ずべきの方面に尽忠するゆえんなり」（「大日本海外教育会告白」）という宣言文に明らかに示されています。

このような目的を掲げた大日本海外教育会は、井上馨朝鮮公使や朝鮮政府の法律顧問であった星亨そして朝鮮公使館の杉村濬（杉村は本多庸一夫人の妹婿）などの斡旋によって日本語学校として京城学堂の設立を図りますが、閔妃事件などの影響もあって明治二九年（一八九六）四月に小島今朝次郎を初代堂長として開校に至りました。そして、明治三一年（一八九八）に朝鮮政府の学部（文教担当の省）からも公立学校としての認許状が交付され、補助金も下付されることになります。ただ、大日本海外教育会自体は財政基盤が脆弱であったため、渋沢栄一を会計監督として資金募集を進めるとともに外務省から補助金を得ている東亜同文会からの援助に頼って運営せざるをえませんでした。そのため東亜同文会は京城学堂を自らの学校と認識しており、東亜同文会が朝鮮から撤収すると京城学堂も統監府に移管されることとなりました。京城学堂には「学事・会計を監督し、同時に学堂に関する諸般の協議をなすため」に協議会が設置され、公使の林権助が会長を、菊池謙譲などが評議員を務めていましたが、林は京城学堂について「朝鮮において日本人の経営した事業中、最も有意義なりしは海外教育会の事業である」（大塚栄三『聖雄押川方義』押川先生文書刊行会、一九三二年、五二頁）と高く評価しています。

渡瀬は、この京城学堂で明治三二年（一八九九）九月から明治四〇年（一九〇七）三月まで、ほぼ九年間にわたって学堂長として務め、「出入り二千人ばかりの青年に接し、卒業せしめたものが約二百人に達したであらう」（『朝鮮教化の急務』警醒社書店、一九一三年、六九頁）と述べるほど積極的に青年教育に従事しました。日露戦争時には、京城学堂で学んだ朝鮮人学生の多くが第二軍の通訳や鉄道輸送などの軍務についていています。

渡瀬は京城学堂で教えるとともに、幣原坦《しではらひろし》・学政参与官の命を受けて韓国学部嘱託として初等教科書の編纂にもあたりましたが、幣原が明治三九年（一九〇六）に初代統監となった伊藤博文によって罷免されたために、渡瀬らが脱稿していた『日韓会話読本』の編纂事業も陽の目をみることなく終わりました。しかし、渡瀬の教えを受けた京城学堂の卒業生たちは、自らも教育者となって次代の青少年の育成に努めました。海老名弾正は渡瀬の京城学堂での業績として、「数百人の青年を教育されたのであるが、これらの青年は今一廉《ひとかど》の人物となって夫々《それぞれ》立派な地位を占めている。中にも彼の柳一宣氏のごときは目下京城の六箇の学校において千二百人の生徒を薫陶している。……渡瀬氏の門下生から出て今奏任官《そうにんかん》などになっている者、甚だ多い」（『基督教世界』一九一〇年四月二一日）と評しています。

それでは渡瀬自身は、朝鮮人生徒たちをどのように見ていたのでしょうか。

渡瀬は、まず「朝鮮人は忘恩の徒であり、教育を与える意義があるのか」といった質問を受けることに対し、「しかしながら日本人が本当に韓国人を教育したことがあるのか、また本当に恩を施したことがあるのか、これが第一の疑問である」（以下、『教育時論』第七八九号、一九〇七年三月一五日）としたうえで、朝鮮人には理化学・数学など理解できないのではないかといった疑問なども実例に則して妄説であることを説明し、教育の成果が評価されない理由として次のように述べています。「日本人が彼らを馬鹿にしてかかるからである。とても救うべからざる人民と考えながら、恩恵を施すからである。もし彼らを同等の人類として待遇し、共に東洋文明の開拓者、真に同胞伴侶として待遇し、かつ以上の恩恵を施したならば、彼らは決して日本人の感情を誤解するがごとき人民ではない」と。

しかし、京城学堂も東亜同文会の朝鮮からの撤収にともなって総監府に移管されたため、大日本海外教育会の手を離れ、渡瀬も帰国します。

そして、京城学堂も明治三九年（一九〇六）六月に官立漢城第二日語学校となり、漢城日語学校と改称されましたが、その校舎などは明治四一年（一九〇八）に大倉喜八郎が出資する善隣商業学校に引き継がれました。(74) このように京城学堂自体は、一〇年ほどで活動を終えました。ただ、渡瀬にとって京城学堂での教育体験は、本来の目的であった朝鮮でのキリスト教布教活動にとって大きな資産となりました。

明治四三年（一九一〇）、韓国を併合した寺内正毅総督は、朝鮮のキリスト教会が欧米人の宣教師によって運営されている事態に対抗するために、日本人による伝道を推進しようと組合教会の海老名弾正に依頼します。帰国後の渡瀬は、組合教会の常議員などの要職に就くとともに機関紙『基督教世界』の編集に携わります。そして、従来のように朝鮮在留の日本人に対してだけではなく、朝鮮人に対して直接に伝道すべきことを主張しましたが、これも自らの教師体験に基づいたものでした。

この主張に賛同していた海老名は渡瀬を主任牧師として指名します。明治四四年（一九一一）、再び朝鮮に渡った渡瀬は、朝鮮総督府機密費から年額六〇〇〇円程度の資金提供をうけて布教にあたりますが、その渡瀬の布教活動に協力したのが京城学堂卒業生で海老名が逸材と讃えた柳一宣でした。柳一宣は、組合教会の朝鮮における拠点となった漢陽教会の執事を務めました。さらに、渡瀬に京城学堂で教えを受けた後、同志社で神学を三年間学んだ洪秉旋《こうへいせん》も渡瀬の布教活動を支えました。京城学堂では正課としてはキリスト教の授業はありませんでした。しかし、大日本海外教育会の派遣目的に沿って渡瀬がキリスト者へと誘《いざな》っていた卒業生たちが「あるいは実業家として、あるいは官吏として、あるいは宗教家として、あるいは各種の事務員として、働いている者が、十三道〔朝鮮全土をさす〕に散らばっている」（前掲『朝鮮教化の急務』七〇頁）というネットワークを通じて、布教活動は円滑に進展していきます。その結果、大正七年（一九一八）末までに組合教会派の信者は一万三千人を数え、教会は京城や平壌をはじめ各地に一四九も建てられました。

しかし、朝鮮総督府の資金援助の下、朝鮮人の「忠良なる臣民」化をめざして進められる布教活動に対しては、渡瀬と同じく熊本英学校で教師だった柏木義円《かしわぎぎえん》から激しい非難が浴びせられました。渡瀬は「朝鮮の併合は、日本が世界の大勢に順応した結果である。東洋の平和を永遠に保障するため、日本帝国存在の必要と同時に、朝鮮一千五百万民衆の幸福を顧念した結果である」（前掲『朝鮮教化の急務』三〜四頁）と併合を礼賛してやみませんでした。これに対し、柏木は組合教会が日本のキリスト教を代表して布教すること自体が問題だが、そもそも日本人に朝鮮人を指導する資格はなく、キリストの名をかりて朝鮮人を日本に同化させようとする政策はかえって反発を呼び、日本や日本人から離反させるであろうと疑念を表明します。そして、横暴な総督府を讃えるような文章を渡瀬が書きつづけることは御用宗教に堕したという非難を受けるだけであり、それはキリストの名を貶《おとし》めるだけに過ぎない、と筆鋒鋭く批判し続けました（「渡瀬氏の『朝鮮教化の急務』を読む」『上毛教界月報』一九一四年四月一五日号）。

そうした批判にもかかわらず、渡瀬や海老名は朝鮮総督府による「武断統治」を支持しながら、布教活動を展開していきました。しかし、その成功が画餅であったことが明白となったのが、三・一独立運動でした。渡瀬は独立運動の高揚を天道教徒と外国人宣教師によって煽動された暴動であり、独立など妄想に過ぎないと非難しました（渡瀬常吉「朝鮮騒擾事件の真相と其の善後策」『新人』一九一九年五月号）。これに対して柏木は、「日本人が愛国の運動をすれば尊くて、朝鮮人が同じことをすれば愚かなことであると言うのは、あまりもの得手勝手なことである」と反問しています。三・一運動という朝鮮統治にとっての危機的状況に直面するなかで、朝鮮総督府と一体化して教育や布教を進めてきた渡瀬の本質を柏木は看破していたのです。民族独立運動を否定する渡瀬の言動に対しては、朝鮮人信者からも激しい反発が起きます。この結果、組合教会は大正一〇年（一九二一）に朝鮮伝道部の廃止に追いこまれ、渡瀬も帰国することになります。組合教会は布教業務を、新たに設立された朝鮮会衆派に委託しましたが、信者の数は三千人弱に激減してしまいました。

渡瀬はその後、台湾や中国の長春など東アジア各地で布教活動に従事していますが、国家主義への傾倒を強め『日本神学の提唱』（一九三四年）ではキリスト教の『聖書』と『古事記』は同一の内容をもつものと主張するに至ります。そして、昭和一七年（一九四二）には東亜新秩序建設という国策を推進するために、興亜神学院を設立して院長となっています。そして、昭和一九年（一九四四）、京城で客死しました。子息は、毎日新聞主筆や西部毎日テレビ社長などを務めた亮輔です。

朝鮮における教育事業を担った熊本びとの教師や官僚は少なくありませんが、宇垣一成総督時代の文教政策の中核にあった官僚として熊本県阿蘇郡白水村《はくすい》（現在の南阿蘇市）生まれの渡辺豊日子《わたなべとよひこ》（一八八五〜一九八？）を挙げることができます。渡辺は東京帝国大学独法科を卒業後、愛知県理事官などを経て朝鮮総督府に転任し、殖産局農務課長兼土地改良課長、山林部長[75]、慶尚南道知事などを務めて産繭・

産米増殖、山林行政などに従事しましたが、特に昭和八年（一九三三）から昭和一一年（一九三六）までは学務局長として農村更生運動を推進する立場にありました。この農村更生運動は一九七〇年代に朴《ぼく》正熙《せいき》大統領の下で効果をあげたといわれる「セマウル運動」の先例とも見なされていますが、正式には「精神作興・農山漁村の振興・自力更生の運動」というものでした。ここに明らかなように農村更生とは、国民に自力更生の精神を発揚させることと農山漁村における実業振興とが一体のものと考えられていました。そのため、学務局長であった渡辺は、寒村にも簡易学校や分教場を設けて実業教育（特に農業教育）を浸透させることが不可欠だとして指導にあたりました。この農村更生運動と表裏一体と見なされた初等教育普及拡充計画策定の責任者としての渡辺については、「農村更生運動に先鞭をつけ、普通学校の普及計画等も他に先《さきだ》って予定計画を完了するなど、キビキビと施設を進めたことが多い」（阿部薫編『朝鮮功労者銘鑑』民衆時論社、一九三五年、三五頁）と評されていました。宇垣総督が唱えた「教育即生活、生活即勤労」というスローガンを実行に移す担当部局が学務局だったわけです。

そして、渡辺学務局長時代には普通学校の卒業生指導と並行して、「朝鮮の二宮金次郎」と称される「中堅人物」や「中堅青年」の育成運動が本格化することになります。そのために総督府主催の中堅青年養成講習会や中堅人物短期養成講習会などが開催されることになりますが、渡辺は各地で演壇に立っています。その講演のなかで、渡辺は当時としては先進的に社会福祉の充実を意味する「社会事業」の必要性を力説していました。

他方、渡辺は三・一独立運動の教訓として、「オーバー・エデュケーション」つまり実業教育とのバランスを欠いた権利教育の過剰が植民地統治に与える悪影響について強い警戒心を示していました。また、昭和一〇年（一九三五）二月に美濃部達吉の天皇機関説が問題化すると渡辺学務局長の下で「朝鮮総督府臨時歴史教科用図書調査委員会」が組織され、日本の国体観念を朝鮮人生徒に注入するための教科書編纂に着手しています。さらに、同年には、「神社儀式は宗教的なものではなく国民としての儀式であり、儀式に参加することは礼拝行為ではなく、先祖に対して最高の敬意を表わす行為である」(「渡辺学務局長談」姜渭祚『日本統治下朝鮮の宗教と政治』聖文舎、一九七六年、七〇頁)として神社参拝を強要したことから、キリスト教系の学校から参拝強制への抗議が出されました。しかし、渡辺はこれを拒否し、学務局では神社参拝強制と参拝拒否校を廃校にする方針をとっていきます。朝鮮で「皇国臣民の誓詞」斉唱に象徴される皇民化運動が本格化するのは、昭和一二年(一九三七)以降ですから、渡辺が学務局長のポストを去った後のことになりますが、渡辺学務長の時代にすでに朝鮮の文教政策は「皇民化」に向けて歩み出していたと言えるのではないでしょうか。渡辺は日本の敗戦直前に日本の植民地統治が植林などで大きな成果を挙げたことを強調し、朝鮮支配を批判する欧米の論調が根拠のないものであったと批判しつつ、「正義の勝利」を日本にもたらしたと宣言していました。その反面で、「今日、内鮮人間の交際は多くは表面的かつ形式的なものであって、内地人同士あるいは朝鮮人間におけるがごとき交渉が、これまで行われていないように思われる」(渡辺「正義の勝利」和田八千穂・藤原喜蔵編『朝鮮の回顧』近澤書店、一九四五年、一三三頁)として「内鮮一体」といった目標が身近な人間関係において実現できていないことを危惧していました。その危惧を、数カ月後の敗戦時に渡辺は実体験することになりますが、その時、渡辺は「正義の勝利」の結末をどのように受けとめたのでしょうか。

さて、朝鮮における開発事業に少しだけ触れておきますと、「欧亜の門」とも称されて交通の要衝とみなされた釜山への関心は、熊本びとの中ではきわめて高いものでした。先に触れたように、国友重章は釜山の開発調査にいち早く着手していましたが、国友から示唆をうけて開発事業に着手したのは熊本国権党の高島義恭《たかしまよしたか》（一八五三〜一九二八）と佐藤潤象《さとうじゅんぞう》（一八六二〜一九三？）でした。高島は、熊本城下の内坪井町に生まれ、佐々友房とともに林櫻園そして池辺吉十郎の塾に学びました。そして、西南戦争では、佐々が熊本協同隊の中隊長、高島が小隊長として西郷軍に加わり、三年の刑を受けて出獄後に佐々らと紫溟会を組織しました。その後は実業界に転じ、大阪商船会社を経て、福岡県門司に築港会社を設立しました。そして、細川家家扶を務めた後に、釜山に渡って佐藤とともに埋築事業に着手します。

高島は韓国政府の承諾を得て北浜町沖の測量をおこない、釜山港の拡張とともに市街地の拡張を計画しましたが、釜山居留民の反対や京釜鉄道用地問題などの障害に直面します。しかし、近衛篤麿や渋沢栄一などの斡旋によって埋め立て事業が可能となり、大倉喜八郎の援助を受けて釜山埋築株式会社を設立し、四万三千余坪の埋め立て工事を完了させました。こうして釜山港と釜山市街が繁栄する基礎が築かれたことを記念して新市街には高島町、佐藤町、大倉町などの名がつけられました。

佐藤は、農商務省林務官などを経て明治二七年（一八九四）に韓国政府の招請に応じて農工商部顧問となりましたが、安達謙藏ら熊本国権党の人々と行動を共にしていました。閔妃殺害事件当日は済州島で山林調査をおこなっていたため参加はしませんでしたが、佐藤の刀やピストルが事件で使用されており、漢城にいれば必ずこの事件に加わっていたであろうと回顧しています。佐藤は、韓国瓦斯電気会社や朝鮮軽便鉄道の設立にも係わりますが、朝鮮軽便鉄道は朝鮮中央鉄道として路線を延長します。そのうえで朝鮮産業鉄道などの私設鉄道会社の合同を図り、朝鮮鉄道会社へと発展させていきます（佐藤「釜山の埋築と朝鮮鉄道の創設」『朝鮮統治の回顧と批判』朝鮮新聞社、一九三六年）。そして、帰国後の大正一三年（一九二四）に熊本から衆議院議員に選出されています。

なお、コンサルタント会社・日本工営の社長として世界的に知られる久保田豊（一八九〇〜一九八六）は、阿蘇郡一の宮町（現在の阿蘇市一の宮町）育ちで東京帝国大学土木工学科を卒業し、内務省で河川改修工事に従事した後に大正九年（一九二〇）に久保田工業事務所を設立します。そして、朝鮮窒素肥料などを運営していた野口遵《のぐちしたがう》(76)とともに、当時世界最大級（湛水量は琵琶湖の半分）の水豊ダムをはじめとする大規模ダムを朝鮮北部に建設し、鴨緑江水系の開発をおこないました。

二三　東洋学館と大阪事件——宗像政と日下部正一

さて、ここからは中国大陸における熊本びとの足跡をたどってみたいと思います。

佐々友房が、清仏戦争勃発とともに宗方小太郎や佐野直喜を伴って政情調査のために明治一七年（一八八四）に上海に渡航したことは前に触れました（→一〇二頁）。

しかし、上海で日清連携のための教育機関を最初に設立したのは、紫溟会などの国権派ではなく自由民権派の人々でした。それは明治一七年（一八八四）に、日本の民間人が初めて海外に設置した教育機関である東洋学館です。この東洋学館の設立に参加したのが、宗像政や日下部正一などの熊本の自由民権運動家でした。

宗像政《むなかたただす》（一八五四〜一九一八）は、明治五年に北海道開拓使によって開設された札幌学校に入学し、その閉校によって東京芝学校に移りました。しかし、西南戦争が勃発すると熊本協同隊中隊長として転戦します。西南戦争で五年の懲役をうけた後に自由民権運動に身を投じ、徳富蘇峰らと熊本・相愛社で活動します。明治二七年に衆議院議員となり、その後は埼玉・青森・福井・宮城・高知・広島・熊本の県知事そして東京府知事など歴任し、再び衆議院議員そして貴族院議員を務めています。

また、日下部正一《くさかべしょういち》（一八五一～一九一三）も西南戦争に馳せ参じて滝口隊で戦い、出獄後に福岡・玄洋社の平岡浩太郎らと接することになりますが、東洋社会党に入って自由民権思想を唱えます。そして、明治一七年に宗像らと上海に渡って東洋学館の設立に奔走しました。東洋学館は、平岡と日下部が最初に設立に合意し、宗像や日下部そして杉田定一・植木枝盛《うえきえもり》ら八名が発起人となって学生を募集します。その設置目的については、「大《おお》いに東洋の衰運を挽回して、以て泰西諸邦と衡《こう》を世界に争い、遠く威光を洋外に発揚する」ために開校すると『東洋学館仮規約一覧』には記されています。その企図については、杉田が「我国に於ける自由民権の思想をして、更に支那大陸に普及せしめ、将来に於て彼地《かのち》に憲政の実施を見ん事を計《はか》れり」（「支那時局の将来」『月刊政友』第一四七号、一九一二年、一頁）と回顧していたように、自由民権・立憲思想を中国に普及することにありました。しかし、直接に中国人に自由民権・立憲思想を教育するものではなく、当初、学生として想定されていたのは日本人でした。それは東アジア世界の危機的状況を脱するためには日中の連携が不可欠であるにもかかわらず、日本人が留学先として欧米しか視野に入れていないことは一大欠点であり、「先ず清国の政治・人情・風俗・言語等に通暁し、所謂《いわゆる》神髄手足を活動するの妙を知るを必要なりと信じ」（「東洋学館趣意書」）て、中国の先進都市である上海に学校を建てることとなったと強調しています。そのため政治経済学や法学の専攻課程の前に、中国語・英語を中心に学ぶ予科が設けられていました。中国語だけでなく英語が重視されたのは、上海を基点に中国と欧米を橋渡しする人材の育成がめざされていたためでした。

しかし、東洋学館は学校校舎や寄宿舎などが不備で、学生の出席率も悪かったため、設立二カ月にして末広重恭《すえひろしげやす》（鉄腸）を館長に迎えて興亜学館と改称して再建を図ることになります。このとき興亜の文字を上海で日本人が用いることに異議も出て、再度、亜細亜学館と名称を改め、中国人学生も募集することになりました。しかし、日本政府から学校としての認可を得られないまま、財政難もあって明治一八年（一八八五）九月には閉校となってしまいました。

上海での教育活動に失敗した日下部は、次に朝鮮の独立運動を支援し、それによって藩閥政府を倒して日本の内政改革を達成しようとする運動に加わります。こうした発想をもっていたのは、東洋社会党の樽井藤吉《たるいとうきち》と自由党の大井憲太郎でしたが、日下部は両者と交わります。

樽井藤吉は日下部らと東洋学館の設立に係わっていましたが、金玉均などとの親交もあって、朝鮮の改革運動を支援していました。そして、日下部らとともに釜山に「善隣館」という語学学校をつくり、ここを拠点に朝鮮改革運動をおこなう計画を進めます。しかし、こうした活動の中で大井憲太郎らと交わっていたため、明治一八年（一八八五）に起きた大阪事件に連座することになってしまいました。ただ、その後も、明治二五年（一八九二）には大井憲太郎らと東洋自由党を結成しています。樽井は、明治二六年（一八九三）に漢文で『大東合邦論』を著しますが、この日本と朝鮮の対等合邦を説いた著作は、その後の日朝合邦運動さらには大アジア主義運動に指針を提供することになります。

他方、大井憲太郎は、幕末に開成所でフランス学を修得し、明治維新後はフランス革命思想に基づく自由民権運動の急先鋒となり、明治七年（一八七四）には加藤弘之と民選議院設立論争を展開しました。その後、板垣退助の自由党結成に加わりましたが、明治一七年（一八八四）には地租軽減・徴兵令反対を掲げた秩父の困民党・借金党の蜂起を指導します。さらに、金玉均らと協力して朝鮮の政府を倒して東アジア世界に自由民権思想を普及させ、日本にも革命政権を立てることを図ったとして大阪事件で禁固九年の刑に処せられました。

日下部正一も大阪事件に連座して投獄されましたが、のちに無罪放免となっています。

二四　漢口楽善堂と日清貿易研究所

このように、宗像と日下部が企画した東洋学館は、一年足らずで失敗に帰しましたが、東洋学館に学んだ学生の中には荒尾精が漢口で開いた楽善堂に入った宗方小太郎などが含まれていました。そして、この漢口楽善堂から日清貿易研究所が、さらに東亜同文書院が生まれてくることになります。

荒《あら》尾《お》精《せい》（一八五九〜九六。号は東方斎）は、愛知県生まれで東京外語学校を中退し、陸軍士官学校を卒業後に熊本一三連隊に勤務し、御幡雅文に中国語を学びました[77]（→一〇二頁）。そして、明治一九年（一八八六）に参謀本部から派遣されて岸田吟香《きしだぎんこう》が経営する楽善堂の上海支店を拠点に中国各地の調査をおこない、自らも漢口に楽善堂の支店を開きました。荒尾が漢口楽善堂を開設したと知るや二〇名近い青年が日本や中国各地から集まり、中国やロシアの政情や軍事情報の収集や実地調査に従事します。荒尾は「吾が同志の目的は、世界人類のために第一着に支那を改造すること」、「露国の将来西比利亜《シベリア》鉄道に依りて支那方面に勢力を伸長するを、絶対に防遏《ぼうあつ》の策を施し置きて、一面には遅くも十年以内に、支那の改造を実行すべきこと」（東亜同文会編『東亜先覚志士記伝』上巻、大日本教化図書、一九三六年、三四六頁）などの行動方針を与えて、漢口・北京・長沙・重慶・四川など中国各地に楽善堂員を送り、「人物、土地、被服、陣営、運輸、糧食薪炭、兵制、造船所、山川土地の形状、人口の粗密、風俗の善悪貧富」などの項目について偵察活動をおこなわせます。これらの偵察・諜報活動は、陸軍からの資金援助によって進められ、荒尾はこれらの調査をもとに『復命書』をまとめて明治二二年（一八八九）、陸軍参謀本部に提出しています。この中で荒尾は清朝の実情を分析するとともに清朝を倒す革命運動を支援することを提言していました。

漢口楽善堂に集まったのは熊本、福岡、福島などの出身者でしたが、その中でも熊本びとが最多の八名を数えました。その八名は、宗方小太郎、井手三郎、緒方二三、片山敏彦、河原角次郎、広岡安太、前田彪、松田満雄ですが、河原と広岡以外の六名は、同心学校や済々黌の卒業生で御幡雅文らに中国語を学んでいました。

荒尾は、中国での調査活動を通じて日清間の通商によって日本が経済的に発展しなければ欧米諸国と対峙できないとして日清貿易商会構想を抱くに至り、『復命書』を提出した後に軍籍を離れます。そして、諜報活動を持続するためにも日中貿易などの実務を処理できる人材育成が不可欠だとして教育機関の設立に着手します。そして、陸軍士官学校時代以来の盟友であった根津《ねづ》一《はじめ》（一八六〇～一九二七）の助力を得て、明治二三年（一八九〇）九月、上海に日清貿易研究所を開所します。

日清貿易研究所は、貿易実務を担う人材育成を図る教育機関でしたが、日中間の貿易を促進するために日本の物産品を陳列する施設も備えていました。教員としては、御幡雅文が中国語教師として招聘されたほか、宗方小太郎が幹事として、片山敏彦や三池親信らの熊本びとが教授や校務を担当することになります。日清貿易研究所の授業は、中国語・英語の言語科目と商業地理・中国商業史・商業算術・経済学・商業実習などの商業科目が主で、和漢文学・作文などの一般教養と兵式体操があり、修養年限は三カ年でした。なかでも中国語は北京官話や上海語の授業が週一二時間も開講されていました。

荒尾は全国から集まった五〇〇人の応募者の中から一五〇人の学生を選抜しましたが、熊本からは荒尾や宗方小太郎が済々黌や九州学院などで講演をして生徒に働きかけたこともあって一五名が合格しています。そのうち小山平次郎・井口忠次郎・池部秀二・川村時彦・牧相愛《まきすけちか》・藤城亀彦・深水十八・本島正礼・赤峯邦弥太・右田亀雄・古荘弘・鳥居赫雄《とりいてるお》の一二名が済々黌出身者でした。このうち鳥居赫雄（一八六七〜一九二八）は、後に素川の号で知られるジャーナリストですが、済々黌を卒業後に独逸学協会学校に進み、その後、熊本に帰った際に荒尾精と相知り、日清貿易研究所に入所しました。しかし、数カ月で病をえて帰国し、日本新聞社に入って日清戦争時には新聞『日本』の通信員を兼ねた員外通訳官として従軍しています。明治三〇年（一八九七）に池辺三山の推薦で大阪朝日新聞記者となりましたが、日露戦争講和問題では桂太郎内閣を、シベリア出兵・米騒動では寺内正毅内閣を鋭く批判する筆鋒を揮います。しかし、米騒動を報じるなかで白虹筆禍事件が起きて長谷川如是閑・大山郁夫らとともに退社を余儀なくされました。朝日新聞社に夏目漱石を招請するにあたっては鳥居がまず発案し、池辺三山とともに進めたことで実現しました。鳥居の中国への関心は終生衰えず、晩年にも中国各地を視察したレポートなどが『大阪毎日新聞』に掲載され、『支那は支那なり』（大阪毎日新聞、一九二七年）などを刊行しています。

このように荒尾の日清貿易と日清連携を振興するための人材育成構想に共感した人々が集って、日清貿易研究所は開設されました。しかし、当初から運営資金に悩まされ、川上操六・参謀次長らの助力によって内閣機密費から四万円が支出されたことで開所に漕ぎ着けることができたものの、明治二六年（一八九三）六月には八九名の卒業者を出して閉鎖するに至りました。日清貿易研究所はわずか三年余で活動を終えましたが、研究所の教育と運営を支えた根津は、その成果を無にしてはならないとの思いから、漢口楽善堂や日清貿易研究所に収集された調査・資料をもとに『清国通商綜覧』（全三冊）を明治二五年（一八九二）に刊行しています。

他方、日清貿易研究所を卒業した熊本びとは、明治二六年六月に日清貿易の実務に着手し、東肥合資会社（東昌洋行）を設立します。この東肥合資会社は明治二九年に日清貿易東肥株式会社（東肥洋行）に発展していきます。同じように、福岡県出身者によって設立されたのが筑紫弁館（筑紫洋行）でした。

二五　宗方小太郎と佐野直喜そして井手三郎・前田彪

こうした熊本びとの中国における活動の先駆者となったのは、明治一七年（一八八四）以来、中国に留まって中国事情の調査・研究をおこなっていた宗方小太郎と佐野直喜でした。その後の熊本びとの動向については、「清国ニ於ケル肥後人」で概略を確認したうえで、それぞれの熊本びとの足跡をたどることにしたいと思います。

明治二十年春、宗方小太郎単身上海を発し、北清の各地を経て満州に入り、十三省の地を跋渉《ばっしょう》して華南より漢口に出て、満八ヶ月にして上海に帰る。邦人にして車馬舟轎《きょう》〔かご〕の使に頼らず、童僕従丁を従えず、彼の内地および辺彊を周遊せし者は岐阜の中西正樹、宗方小太郎を以て嚆矢《こうし》となす。同年前田彪、広岡安太、井手三郎ら前後に清国に航遊す。明治二十年春、緒方二三、片山敏彦、奥村金太郎、河原角次郎ら又前後に渡航す。同年夏、宗方小太郎熊本に帰り、佐々〔友房〕・津田〔静一〕の諸氏に就て、対清の方策に付き計る所あり。同年八月、宗方、松田満雄、佐野直喜、糸川直元、永原壮次郎、山田珠一、岡村正夫らと共に、再び清国に入る。同年秋、宗方、在上海楽善堂主・岸田吟香に謀《はか》り、北京に一店を開き、自ら之を管理す。是時に方《あた》り、在清の我県人は各地に在《あり》て、他の各県より航遊の志士と努めて気脈を通じ、大《おおい》に力を致せり。

この記述からは中国における熊本びとの活動の中核に、宗方小太郎（一八六四～一九二三）がいたことがうかがえます。宗方は宇土の出身、済々黌で佐々友房らの薫陶をうけて中国語を学びました。そして、明治一七年に渡清した後、紫溟学会の機関紙『紫溟新報』の上海通信員を務めました。東洋学館が開校されると籍を置きましたが、閉校となったため単独で中国北部の九省を歩いて実地調査をおこない、その経緯を『北支那漫遊記』（一八八七年）に纏めています。旧知の荒尾精が漢口楽善堂を開いて調査活動をはじめると、井手三郎とともに北京方面の調査を担当しました。さらに、荒尾が日清貿易研究所を開くにあたっても協力し、幹事として所務を処理しました。しかし、対清政策をめぐって人材育成を重視する荒尾に対して、宗方は新聞事業によって中国の世論を喚起する必要を唱えて衝突し、宗方は明治二六年（一八九三）一月に日清貿易研究所の職を辞して帰国します。

　宗方は中国で新聞発行をするための資金集めに奔走しますが、目的を達成できませんでした。そのため明治二六年の夏からは、海軍嘱託として諜報活動に従事することになります。そして、日清戦争が起きる直前に旅順と山東省威海衛に潜入して清国海軍の動向を探りますが、身辺が危うくなって上海に逃れながら送った情報が日本軍の方針決定に重要な意義を持ちました。その功績によって広島の大本営で明治天皇に中国服で拝謁し、二時間余にわたって下問を受けています（「破格を以て拝謁を賜はる　宗方小太郎氏の光栄」『九州日日新聞』明治二七年一〇月九日）。その後も宗方は死の直前まで海軍宛に中国分析情報を送り続け、海軍の対中政策に影響を与えました。この事実は、中国側から見れば宗方が一貫して諜報活動をおこなったスパイであるという評価につながっています。

　宗方の考え方は中国の情勢に応じて変化していますが、基底にあったのは中国との連携というよりも中国をいかに日本にとって有利な状態に向けて操作するか、というものでした。つまり、中国をあまりに大国にすることも弱国にすることも日本にとっては不利であり、「不強不弱の間に支那の存在を保たしめ、常に我をして畏《おそ》れ、我を敬して背くこと能《あた》わざるしむるは至計なり。これを以て支那を待つの道は、七分の威力を以てこれを押え、三分の恩を施してこれを繋《つな》ぐにあり」（対支功労者伝記編纂会『対支回顧録』下巻、大日本教化図書、一九三六年、三八八頁）というのです。これほどに赤裸々な国権拡張主義を表明すること自体が、他のアジア主義者とは異なる宗方の醒めた政治的リアリズムといえるのかも知れません。しかし、言葉には現さないまでも日本の対中政策の底流には、このような覇権主義がなかったとは言えないはずです。東亜同文会の「支那保全」論も、反面から見れば「不強不弱」のままに中国を止め置くという政策であったともいえます。ただし、日露戦争以前の日本の中国における勢力は、はなはだ微弱であったことに鑑みれば、宗方の発想は日本の微力さの裏返しの表現であったのかもしれません。日本の中国に勢力の実態については、たとえば明治三二年（一八九九）八月に上海に上陸した内藤湖南によれば、日本の商店は郵船会社など二、三を除いて「甚だ見すぼらしき物のみ」で、「領事館は狭隘《きょうあい》」で、中国人が「往々壮大の建物に住い、声妓をたづさえ、馬車を駆りて……外国居留地を我物顔に占有せり」という状況だったからです。私たちは日清戦争後には日本が大きな勢力を占めていたと思い込みがちですが、「戦勝の余威も、ここに至りては無一物なり、上海はあまり心地よき処にはあらず」（『燕山楚水』博文館、一九〇〇年、一〇六〜一〇七頁）というのが内藤湖南の率直な観察でした。

ともあれ、このような対中観をもって、宗方は明治二九年（一八九六）、海軍の資金援助を得て漢口で漢字紙『漢報』を買収し、日本人による最初の漢字紙を発行することになります。ただ、日本人が発行する新聞である『漢報』の販売には困難がともない、赤字を海軍軍令部や外務省からの補助金によって補填していました。また、明治三二年（一八九九）からは東亜同文会の補助金を受けていました。東亜同文会の一員であった宗方は、清朝の変法維新派を支持する東亜同文会に同調した論陣を張りました。

そのため梁啓超は『漢報』を評して「日本人の力をもって漢口にありて大声疾呼《しっこ》し、その卓然たる名論は狂瀾《きょうらん》に砥柱《とちゅう》〔乱世にあって正論を守ること〕している」(「中国各報存佚表」『清議報』第一〇〇号、一九〇一年)と記し、乱世にあっても毅然として節義を守って卓抜した名論を吐き続けていると書いていました。他方、いかなる政派に対してであれ、日本人が発行する新聞が中国の政治を批判ないし支持することに対して警戒を怠らなかった中国政府は、明治三三年(一九〇〇)三月に『漢報』の販売を禁止する措置をとります。これによって経営に行きづまった宗方は九月三〇日をもって『漢報』を廃刊せざるをえませんでした。先に引用した中国を「不強不弱」の位置にとどめるという政論は、まさにこの『漢報』廃刊直後に書かれていたものでしたから、その表現はむしろ敗者の強弁であったとみるべきなのかもしれません。

しかし、宗方の活動は新聞事業に限られていたわけではありません。明治三一年(一八九七)の東亜同文会の結成や明治三四年(一九〇一)の上海東亜同文書院の設立にも参画しています。東亜同文会の中国における活動においては、漢口支部の部長が宗方で、上海支部の部長が井手三郎でしたから熊本びとが重要なポストを占めていたことがわかります。そして、大正三年(一九一四)、宗方は外務省の依頼をうけて上海に東方通信社(現在の共同通信社)を設立し、情報収集とともに日本の対外宣伝に努めました。大正一二年(一九二三)、初めて渡ってからほぼ四〇年後に宗方は、上海で客死しています。

他方、宗方とともに上海に渡った佐野直喜(一八六三〜一九三四)は、熊本城下の薬園町生まれで、はじめ上京して外国語学校でフランス語を学んでいましたが、帰省した折に同心学舎に入り、佐々友房の下で中国語の学習に励むことになりました。明治一七年に上海に渡った時の印象として佐野は、上海に水道やガスなど日本では全く知らなかった施設が完備していたことに唖然《あぜん》としたと回顧しています（佐野「東洋大局への着眼」前掲『克堂佐佐先生遺稿』五八一頁）。上海は、欧米文明の片影に接する窓口でもあったのです。佐野はその後、山東省の芝罘《チーフ》で情報収集にあたっていました。そして、日清・日露戦争では軍事通訳を務め、明治二八年（一八九五）五月から始まった台湾鎮圧作戦においても、佐野は井手三郎らとともに通訳官として従軍します。佐野は後に帰国し、安田銀行熊本支店長に就いています。

このように宗方と佐野を先陣として中国に渡った熊本びとの活動を中堅として支えたのが井手三郎（一八六二〜一九三一）でした。井手が中国における熊本びとにとって扇の要のような位置にあったことは、佐々友房が井手に『支那ニ於ケル肥後人』という記録の校閲を命じたという、その事実によって知ることができます。井手は、飽託郡中島村（現在の熊本市）の出身で、明治一六年（一八八三）に済々黌に入り、高等科に進んで中国語を修得します。同じ時期に緒方二三はじめ二七、八名が中国語を学んでいました。そして、明治二〇年（一八八七）に中国に渡り、漢口の楽善堂を拠点に宗方とともに北京方面の調査活動に着手します。この活動を通して井手は中国で新聞を発行することを宗方とともに計画することになります。そして、明治二〇年には上海を中心として、漢口、北京か天津、福建か広東、重慶の計五カ所で新聞を発行するために運動を始め、佐々の紹介で副島種臣や西郷従道らに資金援助を働きかけていました（井手「熊本人の対支活動の源泉」前掲『克堂佐々先生遺稿』五八六頁）。日清戦争の際には大本営附となって、第一軍民政庁通訳官として従軍し、戦後は台湾に渡って鎮圧戦争の通訳を務めました。その後、再び海軍軍令部嘱託となって北京と天津で諜報活動に従事します。

そして、宗方の依頼を受けて福州で新聞発行を担当することになります。これは台湾総督・乃木希典《のぎまれすけ》が台湾の対岸にある福州に日本の勢力を扶植《ふしょく》するために宗方との協議によって決定したものでした。

こうして井手は、前田彪《まえだひょう》とともに漢字新聞『閩報《びんぽう》』を明治三〇年（一八九七）一二月に創刊することになります（当初は週二回、後に日刊）。『閩報』は中国人経営の『福報』を買収して中国で日本人が経営した新聞紙としては漢口の『漢報』に続いて二番目のものでした。その買収資金は台湾総督府から出たもので、外務省や東亜同文会からも運営援助金を受けました。しかし、上海を拠点に活動していた井手が福州で新聞を発行するに際しては、前田彪（一八八六〜一九一五）の協力が不可欠でした。前田は済々黌に学び、明治二〇年（一八八七）に中国に渡って漢口の楽善堂を拠点に調査活動に携わりました。この間、『九州日日新聞』の通信員を兼ねていましたが、日清戦争では中国商人を装って営口の敵状視察をおこない、陸軍の通訳も務めました。戦後は海軍の委嘱を受けて福州に駐在して諜報活動に携わりましたが、表向きには三井洋行駐在員として名前も前島真と称していました。『閩報』は、井手が帰国した後は、前田が死去するまで前田の個人企業の形式で運営され、前田の死後は『台湾日日新聞』の漢文部主任であった尾崎秀真《おざきほつま》（尾崎秀実《おざきほつみ》の父）が担当しました。その後は財団法人・善隣協会などに経営主体が移りながらも日本の敗戦まで刊行され続けました。明治期に中国で創刊された日本人経営の新聞で敗戦時まで刊行されたのは、『閩報』と天津で発行されていた『盛京時報』の二紙だけでした。

井手三郎は東亜同文会の上海支部長として活動するとともに、同会の機関紙『同文滬報《どうぶんこほう》』の発行も担当しています。『同文滬報』は経営難から外務省に譲渡することを迫られますが、井手はこれに反対し、自ら明治三七年（一九〇四）に日本語新聞『上海日報』を創刊し、社長となります。この『上海日報』の記者となったのが後に述べる西本省三です。『上海日報』は『上海日日新聞』『上海毎日新聞』と並んで上海における三大紙となりますが、その経営に腐心したのが井手三郎の弟・友喜《ともよし》（一八四七〜一九一三）でした。友喜は東亜同文会による清国への留学生派遣事業に応募して上海に渡り、北京官話を学んでいます。友喜は『同文滬報』が発行されると経理事務を担当し、『上海日報』が創刊されると副社長として経営を担当し、昭和四年（一九二九）に売却されるまで二五年にわたって社務を担いました。

井手三郎は篤実な仏教徒でもあり、東本願寺上海別院で中国語を教えていました。また、上海居留民のための民団行政委員、教育部長、青年団団長なども歴任していました。そして、明治四五年（一九一二）と大正四年（一九一五）に熊本から衆議院議員に選出されています。

二六　未踏の地へ、そして殉難と実業——松田満雄・緒方二三・古荘弘

荒尾精や宗方小太郎らが楽善堂や日清貿易研究所を運営するにあたっては、中国の実情を調査することが主眼となっていましたが、そこには二つの目的がありました。一つは軍事行動に備えて中国の交通や地形についてまとめる「兵要地誌」の作成であり、もう一つは日中貿易をおこなうために中国各地の物産や物流について情報を集積することでした。

そのため、漢口の楽善堂で最初に着手したのが、日本人の未踏の地へ調査員を派遣し、そこに支店を開設することでした。そして、四川やチベット方面に、熊本びとの松田満雄（一八六二～一九二四）や広岡安太（一八六八～八九?）そして高橋謙（福岡出身）・石川伍一（秋田出身）を、甘粛や伊犂《いり》方面に熊本びとの河原角次郎や浦敬一（平戸出身）らを派遣します。

松田や広岡らは、明治二一年（一八八八）に先ず重慶に赴き、高橋を主任とする四川支部の開設に努め、また詳細な『四川報告書』を纏めますが、これは地形・風土・農工商・金融運輸の現況を詳述したうえで精密な地図・見取り図を付載した貴重な資料であったと評されています。他方、河原角次郎は同

年六月に浦敬一らとともに炎暑の下、甘粛省蘭州府に赴きました。しかし、蘭州支部を作るべく資金をもって先発していた藤島武彦らと合流できなかったため、河原らは続行を断念して北京に向かいます。浦は漢口にいったん戻った後、明治二二年（一八八九）に改めて藤島と書籍・薬の行商人に変装して蘭州に達しましたが、浦はそこから一人で伊犁に赴いたまま消息を絶つことになります。

また、熊本で儒学を学んだ後、明治一九年（一八八六）に中国に渡って馮国鈞《ふうこくきん》の家に寄寓して中国語を修得していた四川支部の広岡は、明治二二年（一八八九）に一人で貴州方面の調査に向かいます。計画ではミャオ族（苗族《びょうぞく》）地帯で牧畜業に従いながら各種の調査報告をもたらすはずでしたが、貴州に入ってから消息が絶えたことから死去したものとみなされました。明治三三年（一九〇〇）二月、広岡と浦の二人の殉難者の記念碑が、宗方小太郎らによって上海に建てられています。

このように楽善堂による実地調査には、日本人が初めて足を踏み入れる地が多かったため、危難が伴っていました。しかし、地図もない時代に手探りで進められた調査によって、中国各地の状況が明らかになり、人類学や地理学などの研究の礎が築かれたことも否定できません。また、荒尾精が考えていたように、日中貿易への道が拓かれたことも否めません。もちろん、楽善堂が陸軍の資金援助をうけていたことからも明らかなように、その調査活動は「兵要地誌」作成や諜報・偵察活動でもあったことから、中国側からは警戒の目が向けられ、捕縛や処罰をされることも少なくありませんでした。日本人未踏の地をほぼ一人で次々と踏破していった宗方小太郎が、幾たびも生死の間を出入りしながら辛くも危地を脱することができたのは稀有な事例であったとも言えます(78)。

他方、楽善堂や日清貿易研究所に参画した多くの熊本びとにとって、中国は決して敵対すべき相手ではなく、むしろ熊本の産業や経済を発展させるために不可欠のパートナーと考えられていました。そこには、東京や大阪を中心に繋がっていく日中貿易に楔を打ち込み、九州の経済振興のバネにしたいとの希望があったのです。先に触れたように（→七八頁）、大牟田と三角を繋ぐ鉄道を敷設して、九州の物産を集め、宇土半島の先端に位置する三角《みすみ》に新港をつくって中国との貿易港とする構想と、中国における調査事業は表裏一体のものでした。三角港の西港は明治一七年（一八八四）に整備が始められ、明治二〇年に日本で最初の近代的港湾として開港されています。その後、東港が整備され、明治三二年（一八九九）に九州鉄道の三角線とつながることになります。

しかし、楽善堂や日清貿易研究所の商品陳列所などの試みは、必ずしも成果を挙げることはできず、熊本との通商も進みませんでした。日清商品陳列所も日清戦争が起こると明治二七年（一八九四）八月にイギリス人に譲渡して閉鎖されてしまいました。

そこで日清貿易研究所を卒業した井口忠次郎、勝木恒喜、牧相愛、松倉義家、深水十八、古荘弘、本島正礼、楠内友次郎などの熊本びとは、緒方二三《おがたにぞう》（一八六七～一九三五。号、南溟《なんめい》）の提唱に従って、東肥合資会社を明治二七年に設立します。東肥合資会社は漢口に本店を、熊本に支店を置くという変則的な会社組織であったために、会社登記などの手続きに難航しましたが、熊本支店内に設けられた「支那雑貨販売所」では輸入した中国物産品を販売していました。しかし、本格的な活動を展開する前に日清戦争が起きてしまったために、改めて戦後の明治二九年（一八九六）に東肥洋行（正式名称、日清貿易東肥株式会社）を設立するに至ります。

東肥洋行は、中国では上海・漢口・営口・沙市・牛荘などに支店や陳列場を、日本では熊本のほか大阪などに支店を開設します。その宜昌（現在の湖北省）支店を農商務省の資金援助を得て開設し、主任となったのが、松田満雄《まつだみつお》（一八六四～一九二四）でした。松田は、熊本市池田町生まれで、同心学校に学んだ後に中国に渡り、漢口楽善堂に参加し、四川方面の調査にあたりましたが、日本人としては初めてダルツェンド（康定）などのチベット文化圏に足を踏み入れたと思われます。ダルツェンドは、チベット族と漢族との間の物資集散地で、中国からチベットへ向かう際の門戸となっていました。

松田は、漢口楽善堂が解体状態になった明治二五年（一八九二）に漢口に吉利洋行支店を開いて日本雑貨の販売に従事します。しかし、日清戦争が起きると前田彪らとともに遼東半島要地の偵察を命じられ、旅順要塞の査察をおこない、その後は通訳官として従軍しています。そして、明治三一年（一八九八）から東肥洋行支店の主任として四川方面の商業調査を進めていましたが、この間に清朝の郵伝部尚書であった盛宣懐《せいせんかい》と知り合います。盛宣懐は袁世凱と並び称された実力者であったことから、松田は盛を通じて大冶《だいや》鉄鉱の鉱石を八幡製鉄所に供給する契約の橋渡し役を果たし、日中合弁の漢冶萍煤鉄公司《かんやひょうばいてつこんす》を設立する基礎を作りました。その功績を記念して、後身の漢冶萍公司の応接室には松田の肖像写真が掲げられていたそうです。そして、日露戦争が勃発すると再び陸軍通訳官として従軍した後は、満洲永住の覚悟を決めて一家をあげて蘇家屯《そかとん》（現在の瀋陽市）に移ります。そして、当時の盛京将軍・趙爾巽《ちょうじそん》の支援を得て東文学堂を開き、中国人子弟に日本語を教えて当地で病没しています。

ところで、そもそも東肥合資会社の開設を日清貿易研究所の卒業生に呼びかけたのは、済々黌で佐々友房の訓育をうけた緒方二三でした。緒方は下益城郡杉合村《すぎあいむら》（現在、熊本市南区）に生まれ、済々黌卒業後も宗方小太郎や島田数雄らとともに御幡雅文に中国語を学んで中国渡航の準備を進めていました。そして、明治二一年（一八八八）に佐々の指示で片山敏彦とともに中国に渡り、漢口楽善堂に入って長沙などで情報収集に従事します。さらに、日清貿易研究所ができると実習の指導などにあたっていました。しかし、日清貿易研究所が閉鎖されたため帰国しますが、宗方と協議して日清貿易研究所に代わるべき機関の創設を図ったのが、東肥合資会社でした。緒方は日清戦争では大本営付きの陸軍通訳官取締として通訳業務を総括しますが、戦争が終わると漢口に渡って東肥洋行を正式に発足させることになったわけです。緒方は日中貿易の振興に努めるとともに、『清国商工業視察報告』（有働格四郎と共著。一八九六年）を刊行するなどの調査活動も続けました。

緒方は日露戦争でも第二軍の陸軍通訳官として従軍しますが、華家屯民政署長に任じられて軍票の整理事務などを担当し、次いで鉄嶺民政署長となると戦後の日本産品の輸出に備えて商品陳列館を開設しています。帰国後の緒方は、井手三郎を代表発起人として宮崎滔天らと国権党のクラブであった鎮西館で東亜同志会を結成し、中国問題の研究と孫文や黄興らの革命運動への支援を進めます。

そして、明治四四年（一九一一）一〇月に武昌で辛亥革命の烽火があがると、緒方のほか小早川秀雄・古荘韜《ふるしょうとう》・平山岩彦の四名が現地に向かい、黎元洪《れいげんこう》や黄興らと面談しています。緒方はさらに香港に赴いて宮崎滔天らと帰国する孫文を出迎えますが、その際、孫文は緒方に「海不楊波（海、波揚がらず）」と揮毫します。しかし、年号をいかに書くのかが問題となります。それは革命後の新国家で年号を孔子紀元とするか、黄帝紀元（黄帝は漢民族の祖とされる伝説上の帝王です）とするか西暦を用いるかが、未定だったからです。そこで孫文は首を傾けながら「清之亡年」と記したというエピソードが伝わっています（図20、参照）。

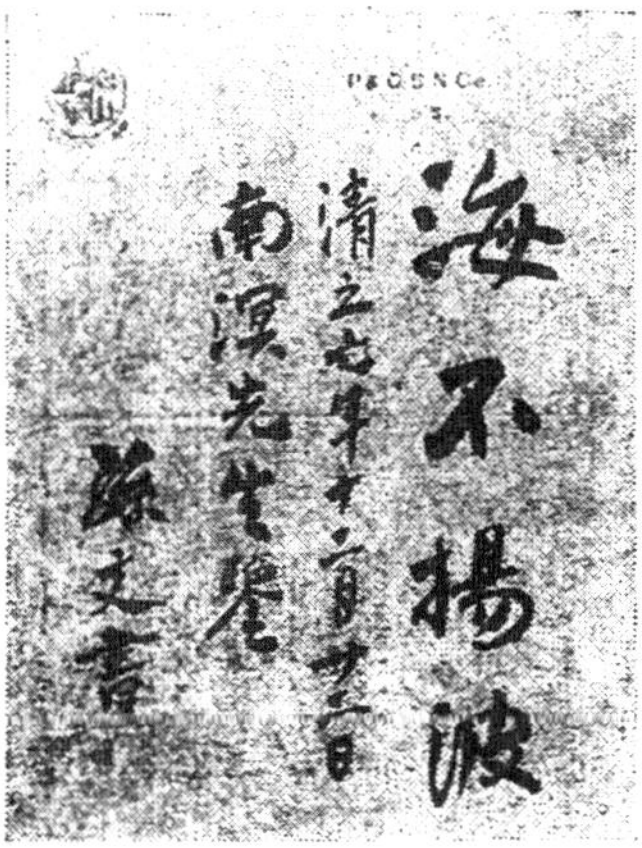

図20　海不楊波

その後の緒方は、水産業の振興に尽力して熊本県水産組合長などを務め、大正末年には沖縄の漁民四〇余名とともにシンガポールに渡って漁業会社を設立しましたが、失敗に帰しました。晩年は甲子堂という商店を熊本市内に開いて中国物産の販売をおこなうなど、中国との交易発展に努めました。さらに中国のみならず南洋各国との交流を進めることがアジア平和の基礎となるとして、大正七年（一九一八）には熊本海外協会の設立を推進し、自ら南洋視察をおこなって留学生の派遣などを計画しました。そうした国際交流や海外移民ために、昭和一三年（一九三八）に阿部野利恭らと設立したのが熊本県支那語学校と東洋語専門学校でした。緒方の次男・昇[79]は『歴程』や『日本未来派』に参加した詩人で、中国関係のジャーナリストでもありました。

さて、日清貿易研究所で学んだ井口忠次郎、勝木恒喜、牧相愛、松倉義家、深水十八、古荘弘、本島正礼、楠内友次郎などの熊本びとは、それぞれに実業や中国語教育などに携わることになりますが、ここでは古荘弘（一八六七〜一九二五）の足跡だけを辿っておきます。古荘は、熊本市新南千反畑町に生まれ、済々黌卒業後は陸軍士官学校への進学準備を進めていましたが、商業で身を立てるべく、一九歳で渡米してカリフォルニアで商業学校に入学します。帰国後は、熊本で私塾を開き、英語を教えていました。そして、明治二三年（一八九〇）に日清貿易研究所に入所し、卒業後は熊本に帰って大日本製革所を創業し、アメリカの製法にならった皮革事業に着手しています。しかし、日清戦争が起こると直ちに陸軍通訳として従軍します。戦後は再び製革事業に従事しますが、日露戦争が勃発すると第六師団の通訳として満洲に出征しています。その後は、上海に赴いて白岩龍吉らと江南製革公司を興しました。さらに大正一三年（一九二四）には製革業とは別に、上海でゴム製品工場を作ってゴム靴の製造に乗り出しましたが、翌年に急性カタルで客死してしまいました。

なお、東肥洋行は明治三三年（一九〇〇）の熊本・第九銀行の支払い停止にはじまる銀行恐慌の影響を受けて、資金難に陥り、明治三六年（一九〇三）八月の株式総会において解散しました。

二七　ジャーナリスト列伝――島田数雄・奥村金太郎・西本省三・平川清風・吉岡文六

これまで述べてきたように、中国語やハングルを学んだ熊本びとは、調査事業や教育や実業などの分野で活路を見出していきましたが、ほとんどの人が日清戦争に始まる東アジアでの戦争に駆り出されることになりました。本来、人と人、民族と民族をつなぎ、交流するために学び取られたはずの外国語が戦場で活用されたことは、アイロニーというしかありません。

しかし、通訳としての従軍体験を経るなかで、現地の実情に触れ、その実態を日本にいる人々に送ったり、在留日本人のために現地の情報を伝えることを職務とする新聞人として筆を揮った熊本びとは、これまでに挙げてきた人々以外にも少なくありません。いや、むしろ多すぎて全ての人に触れることができないくらいです。また、その発信した場所や論説の内容も多岐にわたりますから、ここでは中国や台湾を舞台に論陣を張った熊本びとを列伝という体裁で並べてみるだけということに止めたいと思います。

まず、中国での漢字紙発行に先鞭をつけた宗方小太郎や井手三郎そして前田彪と並んで逸することができない人として、島田数雄《しまだかずお》（一八四七～一九二九。号は太堂）がいます。島田は、熊本市新屋敷に生まれ、済々黌を経て上京、二松学舎で三嶋中洲《みしまちゅうしゅう》（毅）に漢学を学び、併せて英語を研修した後に帰熊して済々黌の舎監となって学生の教育・監督にあたりました。幼時から狩野直喜・古城貞吉・野田寛・鳥居素川らと親交を結び、終生かわることなく交わりを続けました。明治三三年（一九〇〇）ごろに井手三郎の勧誘によって上海に渡り、井手らとともに同文滬報館《どうぶんこほうかん》（滬は上海の別名）の運営にあたり、『亜洲日報』や『上海日報』の主筆としても活躍します。しかし、井手が亡くなった後の新聞社経営は厳しさを増し、島田の奮闘にもかかわらず財政的に行きづまっていきます。島田の窮状を見かねた狩野直喜は、やむなく昭和四年（一九二九）五月に帰国を勧め、旅費三〇〇円を送りました。ところが行き違いに、上海から島田が脳溢血に倒れて危篤との報が届きます。届けられた旅費は医薬代金として使われましたが、薬治の効なく五月二三日に上海で客死してしまいました。

次に佐々友房の薫陶をうけた人として、奥村金太郎（一八六八〜一九一七）が挙げられます。奥村は、熊本県宇土町の生まれで済々黌の前身である同心学舎で中国語を学び、明治二一年（一八八八）に緒方二三・片山敏彦らと前後して上海に渡りました。そして、新聞の通信員などを務めながら中国語の時文の研究を進めていました。日清戦争勃発とともに陸軍通訳官に任じられて遼東半島で従軍し、戦後の明治二八年（一八九五）一〇月には台湾領有に従事するため台湾総督府通訳官となります。明治三〇年に台南庁御用掛に任じられましたが、明治三二年には『台湾日報』主筆、さらに翌年には『台南新報』主筆となって台湾の言論界で活躍しました。そして、日露戦争が起こると再び陸軍通訳官として満洲に渡り、各地を転戦します。戦後の明治三九年（一九〇六）二月、台湾に帰って『台南新報』主筆となって副社長を兼任しましたが、台南で病没しています。編著書としては『台湾省台南県誌』（台南県庁、一八九七・八年）などがあります。

同じく済々黌で学んで中国に関心を深めたのが、西本省三《にしもとしょうぞう》（一八七八〜一九二八、号は白川《はくせん》）です。西本は菊池郡瀬田村（現在の大津町）に生まれ、済々黌を卒業後、明治二三年（一八九〇）に南京同文書院に入ります。翌年に上海に同文書院が移転すると「支那語科」の授業を担当することになりました。

日露戦争が起こると高等通訳官として従軍し、戦後は上海に帰って東亜同文書院で根津一《ねづはじめ》院長の補佐にあたります。そして、明治四四年（一九一一）に東亜同文書院を辞して、単身で満洲から雲南やビルマ（ミャンマー）に至るまで各地の実情を調査した後に上海に帰り、『上海日報』などに寄稿することになります。また、この年、宗方小太郎らが上海に創設した「支那研究会」に参加し、松崎鶴雄らと切磋琢《せっさたく》磨《ま》を重ねることによって中国の古籍や王朝史についての造詣を深めていきました。

西本が恩師として尊崇し、薫陶を受けたのは根津一と『上海日報』の島田数雄でしたが、清朝の大儒として知られた沈子培《しんしばい》にも師事して王道論の研究に専心しました。そのため辛亥革命によって清朝が亡びると、共和政体は中国に不適であり、帝政こそが望ましいとする復辟論を唱導することになります。そして、大正二年（一九一三）、後に初代の満洲国総理となった鄭孝胥《ていこうしょ》（一八六〇～一九三八）や島田数雄、宗方小太郎らと上海に春申社を設立し、週刊誌『上海』を創刊して帝政復活を唱えました。西本は軍閥間の抗争が絶えない中華民国を「偽共和」「偽国家」と呼び、孫文らの施策を欧米の直訳思想にすぎないとして弾劾します。そして、国共合作についても「偽共産」であるとして激しい論難を続けました。こうした西本の王道論に基づく論説は、客観的な中国分析ではなく観念主義的で時代錯誤の論説ではないかとの批判もあり、『上海』の経営状況は厳しいものでした。

西本から雑誌の寄贈を受けていた狩野直喜は、その論調を島田数雄の影響を受けたものではないかと推測する一方で、「その後、島田君を通じて西本君が立派な人物であり、一般の日本人と異なる識見を抱いて居るとて島田君が賞《ほ》めているのを屡々《しばしば》聞きました。島田君は自分の好きな者に偏する嫌いはあったが容易に人を許さない人でしたから、その人が賞めるのであるから西本君に対して私もそれとなく親しみを感じて居りました」（「西本白川君を憶ふ」『白川西本君傳』上海雑誌社、一九三四年、八頁）と記しています。ここには狩野の島田と西本に対する評価の基準が示されていて、そのまま狩野の人となりがうかがえる月旦評となっています。そして、狩野は西本と面談した折の感想として、中国人とも思われるほどに中国を愛し、「清室に対しては敬虔と同情を有し、外国人という感情を離れて清室の遺臣の如く熱烈たるものがあった」としています。

西本の論説は激越で、時論というよりも哲学論と称されたように難解でしたが、後進の若杉要《わかすぎかなめ》など東亜同文書院の学生などを懇切に指導していました。また、熊本県人吉出身の日森虎雄のように、西本を頼って上海に渡り、春申社でジャーナリストとして育てられた人も生まれました。

春申社には宗方小太郎や山田純三郎（東亜同文書院卒、同書院教授、後に上海雑誌社社長。孫文の臨終の場に、日本人で一人立ち会いを許された）をはじめとして上海在留の人々が集って一種の情報交換の場となっていました。そして、『上海』の印刷日には、平川清風《ひらかわせいふう》（一九八一〜四〇）や波多博《はたひろし》（東亜同文書院卒、宗方の東方通信社の実務担当、後に上海日報社長）、神尾茂《かみおしげる》（東亜同文書院卒、後の大阪朝日新聞社東亜部長）などが夜を徹して校正にあたるなど、西本を支えていました。なかでも平川は「同郷後学」として西本に兄事し、東亜同文書院出身で大阪朝日新聞の特派員であった大西齋《おおにしいつき》などと春申社に連日集まっては、中国時局談に花を咲かせるのが日課だったと回顧しています（「白川先生を憶ふ」前掲『白川西本君傳』一二三頁）。

平川清風は熊本市上通町の生まれで、漢学者の父・清音から漢文の手ほどきを受けています。熊本中学校（現在の熊本高校）、第五高等学校を経て東京帝国大学法学部政治学科を卒業し、大阪毎日新聞社に入社して、大正六年（一九一七）に上海特派員となります。東アジア問題に高い識見をもち、孫文や汪兆銘とも親交を結んでいました。清朝末の変法維新運動から辛亥革命そして中華民国への流れに関心をもった平川と西本とは、中国における政体問題については意見を異にしていたと思われますが、現在でも資料的価値をもつ平川の大冊『支那共和史』は、『上海』誌上に連載され、一九二〇年に春申社から刊行されたものです。平川は西本が逝去するまで変わることなく交誼を結び、大阪毎日新聞社の社会部長や編集主幹、取締役などを歴任しました。

こうした上海での西本や平川らの交流の輪の中に、熊本県鹿本郡来民町《くたみ》（現在の山鹿市）出身で東亜同文書院卒業生の中山優《なかやままさる》（一八九五〜一九七三）がいました。中山によれば西本は鄭孝胥らと亜洲学術研究会を興し、儒教大学の創設を提唱して、自らを「儒教十字軍の一兵卒」と卑称しながらも、インドの独立運動家を庇護するなど国籍の境を超越した実践運動の急先鋒の気概をもっていたそうです。中山は「座臥書を廃せず、善く人を愛し、善く語り、語るに際して須臾《しゅゆ》〔寸刻〕も道を離れず、電信柱をみてもゴルフをやっても王道を連想すると云う風」で「天真爛漫の風格と共に、幽谷の蘭の如く、上海名物の一つであった」（「王道の行者西本白川」前掲『白川西本君傳』四六頁）と、西本の風容を伝えています。

西本の、他人のために自らの身を剝いでも窮状を救うといった恬淡《てんたん》たる性格は、多くの人に推服されていましたが、昭和二年（一九二七）肺疾のために熊本に帰り、翌年五月に上海の地を再び踏むことなく死去しました。西本の逝去に際しては、王道政治論において最も共鳴しあっていた鄭孝胥が挽詩《ばんし》（哀悼の詩）を送ってその死を悼み、遺族に教育資金を送っています。そして、昭和八年（一九三三）には、宣統帝・溥儀《ふぎ》が満洲国皇帝に即いたことを記念して、熊本市に鄭孝胥が送った挽詩を刻んだ詩碑が建てられています。さらに、昭和九年（一九三四）に鄭孝胥が満洲国修聘特使として訪日した際には、熊本で遺族に面会し、慰霊祭を催しています。西本の伝記である『白川西本君傳』は、こうした鄭孝胥と西

図21　西本と詩碑・拓本

本の交わりと、西本が願ってやまなかった溥儀の復《ふく》辟《へき》が成ったことを記念して刊行されたものでした。その中では、西本が存命であれば満洲帝国が実現したことを、どれほど欣喜したであろうかと多くの人が記しています。

しかし、私には、そうは思えません。満洲国皇帝である溥儀への関東軍の処遇を心底から憤っていた鄭孝胥と同じく、いや口を封じられていた鄭孝胥よりも激しく満洲帝国の現実が王道政治に反する覇道政治であることを、最も的確で熾烈《しれつ》な筆誅《ひっちゅう》を加えることができた人があるとするなら、それは西本を措いて他にはありえなかったであろうと思われるからです（満洲国時代の鄭孝胥については、拙著『キメラ——満洲国の肖像』中公新書、二〇〇四年、第四章参照）。そこにこそ時勢に惑わされない西本王道論の真面目《しんめんぼく》が発揮されたのではないでしょうか。

なお、西本を失った後の春申社は、発行する誌名に合わせて上海週報社、上海雑誌社と改められましたが、熊本出身の山田儀四郎《やまだぎしろう》が引き継いで経営していきました。西本の著作としては、春申社から『支那思想と現代』（一九二一年）や『現代支那的考察』（一九二二年）、『康熙大帝』（一九二五年）、『大儒沈子培』（一九二三年）などが刊行されています。

ところで、西本と同じく東亜同文書院の出身者で、硬骨の新聞人としては吉岡文六《よしおかぶんろく》（一八九九～一九四八）を忘れることはできません。吉岡は熊本県球磨郡人吉町（現在の人吉市）の生まれで、高等小学校時代から「将来、満洲にわたって馬賊になろうや」と口癖のように友人たちに語っていたそうです。県立宮崎中学に進みますが、在学時の校長のひとりが、石橋湛山にも大きな思想的影響を与えた大島正《おおしままさ》健《たけ》であり、吉岡も大島に傾倒していました。そして、大正八年（一九一九）年、東亜同文書院県費派遣生に選ばれますが、その受験生は二〇〇人を越え、合格者は吉岡を含め三人という難関でした。卒業後の大正一〇年（一九二一）、大阪毎日新聞社に編集局見習員として採用され、大正一二年（一九二三）に社員に登用されて北京通信部に二年間勤務します。

その後、昭和三年（一九二八）から南京通信部主任や上海支局長として五年間にわたって、張作霖爆殺事件から満洲国建国に至る日中関係の激動期を現地で実見することになります。その後、吉岡は『蔣介石と現代支那』（東白堂書房、一九三六年）や『蔣政権はどうなるか』（第一公民会出版部、一九三七年）、『現代支那人物論』（時潮社、一九三八年）などの著作を公刊し、東京日日新聞の東亜部長や南洋課長、外交研究会委員長などを務めて、中国・アジア情勢に関する分析・報道をおこなっていきます。

この間、蔣介石とは個人的にも交流がありました。しかし、蔣介石がライバルを歓待する素振りを見せながら冷然と監禁する現場を目撃したり、蔣介石直属の国民党政府機関であるCC団《シーシーだん》や藍衣社《らんいしゃ》などの特務・情報機関による反対派要人の暗殺やテロ行為を取材することを通じて、蔣介石がドイツやイタリアそしてソ連と同じような全体主義体制を取っているとして厳しく批判するようになります。

CC団は、陳果夫《ちんかふ》・陳立夫《ちんりっぷ》の兄弟によって指導された国民党の公安特務組織の他称で、国民党の一党独裁をめざして各省市の党部や警察局に調査統計室を設置して、蔣介石に反対する共産党員などを弾圧しました（ＣＣは「陳」兄弟の英語の頭文字を取ったという説と秘密結社「中央倶楽部 Central Club」を略したという説があります）。また、藍衣社の正式名称は、中華民族復興社や三民主義力行社でしたが、イタリアのムッソリーニの黒シャツ隊に倣って藍色の制服を着用していたことから他称されたもので蔣介石直属の国民党系軍人の特務組織でした。吉岡は、浙江財閥と結託した蔣介石がこうした情報・工作機関を使い、さらに排外主義的な愛国主義を煽って反日政策をとっていることこそ、日中関係を悪化させている元凶であるとして批判を強めていきます。ちなみに、大宅壮一は、中国特有の政治的な拘禁の方法を指して、「軟禁」という言葉を作ったのは南京勤務時代の吉岡であったとの説を紹介しています（大宅「軟禁物語」『中央公論』一九三七年五月号）。

吉岡は、昭和一五年（一九四〇）から一年間、中山優、太田宇之助（朝日新聞論説委員）とともに将官待遇の支那派遣総軍嘱託として南京の汪兆銘政権に派遣されて、政策指導にあたりました。そして、帰任後の講演においては、蔣介石の批判をすれば生命の危険にさらされるような国民党の監視・制圧機構に対抗できるような党組織を汪兆銘政権が整えない限り、中央政権になることはできないと指摘しています。吉岡は、ナチス党のゲシュタポやソ連共産党のGPU《ゲーペーウー》（国家保安部）などが「表面に出ている」のに反して、ＣＣ団や藍衣社などが「全く表面に出ていない」だけに却って恐怖感が強まり、反対派が表立って行動できなくなっていることに中国の問題があると指摘します。

もちろん、汪兆銘政権にも多くのＣＣ団員が加わっていましたが、汪兆銘が理想主義者として蔣介石の独裁に反対してきただけに汪兆銘政権が同じ手法を取ることはありえず、蔣介石以上の党組織をいかに編成できるかに今後の日中関係がかかっていると考えていたのです。その見方には一面的なものがありますが、重要なことは、こうした国民党の一党独裁と日本の大政翼賛会とが同じものだとして、「国民党は今の日本の翼賛会とか、元の政友会、民政党に顚落《てんらく》しています」、「国民党が今のように翼賛会であってはならないと思う」（「汪政権育成の現実」『新アジアの雄相』目黒書店、一九四二年、一五三頁、一六五頁）などと指摘していたことです。対英米開戦以後、言論統制が厳しくなっていくなかで、吉岡は国民党を批判する文脈で大政翼賛会をも併せて批判する巧みな筆法をとっていたのです。このような見方が、次に述べる「竹槍事件」において、吉岡が東條英機首相を「憲兵伍長」だと評し、その憲兵政治や言論検閲に対抗しようとした言動につながっていきます。さらに、吉岡は日本政府や日本人が「弱肉強食」の中国文明の下で育まれた中国人の民族性を見誤っていること、他方で蔣介石の国民党政権が隣国を敵視する排外的愛国主義によって権力集中を図っていること、が相まって日中の対立を激化させていることを強く批判していました（吉岡「政治外交の性格」『支那人』東京・大阪毎日新聞、一九三九年）。

そして、吉岡が懸念したような中国国民党による一党独裁と同様の事態が、「非常時」が叫ばれるなかで日本にも出現することになります。議会が翼賛政治となって東條英機首相に拍手を送るだけの機関と化し、憲兵と特別高等警察（特高）が国内の隅々にまで目を光らせて厭戦的な片言に対しても弾圧が加えられるようになったのです。吉岡がまさに新聞人としての本領を発揮したのは、こうした時でした。

昭和一八（一九四三）四月、連合艦隊司令長官・山本五十六《やまもといそろく》が戦死し、五月にはアッツ島守備隊が玉砕します。そして、一〇月には吉岡とも交流があった中野正剛《なかのせいごう》が、東條内閣打倒工作に失敗して割腹自殺を強いられます。このころ、吉岡は同じく熊本県人吉出身で海軍省教育局長であった高木惣吉（一八九三～一九七九）と東條内閣打倒さらには東條暗殺計画についても論じあっていたようです。これは計画の性質上、確証は得られませんが高木自身が毎日新聞社に吉岡を訪ねていたことは事実です。

そして、昭和一九年（一九四四）二月二三日に事件が起きます。『毎日新聞』（一九四三年一月、大阪毎日新聞と東京日日新聞は新聞統制によって題号を『毎日新聞』に統合）が、「勝利か滅亡か　戦局は茲《ここ》まで来た」という大見出しで制空権が失われていく窮状を説き、さらに「竹槍では間に合はぬ　飛行機だ、海洋航空機だ」として、本文でも「敵が飛行機で攻めに来るのに竹槍をもっては戦ひ得ない」という記事を掲げた時でした。

図22　毎日新聞（昭和19年２月23日）

実は、前日、東條英機内閣は「非常時宣言」を閣議決定し、「皇国隆替《りゅうたい》の岐路にあり」と声明し、この宣言に基づいて学徒動員と国民勤労動員の強化・生活簡素化などの「決戦非常措置要綱」を徹底させることになっていました。そして、二月二三日には東條首相兼陸相が発した「非常時宣言」が各紙の一面に躍り、大和魂を磨けば竹槍でも国防ができるとして「一億玉砕」による戦意高揚を訴えることになっていました。

にもかかわらず、『毎日新聞』の二つの記事は、この東條首相の「非常時宣言」を真っ向から否定するものだったのです。さらに、「皇国隆替の岐路にあり」を「皇国存亡の岐路に立つ」として、「亡国」の瀬戸際に立っていることを読者に訴えていました。東條首相は、この記事に激怒し、発行禁止と編集責任者と記者の厳しい処分を要求します。この事件の背景には、ジュラルミンなどの軍事資源の配分をめぐる陸海軍の対立があり、記事は航空兵力の強化を求める海軍の意向を反映したものでもありました。

記事を書いたのは海軍省記者クラブ「黒潮会」の新名丈夫《しんみょうたけお》キャップでした。新名はその前年にガダルカナル撤退作戦に従軍し、トラックからマリアナへと退却を続けることで本土空襲が日前に迫っている事実を確認していました。そして、海軍報道部関係者から海軍は当初から何の自信も一貫した作戦ももっておらず、「もはや絶望のみ」と聞かされたことから、事実を知らせるのが新聞の使命だと編集局長の吉岡に進言しました。それに対し、吉岡は「いまの記事は、悲観的なことは楽観で結び、楽観的なことは悲観で結ぶ。一つの記事が終始一貫しない。悲観はあくまで悲観、楽観はあくまで楽観でつらぬけ。まず悲観からやれ」と檄《げき》を飛ばし、一週間、吉岡の指揮の下でキャンペーンを繰り広げることを宣言していました。そして、夕方になって朝刊が発禁処分になりましたが、夕刊にも「いまや一歩も後退許されず」と本土決戦に反対する記事を掲げたことから、「後退」などの作戦に関して記事を載せることは統帥権を犯すものであるとして東條首相の怒りをさらに煽り立てることになります。陸軍からは記者の厳罰、即時退社などが要求されます。

このキャンペーンは、編集総長などの許可をえることなく吉岡編集局長の判断で進められたものでした。吉岡は、記事を書くのは記者だが、責任をとるために編集局長というポストがあるという確信をもって臨んでいました。そのため、新名記者が進退伺いを出したところ吉岡は、これを受理せず、逆に特賞の金一封を与えて「東條！　あれは陸軍大将ではない、伍長だ。ヒトラーも伍長だったが、東條は伍長も伍長、憲兵伍長だ！」と言い放っています（新名「「竹槍事件」の抵抗と二五〇人の死」『潮』一九七一年一〇月号、二二六頁）。この発言が、いかなる国際政治の文脈のなかで発せられたかは、先に述べたとおりです。

結局、このいわゆる「竹槍事件」で吉岡編集局長と加茂勝男・編集局次長兼整理部長は辞任に追いこまれました。さらに、吉岡が社内での処分を拒否した三七歳の新名記者は、強度の近視のために兵役免除となっていたにもかかわらず、二等兵として懲罰召集となりました。しかし、一人だけの特別召集は異例であるとの抗議を受けて、新名と同じ年代の二五〇名が召集され、新名は丸亀連隊に配属されました。しかし、海軍や吉岡らの働きかけが功を奏してか、連隊は新名を兵籍簿から抹消します。そして、召集された二五〇名は全員が硫黄島に送られ、玉砕してしまうという傷ましい事態を迎えています。

吉岡は戦時中、同郷の徳富蘇峰に宛てて「国民の大部分はいまだこの戦争の本質に就《つ》き切実な実感無き」ことを憂慮し、「残るか亡ぶるかの二路しかなきことをハッキリさせ度《た》く」と自らの決意を書き送っています。聖戦遂行を唱えていた蘇峰が、吉岡の書簡を読んでいかなる感懐を抱いたかは不明です。

そして、ポツダム宣言受諾前の昭和二〇年（一九四五）七月二九日、特命休職を願い出た吉岡は、そのまま行方不明となります。その行為について、同僚たちは「竹槍事件」で毎日新聞社の存続に脅威を与え、新名丈夫記者を危地に陥れた責任を痛感し、さらには敗戦に至るまでに軍部の発表に従った記事を出し続けたことに責任を取って自らを裁いたものだと理解し、吉岡らしい出処進退だと受けとっていました。そして、翌年の昭和二一年（一九四六）に宮崎中学で同じく「馬賊を志し」、中国から引き揚げてきた仲間の歓迎会を終えて狭心症で急死することになります。その死については、青酸カリによる自殺ではないかと疑う人もいました。

ちなみに、毎日新聞の後輩記者であった井上靖は、短編小説『通夜の客』において、若山牧水のような歌を作る新聞記者の通夜の様子を描いていますが、ストーリーとは別に、吉岡が亡くなったことを聞いたとき、「私はふいに書かずにはいられないような強い衝動を覚えた。本当の吉岡文六が書けよう筈はなかったが、抽象化された吉岡文六なら書けると思った」と書いています（「『吉岡文六伝』を読む」）。そして、誰ひとり責任をとって毎日新聞社を辞める者がいないにもかかわらず、吉岡にあたる

「あの人」がなぜ辞めなければならなかったのか、その理由を次のように解釈します。「あの人は何もかも知っていたのだ。そして又、日本の国が敗けてこんな惨めになることも知っていたけれど、あの人はどうすることも出来なかったのだ。自分の生まれた可哀そうな日本といっしょに亡んでしまう以外、どんなことも思いつかなかったのだ。そんな人なのだ……」と。

また、同じく東亜同文書院出身で吉岡とともに支那派遣総軍嘱託を務めた中山優は、戦後の吉岡について、「落莫《らくばく》たるものであった。その理由は彼の地位如何《いかん》という外部的なものでなく、日本の敗北に終わった中国問題に対する彼自身の功罪の責任に対する呻吟《しんぎん》がむしろ中心であったろう」(『中山優選集』中山優選集刊行委員会、一九七二年、三四〇頁)と推測し、自らの感慨と思いあわせて理解できると記しています。

そして、東亜同文書院の同窓生として肝胆相照らし、毎日新聞で同じく東亜部長を務めた田中香苗《たなかかなえ》(後、毎日新聞社社長・会長。アジア問題分析のためにアジア調査会の設立に尽力し、『アジア時報』を刊行)が吉岡の一周忌に、人吉市にある菩提寺・東林寺を墓参に訪れた時、吉岡の次のような書が軸として掛けられていたそうです。

春のように聴《ゆる》すのです。黙殺・笑殺・憫殺《びんさつ》などはいたしません。エヘラ〳〵テヘーッ〳〵。人生はそれでよいのです。

井上靖が、『通夜の客』の創作メモに、吉岡のイメージとして「暗く、重く、沈んだ、それでいて透明なもの……」と記していたのは、この事実を伝聞していたことによるのでしょうか。

吉岡の命日である三月一日、毎日新聞東京本社で没後三〇年近く続けられた吉岡を偲ぶ会の名、「春聴会」は、これに由来するものです。

二八　従軍記者から広告界の開拓へ——光永星郎

これまで中国語やハングルを学んで従軍記者や陸軍通訳官となり、新聞人へと歩んだ熊本びとをみてきましたが、従軍記者としての体験から広告界へと進んだ異色の人物も現れました。その人物こそ、「電通」の創業者で日本広告界の先駆者として知られる光永星郎《みつながほしお》（一八六六〜一九四五）です。

光永は、熊本県八代郡野津村（現在の氷川町）の生まれで幼名は喜一、星郎と改めたのは台湾総督府に勤務していた時です。号は、八火ですが、この八は末広や八面六臂などの発展・興隆を期すものですが、何よりも八代の火川（氷川）の河畔に生まれたことから八と火を取ったものです。(82)

幼時、光永の家庭は西南戦争などによって困窮に陥ったため、苦学して徳富一敬《とくとみかずたか》が主宰していた共立学舎で漢学など学びますが、この時に同窓だったのが石光真清《いしみつまきよ》です。光永は、一敬の子・蘇峰が運営する大江義塾にも足を運んで、その自由民権思想に影響を受けます。西南戦争における氷川の戦いで生家を焼け野原にされたことも影響しているのかも知れませんが、共立学舎では元老院議官の視察時に「官権私党、この門に入るべからず。民権公党」と門標に貼り紙をして退学処分となっています。官こそ私であり、民こそ公であるという思想は、官＝公、民＝私とし、「官尊民卑」が近代日本にとって通念になっていったことを思えば、光永の反骨心の一端をうかがい知ることができます。

それはともあれ、退学処分となった光永は、徳富蘇峰の了解を得て、自ら大江義塾の支塾・忠士塾を野津村に設けましたが、キリスト教との関係を疑われて長続きしませんでした。政治問題に強い関心をもった光永は、福岡の頭山満をはじめとする九州の民権家やジャーナリストを訪ね歩き、鹿児島では小学校教諭をしていた阿部充家《あべみついえ》に会っています。

こうした遍歴を経た光永は、学費不要で大陸雄飛できる軍人となることを期して、陸軍士官学校入学の予備校である育雄校に入学します。しかし、受験に失敗したため、共立学舎の同窓生であった上野岩太郎とともに上京します。このとき徳富蘇峰は短髪ぼうぼうながら激しい志気を抱き、剣を携えて旅立つ光永に対し、「回天の業」をなすことを祈るという趣旨の七言絶句の漢詩を贈っています。(83)

ほとんど無一文状態で上京した光永は、本郷西片町にあった有斐学校(84)の貸費生となり、軍人を志して勉学に励みますが、凍傷と外傷が悪化して右膝関節の自由を失ったため断念せざるをえなくなりました。そこで政治家として活路を見出すべく自由民権運動に参加しますが、過激な言動もあって明治二〇年(一八八七)、保安条例で東京追放の処分にあいます(この時に阿部充家も追放の対象となっています)。そのため大阪に向かい、大阪朝日新聞社が発行する『大阪公論』の記者となっていた上野岩太郎に誘われて同社に入り、新聞の世界にはいります。そして、『大阪公論』が廃刊となった後、大阪朝日新聞社の九州通信員に転じますが、政治への思い断ちがたく、明治二三年(一八九〇)の第一回貴族院多額納税議員の選出に際して郷里の素封家・井芹典太を担いで奔走し、政治顧問となって上京します。

こうして議会政治の勃興期に立ち会うことになった光永は、自由党の院外団である自由倶楽部に上野岩太郎とともに出入りし、板垣退助や星亨らの政治活動をつぶさに見聞する機会をえます。そして、明治二六年(一八九三)には朝鮮に赴いて実情調査にあたりますが、日本に亡命中の金玉均とも交友があったことが、朝鮮問題についての関心を高めたようです。

翌年の明治二七年（一八九四）に、朝鮮で甲午《こうご》農民戦争が起こると、対中強硬外交論を唱えていた自由党員は農民戦争に介入し、これを日清開戦の契機とすべく画策します。このときに先導隊として朝鮮に渡り、板垣退助に「壮士五百名、鉄砲五百挺を用意せよ」との電報を送ってきたのが、自由党幹事であった田中賢道でした。田中や光永が日清開戦を望んだのは、交流があった金玉均が上海で銃殺された背景に閔妃とそれを支持する清朝があり、金玉均の遺志でもあった朝鮮改革を達成するためには清朝からの独立が不可欠だと考えたからだと思われます。(85) この田中からの電報をみた光永は朝鮮の日本人居留民を保護するという名目で「朝鮮に自衛団をつくり、その自衛団から陸軍に交渉して、小銃弾薬を取り出す。これを持って支那兵に、直接行動を取って行けば、嫌でも応でも戦争になる」（光永『貧困との闘ひ』新聞解放社、一九三七年、三七頁）と説いて回り、自らは日本刀を腰に、釜山へと渡ります。しかし、朝鮮での自衛団結成を仁川などで募っているうちに日清戦争が起こったため、光永は志願して『めざまし新聞』(86)の従軍記者となります。

この時の光永の体験談は、従軍記者というものの実態を知る上で貴重なものです。陸軍の通訳官や雇用員などは正式な辞令を得たものであったのに対し、日清・日露戦争時代の従軍記者は必ずしも軍によって正式に認可された人だけではなかったようです。新聞社が派遣した記者だけではなく、自分で義勇軍に参加するようなつもりで軍隊の後をついていったり、一緒に戦闘に参加しながら記事を送る人もいました。光永も戦況記事を送ったりする一方で、軍の命令を受けて水の運搬や負傷兵の救助などに従事しています。また、食事は軍隊から与えられてはいますが、平壌戦が収まってからは「日用品に限り徴発随意」との命令が出たことから光永も民家に入って自分で調達したり、敗残兵を捕らえたりするなど、軍隊の一部としても活動していたことがわかります。光永は『めざまし新聞』の他、『福岡日日新聞』にも従軍記事を送っていましたが、このように一社の特約記者だけでなく、複数の新聞社に記事を送ることで報酬を得る記者も少なくありませんでした。

光永の戦況記事は戦場だけではなく、平壌や旅順の市街や住民の情況なども伝えるものであったために評判も良く、日清戦争後には台湾に渡って従軍記者を続け、日本軍による鎮圧記事を送ることになります。しかし、『めざまし新聞』が廃刊となったため、台湾総督府の官吏に転身し、新竹庁嘱託として庶務課長そして澎湖諸島の内務課長・弁務署長などを務めました。この間、領有当初の難題としての治安工作や理蕃事業に対処したほか、自らが学業を続けるために苦労した経験から現地子弟のために新竹に竹城学館や澎湖島では官舎内に馬宮小学校というモデル教室を設けるなどの文教政策にも尽力しています。また、積極的に管内の「生蕃」地区を視察して道路整備や物価安定の施策を講じます(87)。しかし、台湾総督府の体制が改められて日本から派遣された官僚が統治の中枢を担うようになると、日本での行政体験のなかった光永などが就いていた官職が廃止されたため、後藤新平が民政長官として来任したのを機に明治三一年（一八九八）六月に辞職して帰国します。

そして、台湾での開発事業の体験を生かすべく板垣退助の支援を受けて、熊本県松橋町《まつばせまち》豊福（現在の宇城市）出身の林田《はやしだ》則《のり》友《とも》（一八六四〜一九四六。福田令寿の異母兄）と北海道での開拓事業に挑戦しますが、光永は成果をあげないままに東京に帰る

図23　前列左から徳富蘇峰、林田則友、光永星郎、後列左から光永真三、上田碩三（昭和９年、電通本社で）

ことになります。ただ、林田は定着して後に釧路町長や釧路市議会議長などを務めています[88]。

北海道開拓事業に挫折した光永は、国際通信事業に着手することを構想します。それは日清戦争の戦場や台湾から送った記事の掲載が通信手段の不備のために大幅に遅れたり、記事の掲載が見送られたりすることによって重要なニュースが配信されないといった事態を体験したことから、国際的なネットワークをもった通信社設立の必要性を認識するに至っていたからです。当時の戦況記事は、軍事郵便か電報によって送られていたため、紙面に出るまでに大きな時差が生じてニュースの意義が失われたり、特報が届かない事故などが生じていたのです。

しかも、日本の通信事業は経済の発展とともに国際化を迫られていたにもかかわらず、国際通信は東京と大阪の新聞社が配信契約をしていただけで、地方の新聞が国際情報を掲載することは難しい状況にありました。さらに、日本から情報発信する通信社も日本には存在しないという中で、誤報や日本の国際的信頼を失いかねない記事が外国人特派員によって送られている事態が生じていました。その事実を日清戦争中に見聞していた光永には、独自の発信網をもつ通信社の創設が不可欠だとの確信がありました。

しかし、通信業を興すためには膨大な先行投資が必要でしたが、設備資金が集まらなかったため、まず明治三四年（一九〇一）に日本広告株式会社を設立します。ちなみに、日本広告株式会社の相談役には、目薬の広告などで先駆者でもあった岸田吟香が就いていました。将来的には中国への進出も想定されていたのでしょう。日本広告株式会社は、既存の通信社や広告会社の例にならわず、株式会社として組織されましたが、この方式を採用したことで資金の調達が容易になり、その後の発展の礎が作られました。また、光永は株主を募るために会社や個人に自らが説明する必要があるとして、一人に一一四回も面会を求めるなど、いわゆる「夜討ち朝駆け」の面会作戦によって信頼を得る方法を採りますが、この「訪問百回」精神が「電通魂」として推奨されていきます(89)。

創業当時、すでに日本には帝国通信社などの通信社や弘報堂や金蘭社などの広告社が新聞への広告掲載を競いあっていました。他方、購読者数が限られていた新聞社にとっては、広告収入が重要な収入源でしたが、自力で広告を獲得できない新聞社は広告社の談合組織に価格支配を受けていました。光永の異母弟であった光永真三《みつながしんぞう》は、当時、熊本県人吉地方で新聞を発行していましたが、真三から地方新聞にとってニュースと共に広告の確保がきわめて困難な状況にあることを聞かされた光永は通信業と広告代理業とを兼営することによって、地方新聞に対して国際ニュースを配信するとともに広告収入を分配して経営の安定に資することができると考えます。

こうして明治三九年（一九〇六）、フランスのアヴァス社（現在のＡＦＰ）にならって新聞社から得る通信料と新聞社に支払う広告料とを相殺する経営方式を採る電報通信社を設立します。日本広告株式会社と電報通信社は、明治四〇年（一九〇七）に合併して日本電報通信社（現在の「電通」の前身）と改称しました。日本電報通信社は、全国各地の新聞社が広告欄を提供すれば、外電などのニュースを掲載できる方式によってシェアを拡大しましたが、光永はさらに新聞の広告欄の広告主と新聞社の仲介をおこなって手数料を取るという広告代理店の業務を開拓していきます。広告主と新聞社の双方に便宜を与えるために、光永は「（手数料）利率の低減・取引の公明・設備の完全」という営業三方針を堅持します。そして、「設備の完全」という面では、東京―福岡間を結ぶ私設専用電話線や電送写真機の設置、航空部新設による飛行機の通信・広告宣伝への利用など、次々と画期的な新機器の導入を図りました。さらに他社に先駆けて、広告意匠図案課と統計課を設置します。このような「広告の科学化」は、広告業界のみならず異業種における設備投資や統計の活用にも刺激を与えました。

光永は、通信事業でもイギリスのロイターやドイツのヴォルフと契約を結んだ他、明治四〇年（一九〇七）にアメリカで創業したばかりのＵＰ（United Press, 現在のＵＰＩ）と「相互電報同盟」を結ぶことによってアメリカ経由の国際ニュースを日本で初めて日本各地の新聞に配信することを可能としました。また、独自に京城や北京そして日本の五四都市などに通信員を特派する体制を整えました。こうして日本電報通信社は、それまでロイター社のほぼ独占状態にあった日本の諸新聞に英米独の外電を配信しただけではなく、日本のニュースを海外にも配信する拠点を確保するという新生面を切り開くことになります。さらに、国内の地方新聞にも国際ニュースが配信されるシステムが普及していきます。

しかし、満洲事変を契機に国内の通信機関を一元化する方針を政府は取ることになります。その背景には日本電報通信社と競合していた新聞聯合社とが、満洲事変から日本の国際連盟からの脱退に至る過程で、異なった見解を報道したことによって日本の国論が分裂しているように国際的にみられていという外務省と軍部の反発がありました。外務省も軍部も、政府の意向を反映した通信社を通じて国際的なニュースの配信と発信をおこなう必要性があると考えたのです。その際、日本電報通信社が外務省の意見に近い報道をしていたのに対し、新聞聯合社は軍部に近い立場で報道していました。この両社を一元化するときに出された政府の方針は、新聞聯合社に統合することでした。そのことは取りも直さず、政府内での軍部の発言力の高まりを反映することを意味していました。当然のことながら、光永は強く反対し続けましたが、同郷の内田康哉外相からの説得もあって、結局は同意せざるをえませんでした。

そして、昭和一一年（一九三六）に新聞聯合社が同盟通信社になると、通信部門を同盟通信社に譲渡するとともに、同盟通信社の広告部門を逆に吸収することになります。こうして日本電報通信社は、広告代理を専業とする「電通」として発展していくこととなったのです。なお、同盟通信社は敗戦後の昭和二〇年（一九四五）に、一般報道部門を共同通信社が、経済報道部門などを時事通信社が担う形で分割されました。

光永は昭和八年（一九三三）に勅選貴族院議員に任じられますが、新聞市場を科学的研究の下で発行する必要性を唱えて『新聞年鑑』などを発行し、新聞協会理事長なども務めました。そして、昭和一五年（一九四〇）の日本電報通信社創立四〇周年を機に社長を勇退します。

光永は、毎年七月に社長以下社員が富士登山競争をする社内行事を始めましたが、これは山頂の郵便局から顧客に暑中見舞い葉書を送るというもので、その後は「富士山再生エコ・コミュニケーション」事業として続けられました。

なお、昭和四八年（一九七三）には「電通」創立七〇周年記念事業の一環として、光永の雅号「八火」にちなんだ八火図書館が氷川町に開設され、平成二七年（二〇一五）には老朽化のために図書館と振興局の機能をもった複合施設として改築されました。

光永の座右の銘は、「健・根・信」すなわち、健康・根気・信義でしたが、それは自分自身が右脚を不自由にしたことや幾たびも挫折し、その折に受けた恩義にいかに報いるかを実践することでもあったそうです。光永は、上京するにあたって徳富蘇峰から期された「回天の業」に、通信と広告の世界で挑んだと言えるのかもしれません。

光永は病床にあって、自分が死んだら兄事し続けた蘇峰に自らの一生を語るような詩を作ってもらうことを願いました。そして、光永の死に際し、蘇峰は光永を六〇年来の莫逆《ばくげき》の親友と呼んだうえで、次のような七言絶句の詩を捧げています。

猛志如山気圧天（志は山のように激しく、意気は天を圧し）
随線随所著先鞭（あらゆる分野で先鞭をつけ）
一関排去得安息（さまざまな難関を越えて、安らぎを得るに至った）
踏破荊榛《けいしん》八十年（荊《いばら》と榛《はしばみ》などが生えたトゲだらけの荒地を踏み拉《くだ》くように生きた八十年であった）

二九　「支那通」と呼ばれた熊本びと――池田信雄・片山敏彦・澤村幸夫

これまで述べてきた宗方小太郎や井手三郎などの人々は、戦前では「大陸浪人」や「支那浪人」などとも呼ばれ、時には蔑称として「支那ゴロ」といわれたこともあります（ゴロは「ごろつき」の略語）。正式の官職に就かず、軍部や外務省などの大陸政策や秘密工作などに従事しながら、中国各地を渡り歩いたり、あるいは現地の政財界や軍人・政治家・革命家などと交流した「民間人」を、一種の軽侮と警戒の目をもって、そのように呼んだと思われます。しかし、「大陸雄飛」「大陸経綸」を実行している自らの行動を「壮士」や「志士」と任じた人々が自負・自恃《じじ》をこめて使った場合もあります。また、谷崎潤一郎の小説『細雪』（下・一〇）に「今では支那浪人の奥さんになりをって、えらい羽振りがようて」と書かれていますように、中国で一攫千金を得た人としてイメージされることもあったようです。

その一方で、「支那通」と呼ばれる人々も多く存在しました。この言葉も多くの分野で使用されました。宗方や井手や西本など、漢字の新聞・雑誌を発行したり、諜報活動をおこなった人たちも「支那通」と呼ばれていました。また、外交官や外交交渉にあたる人も「支那通」と称されたわけですが、その一人として明治一七年（一八八四）に中国に渡った小田切萬壽之助《おだぎりますのすけ》が挙げられますが、片山敏彦《かたやまとしひこ》（一八六六～一九一〇。号は浩然《こうぜん》）もまた初期の外交官「支那通」と呼ばれていました。片山は、熊本県上益城郡御船町に生まれ、明治一六年（一八八三）に済々黌に入学して中国語を学び、卒業後も御幡雅文について習得を重ねます。そして、緒方二三らとともに明治二一年（一八八八）に中国に渡って漢口の楽善堂に入って調査活動に従事しました。明治二三年に日清貿易研究所が開設されると、その教授を務めた後、津田静一らによって設立された九州学院で漢文を教えています。日清戦争が勃発すると通訳官として従軍します。そして、明治三〇年（一八九七）には外務省領事館通訳生に任じられて蘇州に在勤し、領事代理となりました。さらに日露戦争でも陸軍通訳を務め、明治四〇年（一九〇七）に宜昌《ぎしょう》副領事となり、さらに沙市領事に進みました。片山は漢学の素養深く、その中国語の巧みさと上品さは他の追随を許さないと評されましたが、外務省に片山の才識を認める人がいなかったため、不遇に終わったとされます。その後、外務省では光永星郎と同じく熊本県氷川出身の内田康哉《うちだこうさい》（一八六五～一九三六）をはじめ、外務大臣や総理大臣にもなった広田弘毅や吉田茂のほか吉澤謙吉・有田八郎などが支那通やチャイナ・スクールと呼ばれ、あるいはその専門性に揶揄を込めて支那屋とも称されました。

　陸軍では、坂西利八郎《ばんざいりはちろう》や佐々木到一《ささきとういち》、青木宣純《あおきのりずみ》、町野武馬《まちのたけま》をはじめとして中国の政府や軍閥の軍事顧問に就くなど、中国の軍事情勢や情報分析を主たる任務としていた軍人が、支那通と呼ばれました。熊本出身の武藤章《むとうあきら》（一八九二～一九四八）[90]も関東軍参謀や中支那方面軍・北支那方面軍参謀副長などを務めた支那通とみなされています。武藤は、盧溝橋事件では河北省一帯の「満洲国化」を唱え、さらに南京占領を主張するなど日中戦争の一挙解決を唱えました。しかし、戦争が泥沼化すると和平工作に乗り出し、日米戦争には反対の立場を取りました。その他、張作霖爆殺の実行者で満洲国建国後は「満洲開拓移民の父」と呼ばれた東宮鐵《とうみやかね》男《お》、そして柳条湖事件を石原莞爾とともに断行した板垣征四郎、そして特務工作に関係して欧米人の間では「アラビアのローレンス」になぞらえて「東洋のローレンス」と呼ばれながら中国人からは「土匪原」とも称された土肥原賢二《どいはらけんじ》なども支那通と呼ばれました。なお、板垣・土肥原・磯谷廉介《いそがいれんすけ》・岡村寧次《おかむらやすじ》は「支那屋四天王」とも渾名《あだな》されていました。

こうした陸軍の支那通のうち、武藤・板垣・土肥原は敗戦後の極東軍事裁判でA級戦犯として絞首刑に、磯谷は終身刑に処せられています。

このような外交や軍事などの分野で、誰がどのような活動をしているのかは内部の人以外に知られることは稀でしたから、戦前の日本で「支那通」とは、文化的・民俗的・宗教的な知識をもって中国事情の紹介にあたった文人を一般的にはイメージする人が多かったようです。この場合の「支那通」は「支那事情通」あるいは中国文化に詳しい「通人」といった意味合いがあったとも思われます。

例えば、「支那通」として著名であった後藤朝太郎《ごとうあさたろう》は、『支那旅行通』・『支那料理通』（四六書院、一九三〇年）などを「通叢書」として刊行していましたが、これらの本に書かれた忠告を守れば、中国旅行も安全に楽しめるし、中国料理も満喫できる、「一個非凡な『通』人となり得る」といった謳い文句が掲げられていました。こうした中国文化や風俗を紹介した「支那通」としては、『支那風俗』・『支那人の迷信』など多くの著作を著し、「支那風俗研究会」を上海で主宰して雑誌『支那風俗』を刊行した井上紅梅（本名、進。井上は初めて麻雀の遊び方を日本に紹介しました）をはじめとして、『上海みやげ話』の柏木節《かしわぎせつ》、『上海人文記』の松崎啓次、『上海生活』の若江得行《わかえとっこう》、『支那の女』・『支那の商人生活』の米田祐太郎《よねだゆうたろう》などが挙げられます。これらの現在でいえばルポライターや旅行アドバイザーに相当するような職業的ライターとは、まったく趣きを異にしますが、上海で書店を開いて魯迅らと交流があった内山完造も「支那通」と呼ばれていました。

さらに、大東亜共栄圏建設が叫ばれるようになると、鈴木快城《すずきかいじょう》『一読支那通』（牧書房、一九四二年）というタイトルの本も刊行されます。これは「大亜細亜連盟」を結成するためには日本語をアジアにおける商議用語とすることを提唱する作者が、「東亜諸民族間の完全な意思の疎通を図るには、自ら大亜細亜の盟主を以て任ずる日本国民もまた広く隣邦諸国の言語を解し、風習実情に通じることが肝要で」あるとして、一読すれば中国の事情と言語がわかるとして刊行したものです。「言語篇」では中国で使用する用語約三千を対訳して「雄飛者の便益」に資するとし、最後は「日本和英美開仗《リーベンハイイヌメイカイチアン》！（日本と米英開戦！）那麼為東亜民族解放的《ナーマウエイトンアミンツウチエーファンダ》!!（それは東亜民族解放の為だ!!）打倒英美両国《タータオイヌメイリヤンコア》!!!（米英両国を打倒せよ!!!）」で締めくくられています。この本は、谷正之《たにまさゆき》情報局総裁[91]の題字があるように、情報戦争の一環として公刊されたもので、「基本単語」には「軍事関係特輯」があり、著者は中国で貿易を十数年営んだ後に東京で大亜細亜聯合通信社を興した「我国在野の支那通として有名」な人と紹介されています。

このように「在野の支那通」には、ジャーナリストや実業家など、中国で他の職業に就いていた経験をもっていた人が少なくありませんでした。

その一人に、読売新聞上海特派員であった池田信雄《いけだのぶお》（一八八九〜一九三五）がいます。池田は熊本出身で、桃川《とうせん》の号で上海を中心とする中国の風土や民俗、そして日中の交流史について多くの著作を上梓しています。池田は、『読売新聞』紙上で中国の女性作家・謝冰心《しゃひょうしん》[92]を初めて紹介するなど、中国現代文学にも関心を寄せましたが、「支那通」としての本領は、中国の風土・民俗や日中交流史を丹念に拾い集めた調査に示されています。その記述は多方面にわたっていますが、「日支人の生活各方面の社会事相および付近の山水紀勝を著者一流の軽快なる筆致を以て記述した」という『上海百話』（上海日本堂、一九二一年）や、「上海に於ける日支人各方面の興味ある話を集めたもの。社会研究の資料ともなり外史ともなる肩の凝《こ》らぬ物語である」という『続上海百話』（上海日本堂、一九二二年）などは、その宣伝文句に違わず、上海在留日本人の歴史を知るための恰好《かっこう》の物語となっています。何よりも、現在では全く忘れ去られた史実が書き留められていて、貴重な資料的価値をもっています。そこでは明治元年に初めて田代屋という陶器・小間物屋を商う日本人の店ができて以降の在留邦人の活動の様子などが記されていますし、それらの雑貨店が外国人を相手とする日本の娘子軍（からゆきさん）の増加とともに出店してきたこととの関係などが明らかにされています。

池田の関心は、そうして上海に渡って来ては異郷の地でなくなった無名の人々にも向けられ、『上海百話』所収の「邦人墓地物語」では、明治四一年（一九〇八）に上海に日本人のための火葬場ができて以来、墓守を三世代にわたって忠実に続けてきている阿福一家の素描から始まって、苦難な境涯で生きた人々の足跡が書きとどめられています。そこには、朽ち果てて文字の判読さえつかない卒塔婆もあれば、明治四年（一八七一）、二四歳の年に一人で上海に書画を学ぶために渡航して二年後に夭折した伊《い》原愛子《はらあいこ》の墓が中国人によって建てられたことも記されています。また、国際結婚をして死んだ夫婦やその愛児の墓、死体の受取人がないために領事館警察が埋葬した朝鮮人や行旅死者の墓、海軍用墓地、からゆきさんの一人であった「お花」さんが借金の諍《いさか》いから絞め殺されて一九歳で死んだ事情など、様々な人生模様が浮かび上がってきます。そして、「男児志を立てて郷関を出て学終《つい》に成らずして他郷の土に骨を埋めた同文書院学生の墓が、友情暖かい同窓の友から建てられてあるのも、心ある参詣者の腸を痛ましむる」（『上海百話』二五〇頁）と、志半ばで無念の死を遂げざるをえなかった若人への思いも綴られています。

池田は、若くして中国の文学研究を志し、古書籍を愛読し、また中国史に題材を取った小説にも筆を染めており、支那香艶叢書《しなこうえんそうしょ》刊行会から大正一一年（一九二二）から翌年にかけて「支那古来有名なる淫書」などのアンソロジーや大衆小説として、『支那宮廷秘録――煬帝と玄宗』、『呉越哀史――西施全傳』、『支那の性欲小説』、『王昭君』（いずれも上海日本堂）を刊行しています。池田は中国の相公（男娼）や両性具有者の物語などのほか、中国における麻雀やアヘンの実態など、多方面にわたり縦横に筆をふるっています[93]。

しかし、「支那通」としての池田の声価が最も高かったのは、『江南の名勝史蹟』（日本堂、一九二一年）などの風物・景勝に関する記述でした。その著作が、旅行者にとって信頼できるガイドとされていたことは、芥川龍之介の『江南遊記』西湖に関する記述からも推測できます。

そこでは、「その堤に橋が二つあって、孤山に近いのを錦帯橋と云ひ、日本領事館に近いのを断橋《だんきょう》と云ふ。断橋は西湖十景の中、残雪の名所になってゐるから、前人の詩も少くない。現に橋畔の残雪亭には、清の聖祖の詩碑が建ってゐる。その他楊鉄崖《ようてつがい》が「段家橋頭猩色酒《だんかきょうとうせいしょくのさけ》」と云ったのも、張承吉が「断橋荒蘚渋《だんきょうこうせんしぶる》」と云ったのも、悉《ことごと》くこの橋の事である。――と云ふと博学に聞えるが、これは池田桃川氏の『江南の名勝史蹟』に出てゐるのだから、格別自慢にも何にもならない」と書かれています。

その池田信雄（桃川）と並ぶ「支那通」として挙げておきたいのが、澤村幸夫《さわむらゆきお》（一八八三～一九四二）です。昭和一七年（一九四二）四月二八日の『大阪毎日新聞』に掲載された澤村の死亡記事には、「熊本市の生まれ、熊本市立商業卒業後渡支、大正五年本社に入社、外国通信部勤務、支那課長、上海支局長などを歴任、支那通として令名があった[94]」と記されています。

大阪毎日新聞社に入社したのは三三歳の時ですが、商業学校卒業後、いつ中国に渡り、どのような生活を送って「支那通」になったのかは、明治二九年渡清説などがあって明確ではありません[95]。ただ、本人の書いたものによれば、内藤湖南がまだ大阪朝日新聞社の論説記者であった明治三六年（一九〇三）ごろに面会して中国渡航の内意を打ち明け、意見を聞いたということです。それによれば、「九州の熊本に生まれて、郷党の先輩に多くの東洋風な国士、志士をもち、父兄にもまた支那、朝鮮の事を談ずるものをもった私は、商業学校在学の少年にして既に志を支那に懐《いだ》き、内藤湖南氏の筆にするものを片ッ端から読んでいた。新聞に報道される支那記事をも読めば、そのころ、熊本にも留学していた支那学生等にも近づいていた」（「内藤湖南と梁啓超」『支那』一九三六年二月号、五三頁）とあります。

この文章からは、明治三〇年代における熊本の思想風土が、いかなるものであったかが鮮やかに浮かび上がってきますが、同時に疑問も湧いてきます。それは先ず、熊本商業学校は明治三一年（一八九八）から上海への修学旅行を始めており、澤村ほどに中国に渡ることに強い関心をもっていた学生がそれに参加しなかったのだろうか、ということです。もし、在学中に上海に渡っていれば、当然、その時に受けた印象をどこかに書き留めることになるはずですが、その確認は今のところ取れていません。

ただ、幾つかの傍証によって、澤村が明治二九年ではなく、明治三六年以後に中国に渡ったであろうとの推測はできます。一つは、澤村が「熊本市立商業卒業」と履歴書に記していることが挙げられます。それは明治三四年（一九〇一）六月、熊本商業学校が熊本市立商業学校と改称され、さらに二年後の明治三六年四月に熊本県立商業学校と改められているため、明治二九年であれば「熊本商業卒業」になり、明治三六年四月以降であれば「熊本県立商業卒業」となりますから、「市立商業卒業」なら遅くとも明治三六年三月には卒業していることになります。二つには、澤村と商業学校時代に親友で「紫会」という文学同人会を作っていた若杉要が明治三六年八月に東亜同文書院に第三期生として入学していることから、澤村も同時期に卒業していることと思われます。そして、若杉とともに澤村も東亜同文書院を受験して合格しなかったのか、何らかの事情で受験できなかったのかと推測されます。先に挙げたような澤村の中国への熱烈な関心からすれば、親友の若杉が受験するのに敢えて自分だけが受験しないという選択はなかったと思われます。しかし、東亜同文書院に入学できるのは各県から二名ないし三名程度でしたから、熊本県から合格するのは狭き門であったはずです。あくまでも想像でしかありませんが、東亜同文書院に入って上海へ渡るつもりだった澤村は、親友の若杉が合格した焦慮から、何とかして中国に渡る手段はないかと相談するために内藤湖南を訪ねたのではないかと思われます。

その経緯の当否は別としても、若杉が上海に渡ったと同じ明治三六年に、澤村は中国に渡ったようです。そして、湖北省で張之洞が設立していた学堂の一つに入って中国語などの習得に努めたものと思われますが、自らの証言では、張之洞が北京に出て軍機大臣となった明治四〇年（一九〇七）には、張之洞の下を離れています。その後の澤村にとって支えとなったのが熊本びとの片山敏彦でした。

澤村は、「私は光緒（中国の年号。一九〇九年に宣統に改元）の末に、揚子江上流に遡《さかのぼ》るとて、たまま湖北の沙市に重陽節《ちょうようせつ》（九月九日の節会。中国では「登高」として高台に登り、菊酒で邪気を払う習慣があった）を迎え、領事代理の片山敏彦等と相伴い、荊州《けいしゅう》城外の龍山に登ったことがある。……片山氏から重陽登高の故事、古詩について学び得たことが嬉しかった。片山氏は浩然と号し、荒尾東方斎（精）門下の最少年者であったそうだが、人物明朗、いたく酒を愛して不遇の裡に、それから一年の後に世を去った」（澤村『支那草木蟲魚記』続続集、東亜研究会、一九三八年、五八〜五九頁）と記し、度々「湖北の沙市領事館に滞った」ことも書き残しています。

また、揚子江における最も壮大な峡谷であった宜昌峡で日本の軍艦である宇治・墨田の二砲艦が遡上するにあたっての予備調査を「ある筋の内意を含んで」おこなっていたとも書いていています。そして、その調査にあたってイギリスの軍艦が次々と激流を掻きわけて勇壮に上り下りする様子を見て、日本の軍艦の劣弱さを思っては、「日本人は口惜しいなと、私は純な青年の心もちから、今にして考えれば実に愚かな、安っぽい涙を流したものだった。そして、その都度《つど》、そのころ沙市の領事代理だった荒尾〔精〕門下の片山敏彦氏へ、また上海に一機関を設けていた宗方小太郎氏へ、さらに大阪毎日の鳥居素川氏へ、返書を得る途もない旅行中の感慨を書きおくった」（澤村「三十年を一世とする」『支那』一九三九年一月、一六一～一六二頁）と回顧した文章もあります。

こうしたことから推察すれば、澤村は張之洞が設けた学堂から離れた後は、片山敏彦や宗方小太郎そして鳥居素川などの同郷の人々の指示に従って、中国での調査活動に携わっていたのではないかと思われます。(96) ただ、澤村の場合は、直接に外務省や軍部からの「内意」に従って揚子江とその沿岸の調査にあたっていたのではなく、むしろ行き場のない澤村を片山らが援助するために調査という任務を与える配慮をしていたのではないかと思われます。だからこそ、片山の外交官としての境涯を「不遇の裡に」過ごしたと書いてもいるのでしょう。他方で、澤村は宗方をはじめとする熊本国権党の人々とは異なり、欧米の勢力を中国から排斥することを日本の使命とする考え方とも距離を取っていました。それは、自らが揚子江調査の際、幾度も危難にあった時に欧米人宣教師たちが救いの手を差し伸べてくれただけでなく、中国人からも敬意と親しみを持たれていることを知ったからでした。澤村は、唐の時代から中国に伝道に訪れた宣教師たちが長年にわたって中国の文化や人々のために尽くしてきている無私の努力に日本人も学ぶ必要があると痛感します。そして、「支那に留りて支那の人にわけ隔てなく、交わり、心もちよく過ごし、さらに一歩を進めて、わが志すところを成そうとするならば、その土地の風土から風俗、人情、信仰にいたるまでを明らかにもし、好意をも懐《いだ》かねばならぬだろうと、ひそかに痛感するのであった」(『支那民間の神々』象山閣、一九四一年、二三五頁)との思いから、さらに中国研究を深めることを心がけたというのです。

このように澤村は、東亜同文書院などの正規の教育機関で学ぶのではなく、自分なりの関心に沿って中国の自然や生物そして中国人とその生活の把握に努めていきました。それは独学ではありましたが、それによって儒教や唯物史観などの眼鏡を通して中国を見ることのない、「支那通」としての澤村がつくられていったものと思われます(97)。そのことは、次のように澤村の著作を並べてみれば、明らかとなります。単行本に限っても、『支那農民の生活』(東亜研究会、一九二八年)、『上海人物印象記』(第一・第二集、東亜研究会、一九三一・三二年)、『上海風土記』(上海日報社、一九三一年)、『支那現代婦人生活』(東亜研究会、一九三二年)、『支那草木蟲魚記』(全五集、東亜研究会、一九二四~四一年)、『江浙風物誌』(東亜研究会、一九三九年)、『支那民間の神々』(象山閣、一九四一年)、『上海人士録』(植田捷雄と共編、大阪毎日新聞社、一九二九年)など、その対象はきわめて多岐にわたっています。

とりわけ、中国の草木虫魚など自然物数十種についての博物誌的な記述に接する時、その漢籍についての深い造詣と倦《う》むことの無い探究心に圧倒されます。さらに、『上海人物印象記』に載せられた魯迅をはじめとして梁啓超・孫文・章炳麟・胡適・蔡元培《さいげんばい》など男女計三七名の同時代の中国人へのインタビューや印象記は、それらの人物の人となりや思想を活写したものとして貴重な史料となっています。また、特派員として上海事変などを実地で体験した中で書かれた『支那現代婦人生活』では、中国女性の家庭生活から始まって摩登小姐(モダン・ガール)、映画女優、女工、農婦そして「女学生義勇軍」が戦陣の合間に民衆娯楽場で『鉄と血』という題名の演劇をおこなったことなどのレポートがあり、中国の現代女性史を知るための参考となります。

これらの印象記や中国女性についてのレポートは、毎日新聞の上海支局長として昭和四年（一九二九）から昭和七年（一九三二）まで上海に滞在した時期に書かれたものですが、この期間中には柳条湖事件や上海事変・満洲国建国など日中関係は対立の度を深めていきました。しかし、澤村は、そうした日中間の緊迫した関係に対して直接的に論断し、政策論を提示するといったスタンスは取っていないようです。むしろ、敢えて政治問題を避けて、草木虫魚などの生物や道教などの民間信仰に日本人の関心を向けるように努めている感があります。なぜでしょうか。

澤村は魯迅から「老朋友」と呼ばれた内山完造からも「支那通」と呼ばれていました。しかし、自らは、「わが国の紀行作家として聞こえる人にも、支那趣味を解する創作家として知られる人」たちの中国観に強い違和感を覚えるようになっていきます。すなわち、中国を見て、様々な断定を下すことがなされてきたが、それらは一面的な即断に過ぎなかったのではないかという思いにとらわれ、「私はいくらか支那を知るつもりでいながら、その一面には支那を語ることが年々臆病になって来た」（「支那の庭園と自然」『支那』二六巻・靖亜神社建立記念号、一九三五年一二月号、一〇九頁）と書きます。そして、「目前の支那の正体を摑《つか》むことは、決して容易な業《わざ》ではない。民衆の生活を知れという人がある。しかし、民衆の生活を知るには必ず内部的構造にまで触れて、その経済、生産ないし思想をも追究し、また理解されねばならぬ。それに民衆なるものの内容は、農民が百分率中の八十以上を占めるにしても、これに比すれば極めて低率の存在ではあるが西洋文明に深く感染している開港地および付近都市の労働者があり、手工業者があることも無視されない。民衆といっても多彩だ」（「支那論を豊富にせよ」『支那』二九巻三号、一九三八年三月号、五九頁）と自戒するに至ります。(98) こうした見方は、当たり前のことを言っていると感じられるかも知れません。しかし、中国は儒教の国であり、王道の国であるといった前提で提起されるのが、戦前日本における中国論の通念でもあったのです。そこでは民衆は統治の対象でしかありませんでした。いや、この問題は、戦前に限りません。戦後においても「民衆の生活を知れ」という口頭禅が、どれほど繰りかえされ、どれほど実行されることがなかったか、については現在も改めて自省を迫られます。

「支那通」としての澤村が到達したのは、中国のみならず全ては多様なものであり、自分がいかに先入観にとらわれているのかを知ること、見えていないものをいかに見ることができるようになるかを知ること——という他者認識に関する基本問題ではなかったかと私には思われます。そのことが変転を続けた中国の政治情勢に対する発言やアジア論を、澤村に自制させました。それゆえに澤村は、時勢に乗じて名をなす「流行」の「支那通」にはなりえませんでした。しかし、時代に「時めく」ことなく、流れゆく時代の深い層において通底している中国社会の活力の源と人々の生命力を見届けようとした視線であったからこそ、その中国論は時代を越えて示唆を与え続けているのではないでしょうか。

なお、澤村の親友であった若杉要《わかすぎかなめ》（一八八三〜一九四三）は、熊本市寺原生まれで熊本市立商業学校卒業後に、東亜同文書院商務科に入り、学外では西本省三などの指導を受けています。若杉は、明治四〇年（一九〇七）に刊行された『支那経済全書』（東亜同文会）第一輯に商務学士として「財政」の項目を執筆分担しています。そこでは清朝の政治体制から解説して、中央と地方の財政的関係とその処理に関する問題点を指摘するなど、実地調査を踏まえて、ほぼ三年間の学習で専門的分析方法を会得するに至っていたことが示されています。若杉は、卒業後に外務書記生試験に合格し、オレゴン州立大学・ニューヨーク大学に留学します。

そして、大正六年（一九一七）に外交官試験を経て、領事館補となります。東亜同文書院生の多くが卒業後すぐに中国関係の職務に就いたのとは異なり、若杉は、イギリスやアメリカに駐在した後に、中華民国大使館参事官や上海総領事になっています。有田八郎公使の下では、蔣介石派の黄孚《こうふ》と信頼関係を結び、華北地域の分離を進める日本軍を抑制しつつ、国民政府との関係改善に努めました。

そして、昭和一一年（一九三六）にニューヨーク総領事に任命され、いったん昭和一五年（一九四〇）に退官しています。しかし、昭和一六年（一九四一）に日米交渉が厳しい局面に入ると、特命全権公使としてアメリカに派遣され、野村吉三郎・駐米大使の下でハル国務長官との日米交渉にあたりました。結局、日本側の最終提案に対して、中国・フランス領インドシナからの日本の無条件即時撤退・蔣介石政権以外の中国政権の否認など、満洲事変以前の状態への復帰を要求するハル・ノートが回答として出されたことにより、東條英機政権はこれを最後通牒とみなして開戦に踏み切ることになります。若杉は日米開戦とともに病身ながら交換船で帰国し、昭和一八年（一九四三）に病没しています。

要の三男が、指揮者の若杉弘《わかすぎひろし》です。

三〇 「東学」と「教習」そして国際親善――中島裁之・中島半次郎・内堀維文

さて、中国では、「東語」「東文」そして「東学」という言葉が、かつて使われていました。「東語」とは日本語、「東文」は日本文を指し、「東学」とは西洋の学問である「西学」に対して、日本の学問を意味しました。「東学」は、中国の伝統的な学術である「中学」を「旧学」と称するのに対して「新学」とも呼ばれましたが、それは「東学」が「中学」を基盤にしつつ、「西学」をアジアに適応させるために、取捨選択した新たな学問であると見なされたからです。

このように、日本を指して「東」の語が宛《あ》てられるのは、日本が中国からみて、東の海の中にある島国として、「東洋」と呼ばれたからに他なりません。中国において「東洋」とはアジアではなく、日本を指していたのです。そのため、日本人は「東洋人」、日本史は「東洋史」と、日本から輸入された「人力車」は「東洋車《トンヤンチアー》」と呼ばれていたのです(99)。

このように日本語である「東語」に関心が高まったのは、まず外交上の必要があったからです。中国でも隣国にある日本やその言語について、まったく無関心ではなく、一三世紀に羅大経《らたいけい》が著した『鶴林玉露』では「松蘇利必（スズリ・硯）」や「加是羅（カシラ・頭）」などの二〇近い日本語を記録していましたし、明時代には交易の必要上から日本語が記録されています。しかし、江戸時代には日本と清朝が、それぞれに鎖国と海禁という対外封鎖政策をとっていたため、日本の歴史書『吾妻鏡』を翁広平《おうこうへい》が注釈して日本語彙も収載した『吾妻鏡補』（一八一四年）を著したものの、日本語への関心は薄れていました。

しかし、アヘン戦争によって欧米各国と対峙することを迫られた清朝は、一八六〇年代から「中体西用」論に沿って洋務運動を展開することになります。これは中国の精神的学術である「中学」を基軸としながらも、自然科学や技術などの「西学」を便宜的に採用し、「夷を以て夷を制す」ことをめざすものでした。そのために福州や上海などに、造船所や機械製造工場などが設立され、併せて語学教育もおこなわれました。さらに、「夷務」と見なされてきた外交交渉を進めるために、外国語専門学校として一八六二年には北京に、一八六四年に広州に「同文館」が設置されます(100)。

北京に設置された同文館は、京師同文館とも称し、制度的には外務省にあたる総理各国事務衙門《そうりかっこくじむがもん》の管轄下に置かれていました。初めは宣教師によって、英語・フランス語・ロシア語が教授されましたが、一八六四年からはアメリカ人宣教師ウィリアム・マーティン（漢名、丁《てい》韙良《いりょう》）によって八年の教育課程が整備され、最初の三年間で語学を修得した後に専攻に分かれて語学だけではなく、数学や工学あるいは西洋史や国際法などを学ぶことになりました。

幕末から明治時代に日本の小学校から大学において教えられた『万国公法』は、丁韙良の指導の下でHenry Wheaton 原著の Elements of International Law を漢訳したものでした。同文館は、翻訳書の出版もおこなう大学出版局の機能も担っていたわけです。北京の同文館は、一九〇一年に開設された京師大学堂に翌年合併されますが、これが北京大学の前身となりました。

この京師同文館と広州同文館に「東文館」が付設されて日本語の教授が始まったのは、日清戦争後の明治三〇年（一八九七）年三月のことでした。その理由は、洋務運動によって機械産業と軍備の強化を図ったにもかかわらず、「地大物博の大国」中国が「東夷の小国」日本に敗れた原因が政治体制や学術導入の相異にあったとして日本の動向に関心が高まったこと、また日清戦争後に頻繁となった日本との外交交渉を処理する必要性に迫られたことなどが挙げられます。ただ、京師同文館では当初、日本人を教師に招聘することには反対があったため、中国人の唐家楨《とうかてい》や陶大均《とうだいきん》(101)が教師に任命されましたが、翌年には日清戦争時に時事新報社の従軍記者であった杉幾太郎（岡山出身）が「東文」教師に迎えられました。他方、広州同文館には岸田吟香の上海楽善堂で中国語を習得した長谷川雄太郎（群馬出身）が明治三〇年（一八九七）年三月から六年余にわたって指導し、明治三四年（一九〇一）には中国人向けの最初の日本語教科書となる『日語入門』を善隣書院（宮島大八によって創設）から刊行しています。

こうして官立の同文館において日本語教育が始まると、日本の明治維新をモデルとする康有為・梁啓超らの変法維新運動の影響もあって中国各地で東文学堂や東文学社などと名付けられた、日本語と日本語を通して普通・専門科目を教授する学校が開設されることになります。明治三一年（一八九八）には、中国人による最初の東文学堂として上海東文学社が設立されます。上海東文学社は、羅振玉《らしんぎょく》が日清戦争後に国力回復の必要性を認識して農学改良のために設立した農学報館に次いで設けた日本語教育機関です。東洋史学者の藤田豊八《ふじたとよはち》や田岡佐代治《たおかさよじ》（号、嶺雲《れいうん》。子息は国際法学者・田岡良一）が教師に招かれ、当時の学生であった王国維《おうこくい》（羅振玉の女婿）に影響を与えることになります。藤田らを招請するにあたってパイプ役となったのが、羅振玉が発行していた『農学報』でも「東文報訳」を担当していた古城貞吉でした。上海東文学社は羅振玉・王国維という中国人と、藤田豊八・古城貞吉という日本人の中国史・中国文学研究者が相互啓発した貴重な場として機能しました。その後、羅振玉は金石甲骨の研究者として狩野直喜・内藤湖南らと交流を重ねることになり、王国維は上海東文学社で日本語を学んで日本に留学し、中国劇文学や西洋哲学の研究に進みます。

こうして京師同文館と広州同文館などの公立機関に「東文館」が付設されると、私立の上海東文学社をはじめとして後の福建師範大学の一部につながる福州東文学堂など、「東文学社」「東文学堂」などと掲げる日本語学習機関が中国各地に設立されることになります。

その数は未詳ですが、明治四三年（一九一〇）三月に刊行された中島半次郎『日清間の教育関係』に依れば、公的な教育機関で教習（教師）を務めた日本人は三一一名うち女性二三名に達しました（ただし、明らかに算入されていない人が多数います）。学社・学堂は、旧来の書院・書堂とは異なる新式教育機関として名付けられたものですが、東文学社・学堂には、①中国人が設立したもの、②中国人と日本人が共同で設立したもの、③日本人が個人で設立したもの、④日本の団体・機関が設立したもの、の四種の機関がありました。日本の団体・機関としては、東亜同文会や東本願寺派などが設立・経営にあたっていますが、福州東文学堂のように福州銀元局の力鈞《りききん》が中島真雄《なかじままさお》の協力を得て設立した機関を東亜同文会や台湾総督府が対岸経営の一環として資金援助したものもあります。

このうち中国人と日本人が共同で設立したものとして、明治三四年（一九〇一）三月に中島裁之《なかじまたつゆき》（一八六九～一九四二）が、呉汝綸《ごじょりん》や廉泉《れんせん》（呉の姪婿）らと創立した北京東文学社があります。

北京では、京師同文館のほか蔡元培などが東文書館を設立するなど、日清戦争後は「東学」への関心が高まりましたが、明治三一年（一八九八）の戊戌政変によって変法維新派が追放されると敢えて東文学堂を開くことは憚られる気運となりました。しかし、義和団事件によって存続の危機に直面した清朝政府は、勢力挽回を図るべく政府機関や科挙制そして教育制度の改革に向けて動き出します。この「清末（光緒）新政」においては、各省に大学堂・中学堂・小学堂を設置することが義務づけられますが、各学堂で教える教師をいかに確保するかが課題となり、そのために東文学習を経て日本に留学することが要請されることになります。他方で、中国国内に師範学堂を設けて、そこに日本人教習を招いて教師の養成を急ぐことも必要となります。

北京東文学社は、こうした時代の要請に応じて設立されたものですが、中島の設立意図は単に中国人に「東文」を教えるだけではなく、日本人に教習としての体験を積ませて中国各地に派遣し、「東文」を中国全土に普及させることにありました。

中島は熊本県八代郡鏡町（現在の八代市）に生まれ、七歳から一六歳まで漢学を、ついで熊本バンドの一人であった岡田松生《おかだまつお》[102]が創立した鏡英学校で英語を学びます。そして、浄土真宗を尊信した両親の勧めに従って西本願寺普通教校（後、文学寮。現在の龍谷大学）を明治二四年（一八九一）に卒業します（西本願寺普通教校の学生有志は、『反省会雑誌』を創刊しましたが、『反省会雑誌』は『反省雑誌』となり、現在の『中央公論』につながります）。中島は卒業とともに中国に渡り、行商をしながら仏教の聖地を巡りますが、このときの中国行は、浄土真宗を普及するための予備調査という意味合いもあったようです（中島「支那伝道に就て」『反省雑誌』第一〇年第八号、一八九一年）。そして、明治二五年（一八九二）に外務省の第二期留学生に採用されて中国に渡ると、一六省を踏破し、その旅行記として『萬里獨行紀』を『反省雑誌』に連載しています。日清戦争が勃発すると通訳として従軍しますが、帰国して西本願寺が明治二八年（一八九五）に設立した「清韓語学研究所」の理事心得に就いたものの、すぐにインドに向かっています。そして、明治三〇年（一八九七）に三度《みたび》中国に渡り、保定の蓮池書院に入って、李鴻章の幕客で桐城派《とうじょうは》の碩学として知られた呉汝綸に学ぶことになります。中島は呉汝綸の依頼で他の門下生に日本語と英語を教授して効果を挙げたことから、農工学堂を開く計画を立てましたが、家庭の都合で帰国することになります。帰国後は、中国人留学生の教育機関であった日華学堂の堂監[103]を務めて、張《ちょう》之洞《しどう》が派遣した湖北留学生の教育に携わります。そして、明治三二年（一八九九）一月には西本願寺新門（次期法主）の大谷光瑞《おおたにこうずい》の清国巡遊に通訳として随行しています。

さらに、明治三三年（一九〇〇）には四川省の成都に設立された四川協立学堂の教習となりましたが、義和団事件の影響で学堂が閉鎖されてしまいます。その後、蓮池書院が義和団事件によって破壊されてしまったために北京に移っていた旧師の呉汝綸を訪ねたところ、東文学堂設立の依頼を受け、明治三四年（一九〇一）三月に北京東文学社を創設します。設立にあたっては直隷総督・北洋大臣であった李鴻章の賛同を得、小説『老残遊記』の作者で実業家でもあった劉鉄雲《りゅうてつうん》からの資金援助を受けています。当時の北京は義和団事件の直後で、八カ国連合軍の進攻によって廃墟と化し、ほとんどの教育機関が機能していませんでした。中島は日本人が中国人に「東文」を教える意義を、「儒仏伝来の鴻恩《こうおん》に新文明を

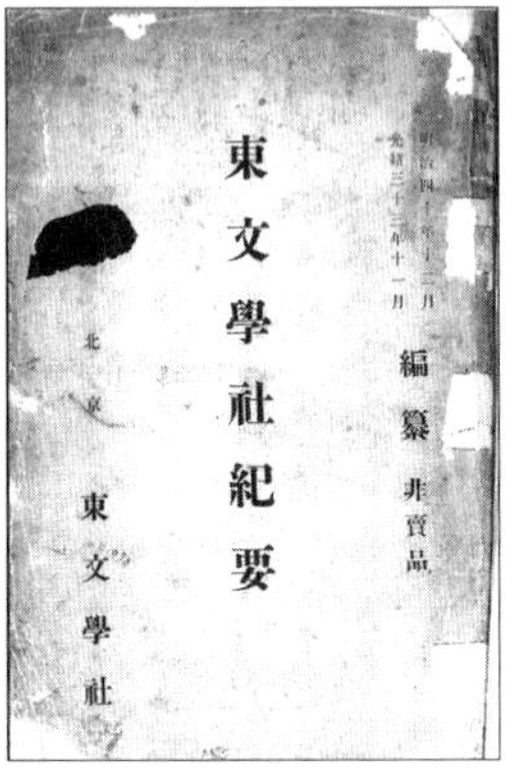

図24　紀要（右下）と開学第二年（明治35年）記念写真（上）

以て報ぜん」（中島『東文学社紀要』一九〇六年）として、中国から受けてきた文明的恩義に新文明としての「東学」をもって報いるとしていました。呉汝綸は、一九〇二年には京師大学堂の総教習に就き、日本へ教育視察に赴いて『東遊叢録』を著して「東学」の利点を取りいれた学制改革に努めていきます。そして、李鴻章の後を継いだ袁世凱とともに中島の東文学社への支援も惜しみませんでした。

中島は東文学社の運営にあたって、通例と異なり、生徒から授業料を取ることをせず、勉学の志がある生徒にはアヘン吸飲者以外に広く門戸を開きました。授業料を取らなかったのは、中国文明への恩返しという意味があったからです。当時、北京に「東文」を学ぶための私立の機関がなかったため、定員三〇名と予定していたところ、開堂前に六〇名の申込者があり、一週間後には一八〇名を越えることになります。そのため、生徒を二班に分け、老壮年の漢学の素養ある者を専門学班に集めて日本文の翻訳能力養成を目的とし（後に、専門科・速成科）、年少の初学者を普通学班に集めて日本語と普通学を授けました（後に、中学科・師範科）。

しかし、このように生徒数が増加するに従って、授業料を取らない運営方法が問題となります。東文学社の開社時には、劉鉄雲などからの寄付金や袁世凱から機械書籍購入費、嘉納治五郎から書籍、日本軍の駐屯将校から物品などの寄付を得ていましたが、授業料を取らなかったために運営には困難が伴いました。その中で重要だったのは、「知己日本人某氏」からの毎月の補助金でしたが、この某氏とは熊本びとの内田康哉(104)でした。中島が内田に東文学社の設立趣旨を説明したところ、内田は支援を約束し、明治三四年（一九〇一）一一月に駐清公使として赴任すると月額二〇〇円を外務省機密費から支出することとしました。日本人教習への手当支払いに苦慮しつづけていた中島にとって、この助成は教習への手当金を支払うための貴重な財源となります。さらに、天津に駐屯していた日本軍が計画していた『北京誌』という兵要地誌の作成資料を提供するという名目で資金援助をうけることよって、東文学社は維持されました。中島自身は、学社運営に必要な費用以外は、こうした助成金に一切手をつけることなく、常に清廉に身を持していたことで廉泉など中国側関係者の信頼を保ち続けました。

こうした運営費以上に、東文学社を運営していくうえで中島が苦心したのは、教授方法や内容などに関して教習間に対立が生じたことです。中島は、東文学社の教習が中国各地でそれぞれに東文学堂を開設することを期待し、日本人教習は経験などにかかわらず希望者を受け入れました。教育経験を不問としたのは、東文学社で教師として育てるという意志をもっていたからです。北京東文学社の教習には、後にカルピス製造株式会社の創業者となる三島海雲《みしまかいうん》（西本願寺文学寮出身で中島が招請）、早稲田大学中国語教授となる原口新吉、梁啓超が設けた東文学校の教習となる船津輸助《ふなつゆすけ》など、五七名を数える多彩な人材が集いました。しかし、教習間での意見対立が絶えず、北京における日本人の評価にもかかわるとの懸念の声もあがります。その対立の結果、沖禎介《おきていすけ》（一八七四～一九〇四）らは東文学社を離れて、明治三六年（一九〇三）にあらたに文明学堂という東文学堂を設立することになります。沖禎介は、長崎県平戸の出身ですが、済々黌や第五高等学校を経て東京専門学校に進み、在学中に康有為と知り合い、日本法令の漢訳などを手伝っていました。しかし、戊戌政変で康有為が中国で活動できなくなったため、明治三四年（一九〇一）に中国に渡って北京東文学社の教習となったものの、中島との意見対立から東文学社の教習であった松崎保一や脇光三と文明学堂を開設することになったのです。

しかし、文明学堂の開堂から八カ月後に日露戦争が勃発したため、沖は横川省三らとともに北京公使館武官の青木宣純大佐が組織した特別任務班員に加わりますが、明治三七年（一九〇四）四月にロシア軍に捕らえられてハルビン近郊で銃殺されています。文明学堂は、北京警務学堂の監督であった川島《かわしま》浪速《なにわ》（「男装の麗人」「東洋のマタ・ハリ」と呼ばれた川島芳子の養父）が補助金を出して引き継いでいます。

文明学堂が開設されたことは、北京東文学社で日本人教習を育成して中国各地に派遣し、日本人の手で東文学堂を設立したいという中島の希望が実現したともいえます。同様に、北京東文学社教習であった保坂直哉は日英語学堂を、大柴丑松は日語速成学堂を、黒瀬道隆は日英速成学校を、それぞれ北京に設立しました。そのほか、吉田角亮が天津工芸学堂、小金亀次郎が山西省大学堂、三宅喜代太が河南省大学堂の教習に赴任していきます。

なお、ここで日本人教習であった熊本びとと日露戦争の関係について触れておきたいと思います。先に挙げた特別任務班は四七名で編成され、鉄道や鉄橋・鉄道電線を破壊して、ロシア軍の兵士と軍需品の輸送を妨害するために活動しますが、その中に中山直熊《なかやまなおくま》、堀部直人《ほりべなおと》、若林龍雄《わかばやしたつお》、松岡勝彦の四人の熊本びとが含まれていました。

中山直熊（一八八〇～一九〇七）は済々黌卒業後、長崎税関吏を経て、明治二六年（一八九三）に北京で振華中学堂の経営にあたっていた松岡勝彦の要請を受けて東語教習として中国に渡ります。振華中学堂は内田康哉公使の援助の下で軍機大臣・那桐《なとう》が創立したもので、中山の渡航費も内田公使が支給したものでした。そして、日露戦争に備える必要を感じた松岡と中山は振華中学堂を辞め、松岡は諜報活動に従事し、中山は熊本びとの市原源次郎が天津で発行していた邦字紙『北支那毎日新聞』の記者となります。そして、日露戦争が始まると中山は沖禎介・脇光三・横川省三らとチチハル付近の鉄橋爆破を準備中に発見され、逃走するなかで殺されます。ただ、中山や脇など四名の行方は不明のままでしたが、明治四〇年（一九〇七）になって東蒙古の庫倫河付近で殺害されたことが判明しました。

また、堀部直人（一八七五〜一九〇四）は赤穂浪士の一人・堀部安兵衛の末裔で、済々黌卒業後に上京して専修学校理財科で学びました。そして、熊本紡績取締役などを経て、明治三一年（一八九八）に三井物産の清国留学生となって中国語を習得し、明治三五年には清国政府が日本の学習院にならって八旗学堂を北京に創設すると内田公使の紹介によって東語教習に招聘されます。そして、青木大佐が特別任務班への加入を打診した際に、誤解を生じたことから拳銃で自決してしまいました。その死因については公表されませんでしたが、青木大佐と内田公使は堀部を特別任務班の最初の犠牲者とし、公使館員や八旗学堂関係者によって丁重に葬られました。

そして、若林龍雄（一八七七〜一九一七）は九州学院を卒業後、陸軍の下士官となった後、明治三五年（一九〇二）に親友の中島美喜雄とともに中国に渡り、浙江省に設立されていた潯渓書院《じんけいしょいん》の東語教習となります。そして、中国調査をおこなうために東語教習を辞め、北京に至って堀部直人宅に身を寄せていたときに特別任務班に加わります。若林は海拉爾《ハイラル》北方の鉄道線路と電信線の爆破に成功し、ロシア軍の追討を受けながらも九死に一生を得て北京に帰着します。しかし、すぐに内蒙古に赴き、蒙古人の

図25　三烈士碑（熊本市・花畑公園）

騎馬隊によって編成された欽命正義軍の指揮に松岡勝彦と共にあたります。日露戦後は天津で北支那毎日新聞社の副社長となりますが、在社一年で帰国しています。しかし、明治四四年（一九一一）に辛亥革命が起こると中国に渡って革命軍に参加し、その後は満洲に行って満蒙独立を図る旧友の巴布扎布《パプチャップ》の軍営に入り、張作霖軍との戦闘のなかで戦死を遂げています。中山・堀部・若林の三名については、若林と長く行動をともにした松岡勝彦（一八七五〜一九三九）が『満蒙血の先駆者』（熊本海外協会、一九三七年）を著しています。また、阿倍野利恭が理事長であった熊本海外協会は、昭和一二年（一九三七）に「三烈士碑」を熊本市の花畑公園に建て、その撰文を古城貞吉が記しています（図25）。

ここで中島の東文学社について話を戻しますと、北京東文学社は五年半にわたって授業を続けますが、運営に苦心を重ねた中島が健康を害したこともあって、明治三九年（一九〇六）に袁世凱に申し入れて直隷省学務処に譲渡することになります。譲渡後、校名は直隷官立中学堂と改称されましたが、経費不足で閉鎖され、改めて日本人教習によって再開されています。

北京東文学社の成果については、そもそも学生に入学試験もなく、教習にも未経験者が少なくなかったことから、一八〇〇名を越えた入学者の数の多さに比して卒業生が少なかったことは否定できません。しかし、卒業生の中には、京師大学堂提調となった蒋式理《しょうしきり》、山西大学堂総弁となった蓮甲《れんこう》、直隷師範学堂教習となった王金綬《おうきんじゅ》などもいましたし、日中関係の事業に就いた人も少なくありませんでした。また、教科カリキュラムなどが手探り状態のなかで、日本書籍を使いながら翻訳方法などを教えるといった教授方法などは、中国における「東語」「東文」教育のひとつのモデルを提供したことは疑えません。北京東文学社が「模範学堂」と称されたのも、そうした意味だったと思われます。

また、中島が東文学社時代に『東文』のみならず、中国における農業教育や農業技術改良についても進言するなどの活動をしていたことも見逃すことはできません。中島は「速やかに農作試験所を開設して、肥料の効用を摘発し、農業を勧誘し、富強の源を開展させるべし」（前掲『東文学社紀要』）と進言しましたが、袁世凱はこれを受け入れて明治三五（一九〇二）年に新農法の視察や農業書・農機具購入のため、黄璟《こうけい》を日本に派遣しています。そして、日本人の農学士教習を招聘して保定に農事試験場や農務学堂が設立され、その後は各省に農務学堂が開設されていきました。

このように中島は、中国における「東語」「東文」そして農学教育のあり方を試行錯誤し続けました。しかし、中島はアジアだけに足跡を残したわけではありません。むしろ、刮目《かつもく》すべきは、その後、世界各国を巡歴して移植民活動を推奨し、国際親善を進めるために活動を続けた事実にあります。

中島は北京東文学社を袁世凱に譲渡すると、インド・アラビア・ペルシャ・エジプトを巡遊してバルカン半島からヨーロッパに入り、北米に渡って、さらにオーストラリア、フィリピンを経るという二年におよぶ視察旅行で六六カ国を訪ねています。そして、明治四一年（一九〇八）に帰朝すると、中国での革命の動きを察知して中国に渡り、清朝と革命派との間を斡旋しようとしますが、事態を観望するしかないとの判断に至り、その後は世界的な人口・食糧問題を解決するための事業を興すことを企画します。そのために明治四五年（一九一二）に、九州の有明海海面埋め立て事業に着手しますが、これには

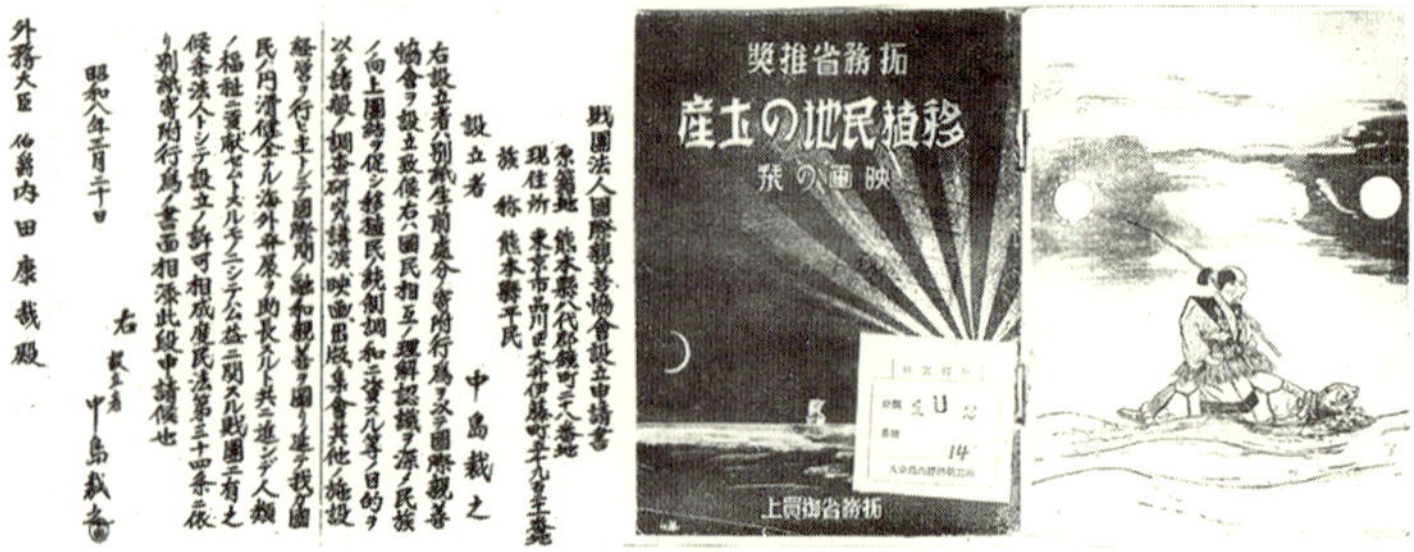
財團法人國際親善協會設立申請書

事務所　熊本縣八代郡鏡町三〇八番地
現住所　東京市品川區大井伊藤町五千九百三十三番地
族　稱　熊本縣平民

設立者　中島裁之

右設立者ハ別紙生前處分寄附行為ヲ以テ國際親善協會ヲ設立致候右ハ國民相互ノ理解認識ヲ深メ民族ノ向上團結ヲ促シ移植民統制調和ニ資スル等ノ目的ヲ以テ諸般ノ調査研究講演映画出版集會其他ノ施設經營ヲ行ヒ主トシテ國際間ノ融和親善ヲ圖リ進テ我國民ノ円滑健全ナル海外発展ヲ助長スルト共ニ進ンデ人類ノ福祉ニ貢献セムトスルモノニシテ公益ニ関スル財團ニ有之候条法人トシテ設立ノ許可相成度民法第三十四条ニ依リ別紙寄附行為ノ書面相添此段申請候也

昭和八年三月二十日

右　設立者　中島裁之

外務大臣　伯爵内田康哉殿

図26　『移植民地の土産』と財団法人設立申請書

成功しませんでした。次いで、熊本で東亜通商協会が設立されると満蒙やインド方面に伝習生を送る事業を進めます。さらに大正九年（一九二〇）から大正一二年までは日中間の親善案を具体化するために五名の撮影班を率いて中国に渡り、各地の史蹟や事業についての啓発資料の収集にあたります。

そして、大正一五年（一九二六）から昭和四年（一九二九）には、日本の人口問題と食糧問題を解決するため、移植民事業の実情調査と在外日本人の慰問をおこなうために四名で、先ず南米に渡り、ブラジルでは一七〇余カ所で慰問をおこない、また日本人の移民事業を映画に撮影しています。その後は、アルゼンチン・ウルグアイ・チリ・ボリビア・ペルー・エクアドル・コロンビア・パナマ・キューバ・アメリカ・カナダ・ハワイを四年かけて回り、五〇〇回を越す慰問講演をおこない、あわせて映画製作のための材料収集をおこなっています。そして、一年余をかけて各地で撮影した写真や映画を整理し、また線画による漫画も作成します（その一端は『移植民地の土産――映画の栞』一九三〇年として遺されています。図26）。

中島はこうして作成した映画や出版物をもって昭和四年（一九二九）から昭和七年（一九三二）まで東京・大阪・京都・広島そして九州一円の一五〇余カ所での映画会と講演会を開催しています。しかし、昭和七年（一九三二）に満洲事変が勃発すると直ぐに満洲に渡り、日本に満洲各地の実情を紹介するための映画を撮影します。そして、その映画を持ってアメリカに渡り、満蒙についての事情紹介をするために、三〇〇余カ所で映画講演会を実施しています。

中島の家人の回顧によれば、中島が家族と一緒に過ごすことは、ほとんどなく、私財をなげうって各地を飛び回っていたということです。当然に、留守家族は生活に困難を抱えましたが、事業のために寄せられた賛助金などを私用に回すことがなかったのは、北京東文学社時代と変わりありませんでした。

中島はこうした活動をさらに組織的に展開することを考え、昭和八年（一九三三）に財団法人・国際親善協会を設立し、その会長に就任します。その申請書によれば、「国民相互の理解認識を深め、民族の向上団結を促し、移殖民の統制調和に資する」ために中島が生前処分の財産を基金とすることで財団法人として認可されています。そして、発起人には中島の他、清浦奎吾、内田康哉そして徳富猪一郎（蘇峰）、光永星郎などの熊本びとが名を連ねています。

国際親善協会は、「国際親善を図り、広く人類の福祉並《ならび》に世界平和に貢献し、我が民族の発展を助長する」ことを目的として掲げ、そのための調査研究、観光見学・留学の指導奨励などの事業をおこなうとしています。これらには中国での教習体験が反映していますが、特徴的なのは「在外邦人の連鎖、慰問およびその指導、奨励、後援、保護」と「中外移植民に関する調査、研究」などが挙げられていることです。もちろん、こうした事業を挙げる団体や機関は、少なくありません。しかし、中島は実際に自分の足と目でアジアのみならず南北アメリカを歩いて、その実情を写真や映画に撮影し、それを映写しながら講演や慰問を重ねていったのです。このように中島を世界に向けて衝き動かした要因が、どこにあったのかは、今となっては確認することはできません。あるいは、中島は最も期待をかけながら北京在職中に早世させてしまった子息の遺した志までも自分で果たそうとしたかもしれません。子息を喪った中島夫妻の断腸の想いは、その生きた証を遺すために編まれた『蕾の香』（私家版、一九二四年）に綴られています。いずれにせよ、中島が「アジアびと」というにとどまらない活動範囲をもった存在であったことは確かです。その活動が南米や北米でどのように受け取られていたかについては、これから明らかにしなければならない課題として残されています。

以上、日中共同で作られた東文学堂の一例として中島を取り上げてきましたが、次に中国で設立された師範学堂に招聘された日本人教習として中島半次郎を、また同じく中国の師範学堂さらに満洲で設立された日本の教育機関に招聘された教習として内堀維文という二人の熊本びとについて、その軌跡を追ってみたいと思います。

中島半次郎（一八七一〜一九二六。号は素水《そすい》）は、士族・中島半平の長男として熊本市東子飼町に生まれ、西南戦争後の家庭の困窮のなかで壺川《こせん》小学校を卒業し、内藤儀十郎《ないとうぎじゅうろう》（一八四七〜一九一九）[105]が設立した済々黌の外塾で学びました。済々黌の外塾は、正課の学科に進めない生徒や家業に励みながら勉学を志す生徒のために、内藤が済々黌に隣接して校舎を建てて教えた夜学校でした。内藤は外塾の事務補助員として中島を住み込ませ、給与を与えて学業を続ける道を開きました。中島は「第二の父」と呼んだ内藤から漢学と中国史を学んで、中国への関心を深め、外塾の助教員に採用されることになります。そして、母校壺川小学校の助教師として勤務しますが、内藤は中島家の生計を助けるために、副業として習字教科書編纂会社に斡旋します。この教科書会社は、東京の高等師範学校を卒業後、帰郷して済々黌でも教鞭をとっていた合志林蔵が経営していたものですが、合志は中島をさらに東京で普及社（後の開発社）という教科書出版会社を営んでいた熊本出身の辻敬之《つじけいし》に紹介します。

こうして中島の英才を認めていた内藤や当時済々黌生長《せいちょう》であった安達謙藏らの支援を得て中島は上京し、有斐学舎に在寮します。そして、開発社に勤務して『教育時論』の編集や書籍出版に従事して学資を得ながら、東京専門学校（現、早稲田大学）文学科で倫理学や教育学を専攻します。在学中、中島は島村抱月《しまむらほうげつ》（劇作家、松井須磨子《まついすまこ》らと芸術座を結成）や金子馬治《かねこうまじ》（哲学者、早稲田大学教授）、朝河貫一《あさかわかんいち》（歴史学者、エール大学教授）らと「哲学会（五日会）」を設立して、哲学の講究を進めました。そして、文部省中等教員検定試験での好成績に着目した東京帝国大学教授の中島力造から自宅で倫理学の特別指導を受けながら教育学の研究にも努めました。さらに、同郷の先輩であった木下広次の紹介で、高等師範学校校長であった嘉納治五郎の下で教育学を専攻すべく高等師範学校研究科に進学します。研究科在学中には、東京専門学校から『教育学原理』（一八九九年）を初めての著作として公刊しています。

高等師範学校研究科卒業後には、高等商業学校（後の一橋大学）や東京音楽学校などの講師などを務め、明治三三年（一九〇〇）に東京専門学校の教授に就任して、教育史・教育学を担当しました。なお、中島に東京音楽学校の講師を依頼したのは校長で東京専門学校の先輩にあたる渡辺龍聖《わたなべりょうせい》でした。また、その渡辺を校長に推薦したのは文部省専門学務局長であった高田早苗です。

　中島は、明治三九年（一九〇六）に天津北洋師範学堂の教習として家族と共に赴任しますが、

図27　天津北洋師範学堂における中島半次郎（上。前列背広姿の右から三人目）と山東省師範学堂開堂式の内堀（下。前列・右から二人目）

中島の教習としての招聘は東京専門学校の留学生政策と一体をなすものでした。当時、東京専門学校の学監となっていた高田早苗は「大隈〔重信〕侯と相談の結果、日支提携の為にも東洋文化発揚の為にも、支那の海外留学生を日本へ誘引して文化的礎石を築くことが最も急務の事である」との認識をもって、明治三八年（一九〇五）に中国に渡ります。そして、『勧学篇』などを著して日本への留学を勧めていた張之洞を訪問しますが、張之洞は留学生が革命運動に熱中することに懸念を示し、留学生の派遣には消極的になっていました。時あたかも東京では孫文らの興中会、黄興らの華興会、章炳麟らの光復会が結集して中国同盟会を結成していました。こうした革命派の実働部隊の中核に私立大学留学生が多いことを憂慮した張之洞らは、西太后に日本政府に留学生取り締まり強化を要請します。これを受けて明治三八年（一九〇五）一一月に公布された文部省令第19号が、「清国人ヲ入学セシメル公私立学校ニ関スル規程」でした。この「清国留学生取締規則」と通称された規程とそれに対する中国人留学生の授業ボイコット運動に対する日本メディアの批判的報道に抗議して、陳天華は憂国警世の『絶命書』を遺して東京の大森海岸に投身自殺をしましたが、これによって革命運動はさらに燃え上がっていくことになります。

さて、張之洞に体良く断られた高田早苗は、天津に袁世凱を訪ねたところ、「袁世凱は大いに共鳴して、留学生も派遣するし、留学の出来ない者の為に学校も作りたいからその節は是非有力な教育者を御世話願度《ねがいた》い」との答えでした。そして、翌明治三九年（一九〇六）に袁世凱は北洋師範学校を設立するために優秀な教育者の派遣を要請してきます。そこで高田は、「当時高等師範部に教鞭を執って居た新進教授中島君をお世話申上るに至った」（以上、高田「中島君」『中島半次郎先生』中島會、一九三七年）と回顧しています。正式の招聘のルートは、このような高田と袁世凱の交渉を経たものと思われます。

しかし、高田はこの招聘を受けて初めて中島と会っており、中島の学識などについて事前に知っていたわけではありません。おそらく、高田に中島が最適任であるとして名を挙げ、また袁世凱が中島を受け入れるにあたっては、当時、北洋師範学堂総教習を務めていた渡辺龍聖（一八六五～一九四四）[106]の強い推薦があったのではないでしょうか。そこでは先に述べたような高田―渡辺―中島という人脈も作用したはずです。渡辺は、中島の東京専門学校の先輩であり、渡辺の紹介で中島は東京音楽学校の講師も務めていました。何よりも、中島と渡辺は『倫理学教科書』『実践倫理入門』（ともに成美堂・目黒書房、一九〇二年）を共著として出版しており、お互いの学識について尊敬を払っていました。

渡辺によれば、高等師範学校に入った中島と語り合う機会を得て親密の交際を重ねるようになり、中島の「思想到って緻密、甚だ文筆に長じて居られたので論文や著書に於て私は君の批判援助を受けしこと度々であ」り、「天津時代の我々の親交は兄弟も啻《ただ》ならぬ有様で同一家屋の下で年余に亘《わた》って寝食を共にした事もあった」といいます。しかし、中国での師範教育の成果については、「それは清朝の末路時代であった為に、我々は全く無駄骨〔を〕折ったに過ぎなかったとあとでお互いに語り合うたことである」（以上、渡辺「中島君を憶ふ」、前掲『中島半次郎先生』）とも記しています。

それでは中島自身は、どのような動機をもって中国へ赴いたのでしょうか。

中島は、中国に赴く四年前の明治三五年（一九〇二）、『教育時論』に全三回の「支那教育史論」（第六二四～六二六号、八月一五日～九月五日）と「教育史上より支那教育の革新を論ず」（第六二七号、九月一五日）を寄稿しています。「支那教育史論」では、「欧米の教育史家が、支那の教育中を、極めて簡単なる野蛮的のものの如く叙し去るは、これ一はその好む所に癖するもの、また一は能《よ》く事実を明らかにせざるに依る」（第六二四号、七頁）として「周以前の教育」から「清の教育」に至るまでの教育状況を

「その事実の上より」通史的に概観しています。そこでは、中国を師として仰いできた日本との関係が現在は「顚倒《てんとう》し、その教育を挙げて我国に依頼するに至れり。乃《すなわ》ちその革新の方針は、先づ支那在来の教育が如何《いか》にして今日に及びしかを稽査《けいさ》せし後に始めて立つることを得べし」としているように、中国における教育改革の方針を確定するために歴史的省察が前提となるとしています。

そして、「教育史上より支那教育の革新を論ず」では、今なによりも重要なことは教育の目的は何かを明確にすることであるとして、「政治をのみ国家的生活の唯一の基礎と心得、政治に与《あずか》るを以て唯一の立身とせし謬見《びゅうけん》〔間違った考え〕に陥るべからず」（第六二七号、七頁）と強調します。これは科挙を至上視し、聖人の道を学ぶことや訓詁考証学に汲々とすることを戒め、すべての国民が国家の存続に責任を負うとの自覚を促すことを教育の目的として強調するものでした。中島は七カ条を挙げて中国教育の革新の方向性を示したうえで、「現今支那がその教育の革新を我国に托《たく》せる以上は、我が教育家はこれに向って、多少の考慮と労力とを費す好意あるべし」（第六二七号、九頁）と訴えていました。中島自身、中国における教育改革に携わることに早くから熱意を抱いていたのです。

こうした熱意をもっていた中島が招聘された北洋師範学堂は、直隷省総督の袁世凱が保定に次いで天津に設立した初級師範学堂と中学堂の教師を養成するための学校でした。天津に師範学堂を設置したのは、北京に近く、直隷省だけでなく山東省や山西省さらには東北三省の普通教育を振興するための教師育成が喫緊《きっきん》の課題とされたからであり、一九〇七年二月の開堂式では袁世凱が中島に対し、「多謝多謝、十分の助力を望む」と依頼していました。

中島の観察によれば、「天津は、袁〔世凱〕総督がすべての事において範を清国に示さんと務めおり候ゆえ、教育のごときも幾分先んじて研究もし、実施も致す傾《かたむき》に相成りおり、当地教育上の実際の施設および将来の計画は以て清国教育の趨向《すうこう》を卜《ぼく》するに足る」という状況にあったといいます。北洋師範学堂の成否は、中国における教育改革の前途を占う重要な意味をもっていたわけです。

北洋師範学堂でどのような教育がおこなわれたかは資料が少なく不明ですが、中島は教育学や心理学などの科目を『普通教育学要義』（開発社、一九〇〇年）などの自著に基づいて講義したようです。総教習兼教育学教員としての貢献を認められた中島の年俸は、当時の日本の衆議院議員の一・七倍に相当するほどに優遇されており、これを節約して中島は後に二年間のドイツ留学を実現しました。また、中島の在職中、明治四二年（一九〇九）の北洋師範学堂の教職員総数は四二名で、日本人教習は開堂時の六名から九名になっています（総数では一四名）。ちなみに、吉野作造も天津の北洋法政学堂の教習を務めましたし、明治三二年（一八九九）には高橋力と豊岡保平の二人の熊本びとが「東文」を教授する東文学舎を天津に開設していました。

中島は北洋師範学堂時代に各省に滞在する日本人教習や各地の領事などに調査票を送って、西洋人と日本人が新たに設けた教育施設や雇傭教師の実態調査を進め、帰国直後の明治四三年（一九一〇）に『日清間の教育関係』として纏め、自費出版しています。その出版目的については「清国教育の発達を希《ねが》い、その教育と我国教育との関係の今日より一層親善に赴かんことを望む」（一頁）と記しています。さらに、自らの中国での教育体験を踏まえて『東洋教育史』（早稲田出版部、一九一〇年）を著します。中島は北洋師範学堂第一回卒業生約三〇〇名を送り出した後に帰国しますが、三年二カ月におよぶ在職中は「一意、該学堂の為に尽し、聊《いささ》か清国教育の発達に尽さんとする志」（前掲『日清間の教育関係』一頁）をもって職務を果たしたと記しています。

教育学者としての中島は、東京専門学校卒業後にはヘルバルト主義教育学の紹介に努め、ドイツ留学後はドイツにおける人格主義教育に着目して『人格主義教育の思潮』（同文館、一九一四年）、『人格的教育学と我国の教育』（同文館、一九一五年）を発表します。これらの著作は、芸術教育や自由教育などの大正期の「新教育運動」にも大きな影響を与えました。また、教育者としては早稲田大学高等師範部部長を長く務め、大正九年（一九二〇）には早稲田高等学院の初代院長に就いています。中島の伝記としては、古城貞吉「中島素水傳」（『迴瀾集』第二篇、一九三五年）もあります。

なお、ここで確認しておきたいのは、袁世凱が清末の新政改革で果たした役割です。袁世凱は、朝鮮をめぐって日清間の対立の前面に立ち、明治一五年（一八八二）の壬午軍乱や明治一七年（一八八四）の甲申政変を機に朝鮮の属国化を進めました。また、明治三一年（一八九八）の戊戌の政変では変法維新派を当初は支持していたものの、最終局面では弾圧する側に回りました。さらに、中華民国の大総統の地位を孫文から奪い、後には皇帝に即位する動きをみせるなど、専制的なイメージがあります。しかし、清末には李鴻章の後を受けて北洋大臣（直隷・山東・遼寧三省の外交・通商を管轄）として教育制度改革にも着手し、天津のほか保定にも師範学校を設立し、東文学習のために保定公立東文学堂も開校しています。この保定公立東文学堂には、中島裁之の北京東文学社で教師を務めていた剣持百喜らが招かれています。袁世凱は、保定公立東文学堂の卒業生を二年で修了させて日本に留学させる予定でした。中島裁之の北京東文学社を支援したことも、既に述べた通りです。袁世凱は、こうした教育改革のみならずドイツ式軍制の採用を推進するなどの軍隊の改革も積極的に進めました。清末から民国初期にかけての袁世凱の政治力の背景には、この「新建陸軍」＝「新軍」を基盤とする北洋軍閥[107]にありました。袁世凱についての歴史的評価は、中国でも未だ確定してはいませんが、教育改革において日本人教習と協働する一面があったことは否定できないかと思われます。

袁世凱と日本人教習の関係は、山東省師範学校総教習として招聘された熊本びとである内堀維文《うちぼりこれぶみ》（一八七二〜一九三三）についても見出すことができます。

内堀については、千五百頁に及ぶ法本義弘編『内堀維文遺稿並傳』（内堀維文遺稿並傳刊行会、一九三五年。以下『内堀傳』と略）が刊行されており、その事績や思想を知ることができます。内堀は玉名郡南関町生まれ、四歳の時に両親が離婚したため祖父に育てられましたが、困窮する家計の中、官費で小遣いまで支給されたことから、熊本県尋常師範学校に進みます。卒業後は玉名郡の高等小学校の訓導を務めた後、二三歳で東京高等師範学校文科に入り、卒業とともに同校に就職して教諭となります。

そして、明治三六年（一九〇三）に清国政府の招聘に応じて、山東省師範学校総教習として済南に赴くことになります。内堀は、『中学漢文入門教授法』（金港堂、一九〇〇年）や『新體漢文讀本』（金港堂書籍、一九〇三年）などの編著を公刊しており、漢文教育を専門としていました。また、後に『実用教育学――教育教科』（晩成処、一九〇五年）などに纏められるように教育教科のあり方についても研究を進めていたことが、中国で新たに師範学校を開校する際の責任者として招かれた要因となったと思われます。内堀は、東京高等師範学校で嘉納治五郎校長の要請によって、明治三三年（一九〇〇）ごろから中国からの留学生を指導しており、その体験もあって招聘に応じたものと思われます。

招聘にあたって内堀に白羽の矢を立てたのは、袁世凱の学務顧問であった渡辺龍聖でした。袁世凱は保定での師範学校が成果を挙げているとの進言を受けて、山東省にも師範学校を設置することとし、日本から招聘する教習の人選を渡辺に託しました。渡辺は内堀よりも二〇歳ほど年長でしたが、東京高等師範学校で同じく教鞭をとっていたこともあって、内堀の学識に期待したようです。内堀も清国における教育事業に関心をもっており、漢文教育の専門家として孔子・孟子を生んだ鄒魯《すうろ》の地（山東省の別名）に招かれたことを名誉と感じていたようです。内堀は明治三六年（一九〇三）に山東省済南府師範学堂総教習となり、明治四二年（一九〇九）に帰国するまで六年間務めます。当初の師範学堂生は、教師経験者から選抜されましたが、年齢も二六歳から四〇歳におよび学歴なども様々でした。内堀は外国語学校卒業生の宅野潔《たくのきよし》を通訳とし、倫理学・心理学・論理学・教育学を教えています。内堀は漢文によって意思疎通をおこないながら、四書五経を暗誦している学生から古典の用法などについて教えられる好機ともなったと回顧しています。また、日本への修学旅行に同伴しながら、中国人学生の忌憚ない日本観について知ることになります。

内堀が赴任した当時の山東半島は、一八九八年にドイツが青島を租借して鉄道敷設などに着手したばかりで交通の便も悪く、内堀は北京から済南府に入っています。日本人も二人しか在留していない状況で、内堀は外務省の依頼をうけて在留日本人の世話人役も兼ねていましたが、その後は師範学堂のほかに法政学堂や農林学堂そして警察学堂などが次々に開設されて日本人教習が招かれることになります。さらに、日華公司などの商店や三井物産の出張員なども済南に居住し始めたことから、明治四〇年（一九〇七）に結成された済南日本人会の初代会長となりました。内堀は日本人教習を代表して、袁世凱に教員補充や加俸について申請書を出すなど教育改革について進言もおこなっています。

そして、帰国後は神奈川・静岡・長野などの県立師範学校校長として務めましたが、日本人教習の経験をもち、教育界における「支那通」として知られていたことから、大正六年（一九一七）に満鉄に招聘されることになります。内堀は日本人が満洲で働くためには満洲の人と物とに通じることが不可欠であり、そのためには幼少から同じ校舎で起居を共にして学ぶ制度を採ることを進言します。「かかる自然的接触より醸成するに非ずんば互いに意志の疎通、感情の融和を計り、将来互いに相提携し、肝胆相照らし、以て日満人共同して満洲の経営に当ることは出来ぬ。たとえ出来ても円満に仕事をなすことは出来ぬ」（前掲『内堀傳』八一〇頁）との考えでしたが、共学用校舎が完成間近になって父兄の反対もあって別学とすることに決定してしまいます。このため内堀は中国人子弟を教育する南満中学堂の堂長と日本人子弟を教育する奉天中学校の校長に就くことになりました。こうした内堀の共学方針は、満鉄との対立を生み、内堀は大正一二年（一九二三）に日満子弟の共学を条件として旅順工科大学教授に転じ、関東庁中学校校長と旅順第二中学校長を兼任します。しかし、大正一三年（一九二四）に旅順工科大学廃止の方針が加藤高明内閣によって出されたため、反対運動の先頭に立ち、これを覆しています。

昭和三年（一九二八）に帰国し、大東文化学院教授となりますが、財団法人・日華学会の日華学報部主任や満鉄嘱託として中国人留学生監督なども兼務しています。

内堀は、日本国内では東京高等師範学校教諭のほか神奈川・静岡・長野などの県立師範学校校長として計一二年務めましたが、満洲を含む中国で教育に携わった期間は合わせて一七年に達しました。そして、満洲国建国後は文教部顧問として赴任することになっていましたが、昭和八年（一九三三）元旦に急逝したために実現しませんでした。

内堀の教育理念が、儒教的な王道主義の達成にあったことは確かですが、同時に四海同胞主義に立つ人種・民族平等観も強く主張しています。満洲で日中共学を推し進めようとしたのも、その現れでしたが、長年にわたる中国での教習体験から内堀は日本人の差別意識に対して憂慮していました。この問題に関しては、「支那人に対する日本人の態度を改良する方案」（前掲『内堀傳』九三四〜九四一頁）という論稿のなかで、中国人に対する日本人の態度が「奴隷視して、同情もなく、傲慢で二言目には鉄拳を振るい、利益を尊重せず、その心事は冷酷なり」と断じ、その歴史的な考察もおこなったうえで「人類平等の義に徹して、博愛を旨とすること」「友邦を尊重するの義に徹して、知らざるは教えられ、知りたるは教うること」などの九項目を実行することを提言していました。そして、この日本人の態度を改めるべき地域として、中国だけではなく、台湾や朝鮮なども挙げています。他方、「支那民族の積極性」（『内堀傳』では「支那民族の長」と改題）では、中国民族の商人や外交家としての素質は世界的であり、国家や政府は弱者であっても民族としては決して弱者ではなく、「自主自営の民」として「強者の中の強者である」と評価しています。そして、中国民族の「本質は侵略的ではない」ものの、「誠を体とし、仁を用とする王道に基づかざる限り、彼らの積極性も支離滅裂となって了《しま》う」として、日中両民族が王道主義を体得することによって世界的な文明に共に貢献できるであろうと切言していました。

　内堀は、こうした自らが信じる王道主義と四海同胞主義の実現を、「五族協和・王道楽土」を謳う満洲国に期待します。内堀が熊本県教育会でおこなった講演「新満洲国」は『内堀傳』で一一五頁におよぶ長大なものでした。そして、絶筆となった「満洲国の将来と其教育」（一九三二年一二月七日。『内堀傳』一四一九〜一四四三頁）では「王道主義は人道主義である。人間性を善視する政治理想の上に立つ仁政、即ち徳治主義の政治である。従って王道政治は、平和主義であり、自由主義であり、人種民族一視同仁の協和主義である」として満洲国の建国理念が定義されています。内堀は、さらに「王道政治は人民の自治を尊重する」「満洲人は、植民地的教育を施さるることを、絶対に拒絶せんとして居る」など、一四項目にわたって満洲国における政治と教育のあるべき方向を示しています。

　内堀が満洲国に赴いて、これらの指針をもって教育を指導することは結局、叶いませんでした。

　しかし、その理想を理想として抱いたまま逝ったことは、あるいは内堀にとって幸福なことだったのかもしれません。

三一　北方のアジア――シベリア、満洲へ

――上野岩太郎・可徳乾三・阿倍野利恭・上田仙太郎・石光真清

さて、ここでもう一度、世界地図を思い浮かべてみたいと思います。

熊本びとが渡っていった朝鮮半島や中国の北方には、ロシアがあります。ロシアとの関係は近現代日本にとって重要な意味をもってきました。明治三七年（一九〇四）には日露戦争を戦い、昭和二〇年（一九四五）には満洲国や樺太そしてクーリル諸島でも戦い、平和条約の締結は未だ実現していません。

そして、「シベリアは、アジアでしょうか?」という質問をすると、多くの人がそうではないと答えられることでしょう。もちろん、ヨーロッパとアジアとの境界線をどこに引くのかは、便宜的なものであり、一義的に決まるものではありません。ただ、ウラル山脈を境界とするという標識もロシアには建てられていますし、ロシアでもそのように考えられているようです。そして、日本ではヨーロッパに属するロシア領を「ヨーロッパ・ロシア」と呼ぶこともありますが、アジアに属する空間を「アジア・ロシア」とは呼ばないようです。ロシア語でもヨーロッパとアジアとの部分を敢えて使いわける用語法はないとのことです。それに対し、私たち日本人の多くは、ロシアのアジア部分をシベリアないし極東と呼び慣らわしてきているということのようです。

そのシベリアや極東という空間は、熊本がある九州からは最も空間的には遠いアジアであったはずですが、ウラジオストクを最も近いヨーロッパないしヨーロッパへの入り口と感じていた熊本びとも明治時代には少なくありませんでした。そして、何よりも日本にとって最大の軍事的脅威であるロシアにつ

いての情報を収集するために、ウラジオストクは重要な窓口となっていました。

そうしたウラジオストクの状況を鮮やかに描き出しているのが、石光真清『曠野の花』です。そこには明治三二年（一八九九）八月、日本郵船の相模丸から下船した石光や日本郵船社長の近藤康平のほかに、平服の田村怡与造《たむらいよぞう》参謀本部第一部長や町田経宇《まちだけいう》大尉が含まれていました。石光は私費による語学留学が目的でしたが、情報収集をおこなうために上陸直後に出会ったのが清水松月という僧名で西本願寺ウラジオストク出張所を拠点に諜報活動をしていた花田仲之助《はなだなかのすけ》少佐でした。鹿児島出身の花田は、日露戦争が起こるとロシア軍による満洲馬賊工作に対抗すべく、満洲義軍を組織してロシア軍の後方攪乱と兵站《へいたん》破壊を展開し、中国人からは「花大人《ホアターレン》」と呼ばれることになります。

また、新聞社の特派員として日本新聞の井上亀六（後に政教社社主、政治学者・丸山眞男の伯父）、大阪毎日新聞の松島宗衛、国民新聞の上野岩太郎、朝日新聞の阿倍野利恭がいたということを記した石光は、阿部野だけを「私と同郷の熊本市出身」と書いています。しかし、実は、松島宗衛も上野岩太郎も熊本びとでした。

松島宗衛《まつしましゅうえ》（一八七一～一九三五、名は「むねえ」とも呼ばれた）は熊本県八代郡徳淵町（現在の八代市）に生まれ、長崎英学校や西本願寺文学寮などに学んだ後に東京専門学校を卒業しています。そして、九州日日新聞に入って日清戦争では記者として従軍し、戦後は熊本で九州セメント会社の副支配人になります。明治三二年（一八九九）に東京日日新聞社に入り、北京特派員となります。石光が出会った時に大阪毎日新聞とどのような関係であったのかは未詳ですが、日露戦争が起こると営口の満洲日報社で副社長を務め、その後は明治四二年（一九〇九）に香港で『香港日報』を創刊しています。そして、大正一〇年（一九二一）に帰国して金雞学院《きんけいがくいん》の教授となっています。頭山満に私淑し、横川省三とは刎頸《ふんけい》の交わりがあったことから、その伝記『烈士横川省三』（烈士横川省三銅像建設会、一九二八年）も著しています。陽明学に造詣が深く、『清朝末路秘史』（大星社、一九二五年）のほか景慕する明時代の陳白沙《ちんはくさ》について『真儒陳白沙』（金雞学院、一九三二年）などの著書があります。

上野岩太郎についても石光は正確に知らなかったようですが、当時は国民新聞の特派員ではなかったはずです。上野岩太郎（一八六七～一九二五、旧姓・野口。号は靺鞨《まっかつ》）は、熊本市新屋敷に生まれ、共立学舎で徳富一敬から漢学を、また大江義塾で徳富蘇峰に英学などを学び、光永星郎と相携えて上京しました。そして、星亭の書生となり、徳富蘇峰が民友社を興すと社員となり、『国民新聞』記者となります。その後、明治二二年（一八八九）に村山龍平の大阪公論社に入り、明治二三年（一八九〇）には大阪朝日新聞に転じます。そして、日清戦争に従軍して筆陣を張り、「靺鞨生《まっかつ》」の号で知られることになります。一時は光永星郎らと『めざまし新聞』にも携わりましたが、廃刊後は『東京朝日新聞』の初代北京特派員となり、北清事変や日露戦争に従軍して戦況報道に従事しました。ちなみに、日露戦争に従軍した上野が遼陽で撮った戦地写真は『朝日新聞』（一九〇四年九月三〇日）で最初に掲載された写真となります。また、明治二八年（一八九五）からはウラジオストク特派員としてロシアによるハルビン建設の状況などを報道しました。ハルビン建設については、小越平陸《おごしへいりく》の『白山黒水録』（善隣書院、一九〇一年）がロシアの東方経略を探求した先駆けとして洛陽の紙価を高めましたが、その情報の多くは上野から提供されたものでした。

このように上野は、筆名を使いながらウラジオストクやハルビンなどでのロシア情報の収集と透徹した分析で成果を挙げましたが、明治三八年（一九〇五）には内田康哉公使の依頼を受けて『順天時報』の社長となります。『順天時報』は東亜同文会が明治三四年（一九〇一）に中島真雄に創刊させた漢字新聞で、紙名は北京地方を指す順天府から取られたものです。日本の外務省から資金援助を受けて昭和五年（一九三〇）まで刊行されました。上野は明治四三年（一九一〇）に『順天時報』を退き、帰国後の明治四四年（一九一一）に雑誌『新公論』を創刊して中国問題を論じ、さらに小川平吉らによって設立された日支共同通信社の事業も支えるなど、一貫してアジア報道で筆鋒を揮いました。

また、石光真清が同郷と特記した阿倍野利恭については、「当時農商務省の練習生であるとともに朝日新聞の通信員を兼ね、かたがた熊本茶業組合の出張員の資格で細々ながら紅茶輸出の仕事もしていた」と『曠野の花』では書かれています。一読しただけでは、素通りしてしまいがちな叙述ですが、「農商務省の練習生」で「熊本茶業組合の出張員の資格で紅茶輸出の仕事もしていた」という事実からは、熊本とシベリアの重要な関係が浮かび上がってくるはずです。

まず、なぜ農商務省と熊本の紅茶輸出とが関連してくるのでしょうか。

その鍵は、農商務省次官を務めた前田正名《まえだまさな》にあります。生涯を在来産業の育成に捧げて「布衣《ほい》（官位の無い）の農相」と呼ばれた前田は、在職中に全国を行脚して国内産業の実情を調査しましたが、輸出産業としての茶業に着目し、関東・関西では緑茶を、九州・四国では紅茶の製造に重点を置くことを説きます。これに応じて、各地に茶業組合が結成されますが、紅茶の販路としてはロシアが有望でしたから、ウラジオストクと航路のある長崎に九州茶業会の本部が置かれました。

問題は、九州・四国で重点生産されるはずの紅茶の製法でした。その製法を発明したのが可徳乾三《かとくけんぞう》（一八五四〜一九二六）です。可徳は熊本県菊池郡合志村《こうし》（現在の合志市）に可徳庄吾の三男として生まれました。庄吾は日本の経済的発展のためには養蚕と製茶を二大産業として育成することが不可欠だと考えて次男には養蚕を、三男の乾三には茶業を生業とさせます。庄吾は自らも茶業振興のため、明治七年（一八七四）に農商務省勧業寮が作った山鹿茶業講習所に講習生として入所します。しかし、庄吾が病に倒れたため、乾三が入所することになります。この山鹿茶業講習所は、その後に紅茶伝習所と改められますが、これは中国式の紅茶製法を教えるために中国人を講師に迎えて日本で初めて設けられたものでした。

その後、可徳は熊本県球磨郡人吉町や高知にあった勧業寮製茶伝習所などでも紅茶の製法を学び、明治一一年（一八七八）には横浜の外国商館で紅茶の再製法や荷造り法などの技術を習得しました。可徳は九州山脈に自生する「ヤマチャ」を原料に紅茶を製造して輸出するための会社として明治一二年（一八七九）に不知火社を設立、さらに明治一四年（一八八一）には横浜の日本紅茶直輸会社の創立にもかかわります。そして、国内主要産地二〇余カ所に製茶場を設立しました。しかし、セイロン紅茶などに圧迫されて失敗し、家産の大半を失ってしまいます。可徳は、さらなる品質向上をめざして、明治二〇年（一八八八）に中国に渡り、湖北や江西などを回って紅茶製法の調査研究を進めます。その結果、考案したのが「袋踏法」と呼ばれるもので、これによって紅茶生産に一大革新がもたらされ、全国の紅茶製造業者も採用することになります。こうして一躍注目されることになった「肥後紅茶」や磚茶《だんちゃ》(108)はイギリスにも輸出されましたが、より近く、そしてより大量の消費が見込まれたのがロシアでした。明治二九年（一八九六）、可徳は九州茶業会の委嘱をうけてロシアへの紅茶販路開拓のためにシベリアへ渡ります。その時に同行したのが中川正平や阿倍野利恭などでした。可徳たち一行は、ウラジオストクからハバロフスク、ニコライエフスク、ブラゴヴェシチェンスク、イルクーツクなどを巡ります。さらに、可徳は明治三一年（一八九八）に自費で再びロシアに渡り、チタや海拉爾《ハイラル》など、シベリアからモンゴルにかけて紅茶や磚茶などの試飲販売をおこなった後に、ウラジオストクに戻ります。そして茶業組合中央会の要請を受けてウラジオストク出張所の開設を担当し、常務員として二年半にわたって日本産紅茶の普及・販売活動を続けました。さらに、ハバロフスクには可徳商店を開業しますが、その経営を任されたのはロシア語と貿易実務を研修するために渡航していた四名の熊本びとでした。

明治三二年（一八九九）に帰国した可徳は、九州製茶輸出業会の取締となって輸出振興に奮闘するとともに、自らの肥後製茶合資会社（後に株式会社）でも紅茶・緑茶の販売網をシベリアに広げていきます。しかし、日露戦争で国交が途絶えたことによって受注が止まり、大打撃を受けることになってしまいました。日露戦争後の明治四〇年（一九〇七）、可徳は再び茶業組合の派遣員となって、酷寒の中、シベリアおよびモンゴルでの販路拡張の調査を進めました。さらに、明治四二年（一九〇九）には、中国における紅茶や磚茶の名産地として知られる漢口を訪ねて調査し、一層の製品改良を図ります。こうして輸出産業としての茶業の再建に努力しましたが、いずれも成果をあげることなく関連の会社は倒産ないし不振にあえぐことになってしまいました。可徳は再起を図るべく、今度は南下して台湾に渡り、日本台湾茶株式会社の技師として六年間勤務した後、晩年は桃園庁で梅花園茶舗を開いていましたが、その地で病没しています。

可徳の紅茶製法の発明は画期的なものであり、それによってシベリアやモンゴルへの輸出への道筋は開かれつつありました。もし、日露戦争がなかったならば、可徳の運命は変わっていたに違いありません。また、日本における紅茶輸出も可徳乾三の父・庄吾が思い描いていたようにシベリアやモンゴルにとどまらず、世界的な販路をもちえたかもしれません。現在でも世界における飲料茶の八割は、紅茶だからです。しかし、シベリアでの販売ができなくなったために紅茶産業は衰退し、さらに中国やインドで紅茶産業が発展したため、大正時代には生産されなくなってしまいました。もちろん、そうしたイフを並べたところで可徳にとっては何の慰みにもならないでしょう。

ただ、可徳が切り拓いた製茶業は、肥後製茶合資会社のパートナーであった中川正平《なかがわしょうへい》（一八四五～一九二二）によって緑茶製造において発展していきました。中川は、熊本県山鹿郡津留村（現在の山鹿市）に生まれ、明治六年（一八七三）には山鹿の震岳《ゆるぎだけ》山麓に二ヘクタールの茶木を植えて製茶に着手します。中川もまた紅茶伝習所で紅茶の製法を習得し、さらに可徳乾三と提携することによって肥後製茶合資会社では年間約七・五トンの紅茶や緑茶を生産しています。こうして生産された紅茶の輸出先として可徳乾三らとシベリアでの販路開拓を進めたわけです。ただ、中川は緑茶の製造も重視し、明治一四年（一八八一）には静岡式緑茶製造法によって増産を図るため、自ら伝習所を建てて所長となり技術者の育成を図りました。中川は紅茶の輸出が不振になると緑茶の輸出へと力点を移し、輸出のための便宜を考えて、熊本市川尻に肥後製茶社を興しています。晩年は、輸出用緑茶としての岳間茶《たけまちゃ》のさらなる品質向上のための研究に努めていました。

以上の経緯を踏まえれば、阿倍野利恭《あべのとしやす》（一八七〇～一九五〇）が「農商務省の練習生」で「熊本茶業組合の出張員の資格で紅茶輸出の仕事もしていた」と石光真清が記した意味も明らかになると思います。阿倍野は可徳乾三や中川正平らに伴われてシベリアでの販路調査をおこない、ウラジオストクに茶業組合中央会が開設した出張所で、熊本茶業組合からの出張員として務めていたということです。阿倍野は、可徳所長の下で所員・通訳とし

図28　ハルビンに出発前の記念写真。向かって右から秋山運次郎、前は武藤信義、その後は阿倍野利恭、左端は石光真清

て従事しながら、可徳が不在の時も出張所に務めており、「農商務省の練習生」というのは、紅茶の輸出・販売をおこなうために語学と実務の研修を農商務省の補助を得ておこなっていたことを指すものと思われます。

阿倍野は熊本市法念寺町（現在の水道町）に生まれ、中島半次郎や上田仙太郎などと数学塾・鵬翼舎で共に学んでいます。済々黌を中退して上京、和仏法律学校（現在の法政大学）を卒業した後に長崎の九州茶業組合の書記となります。阿倍野がなぜ九州茶業組合の書記となったかは、不明ですが、おそらく済々黌の同窓生であった上田仙太郎と同じくロシアへ渡って情報収集をおこなうための方便であったと思われます。ロシア語の修得も、紅茶販売そのものが目的ではなかったはずです。実際、阿倍野は花田仲之助と一緒にロシア人女性からロシア語を習い、ハバロフスクなどでの布教に同道していますし、さらに石光真清や武藤信義《むとうのぶよし》少佐らとハルビンまで共に諜報活動に従事しています。阿倍野はさらに、シベリアや満洲でロシア情報の収集を続けます。可徳乾三がハバロフスクに開いた可徳商会も、阿倍野が紅茶販売のかたわら諜報活動をおこなうために使われていました。その後、阿部野は宗方小太郎から関東州方面の諜報任務を分担することを指示され、旅順と遼陽に雑貨店などを開きます。その店は営口や北京などで諜報活動をおこなっていた人々や中国革命を支援する人々が、連絡を取り合う拠点として利用されています。

日露戦争が勃発すると阿倍野は、第三師団付一等通訳官として従軍しますが、戦病で名古屋の陸軍病院で療養中に終戦となりました。戦後、佐々友房らと協議して漁業権を獲得した旅順・大連で漁業会社を設立し、天草の漁民団を率いて旅順に移住しています。そして、水揚げされた魚介類を売りさばくために大連中央魚市場を開設します。しかし、明治四一年（一九〇八）には熊本に帰って、再び茶業振興に取り組み、熊本県茶業組合長となり、九州磚茶株式会社を創業しています。可徳乾三らを助けて、不振に陥った紅茶や磚茶の輸出を再興する意図であったと思われますが、結果的には自らも多額の負債を抱えてしまうことになってしまいます。

明治四二年（一九〇九）には、宗方小太郎や井手三郎らと東亜同志会を結成して、東アジアに関心をもつ熊本びとの結集を図りますが、阿倍野自身は中国革命などの政治問題だけに埋没しない経済的知識をもった人材の育成を重視するようになります。さらに、アメリカでの日本人移民排斥などが問題化するなかで、東アジアに移民や植民を派遣するための調査や宣伝活動をおこなうために大正三年（一九一四）に中島裁之らと東亜通商協会を組織しますが、これは南米などにも対象を広げることによって熊本海外協会と改められ、阿倍野が理事長に就きます。

そして、昭和一二年（一九三七）に盧溝橋事件が起き、日中戦争が始まると緒方二三や平山岩彦らと中国語学校の設立に着手します。その後、中国語学校は、中国語を中心とする東洋語専門学校へと構想が広がりますが、資金調達は順調にいかず、ようやく山下汽船の山下亀太郎や熊本雷気会社からの寄付を得て創設に至り、阿倍野が初代校長に、安達謙藏が名誉校長に就きます（↓一〇七頁）。このとき済々黌の教師であった岩下雄二（後、熊本日日新聞社会長）

図29　上田仙太郎の胸像（朝倉文夫・作）と狩野直喜による撰文額

と松村武雄（後、熊本学園理事長）が教員として参加しています。

石光真清よりも三歳年下であった阿倍野を石光は「同郷の親友」と呼んでいますが、阿倍野も日露戦争後は隠れるように暮らしていた石光に対する敬愛を失うことなく、上京するたびに石光宅を訪れています。お決まりのお土産は、熊本名産の「朝鮮飴」で、阿倍野は石光家の子どもたちから「アメノオジサマ」と呼ばれて慕われました。姓の「アベノ」を「飴野」とかけて面白がっていたのかも知れません。

その阿倍野の親友であったのが、「仙骨外交官」と渾名された上田仙太郎（一八六七～一九四〇）です。仙骨とは、名前の仙太郎をもじったものでしょうが、仙人の骨相をした並々ならぬ風貌を意味します。上田は熊本県鹿本郡桜井村（現在、熊本市北区）に生まれ、済々黌に学びますが、井上毅や佐々友房が奨励するドイツ学を学ぶために明治二一年（一八八八）に上京します[109]。そして、有斐学舎から独逸学協会学校に通ってドイツ語を習得しますが、関心はロシア研究に向かい、ドイツ語と併せてロシア語を学びます。この間、済々黌と有斐学舎で親交を結んだのが狩野直喜でした。狩野は上田の「友人」として上田の墓石や昭和一九年（一九四四）に外務省で功績を称えて胸像が作成された際には題字と撰文を書いていますが、狩野は上田の訥弁と繊細な心遣いを「口訥而心細」と評しています。

上田は明治二八年（一八九五）七月に独逸学協会学校を卒業しますが、この年の五月まさに日本は三国干渉を受け入れて遼東半島還付の勅諭が出されていました。来たるべきロシアとの戦争を期して、臥薪嘗胆が合い言葉となり、ロシアの国情や軍備に関する研究の必要性が叫ばれていました。ロシアを研究すること自体が、「征露の志」と呼ばれる時代思潮のただ中にあったわけです。そのため外務省もロシア留学生を募集し、上田も応募しますが、面接試験でロシア語ができるかと問われた上田は、既にロシア語を学んでいたにもかかわらず、熊本弁で「いっちょん、できまっせん（全くできない）」と答えて不合格になってしまいます。おそらく、ロシア体験がない以上、本当にロシア語ができるかどうかなど分からないということだったのでしょうが、普通なら「少しならできます」と答えるところを、このように答えるところが上田の真骨頂《しんこつちょう》であったというのが、上田を知る人たちが一致して認めるところです。そして、白か黒かをはっきりさせないと済まない性格でありながら、議論の際には生来の訥弁もあって自己演出ができなかったことが外務省での昇進を妨げたとも言われています。

それはともあれ、外務省留学生に採用されなかった上田でしたが、ロシア研究の決意は揺るがず、その執念に動かされた清浦奎吾や池辺三山などの熊本びとの経済的支援をえて上田は明治二九年（一八九六）にロシア行きを決行します。ウラジオストクに渡った上田は、約三カ月にわたってシベリア横断の徒歩旅行を続けます。シベリア横断については、明治二五年（一八九二）から翌年にかけての福島安正《ふくしまやすまさ》中佐による「シベリア単騎横断」が有名ですが、福島中佐が騎馬による横断だったことから「福島中佐は馬じゃけん、肥後の上田は徒歩じゃけん」とも歌われたそうです。サンクトペテルブルグにたどり着いたものの、住む場所にも困った上田は佐々友房の甥で済々黌出身の吉岡範策《よしおかはんさく》（後に海軍中将）の紹介で公使館付き武官であった広瀬武夫と同じ下宿で勉学生活を続けることになります。

上田が四年間の苦学の末、ペテルブルグ大学に入学したのは、明治三三年（一九〇〇）のことでしたが、そこで同級生だったのがレーニンでした。「彼はすばしこくてコマネズミのようだった。また彼は泥棒の親分のような奴だった」と洩らしながらも、上田はどこかレーニンに惹かれるところがあったようです。

明治三六年（一九〇三）にペテルブルグ大学法科を卒業しますが、無職のまま日露戦争を前に明石元二郎大佐の下で諜報・謀略活動に従事することになります。駐露大使館付武官として赴任した明石は、上田からロシア語やロシア事情を学んでいますし、謀略活動においては上田がレーニンなどの革命派から情報を得ることができたことが重要な意味をもちました。そして、明治三八年（一九〇五）に外務省三等通訳生として採用され、ドイツ在勤となりますが、明治三九年（一九〇六）には駐露大使館員となって日露戦後の関係修復に努めていきます。その後、ポーランドやスウェーデン、ペルシャなどに勤務しましたが、ロシア（ソ連）での在勤期間は一八年におよびました。

上田は外務省でも「ロシア通」で「ノンキャリア外交官の鑑」と呼ばれましたが、その本領を発揮したのは、ロシア革命についての見とおしでした。当時の駐露大使は本野一郎で、本野大使は革命の可能性を否定していましたが、上田はロシア革命の成功を主張して、その対策の必要性を訴えていました。そして、大正六年（一九一七）二月に内田康哉が大使として赴任すると、内田を支えてロシア革命への善後策を進言します。ちなみに内田に対する信認状捧呈に現れたニコライ二世の軍服姿が公式儀式でみた皇帝として最後のものであった、と外交官補として勤務していた芦田均《あしだひとし》は回顧しています。

着任一カ月でロシア革命に直面した内田大使は同郷の上田の意見を入れて臨時政府の早期承認を求める「私見披瀝」を、帰任して外務大臣に就いた本野一郎に送ります。しかし、帝政ロシア高官に知己が多く、革命の可能性を否定していた本野外相との意見の食い違いをうみ、日本の臨時政府承認は各国に遅れを取ることになりました。ただし、上田も第一次世界大戦の続行を唱えるケレンスキー内閣の基盤はきわめて脆弱であるとみており、結果的に十月革命によってレーニン率いるボリシェヴィキが政権を取ることになります。しかし、ロシアの戦線離脱とドイツとの講和を恐れた日本では、ボリシェヴィキを「過激派」として排撃する論調が支配的でした。そして、大正六年一二月にロシアがドイツとブレスト・リトフスク休戦条約締結交渉に入ると、日本は居留民保護という名目で大正七年（一九一八）一月、軍艦・石見《いわみ》と朝日をウラジオストクに派遣し、日本兵を上陸させます。また、セミョーノフ政権などを建てて反ボリシェヴィキ工作を進めます。こうした日本政府の動きに対して、上田は日々政権基盤を固めつつあるボリシェヴィキ政権の帰趨《きすう》が明らかになるまで日本は中立を守るべきであると主張します。そして、日本がシベリアに出兵し、反ボリシェヴィキ工作をおこなうことはシベリアに対してドイツや連合国諸国の注目をかえって集めることになり日本外交にとっては有害無益だとして強く反対し、軍艦を召還することが得策であり、「露国の内政に干渉することは危険なり」と進言していました。

こうした上田の見方は、内田康哉も共有したものであり、内田は日本の新聞各紙がボリシェヴィキを「過激派」として非難する報道は著しくレーニン政権に反感を与え、ウラジオストクへの軍艦派遣も一方ならずロシア国民を憤慨させており、在留邦人が危害を被らないためには日本の報道機関が悪罵攻撃をやめることを希望していると述べていました。しかし、こうした上田や内田の見方は、本野の後を継いで外相となった後藤新平との対立を招き、内田は病気を理由に大使を免ぜられてしまいます。結果的に上田や内田らが現地情勢の分析に基づいて進言したシベリア出兵反対論は斥けられ、ニコライエフスク事件などの惨事を引き起こすなど「外交史上稀にみる失敗」（加藤高明）と評される結果に終わりました（第一次世界大戦における日本の世界史的位相については、拙著『複合戦争と総力戦の断層――日本にとっての第一次世界大戦』人文書院、二〇一一年、参照）。

しかし、シベリア出兵が引き金となった米騒動によって寺内正毅内閣が原敬内閣に代わると、原は「親友の間柄」という内田を外相に起用し、第一次世界大戦後の世界的な「新外交」時代に対応していくことになります。そして、大正一一年（一九二二）、上田はシベリアやサハリンそして満洲の現地調査に派遣され、その報告などをもとに内田外相はシベリア撤兵を議会に諮ります。内田は同年六月二二日の日記に、「さる（大正）七年、辞職して反対せる西比利亜《シベリア》出兵、不思議にも自分の手にてその撤兵を終了せしむることになれり」と記しています。

他方、上田もヴェルサイユ講和会議に派遣され、後に首相となる吉田茂らとともに「平和条約実施委員」に任じられています。さらに、大正八年（一九一九）には「露国飢餓研究会委員」として、ロシア国民を飢餓状況から救うために尽力します。上田はその後、「反ソ主義者」としても知られることになりますが、それは上田がポーランドやラトビアなどに勤務するなかで、一九一八年に独立を回復したにもかかわらずソ連による圧迫に憤りを感じるようになっていたからです。何よりも上田の「反ソ主義」とは、共産主義を掲げながら国民を飢餓状態に陥れているソ連政府とソ連共産党は正統性をもたず、世界革命を唱えて内政干渉を当然視する外交政策は国際政治に災厄を及ぼす危険性があるというものでした。その反面で、日本はシベリアやサハリンそして北洋に利権を拡張しながら、採算主義をとって打算的な対応をするのではなく、燃料・食糧問題など踏まえて国家百年の大計をもって対ソ連政策を取らなければ大きな失敗を招くこと、またシベリア対策は併合した後の朝鮮半島の動向にも深甚な影響を及ぼすことなどについても警鐘を鳴らしていました。

さらに、上田はラトビアのリガに日本公使館を設置することを大正一三年（一九二四）に外務大臣宛に願い出ます。これは第一次世界大戦の結果、バルト海沿岸が「第二のバルカン半島」に化すことへの警戒に基づくものであり、またソ連情報を得るための便宜を考慮したものでした。日本ではほとんど意識にさえ入っていなかったバルト三国に着目していたことは外交官としての上田の見識を示しています。上田は代理公使に任命され、四年にわたってラトビアとの国交親善のために尽力しました。

上田の個人的な交友としては、日露戦争後に朝日新聞特派員としてサンクトペテルブルグに赴いた二葉亭四迷や英利世夫と自称していたロシア人エリセーエフ（Sergei G. Eliseev）との親交があります。エリセーエフはベルリン大学留学時に新村出《しんむらいずる》に出会って日本文化への興味を深め、東京帝国大学国文科に留学します。そして、在日中には夏目漱石や小宮豊隆らの木曜会にも足を運んでいます。帰国後にペテルブルグ大学で日本語講師となって上田とも交流しています。ロシア革命によって亡命を余儀なくされ、ソルボンヌ大学やハーバード大学で日本語・日本文学などの講座を担当し、エドウィン・ライシャワーやドナルド・キーンなどの日本研究者を育てました。

さて、明治二九年（一八九六）にロシアに渡ってから昭和一〇年（一九三五）に駐ソ日本大使館参事官を最後に依願退職するまで、上田は通算すれば二五年にわたってロシア・ソ連で過ごしました。その間、上田は明石元二郎や広瀬武夫や荒木貞夫などの駐在武官の情報収集・謀略活動を陰で支え続けましたが、その活動の詳細は上田が外務省に寄贈した著作や文書がすべて戦災で焼失してしまったため明らかにすることはできません。そして、明石や広瀬などのように軍部からの潤沢な資金援助をえることなく、まさに地べたを這うようにしながら情報収集活動にあたった石光真清《いしみつまきよ》も、もし真清の子息・真人《まひと》が、『城下の人』『曠野の花』『望郷の歌』『誰のために』という四部作を公にしなかったならば、その活動や人生は永久に知られることなく曠野に消え去っていたでしょう（これらの初刊は、『諜報記』（育英書院、一九四二年）、『城下の人』（二松堂、一九四三年）として上梓されていました）。ただし、この四部作はもともと発表を予定されたものではなく、死期に臨んで真清が焼却を図った原稿やその他の史料や聞き取りなどを元に真人が編んだものであり、全編が真清自筆のノンフィクションというわけではありません。

石光真清（一八六八〜一九四二）は現在の熊本城下本山村（現在の熊本市）に生まれました。父・真民は自らが学んだ栃原塾の栃原知定《とちはらともさだ》の妹・守家《もりえ》と結婚しています。栃原塾には北里柴三郎や本山彦一が学んでいます。真清の兄は恵比寿麦酒（後の日本麦酒）工場支配人となった真澄、弟が陸軍中将の真臣、叔父が陸軍主計総監の野田豁通《のだひろみち》（旧姓、石光）です。真清の妹・真都《マツ》は真澄の紹介で大日本麦酒常務を務めた橋本卯太郎に嫁ぎますが、その五男が厚生大臣や文部大臣などを務めた橋本龍伍《はしもとりょうご》で、その子どもが内閣総理大臣であった橋本龍太郎、高知県知事を務めた橋本大二郎になります。

石光真清は、本山小学校に通いますが、ここでは林田亀太郎（後の衆議院議長）らが最新式の教育方法をとったことから教育に熱心な父兄が子弟を入学させ、徳富健次郎（蘆花）、鳥居赫雄《とりいてるお》（素川）らが学友でした。その後、伯父・栃原知定が校長をしていた熊本県立中学校に進みますが、すぐに共立学舎に転校して光永星郎らと遊び友だちになります。真清は少年時代に神風連の挙兵に遭遇し、西南戦争では熊本城が焼け落ちて城下が炎上するさまを『城下の人』の中で活写しています。「城下の殆ど全部が見渡す限りの焦土と化して惨憺たる光景」となったわけですが、この焦土からの復興を期して佐々友房らは同心学舎を興したわけです。また、満洲国承認に関して満鉄総裁から外相に転じた内田康哉が昭和七年（一九三二）八月二五日に「国を焦土にしてもこの主張を徹する」としたうえで「私は焦土となることはないと思う」と答弁したことから「内田焦土外交」といわれるようになりますが、この焦土化した熊本城下を同志社での遊学から帰った内田も見ており、その悲惨さを身をもって知っていたのは内田その人であったはずです。なによりも西南戦争における氷川の戦いで内田の生家一帯も焦土と化していたのです。それではなぜ、内田がそのように答えたのか。それは質問者の森恪《もりかく》や中野正剛らが満洲国承認によってシベリアへと兵を進めることができなくなると危惧して内田に承認を遅らせようとしていると察知し、シベリア出兵を阻止するために、敢えて表明したものだったと外務次官であった有田八郎は『馬鹿八と人はいう』で断言しています。満洲から南下するだけでなくシベリアへと北上する動きを抑えるためには、閣議決定されていた満洲国という線で抑えるしかなかったということなのでしょう。

石光にとっても、この幼時に受けた戦禍の記憶は忘れ難く、また父との約束もあって軍人となるべく、上京して有斐学舎に入ります。そして、叔父の野田豁通が青森県知事時代に育英事業として会津藩士から県庁に給仕として採用し、軍人になっていた柴五郎（後の陸軍大将）の下に預けられます。石光真人が『ある明治人の記録——会津人柴五郎の遺書』（中公新書、一九七一年）をまとめたのは、この縁によるものです。石光真清は陸軍士官学校の幼年生徒隊（後の幼年学校）から士官学校に進みます。この間、朝鮮からの派遣留学生であった朴裕宏が、ドイツ人メレンドルフが朝鮮高官として士官学校を参観した際に、全校生徒の前に呼び出されて激励されたことを屈辱と感じて小銃自殺を遂げるという事件に遭遇します。朴にとっては外国人が自国の高官となって現われ、激励されたことは同期生に対しても上官に対しても顔向けできないほどの耐え難い仕打ちに他ならなかったのです。「朝鮮が弱小国で清国からは属国の扱いを受け、ロシアからは侵略の脅威の下」にあることの悲運は、日本にとっても無縁ではない事態として石光の胸中に生き続けることになります。また、「士官学校に在学中、薩長閥に非ざれば軍界における栄達はあり得ないと言われ、維新の大業に遅れをとった熊本出身者は、これに抗するため幾度か団結を計ったがまとまらなかった」ことを知らされて陸軍軍人としての昇進も断念します。そして、後に「軍神」と呼ばれた橘周太《たちばなしゅうた》の栄達など眼中にない真摯《しんし》な生き方を慕うようになります。

さらに、明治二四年（一八九二）の大津事件によってロシアの脅威を痛感したことから、ロシア研究を志すに至ります。この事件によって「あらためて母国を見直し、隣国の入道雲のような巨大な姿を仰ぎ見て心引締まるのを覚えた」、「思えば、これから十年の後、私がロシアの東亜征服の怒濤の中に飛びこみ、諜報任務のために、やむなく軍籍を退いて、思いがけない半生を過ごさねばならなかったのも、この時代に、すでに運命づけられていたのかも知れない」と石光は回顧することになります。

そして、陸軍中尉として日清戦争に参加し、台湾にも遠征します。台湾では「しばしば女兵の死体を見た。これを見るたびに、日本軍に対する住民の憎しみの強さを感じ、今後の戦いも容易ではないことを知った」といいます。帰国後、山野を血で染めた惨憺たる犠牲を見てきた石光にとって遼東半島を還付せざるをえなかったことは、抑えがたい悲憤とロシアに対する警戒心を更に高め、軍務のかたわらロシア語の学習に熱を入れていきます。当時、陸軍でロシア研究に着手していたのは、村田惇《むらたあつし》砲兵大佐や田中義一（後の大将、総理大臣）歩兵少佐のほか数名に過ぎなかったことから、参謀本部の田村怡与造大佐の許可を得て休職の形でロシアへ渡ることになります。そして、ウラジオストクに上陸した際に阿倍野利恭と再会し、「彼も、ここに足跡を印したことが機縁となって、シベリアと満洲に永くとどまり、特殊任務を自ら担うことになって、私とは終生親交を結んだ」という経緯となるわけです。

石光真清の留学先は、田村大佐らと打ち合わせた結果、当時のシベリア東部におけるロシア軍の最大の根拠地で中国国境に面していたブラゴヴェシチェンスクと定められます。この決定が石光の一生を左右することになったことについて、石光自身は『城下の人』で次のように記しています。

この留学地ブラゴヴェシチェンスクが、清国市民大虐殺の惨劇地になり、これをきっかけに怒涛のようにロシア軍が全満洲に殺到して、ついに私自身もまた東亜の大戦乱に巻きこまれてしまった。私はこの地に留学するについて、特別任務を志願したわけではなかった。しかし歴史の流れ、時のゆきがかりは、疾風のように私を巻きこんでしまったのである。私を馬賊の群に投げこみ、女郎衆を友として、ある時は苦力《クーリー》に、ある時は洗濯夫に、またある時はロシア軍の御用写真屋になって全満洲に辛酸の月日を送ろうとは、夢にも思わなかった。それを考えると、歴史の起伏のうちに漂う身一つは、黒竜江に流れる枯葉一葉にも当らない思いがするのである。

ここには、その後の石光の活動がいかなるものであったのかが簡潔に示されています。惨劇地となったというのは、一九〇〇年七月に義和団の攻撃に対してロシア軍がブラゴヴェシチェンスク在住の清国人三〇〇〇人を虐殺してアムール河（黒竜江）に投げ込んだだけでなく、対岸の黒河鎮や愛琿城などを焼きはらって避難民を虐殺した事件を指しています。その状況は「老若男女を問わぬ惨殺死体が筏《いかだ》のように黒竜江の濁流に流された」（『曠野の花』）ということです。この事件が国際的に与えた衝撃は大きく、日本にとっても対戦すべきロシア軍の凶猛さを歌う「アムール河の流血や」などが流行し、反露感情が高まっていきます。そして、これを機に満洲に本格的に進攻したロシア軍が撤兵しなかったことが日露開戦へとつながって行きます。「この日から大東亜争覇の大仕掛けな決闘史が幕を切って落とされた」と石光が感じたのもそのためでした（なお、この事件に対する日本の反応については拙著『日露戦争の世紀』岩波新書、二〇〇五年、参照）。

石光はシベリアや満洲で、「お雪」や「お君」「お房」などのからゆきさんや鉄道人夫などとして渡ってきた人々と出会いますが、その中にはシベリア鉄道敷設の出稼ぎのために渡航し、ロシア女性と結婚してロシア国籍をもつに至ったイワノウィッチこと真野新吉という熊本びともいました。石光はまた、鉄道敷設労働者を相手とする女性たちに旅費を与えて帰国を進めてもいます。さらに、馬賊の頭目に宿屋などの経営を任されている「お花」こと水野花という女性が逞しく生きている様子などが『曠野の花』には活写されています。後に石光が馬賊に捕らえられた時に獄舎から救出してくれたのは、ハルビン近くの曠野で行き倒れ寸前だったところを石光が救った三人の女性のなかの一人「お米」さんでした。「お米」さんたちの屈することのない生命力とその行動範囲の広大さには圧倒されます。

こうした様々な人々の支援をえながら、真清はハルビンで洗濯屋や写真屋を営んだり、阿倍野利恭と共に雑貨店を拠点にしながら情報収集を進めていきます。ブラゴヴェシチェンスクではロシア軍人の家に寄宿して東清鉄道会社のロシア人の手引きで写真館の開業にこぎつけ、ロシア軍の特命を受けて鉄道建設や橋梁の完成写真の撮影までおこない、これらの情報を日本にもたらしました。石光は二葉亭四迷やサンクトペテルブルグから帰任する田中義一中佐らとも情報交換をおこなっています。

しかし、同じくロシア情報調査にあたりながらも、その後の石光と総理大臣に就いた田中そして関東軍司令官兼特命全権大使として満洲帝国皇軍の上に立つ〝太上皇《タイシャンホワン》〟と呼ばれた武藤信義などとの人生は大きく分かれていきます。また、ロシアに駐在した武官であった広瀬武夫とも全く違った境遇の中で調査をおこなっています。広瀬はサンクトペテルブルク駐在中に社交界でも活躍し、コワリスキー海軍大佐の娘アリアズナと知り合い、文通もありました。五年に近い滞在中、アリアズナがロシア語の詩を送ると広瀬が漢詩で返事をしてロシア語の訳をつけるなどの往復を重ねましたが、それを比較文学の対象として分析した著作に島田謹二『ロシアにおける広瀬武夫』があります。広瀬は旅順港閉塞作戦で亡くなりますが、戦死を聞いた彼女は喪に服したといわれているぐらいに親しい交流があったようです。広瀬はまたロシア人将校たちに柔道を教え、それが旧ソ連で改良されて格闘技のサンボになったともいわれています。

それに対して、石光は滋賀県の大津に駐屯していた時に京都まで歩いて行ってロシア語を勉強し、ロシアに渡ってからも小学校に入ってロシア語を学んだりしています。石光の活動の中では社交界に出るといった晴れやかなことはなく、菊池正三などの変名を使う生活でした。そして、日露戦争後は日清通商公司長春支店長などを務めた後に、帰国して東京世田谷で三等郵便局長を務めたりしました。それも束の間に終わり、大正六年（一九一七）にロシア革命が起きると関東都督府陸軍部嘱託としてアレクセーフスクニ付近に駐在して諜報活動に従事し、次いでシベリア出兵とともにアムール政府で反革命工作に携わります。さらに大正九年（一九二〇）には関東軍嘱託となって特務機関の設置や朝鮮人の満洲移住と水田開発を推進するために朝鮮協会の設立などに関与し、ようやく大正一三年（一九二四）に帰国します。しかし、こうした活動はなんら世俗的に報いられることはありませんでした。

名利を求めることのなかった石光は、晩年、糊口をしのぐため「公設市場に、間口一間の権利を得て乾物屋を開業し、バラックを吹きぬける寒風に鼻水をすすりながら、あかぎれだらけの指先に絆創膏《ばんそうこう》を貼って、塩鮭の薄い切身を切って暮らした」（『誰のために』）と子息の真人は記しています。それは日本軍の対ロ・ソ連策や満洲策の動揺に振り回された結果でもあり、「人間を信じすぎ、人情に溺れた」ゆえに莫大な負債を抱えたためでもありました。しかし、その貧窮を嘆くこともなく、病身に鞭《むち》うって父のいない家庭を守ってくれた妻の看病に七年間つくして最期を看取ることになります。

石光は『望郷の歌』のなかで自らが生きた時代を、「国の運命と人の行末が、細やかに結ばれていた時代であった」と書いています。注意していただきたいのは、石光は人の行く末ということを言っているだけで、栄光とは言っていません。国家の運命と自分の栄光が一致したとは言っていないのです。自己の立身出世や栄達とはつなげてはいません。しかし、決してそれは繰り言でも、泣き言でもないはずです。不幸な晩年を石光は迎えましたが、しかしそれは敗残の人生ではないと思われます。石光はロシアの労働者や流浪のからゆきさんたちと付き合っていましたから、国の運命を下支えしているのはこういう人たちだと考えたわけです。そして自分もそういう人たちの中の一人だと考えていたため、兄事した橘周太や広瀬武夫が軍神となった「栄誉」などとは関係なく、石光は自らがそういう時代を生きたことを運命として受け入れようという意識があったのではないかと思います。

燦燦《さんさん》と陽光の降り注ぐ坂道を頭上の雲をめざして登っていったのが田中義一や広瀬武夫であったとするならば、けっして日陰の裏道というのではありませんが、敢えて立身出世に背を向けて直向《ひたむ》きに一歩先だけを見て歩いていったのが石光真清であったのでしょう。おそらく、石光が『城下の人』や『曠野の花』などの手記を残していかなかったなら、石光の名前さえ誰も知ることもなかったでしょう。石光が伝えなかったら、北のからゆきさんたちが生きていた実態も知られなかったでしょう。石光は手記を書き残したことによって、自分と同じようにアジア各地で名も知られることなく埋もれていった人々の足跡をとどめ、思い浮かべる伝《つて》を私たちに手渡してくれたのです。

トルストイは、「歴史を動かすのは庶民である、農民である、百姓である」と書きました。それを読んで、広瀬武夫は「違うな」と言ったそうです。広瀬は、歴史を動かすのは参謀であり、軍人であり、指導者であると考えていたのでしょうか。もちろんそういう人も必要でしょう。しかし、それだけで時代が動かなかったのも、また事実ではないかと思います。宗方小太郎や石光真清をはじめとして、小説のヒーローにはなりえなかったにせよ、世間から高評を得ることもなかったにせよ、あるいは諜報活動をおこなったスパイとして弾劾を受け続けているにせよ、地殻のような奥底の隠れた層で歴史を動かしていったのは、実はそういう人々ではなかったのでしょうか。

おそらく、石光真清に限らず、ここで取り上げた多くの熊本びとは、その労苦に比して得たものは少なく、いわゆる立志伝中の人物とはいえないのでしょう。失意と貧困のなかに晩年を過ごした人も少なくはありません。石光自らが記していたように「歴史の起伏のうちに漂う身一つは、黒竜江に流れる枯葉一葉にも当らない」、時代に翻弄された人生であったのかも知れません。

そもそもアジアを自らの生きる空間とすること自体に、旅先で客死したり事故にあうことが少なくなかった時代です。そこはまた生命を奪い合う戦場になった地でもありました。中国や台湾や朝鮮やシベリアや満洲で生きた人々は、できあがった道をさっそうと歩んで行ったのではなく、崖をよじ登っては、岩を削り、隧道《すいどう》を手掘りし、小石を砕いては地ならしをしていった人たちでした。地図さえない場所を歩いては、後に続く人たちのために地図や地誌を遺して逝きました。

そして、アジアに生きるということは、自らの意志とは関係なく、国際政治という大きなアリーナ（闘争場裏）に否応なく投げ込まれる時代でした。そこでは個人の希望や思惑などを裏切るような大きなベクトルが作用し、個人の熱意や個性などは圧塞《あっそく》されていきます。しかし、その見えないベクトルのなかでしか個人は動いていくしかなかったのではないでしょうか。人間の個々の振る舞いや志望など、秋風の中に舞い散る落ち葉のようなものだったのかも知れません。ただ、そこには確かに一人ひとりがたどった軌跡があったはずです。それを無理矢理に、国家や社会に対して、あるいは民族や国家を越えて、何ごとかに貢献をしたなどと託《かこつ》ける必要もないでしょう。

今は、「このように生きた人々がいた」――その先人たちのたどった跡を探《さぐ》り、伝えていくことが、なによりも求められているように私には思えてならないのです。

なお、「熊本びとのアジア」を完結するためには、中山優・日森虎雄・松崎鶴雄・衛藤利夫《えとうとしお》・井上匡四郎《いのうえただしろう》・星子敏雄・淵上白陽《ふちかみはくよう》など満鉄や満洲国で活動した人たちの人生行路をたどる必要がありますが、紙幅の関係もあり、恐縮ながら稿を改めさせて戴きたいと思います。

三二　環地方学の試み

以上、これまで書き連ねてきました熊本びとの歩みを読まれて、「なんだ、単なる地方史ではないか」と思われる方もいらっしゃるかも知れません。これはローカルな関心事であって、限られた事象に過ぎない——との批判が、当然に現れることでしょう。

確かに、そうなのです。いや、たとえそうであるとしても、限られた部分や事象に光を当ててみることによって初めて全体像は浮かび上がってくるとは言えないのでしょうか？

ほとんど顧みられることのなかった人々の歩みの中にこそ、時に何かを知るための手がかりが潜んでいることがあるかもしれないはずです。他方で、それぞれの分野について、ほんの少しでも予備知識をお持ちの方なら、それぞれの熊本びとが、当該分野でどれほど重要でありながら、ほとんど取り上げられることもなかった人物であるのかについて、すぐさま納得されるはずです。独断に過ぎるかもしれませんが、「熊本びと」という限定を外せば、ここに挙げた人々が近現代のアジア史やアジア思想史に学んでいこうとする人にとってきわめて興味深い研究対象であることは間違いないはずです。それを日本思想史と呼んでもアジア思想史と呼んでも、どなたも奇異とは感じられないのではないでしょうか。

もちろん、ここで採り上げた多くの人が思想史や政治史などの歴史書や研究論文では、名前も出てこないため、一般的に言えば無名の埋もれた人物ということになるのかも知れません。しかし、無名か有名かは、知る側の問題のはずです。なにを隠そう、私自身が四〇年近くも思想史の勉強をしてきていながら、「こんな人もいたのか！」と驚嘆するような全く知らなかった人や事績を〝発見〟する心ときめく思いの連続だったのです。そして、ここに採り上げた人、一人ひとりについて詳しい評伝を残しておきたいという衝動を抑え、ともかく紹介だけで止めることに苦労しました。

とはいえ、人名辞典や紳士録などにも記載されていない人がほとんどでしたから、未詳の部分が多すぎ、過誤や空白が多々あるに違いありません。その意味で、「アジアびと」の足跡を追ったこの本そのものが、多くのピースが欠けたジグソーパズルのような不細工なものであるに違いありません。もちろん、一片のピースでも欠ければ、ジグソーパズルは完成しません。しかし、逆に、たった一片のピースから全体像を想像することができるかもしれないとも思えます。一隅から全体を照らし出すためには、「神は細部に宿る」あるいは「些事こそ大事」ということを信じるしかないのかもしれません。

もちろん、今後ともに調査すべき課題も、書いた以上に残されました。今後、訂正し補訂すべき箇所は多々出てくるはずですが、おぼろげながらも大まかな構図だけは浮き上がって見えてきたのではないかと思っています。その欠けたピースについての情報は、遺族の方から寄せられるかも知れませんし、全く異なった分野から見出されるのかもしれませんが、それらを元に他の方にまた違った構図のアジア史像を描いて戴くことを期待してやみません。

それでは、こうした営為からはどのような研究の「期待の地平」は拓かれてくるのでしょうか。まずは、アイデンティティとは何かを探る、ということです。

バリバールは、「すべてのアイデンティティが一つの眼差しである」(『市民権の哲学』)と指摘しましたが、私たちは自分自身では気づかないままに形成されたアイデンティティをもって、自他の社会や国家の歴史や現状を見て、判断を下しています。そうであるとすれば、私たちがアイデンティティをどのように獲得して、「心の習慣」としているのかを確認していく作業が先ずは不可欠なはずです。アイデンティティが眼差しを決定していながら、それがいつの間にか身についてしまったために、正当化作用が自動的に働いて「おかしさ」が見えない、あるいは見ないことを不思議とも思わない――それが現代の世界にあって様々な対立と紛争を生み出しているとするならば、自らの意識形成の過程を「余所者」の目をもって腑分けしていくことが必要なのではないでしょうか。

そして、その意識形成の場は、自らが生まれ育ったローカルな空間であるはずですから、ローカルな空間がいかなる「精神風土」であるかを問うことが、次ぎの課題となるはずです。それは国家や民族といった単位をもって自明の前提として考える、その自明性を問い直すことにつながります。それは中央が地方を統括するという見方や、中央と地方とを対立させるという見方をするものでもありません。しかし、ジグムント・バウマンが言うように、「豊かさはグローバルであり、惨めさはローカルである」(『グローバリゼーション』)としてローカルなあり方を否定する見方には、明確に反対するものです。

考えてみれば、グローバルな世界という空間はローカルな空間の集積であって、それ自体が一つのアプリオリな存在ではありません。ナショナルという空間も伸縮するものです。そのことは一八九五年から一九四五年までの「日本」という空間を思い浮かべて戴ければ明らかなように、台湾や朝鮮そして南洋諸島などを含めた範域であり、現在の「日本」とは異なっていました。要するに、グローバルな空間も、リージョナルな空間も、ナショナルな空間も、実態としてのローカルな空間の集積でしかないのです。言い換えれば、ローカルな空間の連環・交差(intersectionality)として日本という国家も、アジアというリージョナルな地域世界も、グローバルという世界もある、ということになります。

そして、このような見方に立つとすれば、昨今、世界的に一種の流行をみせているグローバル・ヒストリーと全く正反対の視点から、世界を見直す視座を獲得することができるはずではないでしょうか。

もちろん、グローバル・ヒストリーに対比する歴史観としてマイクロヒストリー（ミクロストリア）がありますこれはチャールズ・ジョイナーの定義では「小さな場所で大きな問い」をたてようとするものですが、そこでは歴史の主体の行為者性に重点を置き文化を決定的要因として考えることに対しては消極的な態度をとっています。しかし、行為者は果たして真空の中で生まれ育って行動するのでしょうか。私には、その行為者のアイデンティティ形成過程を無視して、主体性をいかに論じても無意味なように思われます。

このように空間の捉え方を問い直しつつ、歴史を再構成する方途を考えるとき、二つの「期待の地平」が開かれてくるのではないでしょうか。

一つめは、グローバル空間とローカル空間とを直結して捉える「全地学（全球地方学）」という方向性でグローカロジイ（Glocalogy）とでも呼ばれるものです。

二つめは、グローバル空間とローカル空間とを直結させるのではなく、ローカル空間とリージョナル空間の結びつきからグローバル空間との関係を考えようとするもので、「世界（環球＝地球）と連環する地方学」であり、リージョナルなローカリズムとしてのリーローカリズム（relocalism）の学として構成するものです。私はこれを「環地方学（リーローカロジイ（Relocalogy））」と名付けたいと思います。ローカルがなければ、ナショナルもリージョナルもグローバルもありえません。また、ローカルという周縁こそ、もろもろのローカルに対する最前線《フロンティア》であり、連環のための結節環となるからです。そのため、ここでいうローカリズムというのは、地方偏重主義や地方的偏狭さを意味するものではありません。そうではなく、国境という壁を突き抜けて直接にリージョンやグローバルな空間に向けて開かれているのが、ローカルな空間だという含意をもつものです。

この「環地方学」を選び取るのは、私自身の関心と能力からして、直接にグローバル空間を論じることができないからでもあります。そして何よりも東京や日本を介してしか構成されていない近現代史をアジアという地域空間《リージョン》から逆照射するためには、「地方」がアジアというリージョンの一部として存在しているという厳然たる事実を、もっと明確に認識し、それに基づいた歴史像の創出が二一世紀の世界で生きていくためには必要ではないかと思料されるからです。

さらに、もっと個人的な理由があります。実は、執筆を約束してから既に一五年近く経つ『ヤヌス――アジア主義の双貌』とタイトルまで決まっている本があるのですが、それがなかなか書けないのは、同じアジア主義でも、それを主張するに至る道筋の背後には個々別々の「精神風土」があるのではないか――その単純な事実を確かめてからでないと、結局は「ナショナリズムの変態としてのアジア主義」「アジア主義という名の国権主義」としてしか捉えられなかったアジア主義認識から一歩も出ないことになるという危惧をいつまで経っても払拭できないでいるからなのです。その意味で、「熊本びとのアジア」に、先ずはしっかりと対峙しなければ、次の一歩を踏み出せないという思いで、「環地方学」の試みの一環として、ここに私なりに整理してみたものです。そこからは多様な日本のアジア主義の縮図、しかも濃密に凝縮された思想水脈と人脈の流れがあったことを確認して戴けたのではないでしょうか。

同時に、ここで人名辞典にも載っていない人々に注目したいと思ったのは、スリランカ（セイロン）のコロンボに生まれ、ボストン美術館アジア部長などを務め、その後インドおよびアジア美術についての知識を広めたクーマラスワーミーが述べた「芸術家というのは特別な人間ではなく、すべての人間が特別な芸術家なのだというのは当然のことである」（「中世の東洋の芸術の哲学」一九三八年）という言葉が、思想史研究に志して以来、ひとときも脳裡を離れたことがないからです。

その表現に倣って書けば、「思想家というのは特別な人間ではなく、すべての人間が特別な思想家なのだ」ということになるはずです。もちろん、書き残したものがなかったり、その思想をたどる「よすが」となる史料や伝聞などが皆無の「特別な思想家」をいかに把捉するかについては、確かな方法論があるわけではありません。たとえば、これまで「民衆思想」として喧伝された人についての研究も、実は史料となるものを残した「民衆的ではない」存在であったことを示すだけであったことにも留意しておかなければなりません。ここで取り上げた熊本びとにしても、何らかの手がかりが残された人であり、けっして「民衆的な存在」ではないのでしょう。しかし、その人が、どこで生まれ、育ち、誰と出会い、いかなる感化や反発を受け、どのような目的や意識をもって、いかに誰かと行動を共にしていったか――をたどっていくことで、おそらくは同じような歩みをした人の存在を想像してみることはできるように思えました。そこで重要な鍵となるのは、「生き方こそが思想なのだ」という視点なのではないかと考えるに至りました。

こうした視点をどのように方法化していくかは、今後の課題となりますが、いつの日か固有の人名が一人も出てこない『名前のない思想史』を「環地方学」の一環として書いてみたいと夢想しています。そのためには私個人がいかなる「精神風土」の中に生まれ育って、現在のようなアイデンティティをもつに至ったかを確認しておく必要があるはずです。その意味では本当に「私的な、あまりにも私的な」作業でしかなかったかと思っています。ただ、だからこそ、一度は自分の足下にあるものを確かめておかなければ、「次の新たな一歩」を踏み出せないように思えたのです。「熊本びとのアジア」を書きながら、自分が見知った場所で、それぞれの人が生い育っていったことを知り、その存在感や「たたずまい」そして息遣いといったものを、皮膚感覚として感じ取るような錯覚に陥ることが一切ならずありました。もちろん、「精神風土」を同じくしたとしても個人の立ち位置は、当然に多様性を示します。私自身、ここに挙げた熊本びとに共感できる部分もあれば、強烈な違和感を禁じえない部分もありました。そして、自分の中にある、嫌な部分が暴きたてられるような思いをしながら読んだ史料も少なくはありません。

もちろん、人は自分が生まれる空間を自分で決めることはできません。しかし、先人たちが「精神風土」に応じて、あるいは抗いつつ、いかに自分の進路を選択していったかを、後世の人は学び取ることはできるのではないでしょうか。

体験を伝え残すことが、次代の思想を育む苗代《なわしろ》になるに違いないのですから。

(1) 日本で二番目の国立大学として京都帝国大学が設立されたのは、明治三〇年(一八九七)年ですが、文科大学が開講されたのは九年後の一九〇六年になります。このように文科大学だけ開講が遅れたのは、日露戦争による財政難のためでした。しかし、日露戦争に勝利した後に開講した文科大学では、東洋史三講座を含めて東洋学(アジア学)が重視されました。そのことは言うまでもなく、中国の遼東半島に関東州を租借し、南満洲鉄道を譲渡されるなど、「帝国日本」の拡張に伴う人文学の射程の広がりとも関連するものでもありました。

(2) ボアソナード(Boissonade de Fontarabie, Gustave Émile 一八二五〜一九一〇)は一八五二年にパリ大学で法学博士号を取得し、グルノーブル大学やパリ大学などで法学を教えていました。パリを訪れた鶴田や井上らの司法省派遣官僚に講義をしたことから、日本政府の招聘を受けて明治六年(一八七三)に来日します。司法省顧問として、刑法(旧刑法)・治罪法(刑事訴訟法)を起草(一八八二年施行)し、日本の法典整備に努めました。刑法草案の取調・審査には鶴田と井上も参画し、治罪法の審査には清浦奎吾も加わっています。さらに民法(旧民法)の起草にもあたりましたが、民法典論争において「民法出でて、忠孝亡ぶ」(穂積八束)などの反対意見が強まったために廃案となりました。ボアソナードは、また明法寮や司法省法学校、明治法律学校（現在の明治大学）、東京法学校・和仏法律学校（現在の法政大学）などで刑法・民法・行政法などの講義も積極的におこなってフランス法継受の礎を築きました。また、拷問禁止などの刑事政策を提言し、外交政策においても井上の諮問に答えて指針を与えました。民法の廃案が決まって明治二八年（一八九五）、失意のうちに帰国するボアソナードに対し、井上は病をおしてまで立法や外交の顧問として尽力していた事実を紹介するとともに、二〇年来の師であり、友でもあったボアソナードにこう呼びかけます。「余は、君が曽《かつ》て、わが国を呼びて第二の本国といえりしことを記憶す。余輩は、将来に、遠く君を海のあなたに慕い望むと同時に、君もまた長く、第二の本国を忘れざることを知る。ボアソナード君よ、君の第二の本国が、立法上および諸般の事業において、いかに発展するかを見て、幸いに、余輩のために必要なる注意と勧告とを怠ることなかれ」（「ボアソナード君の帰国をおくる詞」『梧陰存稿』六合館、一八九五年、五六丁）と。その呼びかけに応じるかのごとく、帰国後のボアソナードは、パリ日仏名誉会長を務めています。なお、二二年間にわたって無報酬で講義を続けた功績を記念した法政大学では市ケ谷キャンパスに、平成一二年（二〇〇〇）に「ボアソナード・タワー」を竣工しています。著書に『日本帝国民法典草案』（全五巻、一八八二〜八九年）や司法省法学校での講義録『性法講義』（一八七七年）があります。

（3）熊本とアジアとのつながりという問題からは、やや離れますが、刑法と熊本との関係について少し補足しておきますと、近代熊本は刑法や刑事訴訟法の研究に関しても多くの卓越した学究を輩出しました。字数の関係で概略を述べるにとどめますが、まず富田山寿《とみたやまひさ》（一八七九〜一九一六）がいます。富田は、鹿本郡中富村（現在の山鹿市）に生まれ、五高を経て明治三七年（一九〇四）に京都帝大を卒業し、京都地方裁判所などに勤務した後、明治四一年（一九〇八）に京都帝大法科大学助教授となって刑事訴訟法を担当しました。明治四五年（一九一二）から大正四年（一九一五）まで欧米に留学し、帰国後に起きた内務大臣・大浦兼武による選挙違反と贈賄嫌疑が検察によって起訴猶予処分となったことを鋭く批判します。この事件においては牧野英一・東京帝国大学教授と論争を繰り広げます。牧野の主張は、政府高官の起訴か不起訴を決定するのは検察の権限内にあって不適法ではなく、その妥当性は国家政策や社会上の問題として決定されるというものでした。これに対し、富田は国家高官が隠退すれば犯罪の追求を免れるという噂が真実ならば、「それは刑の一般予防を無視し、法律司法の権威を損じ、その不公平を憤らしめ、引いては国家の法治を危険ならしむる」として「断然かくの如き弊風《へいふう》を正さんことを求め」(「学徒の見たる司法権の独立」『京都法学会雑誌』第一〇巻一一号、一九一五年)るとの意見を唱えました。こうした論争の結果、大正一一年(一九二二)の刑事訴訟法の改正によって、起訴便宜主義の要件が明示されることになります。富田はドイツ刑事訴訟法学の成果を摂取して、一三二五頁におよぶ『最近刑事訴訟法要論』(上・下、一九〇九年)を公刊して、日本における斯学の礎石を据えました。しかし、将来を嘱望された富田も、大正五年(一九一六)二月にインフルエンザに罹って急逝します。享年、三六歳でした。あまりにも早すぎる死に対し、織田萬《おだよろず》は「博宏の識、この人と倶《とも》に亡び、高明の見、また誰に従いてか聴くことを得ん……実に我邦法学界の不幸と謂《い》うべきなり」(「富田博士ヲ悼ム」『経済論叢』第二巻第四号、一九一六年)と悲嘆しています。

次に挙げておきたいのは、佐伯千仭《さえきちひろ》(一九〇七~二〇〇六)です。佐伯は、上益城郡木山町(現在の益城町)に生まれ、済々黌から第五高等学校(五高)を経て昭和五年(一九三〇)に京都帝大法学部で刑法・刑事訴訟法を学んで卒業し、二年後に助教授となりました。しかし、昭和八年(一九三三)に発生した滝川事件では、反対意見を表明して京都帝大法学部を辞職し、立命館大学教授となりました。ただ、京大法学部の立て直しを要請されて半年で復職しました。昭和二一年(一九四六)には、戦時中の国家主義的な著作を発表した責任を問われて教職追放の指定を受けたため、弁護士として活動し、指定解除後には立命館大学教授として学界に復帰します。日本における陪審制度研究の先駆者でもあり、死刑廃止論者としても発言を続けました。平成七年(一九九五)には「陪審制度を復活する会」を発足させるなど、九八歳で亡くなるまで法学界と市民活動を結ぶリーダーとして活躍しました。

さらに、熊本市生まれで、東大教授・東大総長を務めた刑事法学者に平野龍一《ひらのりゅういち》（一九二〇～二〇〇四）がいます。平野の父親は、昭和一七年（一九四二）から昭和二〇年まで熊本市長を務めた龍起《たつき》です。龍起は鹿本郡来民町（現在の山鹿市）で、同郷の清浦奎吾の影響を受けて東京帝国大学法科大学独法科に進みます。卒業後は東京での弁護士業務を経て、熊本に帰り、熊本弁護士会長、熊本市議会議長、熊本県会議員などにも選ばれています。龍一は熊本中学、五高を経て東大法学部で刑法・刑事訴訟法・刑事政策などを専攻します。

その平野の後を継いで東大法学部で刑法・刑事訴訟法を講じたのが、玉名郡荒尾町（現在の荒尾市）に生まれて五高から東大法学部に進んだ松尾浩也《まつおこうや》（一九二八～）であり、熊本市生まれで熊本高校から東大法学部へと進んだ西田典之《にしだのりゆき》（一九四七～二〇一三）でした。このように刑法学界に英才を輩出し続けたことを時習館の伝統と結びつけるのは無理があるでしょうが、刑法に魅せられた人が続いたことも確かだったのです。

（4）金玉均らは改革要綱として一四カ条を発表し、「清朝に対する朝貢の虚礼を廃止すること」・「門閥を廃止して人民平等の権利を確立すること」・「地租法を改革し、農民を保護すること」などを訴えました。

（5）国友昌に漢学を学び、西南戦争では西郷軍の熊本隊に池辺吉十郎に従って戦い、戦後は佐々らと同心学舎の創立に参加します。紫溟学会でも活動し、佐賀県勤務を経て第一高等中学校の舎監になります。明治二〇年以降は実業界に転じ、大阪第百三十銀行や肥後銀行の頭取を経て、熊本電気を創立し、熊本市の市電開業に尽力しています。

（6）国友昌は、名は重昌で後に昌と称しました。嘉永六年（一八五三）に江戸で吉田松陰と相知り、親交を重ねており、松陰は「国友、文を好む、有志の士なり」と高く評価していました。国友が帰熊していた時には松陰が熊本に訪ねています。安政四年（一八五七）に国友は再び江戸に出て塩谷宕陰に師事しますが、翌年には長岡護美の近侍となって幕末維新期の藩事に奔走しました。明治四年（一八七一）に病を得て、時習館訓導を辞して家督を長男・重昌に継がせ、私塾・国友塾（のち論世堂）を開きます。その門下からは佐々友房、高橋長秋、池辺吉太郎とその子・吉十郎（三山）、高島義恭などが輩出します。また、熊本初のハンセン病病院であった回春病院の初代院長となった田尻寅雄も国友から漢学の手ほどきを受けています。

（7）熊本藩士であった池辺は、維新後に城下を離れて横島村に私塾を開いて教育にあたっていました。明治四年に鹿児島に遊学して西郷隆盛と意気投合し、西郷が挙兵すると熊本隊を組織して官軍と戦いましたが、宮崎で捕縛され、長崎に送られて斬首の刑に処せられました。逆賊とされたにもかかわらず、横島村では義に殉じた志士として葬られました。吉十郎の長男・吉太郎《きちたろう》が、陸羯南《くがかつなん》・徳富蘇峰と並んで明治の三大記者といわれた池辺三山《いけべさんざん》（一八六四～一九一二）です。三山は、国友塾に学び、国友昌の子息・国友重章の紹介で新聞『日本』に客員として入社します。明治二五年、細川護貞に従ってフランスに留学し、鉄崑崙《てつこんろん》の筆名で新聞『日本』に「巴里通信」を連載して文名を高めました。明治三〇年に『東京朝日新聞』主筆となり、社説で独自の政論を展開し、また二葉亭四迷や夏目漱石を朝日新聞社に迎えて長編連載小説という形式を充実させました。漱石は三山との初対面の印象として西郷隆盛もおそらく、こんな男だったのだろうと思ったと書いています。

（8）実学党に関しては、横井小楠を中心として開国論に導かれた豪農を含む沼山津《ぬやまづ》派と長岡監物《ながおかけんもつ》（米田是容）を中心に勤皇論を重んじる坪井派といった党派を識別することが可能です。また、林藤次の門下を中心とする勤皇党、そして勤皇党から別れた太田黒伴雄らの敬神党（神風連）も主張は明確でした。しかし、学校党という名称自体は、明治初年に一般に流布していたわけではなく、勤王党と実学党の二党派以外の、「およそ旧藩政府および藩立時習館に関係ある者を総称する者にして、固《もと》より一定の主義および確固たる一団結を成したる者にはあらざるなり」（『克堂佐佐先生遺稿』改造社、一九三六年、六頁）というのが実態だったようです。また、明治維新の時に三〇歳だった木村弦雄も「学校党なる名称は、実に漠然たる称号にして、その区域・限界を確指すること甚だ難し」（『血史』熊本市教育会、一八九六年、一三頁）とみていました。

（9）その後、政党内閣時代には、『九州新聞』が政友会、『九州日日新聞』が民政党という党派性をもつことになります。

（10）『明治二十七八年日清戦史』（参謀本部編纂「明治二十七八年日清戦史」第七・八巻、東京印刷株式会社、一

九〇七年）では、通訳官の総数は二七八名に至ったとされています。ただ、この数字には史料によって相異があり、総数を二二四名とするものでは、熊本出身者は三七名となっています。また、『克堂佐佐先生遺稿』（五八五頁）で井手三郎は、熊本から一二〇名が通訳に応じたと記しています。

（11）東奭五郎は、その後、旧制神戸および東京高等商業学校教授に就き、日本における会計史研究の先駆者として『新案詳解──商業簿記』（一九〇三年）・『商業会計』（一九〇八年）などを著します。また、日本における会計事務所の草分けとして個人経営の会計事務所を設立しました。自伝として、渡辺宗熙編『ある会計人の半生──東奭五郎自伝』（沢村一男刊、非売品、一九七七年）があります。中川静も旧制神戸高等商業学校教授となって、日本における広告研究の先駆者となり、『広告と宣伝』（宝文館、一九二四年）・『広告論──広告戦の理論とその応用』（千倉書房、一九三〇年）などを著しています。中川は、一九二二年に大阪に本社を構えていた日本最初の広告代理店「萬年社」に入社し、取締役・考案部長として日本の広告文化の発展に尽くしました。なお、熊本商業高校に関係する人物評伝集として、橋爪正道『樟樹の譜──熊商物語』（西日本新聞社、一九七九年）、『熊商人物傳』（熊本商業高等学校、二〇〇八年）があります。

（12）熊本国権党は、明治二二年（一八八九）一月、紫溟学会の世務部を政治結社に改組して設立されました。翌年六月に古荘嘉門が総理に、佐々が副総理に選出されます。その綱領は「一．吾党は国性を発達し、国権の拡張を計る。二．吾党は勤倹を旨とし、実業を奨め、民力の休養、地方の自治に務む。三．事、改進すべきものあり、保守すべきものあり、吾党は正理ある所に従て運動す。」というものでした。佐々は、「国権党三大綱領の解釈」において、その趣意を「国権拡張の一事は、国権党の一大主脳とする所にして、我が名義上において既に蹂躙《じゅうりん》せられたるの国権を恢復《かいふく》し、また実力上において将来帝国の進歩を図り、この東洋に独立する日本帝国をして欧米列国と同等の地位に進ましめ、国基を泰山盤石の安きに措《お》かん」（前掲『克堂佐佐先生遺稿』四一頁）と述べていますが、これは佐々個人の「畢生の一大目的」であるとともに、国権党員が陸続として東アジアに「雄飛」していった理由であったとも思われます。なお、国権党は熊本や九州において自由民権論を掲げる諸党派と激しい政争を繰り広げながら、佐々・古荘が明治二三年に、安達謙藏が明治三五年に衆議院議員となって中央政界に進出します。中央政界では、帝国党・立憲同志会・憲政会・立憲民政党などに参画していきます。国権党は、熊本では自由民権派などを圧倒し、中央政界では国権拡張派・対外硬派の中核的存在として影響をおよぼしていきました。

(13) 東方文化学院は、昭和四年（一九二九）四月、中国を中心とする東方文化の研究によって世界学術の進歩に資するとともに、有益な典籍の複製出版や諸外国との研究交流を目的として設立されました。これらの事業は当初、日中共同で進める計画で、大正一四年（一九二五）に北京に東方文化事業総委員会が組織されましたが、昭和三年（一九二八）に山東出兵や済南事件などが起きたことから中国側委員が脱退したため、新たに東京と京都に研究所が設置されます。その中央機関となったのが東方文化学院です。こうした事業の基金となったのは、義和団事件の賠償金でした。昭和一三年に東京が東方文化学院、京都が東方文化研究所と改められました。前者は、昭和二三年に東京大学東洋文化研究所に吸収され、後者は京都大学の人文科学・西洋文化の両研究所と合体し、人文科学研究所として現在におよんでいます。

(14) 対露同志会は近衛篤麿を擁して頭山満・佐々友房・国友重章らが明治三六年（一九〇三）に組織したもので、義和団事件後に満洲から撤退しないロシア軍の撤兵と満洲開放を要求し、「以て東亜永遠の平和を確保するは帝国の天職なり」として政府にその実行を迫り、更に天皇に対して対露開戦を要求する異例の請願上奏文を出して受理されました。この会の活動と戸《と》水寛人《みずひろんど》など東京大学七教授による桂太郎首相への対露即時開戦要求とが対露開戦への世論を高めることになりました。

(15) 東政図（一八三五〜一九一一。通称は東次郎）は盛岡藩の勤王派の家老で、維新後は盛岡県大参事を務めます。後に外務省に入り、中国・芝罘《チーフー》（現在の煙台）の初代領事となりました。津田とはこの時に交渉があったのでしょう。晩年に南部姓に復し、南部次郎と改名しました。南部次郎は興亜会の会員で中国問題の先覚者として知られていました。子息・襄吉の仙台陸軍幼年学校時代の同期生である石原莞爾とも面識があり、南部のアジア主義論は石原にも影響を与えたといわれています。

（16）津田が記した「熊本文学館設立の趣旨」には、次のような危機感が吐露されています。「今や宇内の大勢力は、西洋に偏重し、白皙人《はくせきじん》〔白色人種〕の跋扈《ばっこ》は日一日より甚《はなはだ》し。亜細亜の危くして且つ急なる、実に一髪千《いっぱつせん》鈞《きん》を繋ぐの勢なり。この時に当りて有為の士、奮然蹶起《けっき》し、速かに亜洲の命脈を維持し、急に日本の気運を挽回するにあらずんば、何を以てかその義務を尽したりとせん。余は不肖なりといえども、この大難の衝に当れり、あに晏然《あんぜん》として座視するに忍びんや」（前掲『楳渓津田先生傳纂』一七三頁）。こうした切迫した焦燥感が東亜同盟論から欧米に対抗するための国権拡張へと津田を衝き動かしていったと思われます。

（17）熊谷直亮は藩校・時習館に学んだ後、明治一三年（一八八〇）に徳富蘇峰の父で横井小楠の第一の門弟と称された徳富一敬《とくとみかずたか》（号は淇水《きすい》）や山田武甫《やまだたけとし》（後、熊本師範学校長）らが実学党の教育機関として開校した私立中学・共立学舎で漢学などを修めます。明治一七年（一八八四）に中国に渡って芝罘《チーフー》（煙台）で中国語を習得しました。日清戦争では通訳官として従軍するとともに、徳富蘇峰の『国民新聞』に軍事通信を「枕戈生」の筆名で送り、旅順攻撃の観戦記で注目されます。戦後に台湾が割譲されると台湾総督府に雇用されて台中県の弁務署長などを務めました。そして、日露戦争でも陸軍通訳官となり、また徳富蘇峰の『国民新聞』の名誉通信員として戦場通信記事を送っています。日露戦後は、朝鮮の仁川で新聞事業に携わった後、ソウルで『国民新聞』の通信員や『京城日報』の客員記者などを務めます。その後は居留民に推されて平壌民団長として民団事業で手腕を揮いましたが、病を得て帰国し、東京で没しました。直亮の戒名である「忠誠院雄心鉄城居士」は徳富蘇峰が諡《おく》ったものですが、蘇峰は熊谷について「多言せず、妄動せず、開豁《かいかつ》にして齷齪《あくせく》たらず、真率《しんそつ》にして野鄙《やひ》ならず、殆ど理想の好青年と云う」べき人物であったと評しています。熊谷の生涯も津田と同じく東アジア各地に足跡を遺すものでした。

（18）台湾民主国は、台湾の日本への割譲に反対して一八九五年五月に建国された共和制の国家で、青地に黄虎の黄虎旗を国旗とし、永く清朝を推戴するという意味で「永清」という元号を掲げました。日本軍の攻撃を受けて唐景崧が逃亡し、その後は劉永福《りゅうえいふく》（一八三七〜一九一七）をリーダーとして中南部で戦闘を続けましたが、年末までには鎮圧されました。しかし、劉永福は中国に渡り、辛亥革命でも広東民団を総長として率い、一九一五年の日本による対華二一カ条要求に対しても反対を唱えています。

(19) 後に大和製糖など一大財閥を形成し、台湾では唯ひとり日本の貴族院議員にもなりました。その起業が台湾総督府との関連が深い樟脳や塩・タバコなど専売に関連する特権的事業でもあったため、一時は「御用紳士」あるいは「官方跑腿《かんぽうほうたい》〔総督府の使い走り〕」などと評されていました。辜顕栄は日中戦争下の一九三七年には中国に渡って、中国国民党の張群・外交部長や汪兆銘などに会って日本の意図を説明して日中間の和解を図るなどの民間外交においても活動しています。

(20) 民政局長は、制度改編によって民政長官になります。児玉が後藤を任用した理由としては、内務省衛生局長であった後藤が日清戦争の帰還兵二三万人あまりの検疫処理において示した卓越した行政手腕を、陸軍次官であった児玉が評価したことによるといわれています。後藤と台湾との係わりは、明治二九年（一八九六）に伊藤博文や児玉らに随行して台湾に渡り、同年には台湾総督府の衛生顧問に任用されたことから始まっていました。後藤が民政長官として期待された役割は農業改良によって日本に食糧や原料を供給すること、樟脳・塩・アヘンの専売によって台湾統治の財源を確保すること、教育・衛生・授産事業などによって労働力を拡大させることなどでした。医師でもあった後藤は、阿片吸飲をすぐには禁止せず、「漸禁策」をとってアヘンの栽培を続けます。そして、「医療用」としてのモルヒネ生産が星製薬などによっておこなわれました。このアヘン専売政策は、植民地統治における財政源や軍事機密費の調達源となり、日露戦争後には租借地となった関東州で、第一次世界大戦中は占領した山東半島で、一九一九年からは「朝鮮阿片令」下の朝鮮で、そして満洲国建国後は満洲国や中国の倫陥《りんかん》（占領）地区で実施されました。後藤は武力によらない植民地統治をおこなったことで称揚されることが多いのですが、けっして被統治者のことを第一義的に尊重する「善政」を施そうとしたわけではありません。もし、そうであれば後藤が重用されることはなかったでしょう。何よりも後藤は『日本植民政策一斑』や『日本膨脹論』という著作において、明確に日本による植民地拡張を提唱しており、旧慣調査やインフラ整備も植民地統治のコストを低減化し、成果を最大化するための方策として捉えていました。抵抗者を「討伐」＝抹殺することも当然と考えていました。それは後藤に限らず、植民地官僚に与えられた課題であり、後述する岡松参太郎にしても大津麟平にしても、この任務と制約から自由ではありえなかったはずです。問題は、その職務権限と制約の中で何をめざして行動したかにあります。

（21）後藤が旧慣調査を重視したことは間違いありませんが、それは必ずしも後藤の独創的見識というわけではなく、陸軍の川上操六が言及するなど日本政府の一部では「常識」とみなされていたようです（『報知新聞』一八九七年二月二日）。また、直接的には、ドイツの植民政策の研究をしていた大内丑之助《おおうちうしのすけ》が説く「植民行政意見」に動かされた後藤が、大内を台湾に伴って産業開発の前提として旧慣制度調査を実行に移していったという事実も見逃すことはできません。大内はその後も後藤のブレーンとして、台湾から満洲へと行動を共にします。そして、満鉄総裁と関東都督府顧問を兼務していた後藤の下で関東都督府民政部参事官となった大内は、アヘン販売などで手腕を揮うことになります。大内には『独逸経営時代に於ける膠州湾施政の研究』（一九〇〇年）、『海底電線論』（一九〇五年）、『支那阿片問題解決意見』（一九一七年）などの著作があります。なお、対華二一カ条要求で悪化した日中関係を改善するために内務大臣となっていた後藤は「対支政策の本案」という意見書を一九一六年一二月に寺内正毅首相に提出しますが、これにも大内が執筆した意見書である「帝国の対支方針私議」が添付されていました。

（22）この時、漱石は『満韓ところどころ』という見聞を著しています。漱石と中村の交友については、漱石の『永日小品』中の「変化」という章に描かれています。

（23）岡松の当時の活動については、後に『儒教思想のドイツ政治思想に及ぼせる影響』（一九二九年）などを著す五来欣造（号は素川）が「斬馬剣禅」という筆名で書いた『東西両京之《の》大学』（三廣社、一九〇四年）に興味深い記述があります。この書では、東京帝大と京都帝大という東西両京都の法学界を代表する学者として、東京の穂積陳重と梅謙次郎の二人に京都の岡松とを対比させています。この時、三三歳に達してもいない少壮の岡松については、「その学問の一局部に偏せず、公法・私法・経済・政治すべてにおいて精通の誉れある。その語学の英・独・仏もってラテンを兼ねたる。その学風の法理に通じ、実際に明らかに、その疑題の解釈甚《はなは》だ遅からずして、渉猟《しょうりょう》また甚だ博《ひろ》き、その学理に疎《うと》からずして、俗才に敏なる、すべてにおいて彼の穂積、梅の長所を併せ有する」など、「理論に流れず、実際に偏せず」という才識をもった「法学界の怪物」であると評しています。さらに、台湾総督府での調査に関しても、「旧慣取調、法典編成の事業においても、大いに立法的手腕を示しつつあるおや、彼はまた俗才に長《た》け、事務に長じ、助くるに精力の無限なるを以てす。行政官としても必ず多大の成功を見るや疑なし」などと高く評価しています。五来が岡松の活動の実態をどれほど知っていたのかは、不明ですが、岡松の「犀利明敏の頭脳」・「絶大の記憶力」・「尋常ならざる精力」・「勤勉、倦《う》まざるの資質」などを挙げて、江湖に「奇才中の奇才」として知られていると評しています。

(24) 台湾慣習研究会の呼びかけ人の一人が中村是公の実兄で、台湾の覆審法院長であった鈴木《すずき》宗言《そうげん》で、自ら幹事長となって機関誌『台湾慣習記事』を発行しました。しかし、鈴木が一九〇七年に大審院判事として転出したのを機に研究会も解散しています。旧慣調査が裁判の場でも重要な意義をもつことを鈴木は認識していたのです。鈴木は退官後、旭薬品工業を創業しています。

(25) 愛知県生まれ。名前の呼び方は、成年になって「ろうぞう」と称しました。明治三六年(一九〇三)に東京帝国大学法科大学を卒業し、司法官試補などを経て、京都帝国大学法科大学教授となります。イギリス・ドイツ・フランスに留学後、明治四二年(一九〇九)に台湾総督府の法案起草委員となりました。雉本はドイツの訴訟法学を継受して、民事訴訟法学の基礎を確立した功績で知られ、『民事訴訟法論文集』(一九二八年、内外印刷出版)などの著作があります。京都大学教授を務めながら立命館大学の経営にも尽力し、同大学の事業として大阪に日本法律研究所を開設して、法律相談をおこないました。また、大正九年(一九二〇)からは故郷・愛知県における小作争議「鳴海争議」を支援し、国会で非難を受けましたが、農民の側に立って小作料を引き下げる和解に導きました。しかし、別府から神戸に向かう船上で行方不明となり、遺体で発見されました。事故か自殺か他殺かは、不明のままです。大正デモクラシーの思潮を体現した雉本の業績を讃えて、名古屋市の浦里公園内には銅像が建てられています。

(26) 総督府に命令制定権を与えて、憲法や帝国議会の枠外に置くという方法は、明治二九年法律第六三号「台湾に施行する法令に関する法律」(その法律番号から「六三法」と呼ばれます)の第一条に『台湾総督は其の管轄区域内に法律の効力を有する命令を発することを得』と規定されていました。このように台湾を日本内地とは異なる法域とすることに対して、穂積八束は「台湾に怪物あり、法律に非ず、また命令に非ず、律令と称して白昼公行す」(「台湾総督ノ命令権ニ付キテ」『法学協会雑誌』第二三巻二号、一九〇七年二月)と批判していました。「六三法」は三年間の時限立法でしたが、明治四〇年の法律第三一号(「三一法」と略称)で廃止されるまで施行されました。しかし、「三一法」も内容的に「六三法」と大きな差異はありませんでした。なお、朝鮮総督には「制令」という命令を出す権限を与えられていました。

(27) 「文装的武備」という言葉は、後藤の造語として知られていますが、これは「文装の名け以て列国の感情を緩和するに足り、武力の実は以て意を内顧に強うするにあり」(前掲『正伝・後藤新平』第四巻、二九六頁)と表現されているように、欧米列強への配慮と日露戦争に勝利してさらに軍事的拡大を図ろうとする軍部の「軍装的武備」を牽制する意図をもったものでした。しかし、植民地経営である以上、いかに経済活動に重きを置くとはいえ、防衛機能を疎かにすることを主張するものではありません。後藤は「王道の旗を以て覇術を行う」こと、すなわち教育的設備を含めた「文事的設備をもって他の侵略に備え、一旦緩急あれば武断的行動を助くるの便を併せ講じておくこと」(「幸倶楽部における演説」。前掲『正伝・後藤新平』第四巻、二六〇～二六二頁)と定義していました。そして、植民地政策の「秘訣は、人類生活の弱点に乗ずるにあり」とし、その弱点とは「人の迷いの起こったところ、窮したところ」であり、そこに乗じなければならないと力説しています。すなわち、「文装的武備」が「文装的侵略」に通じることを後藤も認めていたのです。

(28) 時期は後になりますが、大正八年（一九一九）に欧米視察後に後藤が一気に書き上げ、後藤の情報問題に関する見識を示すものとして高く評価されてきた「大調査機関設立ノ議」は、「大正9年1月後藤男爵ノ依頼ニ依ル」との添え書きがあることから、岡松が起草したものであることが明らかになっています。

(29) 満鉄理事を辞めて京都に帰っていた岡松の様子について末川博が伝えるところによれば、岡松が民法全体の注釈書を書く構想をもっていると聞いた末川が、どのくらい時間がかかるかと尋ねたところ「ウーン、マア二百年くらいかかるだろうネ」（「法学界の巨星岡松参太郎先生の思い出」『法律の内と外』有斐閣、一九六四年。一八五頁）と平然と答えたとのことです。

(30) 岡松は台湾での旧慣調査に精魂を込めましたが、本務の京大での勤務もけっして疎かにしていたわけではありませんでした。休暇中に台湾に渡る以外は、ドイツの体系書や雑誌論文や判例を渉猟しながら、次々と論文や著作を発表して日本民法学史におけるドイツ法学全盛期を体現したといわれています。また、留学時から開校予定の京都帝大法科大学の図書室を整備するために図書を買い求め、図書分類や配置のためのルール作りから始まって図書の注文から未着図書の催促、洋書カタログと発注票のチェックといった細事にわたって自ら処理しています。このことは、「今日我法学部の図書室の内外の典籍を網羅し、設備斉整《さいせい》、範を学界に示すは未だ先生が能《よ》くその基を成すに依らずんばあらず」（「故法学博士岡松参太郎君哀弁」『法学論叢』第七巻二号）と高く評されています。おそらく岡松はベルリン大学図書館のような世界的な図書館を作ることが、研究にとって最も基盤となることを確信し、それを日本でも実現しようとしたのでしょう。こうした図書館の充実にかける情熱は、中央大学に勤務した時にも発揮され、「岡松参太郎博士が渡欧中、彼国大学文庫を標準にして補充せられた」（『法学新報』一九二三年一一月号）ということです。また、京都帝大の初代事務局長を務めた中川小十郎が、京都帝大には旧制高等学校の卒業生しか入れず、能力のある人に教育を与えることができない矛盾を解消するために私立大学を興す計画を立てると、岡松は織田萬らとともに教学面で協力しています。こうして明治三三年（一九〇〇）六月に開校した京都法政学校（京都法政大学などを経て、現在の立命館大学）

でも岡松は民法の講義を石坂音四郎とともにおこない、『民法債権総論』（京都法政大学講義録、一九〇二年）などを刊行しています。なお、岡松が遺した八六〇〇点に近い文書類は、現在、「岡松家旧蔵文書資料」として早稲田大学図書館に寄贈されており、今後さらなる研究の進展が待たれます。

（31）『日本民法債権総論』は総頁二三七〇ページを数えました。この業績について穂積重遠は、「その内容に至っては、結構〔構成〕の雄大、議論の精緻、大に日本法学の為めに気を吐きたるもの、実に我国法学界空前の大著」だが、もし石坂が天寿を全うしていれば、「恐らく数十巻幾万頁に上り、質においても独・仏の大民法書を圧倒した」（『法学協会雑誌』第三五巻五号）はずであろうと哀惜しています。また、『債権法大綱』については残された校正を末広厳太郎《すえひろいずたろう》がおこない、『民法研究改纂』については末広と雉本朗造らが編纂して上梓されたものです。

（32）ちなみに、台湾統治に係わった人たちの東京帝国大学の卒業年度をみてみますと、大津（明治二三年）、織田（明治二五年）、岡松（明治二七年）、狩野（明治二八年）、石坂（明治三五年）、雉本（明治三六年）などでしたから、三〇歳代から四〇歳代にかけて要務に携わっていたことになります。人が時代を作ったとともに、時代が人を作ったのでしょう。

（33）本書の序文で後藤新平は、台湾のアヘン制度も本書の調査によって濫《みだ》りに批判を許さなくなるであろうと記し、徳富蘇峰は「家永豊吉君は、余が同年学友なり」と書いています。そして、家永自身は、「亜細亜問題が開明諸強国の政策が回転する枢軸」となっており、その実情を知ることの重要性を強調しています。

（34）明治一四年から一五年にかけて朝鮮に渡った紫溟会員は、佐々正之の他、栗林次彦、葉室俔温、飯田勝雄（佐々の従弟）、松下意忠、秋山儀太郎、有田友次でした。明治一五年に起きた壬午軍乱では一時帰国する方針でしたが、栗林・葉室・佐々の三名は日本の陸軍軍人に従って朝鮮各地の調査事業をおこなっています。その後、正之は明治一八年にいったん帰国して東京で井上毅の門客となり、再び朝鮮に渡って売薬店を漢城で営むことになります。

(35) 朝鮮半島の言葉をどう呼ぶのかは、時代によって大きく変化します。朝鮮語、韓語、諺文《おんもん》、ハングルなどが使われましたが、一八九七年に国号が「大韓帝国」と改められ、さらに一九一〇年の韓国併合によって「朝鮮」になったことも大きく影響しています。しかし、韓国併合によって朝鮮半島が日本領土となったことによって、朝鮮語や韓語などを外国語とみなすのではなく、あくまでも日本の「方言」として扱うべきだという意見も現れてきます。

(36) このうち一八九一年に派遣された前間恭作《まえまきょうさく》（一八六八～一九四二）は、長崎県対馬出身で、慶應義塾を卒業し、外務省派遣留学生となった後、日本領事館書記生や韓国統監府通訳官などを務めました。在勤中から朝鮮古籍の蒐集・研究を進め、諸書目からの引用を集成した『古鮮冊録』や自らのコレクション在山楼についての『在山楼蒐書録』などによって朝鮮古籍研究をリードしています。

(37) 明治三〇年（一八九七）に外務省から派遣された藤波義貫は「楽天窟」での朝鮮語学習を「全く別天地であった楽天窟の名も相応《ふさ》わしい訳で語学の研究などには絶好の地であるなと羨ましく感じた」（「二、三十年前を顧みて（三）」『朝鮮語』第一巻三号、一九二五年一二月、五〇頁）と回顧しています。

(38) 東学とは一八六〇年ごろ、西学つまりキリスト教に対抗するものとして、崔済愚《さいさいぐ》が民間信仰に儒・仏・道教の三教をも取りこんで創始した宗教です。一八九四年（甲午の年）に全羅道の古阜郡の郡守であった趙秉甲の虐政に対して起った民乱については「東学党の乱」と従来は呼ばれていましたが、東学の信徒だけが参加したものではなかったことなどから、現在では「甲午農民戦争」と称されています。日清戦争が勃発すると再蜂起して侵略に反対する義兵闘争として展開されます。これは日本軍に鎮圧されましたが、その後も散発的な蜂起が起きました。

(39) 柳苾根は、東京外国語学校や東洋協会専門学校（現在の拓殖大学）などでも朝鮮語の教育に携わっています。

(40) 藤波義貫「二、三十年前を顧みて（二）」（『朝鮮語』第一巻二号、一九二五年一一月、五一頁）。

(41) 水戸学を崇拝していた佐々友房は、明治二六年に朝鮮視察をおこなった際に水戸出身の室田を訪ねて意気投合し、同行していた安達も室田の思想に賛同して将来の交誼を誓い合っていました。

(42) 『朝鮮時報』は、明治二五年一一月に創刊された『釜山商況』が、『東亜貿易新聞』と改題した後、廃刊されていたものを受け継いで改題した形になっており、大畑秀夫が社主に就きました。

(43) 日本人の朝鮮における新聞事業としては、明治一四年（一八八一）一二月に大石徳夫が釜山で創刊した『朝鮮新報』が最初期のものでした。また、漢字新聞としては福沢諭吉門下の井上角五郎が朝鮮統理《とうり》衙門《がもん》の博文局から発行した『漢城旬報』が知られています。

(44) 杉村濬は南部藩士の生まれ。島田重礼に漢学を学び、明治七年の台湾出兵にも参加し、『横浜毎日新聞』の論説記者を経て外務省書記生として朝鮮に赴任します。明治一五年の壬午軍乱では危うく難を逃れました。公使館一等書記官として井上馨公使を補佐し、井上が帰国中は代理公使を務めていました。閔妃殺害事件で逮捕されましたが、翌年に無罪放免で非職になると台湾総督府事務官に転じます。明治三三年には外務省通商局長となって海外移民計画を推進し、南米移民事業を進めるために自ら進んでブラジル大使となり、任地で病没しています。著書に『明治廿七・廿八年在韓苦心録』があります。長男・陽太郎も外交官となり、新渡戸稲造の後を継いで国際連盟事務局次長やフランス大使などを務めた他、ＩＯＣ委員として一九四〇年の東京五輪招致に尽力しています。

(45) 「新聞操縦」という考え方が外務省に生まれる契機となったのは、明治一七年に朝鮮で起きた甲申政変でした。このとき竹添進一郎日本公使が金玉均らと通謀して兵を動かしたという朝鮮高官や中国の袁世凱などの発言が欧米の新聞に掲載され、日本への国際的非難が高まったため、在外公使などから外国の新聞社を買収すべきだといった進言が続きます。特にドイツ公使であった青木周蔵から「新聞紙の社説を『ヲペレート』することと万々緊要」との上申があり、朝鮮での「新聞操縦」が課題となっていました。

(46) 小早川秀雄（一八四七〜一九一三）は、済々黌から熊本師範学校に進みます。卒業後に熊本高等小学校で教鞭をとっていましたが、明治二八年に平山岩彦の推薦で『漢城新報』に入社しています。閔妃事件に加わった後、済々黌の教壇に立ち、菊池高等小学校校長などを務めます。明治三二年（一八九九）に『九州日日新聞』に入社し、主筆から社長に進みました。その間、熊本市会議員・県会議員にもなっています。著書に『血史敬神党』（隆文館、一九一〇年）などがあります。

(47) このとき宮内府大臣・李耕植や訓練隊連隊長・洪啓薫《こうけいくん》の他、女官などの死者が出ています。

(48) 宮内府顧問に岡本柳之助、内閣顧問に石塚英蔵、内務顧問に斎藤修一郎、法務顧問に星亨、度支顧問に仁尾惟茂、軍務顧問に楠瀬幸彦などが任命され、このうち岡本と楠瀬は閔妃殺害事件に関与することになります。

(49) 明治二七年（一八九四）七月、王宮を占領した日本軍は、「日韓暫定合同條款」を締結して朝鮮の軍隊を武装解除し、日本軍の指揮下に訓練隊として再編しました。他方、訓練隊とは別にアメリカ人のダイの指揮下に王宮の護衛を担う侍衛隊も存在していました。このため閔氏派や親露派は、訓練隊を解散することによって日本の影響力を排除する機会をうかがっており、これに対して解散措置を危惧する訓練隊の中にも閔妃への反発がくすぶっていました。

(50) 李埈鎔は大院君の嫡長孫で、大院君は高宗に代わって国王に就けることを度々画策しましたが成功しませんでした。日清戦争後、李は王位を狙ってクーデターを企てた容疑で逮捕されています。その李を遠ざけるとは、日本へ送ることを意味し、大院君と高宗・閔妃の対立の原因を除く意味がありました。実際、閔妃事件直後に李は日本に留学し、帰国を許されたのは高宗の死去後、純宗が即位してからでした。なお、ここで「王世子」と書かれているのが後の純宗です。

(51) ただ、杉村濬とともに計画を推進した岡本柳之介は前年の大院君を擁して王宮に入る策動を主導していましたが、閔妃事件については「遂に日本志士の一党は、三浦公使を誘い、大院君と気脈を通じて一挙親露派を粉砕すべく密議を凝《こ》らした末、八日決行と手筈《てはず》を定めた」（『風雲回顧録』武侠世界社、一九一二年、二七五頁）として民間人が主導したとしています。

(52) ここで杉村が述べている明治二七年の王宮占拠という先例が、閔妃事件を正当化する根拠になっていたことを確認しておく必要があります。杉村は、広島地方裁判所予審陳述で次のように述べているからです。「されば本年十月の初め、朝鮮の形勢甚だ切迫し、危機一髪の際に臨み、三浦公使はその責任を以て大院君入闕匡《にゅうけつきょう》済《さい》の切望に同意し、これに陰助を与えたるは、その目的大鳥〔圭介〕、井上〔馨〕両公使の所為《しょい》と同一にして、その手段は遙に昨年七月の挙より温和なりしと信ぜり。然《しか》るに政府もし本年の挙を以て公使の過失となし、もしくは罪戻《ざいれい》と認めば、政府は何故に昨年の挙を是認したるや。政府は既に昨年の挙を是認したる已上《いじょう》は、後任公使がその例に倣《なら》って行いたる本年の挙もまたこれを責むるを得ざるものと確信せり」（伊藤博文編『朝鮮交渉資料・中巻』秘書編纂刊行会、一九三六年、五三三〜五三四頁）。すなわち、三浦が公使としておこなったことは前例に従ったに過ぎず、それを日本政府が是認している以上、今回の行動についても罪過に問うことなどできないはずだというのです。おそらく杉村は、この前例に従って計画を進めても責任を問われることはないとの確信をもっていたのでしょう。そして、裁く側もこれに反論はできず、証拠不十分で免訴とするしかないと判断したものと思われます。

（53）小早川秀雄は閔妃事件について、「この計画は、固《もと》より〔三浦〕公使一己の独断に出で、政府の訓令を受け、若しくはその黙許を得たるにあらず。全然その責任を一身に担い、非常の決心を以て非常の事を行わんとする者なり。吾人はその計画を聞き、一片憂国の熱誠は、転《うた》た傾倒を禁じ得ざる者ありき」（前掲『近代外交回顧録』一二三頁）と三浦の決断に自分たちは動かされたことを強調しています。

（54）当時、朝鮮在住の日本人の間では、閔妃を「女狐」や「老狐」と呼んでいたようです。その狐を「臨機処分」する、あるいは「狩る」とは殺害を示唆したものと受け取られたはずです。なお、閔妃殺害に使われていたとされる日本刀が福岡の櫛田神社に奉納されています。これは景福宮に侵入した玄洋社員の藤勝顕《とうかつあき》が使ったもので、刀の鞘には老狐＝閔妃を一刀のもとに刺したことを意味する「一瞬電光刺老狐」との文字が書かれています。なお、『東亜先覚志士記伝・下巻』（黒竜会出版部、一九三六年、七七二頁）の藤勝顕の項には、「博多の産土神たる櫛田神社に忠吉《ただよし》の銘刀一振を奉納し、『之れ韓王妃を斬って爾後《じご》埋木となったものなり』との旨を記し、当年の詠歌一首を添へた。朝鮮にて二十八年十月八日の夜、入闕の時」の歌として「我愛《め》でし　太刀こそ　けふはうれしけれ　すめら御国《みくに》のために尽しつ」と記されています。

(55) 閔妃遺骸の焼却を指示したのは禹範善であったと言われていますが、禹も後に高永根によって殺害されました。

(56) この中には東海散士という筆名で政治小説『佳人之奇寓』を著した柴四朗が含まれています。『佳人之奇寓』は植民地支配に抵抗する小国出身者たちが抱く自由と独立への憧憬と連携を描いたもので、梁啓超によって漢文訳されたことで東アジア世界で愛読されました。柴は明治二五年に衆議院議員となり、三浦公使の赴任に幕僚として同行し閔妃殺害事件に加わっています。出獄後は政治家として活動し、明治四一年に農業拓植を目的に朝鮮に設けられた東洋拓殖株式会社の設立委員となり、大正五年には川島浪速らの満蒙独立運動に参加しています。

(57) 朝鮮人と日本人の事件への関与について、三浦公使は西園寺公望外相臨時代理に次のように報告しています。「我守備隊は素《もと》より騒擾鎮撫のため出張したるもの」であり、成り行きで訓練隊に援助を与えることになったのは事実である。また、「大院君の依頼を受け同行して王宮に赴きたる日本人十五六人あり、右は固《もと》より過激のことは総て朝鮮人にてこれを行わしめ、日本人はただその声援をなすまでにて手を下さざる約束なりしも、実際に臨んで朝鮮人躊躇《ちゅうちょ》してその働き充分ならざりし前、時機を失わんことを恐れ、日本人の中にて手を下せし者あり」と計画では朝鮮人に「過激」のことはすべておこなわせる予定であったが、日本人が実行したことを認めていたのです（『日本外交文書・第二十八巻・第一冊』四九八頁）。また、一等領事であった内田定槌は、表向きは朝鮮人が王妃を殺したことになっているが実際は日本人が手を下したものであり、事変直後に三浦公使が「是で朝鮮も愈々日本のものになった。もう安心だ」と発言したこと、また事件に関与した人たちが日本に送還される際に、「大に手柄を立てて、勲章でも貰える積りだったろうから、喜び勇んで内地へ向かった」と回顧しています。

（58）中国では男女の区別を厳しくするため、皇太后や后妃などが臣下に会うとき、その前に簾《すだれ》を垂れたことから皇太后などがおこなう政《まつりごと》を垂簾《すいれん》政治と呼びましたが、閔妃も高宗の後ろにあった簾ごしに政治に関与していました。そのため閔妃殺害の際に顔を確認することができずに混乱したことを小早川などが記しています。

（59）閔妃は一八九七年に明成皇后という諡号が贈られ、国葬が挙行されました。一九一九年に高宗が没すると洪陵に移葬されています。

（60）『原敬日記』明治二九年七月八日の条には、「対韓政略を誤りたるもの既に数年、殊《こと》に井上公使日清戦争の時に駐箚しながら着々その方針を誤り、今日に至りては徒《いたづ》らに朝鮮官民および在留外国人の悪感情を残したるまでにて一も我権利および利益の存在するものなし。今日、逆境に沈みこれを如何ともする能《あた》わず。ただ須《すべか》らく時機の再来を待つべきのみ」という窮境に陥っていたことを「頗る慨すべし」と記しています。

（61）菊池の調査は、日露戦争に備えて朝鮮や満洲に駐在するロシア軍の動向や利権拡張の状況を主眼とするもので、近衛篤麿などに送られています（近衛篤麿日記刊行会編『近衛篤麿日記（付属文書）』鹿島研究所出版会、一九六九年、五四一～五四二頁）。

（62）李王職は、王公族の家務を掌るため宮内大臣の管理の下に置かれた官職でしたが、高宗と純宗の実録編纂も担当していました。篠田治策・李王職次官（のち長官）を編纂委員長に昭和二年から編纂がおこなわれ、京城帝国大学の小田省吾などの協力も得て昭和一〇年までに『高宗実録』と『純宗実録』などが完成しています。

（63）「五足の靴」は与謝野のほか、北原白秋、木下杢太郎、吉井勇、平野万里の五人が天草・熊本・阿蘇などの旅行記を『東京二六新聞』に連載発表したもので、この旅で天草の乱やキリシタン遺跡を探訪して南蛮趣味を感得した白秋は詩集『邪宗門』を、杢太郎は連詩「天草組」などを発表します。この旅を経て、五人はそれぞれに日本の近代文学史に大きな足跡を遺していくことになります。

（64）『京城日報』は伊藤博文がハングル紙で激しい日本批判によって愛読されていた『大韓毎日申報』に対抗するため、『漢城新報』と『大東日報』を買収し、自ら新聞の名称を付けて管理した統監府の機関紙でした。なお、漢城という地名は韓国併合とともに京城府と改称されます。そして、一九四六年にソウル特別市となりました。ソウルとは、「首都」という意味です。

(65) Seoul Press は、イギリス人のハージ(John W. Hodge)が創刊した The Seoul Press Weekly を引き継いで、The Japan Times の主筆などを務めた頭本元貞《ずもともとさだ》を初代社長に任命して発行されたものです。併合以後の朝鮮で英字新聞が一紙もない中で発行されたことによって、日本の植民地統治の宣伝紙の役割を果たしながら、同時に欧米の事情を朝鮮に伝える役割も果たしました。なお、植民地統治下の朝鮮でも海外で発行された『新韓民報』(サンフランシスコ)、『新韓国報』(ハワイ)、『大東共報』(ウラジオストク)などの新聞が秘かに持ち込まれて読まれていました。

(66) ただし、『蘇峰自傳』(四七四頁)によれば、「予は朝鮮自治については、夙《つと》に見る所があって、朝鮮人の要求に先立ち、我より進んでこれを与うべきことを主張し、そのためには朝鮮の重なる人士を、吾が貴族院に勅選もしくは選挙せしむるばかりで無く、朝鮮に於いて、朝鮮議会なるものを開く必要をも認め、これらの意見を或る方面には陳述した」と記しています。

(67) 吉野は、東京専門学校卒業。正岡子規門下の俳人としても知られ、句集に『栗の花』などがあります。

(68) 作家の阿部光子(山室光、一九一二~二〇〇八)は、阿部の娘です。光子は、左翼運動に加わったとして日本女子大学校を中退しました。日本救世軍の創設者・山室軍平の長男・武甫に嫁いでキリスト教伝道に従事しています。佐佐木信綱などに師事して国文学や和歌を学び、『遅い目覚めながらも』で女流文学賞などを受賞しました。

(69) 洛淵義塾は一九〇一年に徐光世など四人の朝鮮人によって初めて設立された日本語学校で、一九〇五年に普光学校に改められました。日本人教師としては尾田満や中林猪作が教鞭をとっています。

(70) 『毎日申報』は大韓帝国末期に最も影響力のあった『大韓毎日申報』を朝鮮総督府が廃刊させて「大韓」の二字を削って京城日報社から発行したもので、一九一〇年代の朝鮮で発行された唯一のハングル新聞でした。

昭和一二年（一九三七）に題号を『毎日新報』に変更して株式会社化されましたが、株式の過半数を朝鮮総督府が保有していました。

(71)『朝鮮仏教』は、一九二五年五月から三六年六月まで発行され、一九九六年に韓国の民族社から影印複刻されていますが、中村はこの雑誌に「朝鮮仏教団の地方発展」「朝鮮仏教振興の一方法」などの多くの論説を載せています。なお、ここでの「朝鮮仏教」には、植民地朝鮮で活動する「内地仏教」も含まれていました。

(72) 大谷の紀行文は『京城日報』と『国民新聞』に掲載され、『放浪漫記』（民友社、一九一六年）として刊行されています。

(73) 中村と斎藤総督との関係については、中村著『斎藤子爵を偲ぶ』（朝鮮仏教社、一九三七年）に記されています。

(74) 現在、ソウル龍山区にある善隣インターネット高等学校はその後身にあたります。なお、善隣商業学校時代の卒業生に作曲家の古賀政男、日本社会党委員長代行を務めた江田三郎などがいます。

(75) 渡辺は先に挙げた同民会で総督府農務課長として「農業より観たる朝鮮」という講演をおこなっていますが、農務課長や山林部長として産繭百万石計画を立案し、朝鮮北部における土地改良事業のために火田民対策などを担当していました（渡辺『朝鮮総督府回顧談』友邦協会、一九八四年）。

(76) 野口遵（一八七三〜一九四四）は金沢の出身ですが熊本と深い関係があります。一九〇七年に熊本県水俣に日本カーバイト商会を開きますが、これが日本窒素肥料となり現在のチッソ株式会社に繋がります。野口は日本窒素肥料を中核とする日窒コンツェルンを築き、昭和に入ると朝鮮への進出を図りました。安価な労働力と電力開発によって業績をあげ、「朝鮮半島の事業王」と称されました。チッソのほか、旭化成・信越化学工業・積水ハウス・積水化学工業などの実質的な創業者でもあります。

(77) 楽善堂は、岸田吟香が一八七七年に東京銀座で開いた「精錡水《せいきすい》」という目薬など薬品の製造・販売をおこなう店舗でしたが、中国では書籍や雑貨も販売していました。岸田はアメリカ人宣教師ヘボンの和英・英和辞書編集に協力し、上海で活字などを購入したことから出版業にも携わり、明治三二年には内外の書籍を中国語に訳して出版する善隣訳書館を吾妻兵治や重野安繹らと設立しています。

(78) 宮崎県加治木町生まれで、済々黌に籍を置いたこともある藤崎秀も日清貿易研究所の卒業生でしたが偵察任務によって処刑されています。藤崎は、日清戦争時に陸軍通訳官となって中国軍偵察のために金州城内に潜行したところを捕えられ、日清貿易研究所の関係者であった山崎羔三郎《やまさきこうざぶろう》・鐘崎三郎とともに斬首刑に処せられました。三人の姓に「崎」があることから埋葬地近くの丘が「三崎山」と名づけられ、三名の碑が建てられましたが、遼東半島還付によって東京の高輪泉岳寺に移建されています。

(79) 緒方昇(一九〇七~八五)は、早稲田大学専門部政経部卒業後に、アナーキストとして大杉栄の労働運動社や黒色青年連盟に属し、詩作をおこないました。昭和四年(一九二九)に東京日日新聞に入社し、その後は中国留学を経て中国報道に携わります。『支那裸像』(大同出版社、一九四一年)・『支那採訪』(東京日日新聞社、一九四一年)などの著作があり、敗戦まで日本と中国を往復しています。また詩人としては、昭和一〇年に逸見猶吉の勧めで草野心平の『歴程』に参加し、昭和二二年(一九四七)には高見順らと『日本未来派』を創刊します。戦後は、毎日新聞論説委員、『毎日グラフ』編集長、編集局理事などを務めています。

(80) 松崎鶴雄については九三頁でも概略を記しましたが、済々黌を出て独逸学協会学校に進み、竹添進一郎宅に起居して『左伝』『詩経』などの講義を受けます。そして、漢学塾を開いたり、前橋中学や鹿児島師範学校などで教鞭を執った後に、大阪朝日新聞社に入社します。明治四二年(一九〇九)には『大阪朝日新聞』の通信員を兼ねて中国・湖南省の長沙に留学し、葉徳輝の私塾などで文学や説文を学びました。大学ではなく私塾で学ぶ中で独自の学識を培います。この間、麗山子のペンネームで「長沙通信」を日本に送り、声価を高めました。その後、大連の満鉄図書館や北京の華北交通社に勤務しながら古籍の保存や整理に尽力しました。

(81) 大島は札幌農学校第一期生としてクラーク博士の指導を受け、クラーク博士の Boys, be ambitious(青年よ、大志を抱け)という言葉を残すうえで大きな役割を果たしました。大島が山梨県立甲府中学校校長であった時代に石橋湛山は教えをうけ、後身の山梨県立甲府第一高等学校には湛山の筆による'Boys, be ambitious!'の碑が残っています。大島は宮崎中学を辞めた大正五年（一九一六）に朝鮮に渡って京城の私立セブランス医学校（現在の延世大学校）教授となり、養正高等普通学校でも教鞭をとりました。京城勤務時代に妻と二人の子どもを喪い、大正一二年（一九二三）に帰国しました。

(82) 現在、光永の生地は氷川町となっていますが、そもそも当地は、「火の国・肥後」の起源となった「火の川」の流れる「火の邑」であった所だとの説があります。すなわち、「火の国」の火は、阿蘇火山の火でも、不知火海の火でもなく、火川の火＝肥で、それが氷川に転記されたということです。この説は江戸時代の八木田政名、明治時代の吉田東伍などが採っています。

(83) 光永の伝記『八火傳』（八火翁傳記編纂委員会編、一九五〇年）によれば、「短髪髿《さ》鬖《さん》膽《たん》氣《き》粗《あらし》（短髪はぼうぼうと乱れて気性はあらく）獨携一剣向東都（ひとり剣を携えて東京に向かう）男子自有回天業（男子おのずから回天の業あり）不作人間小丈夫（人間、小人物を作らず）」（四七頁所掲）というものです。

(84) 明治一四年（一八八一）に旧藩主細川家の財政的支援をえて紫溟学舎として創設され、翌年に東京の本郷真砂町に移って有斐学舎と改称しますが、更に翌年に本郷西片町に移転して有斐学校と改められました。明治一九年（一八八六）に井上毅が校長に就任しています。当初は士官学校の予備門として鹿児島県出身者なども入校していましたが、明治二一年に再び有斐学舎となって熊本県出身の寄宿舎として運営されることになります。池辺三山が舎監を務めたこともあり、狩野直喜や古城貞吉、鳥居素川、安達謙藏、中島半次郎、上田仙太郎など多くの熊本びとが学生時代に寄宿していました。現在は財団法人肥後奨学会が運営し、埼玉県志木市にあります。

(85) 明治二七年（一八八四）三月二八日に金玉均が上海で暗殺されると、日本政府は国外で起きた事件として静観する方針を採りました。しかし、民間では朝鮮政府が暗殺を指示し、清朝政府がそれを暗黙のうちに承認したとして両国政府に対して大きな反発が起きます。新聞紙上では追悼義捐金の募集がおこなわれ、日本に金玉均の遺骸を引き取って葬るための委員会を組織して派遣するなどの声が高まります。その運動の中心には大阪事件で捕まった大井憲太郎や閔妃暗殺事件の首謀者の一人である岡本柳之助などがいました。

(86)『めざまし新聞』は、自由党系の絵入り小新聞として星亨（その押しの強さから、オシトオルと渾名された）によって創刊された『自由燈』の後身紙として明治二〇年四月に改題して発行されました。しかし、星が保安条例などによって東京退去処分を受けたことなどによって、朝日新聞の村山竜平に社の一切を譲渡するに至りました。そのため、明治二一年七月八日に紙歴を閉じ、七月一〇日の第一〇七六号から『東京朝日新聞』と改題することになります。光永が記者となった『めざまし新聞』は、星亨の思想的支持者であった上野岩太郎らが、その紙名を慕って自由平等の思想によって社会良民の思想啓発を図ることを目的として創刊したものです。しかし、経営難から廃紙となり、その後は『東京新聞』『日刊人民』『人民』『東亜新報』などと題号を変えていくことになります。

(87)光永の新竹庁庶務課長時代の活動を伝えるものとして、「生蕃探検記」（『時事新報』一八八五年一二月二七日）があります。ここで光永は「台湾全島は已《すで》に大日本の領地となれり。大日本人と爾《なんじ》らは元兄弟の親あり。故に今日爾らを招きたる所以なり」として歓談し、地区の生業や言葉などを細かく調査していたことが記されています。

(88)なお、林田は福田家から養子に出ましたが、実弟が福田令寿《ふくだれいじゅ》（一八七三〜一九七三。名は「よしのぶ」とも呼ぶ）です。福田は海老名弾正が校長であった熊本英学校を経て、イギリスのエジンバラ大学医学部を卒業します。帰国後、京都で産婦人科を開業し、京都ＹＭＣＡの創設に尽力しました。その後、帰熊して福田病院を経営するとともに九州救らい協会などの社会福祉事業や熊本女学校校長などの教育事業で活躍しています。

(89)電通の社風を示すものとして、鬼社長と呼ばれた第四代社長・吉田秀雄が一九五一年に定めた「難しい仕事を狙え、そしてこれを成し遂げるところに進歩がある」「取り組んだら放すな、殺されても放すな、目的完遂までは……」などの「鬼十則」は、光永の信念を継ぐものであったとも言えます。光永は「他所《よそ》が休めば、こちらは勤務する。こういう覚悟で行かなければ、他所を抜くということは、どうしても出来ない。……人を抜こうとするには、人が休んで居る時でも、休まない」（前掲『八火傳』二一三頁）などと創業の精神を説き続けていたからです。しかし、この「電通魂」が過重・長時間労働による過労死や自殺を招く企業文化を作ったことも否めません。「鬼十則」は、過労自殺事件をうけて、二〇一六年一二月に社員手帳から削除されると公表されました。

(90) 武藤は、熊本県白水村（現、菊陽町）生まれ。済々黌中学から熊本地方陸軍幼年学校を経て、大正二年（一九一三）に陸軍士官学校を卒業しました。盧溝橋事件では不拡大方針を唱えた作戦部長の石原莞爾らを抑えて中国戦線の拡大を主張しましたが、日米開戦には反対し、開戦後も早期終結を図ろうとして東條英機と対立しています。陸軍中将としては、唯ひとりA級戦犯として処刑されました。

(91) 谷正之（一八八九～一九六二）は、熊本県上益城郡飯野村（現、益城町）生まれで、熊本中学・第五高等学校を経て東京帝国大学法科を卒業し、外務省に入ってアジア局長や満洲国大使、東條内閣の外務大臣などを務め、昭和一八年から敗戦時まで中国大使となるなど、外務省における「支那通」の一人でした。戦後はA級戦犯に指定されましたが不起訴となっています。公職追放解除後には、重光葵外相の懐刀として駐米大使となり、日米関係の緊密化を進めました。

(92) 謝冰心の文学史的意義と日本への紹介に係わった二人の熊本びとである池田桃川と澤村幸夫については、萩野脩二『謝冰心の研究』（朋友書店、二〇〇九年）参照。

(93) 池田は、一九二五年四月号の『文藝春秋』に「麻雀小話」というコラムで、中国人に比べて日本の文学者たちの麻雀を稚拙と揶揄し、一九二七年二月には『週刊朝日』に「雀戯」を発表しました。これは日本におけるマージャン小説としては村松梢風『魔都』（小西書店、一九二四年）に続くものでしたが、太平天国の乱を背景にした中編小説です。なお、村松も「支那通」と称されました。

(94) 大阪毎日新聞に入社した当時の社長は、熊本出身の山本彦一でした。澤村は山本社長の代理として訪日した孫文に講演の謝礼を述べ、張作霖の移柩祭にも派遣されています。また、大正一一年から支那課長、昭和三年からは東亜通信部長、昭和四年から上海支局長、昭和七年から東亜部顧問などを歴任しました。

(95) 竹越與三郎が澤村の『江浙風物誌』(東亜研究会、一九三九年)に寄せた「江浙風物誌に題す」には「澤村君は熊本の人であり、明治二十九年湖広総督張之洞《ちょうしどう》に聘せられ、その幕中に入り、湖北官報局参賛に任ぜられ、明治四十年漢口商務総会参賛になった」と記されていますが、明治二九年であれば、澤村は一三歳か一四歳ということになり、熊本市立商業学校の卒業前ということで、この記述には無理があります。

(96) 澤村は、「留学生、新聞特派員、支那関係の記者として、五十年の何分の一かを支那に住み、支那の南北を旅し、また何分の一かを、支那対象の事業に没頭し、また消費した私である」(『支那草木蟲魚記』東亜研究会、一九三四年、八〇頁)と回顧しており、張之洞の下にあった時代を「留学」、片山らの指示を受けて活動していた時代と新聞記者時代を「支那対象の事業に没頭し、また消費した」時代と考えていたようです。

(97) 澤村を独学者というのは、澤村自身が「どう己惚れてみても、私は支那学者でなく、支那の古典を遺憾なく読むこともできねば、支那語を自由自在にあやつることのできる語学者でもない、人に深くつきこまれたら、たぢたぢと尻ごみする外はない貧弱な一書生に過ぎない。この一小篇を公けにするにあたりても、人に教えようという態度は、とりたくともとり得ない。で、忠実に支那の実際を語ることだけを心がけた」(前掲『支那民間の神々』「巻末に」二三五~二三六頁)と記していることに依るものです。ただし、澤村が中国の古典にも通じていたことや中国語に通暁していたことは否めません。澤村には「初めて支那語を学び、支那事情を研究せんとする人のために、終始、深切な参考書を作ろうと心がけた」著作として、「現代実用支那語講座」第一一巻として『年中行事篇』(文求堂、一九四一年)があります。

(98) なお、澤村は、この論説で従来の中国研究が、「政策論の単なる装飾として事実が顧みられ、付け加えられた」だけの公式論と「史的唯物論的な型」による公式論との二つであったことを斥け、「ある青年支那研究家は、わが国における支那論の貧困なる理由として、研究方法の貧困であることを挙げている」ことに賛意を表しています。この「ある青年支那研究家」の議論とは、橘樸の「支那を識《し》るの途《みち》」(『月刊支那研究』創刊号、一九二四年一二月一日)を指すと思われます。橘はそこで「所謂支那通」が大胆にも、あるいは無思慮にも予言の安売りをするのを「畢竟《ひっきょう》彼等の頭が非科学的に出来上がっている」ためだと痛烈に批判し、それが有害無益であることを認識し、今こそ「支那通」から離れて「科学的方法」によって研究する必要があり、そのためには先ず研究「材料を蒐集してこれを取捨選択する」ための科学的見地を確立することから始めなければならない、と切言していました(橘については、拙稿「橘樸」『講座東アジアの知識人』第四巻、有志舎、二〇一四年参照)。橘は大分県の出身ですが、熊本の第五高等学校に学んだことで中国研究に志します。大川周明をはじめとして、第五高等学校の気風の中には中国研究やアジア研究への関心を誘うものがありました。また、学生団体「東光会」会員であった星子敏雄(後に熊本市長)や江藤夏雄(江藤新平の孫。後に衆議院議員)などは、満洲国官僚となっています。

(99) こうした「東洋」と「アジア」をめぐる概念の歴史的形成の意義については、拙著『思想課題としてのアジア――基軸・連鎖・投企』(岩波書店、二〇〇一年)第一章参照。なお、日本人とりわけ戦争中の日本兵の残忍性を強調して「東洋鬼《トンヤンクイ》」や「東洋鬼子《トンヤンクイズ》」と呼ばれ、現在でも「小日本鬼子《シャオリーベンクイズ》」といった蔑称もあります。なお、こうした「鬼」「鬼子」の用法は中国を侵略する容貌の異なる欧米人に対して、憎悪と脅威を込めて「洋鬼《ヤンクイ》」と呼んだことに起源をもっています。

(100) その他の外国語専門学校としては、上海広方言館(一八六九年)、湖北自強学堂(一八九三年)、京師訳学館(一九〇三年)などがあり、さらに国境地帯には琿春《こんしゅん》俄語《ロシア》館、新疆《しんきょう》俄語館、台湾西学館(英語)なども設立されていきます。

(101) 唐家楨と陶大均は、駐日清国公使館が日本文の翻訳と通訳に携わる人材育成のために一八八二年九月に開設した東文学堂で日本語を学び、唐家楨はさらに二松学舎で三嶋中洲に師事していました。陶大均は公使館で東文通訳官県随員として務めるなど、日本語に長じた人材として活躍しました。

(102) 岡田松生（一八五八～一九三九）は、中島と同じく八代郡鏡町生まれ、熊本洋学校在学中に熊本バンドに参加し、同志社英学校卒業後、小崎弘道と新肴町教会（霊南坂教会）や東京青年会を設立します。明治一四年（一八八一）に帰郷して鏡英学校を興し、明治一七年から熊本県会議員を務めた後に海軍省や農商務省に勤務し、明治二九年（一八九六）には関西貿易会社に入ってニューヨーク支店に駐在します。さらに明治三五年（一九〇二）には自ら岡田商会を創設して貿易事業に従事しています。終生、小崎を支えてキリスト教普及にも努めました。

(103) 日華学堂は、明治三一年（一八九八）に高楠順次郎《たかくすじゅんじろう》が外務省の依頼によって創立したものですが、高楠は東京帝国大学講師として兼職ができなかったため、西本願寺普通教校の同窓であった中島裁之に堂監を依頼したものです。

(104) 内田の妻・牧子の父は奈良の林業家・土倉庄三郎《どくらしょうざぶろう》で、同志社大学や日本女子大学の創設に際して多額の助成金を惜しまなかったことで知られていますが、東文学社の教習であった佐々木安五郎（照山）が設立した東亜善隣学堂にも出資していました。

(105) 内藤は時習館で朱子学を学び、維新後は熊本師範学校舎監などを務めていました。しかし、西南戦争が起こると佐々友房に従って熊本隊として西郷軍に加わり、五年の懲役刑を受けました。特赦三年で出獄後、明治一六年（一八八三）から佐々の招きで済々黌教師・幹事となります。明治一九年（一八八六）に外塾を創設して塾主となり、また明治二一年（一八八八）には済々黌附属女学校を設立して初代校長となります。済々黌は県立となりますが、「官」の統制を嫌った内藤は、明治二四年（一八九一）に済々黌から独立した女学校として尚絅《しょうけい》女学校と名称も改めました。尚絅と名付けたのが教頭となった合志林蔵で、合志はその後、佐々友房らが北海道に貸下げを受けた未開地（現在の夕張郡由仁《ゆに》町）に熊本農場を開く移住活動の中心となります。尚絅女学校は、裁縫教育の改良によって全国的に注目され、現在は中学から大学までを設置する学校法人尚絅学園となっています。内藤はまた明治三六年（一九〇三）に開校した坪井女子工芸学校の初代校長となり、技術と学問を身につけた女性の社会進出を図りました。女子工芸学校は現在、普通科のほか総合ビジネス科と看護学科を有する男女共学の加寿美学園・熊本中央高等学校となっています。

(106) 渡辺は新潟県出身。東京専門学校英文科を卒業して、ミシガン大学やコーネル大学などに留学し、帰国後は高等師範学校教授となり、東京音楽学校校長を兼務しました。音楽学校では瀧廉太郎を見出して二〇歳で助教授に採用し、歌曲集『四季』などで瀧が才能を開花させることを支えました。明治三五年(一九〇二)二月、文部省の内命を受けて中国の教育事情を視察しますが、その際、直隷総督であった袁世凱から同省の学務顧問就任を要請され、九月から七年間にわたって顧問を務めました。その間、教育行政制度の改革や新式学校制度の導入などに尽力しますが、直隷師範学堂の総教習として教員養成にも成果を挙げました。帰国後、二年間のベルリン大学留学を経て、小樽高等商業学校(現、小樽商科大学)および名古屋高等商業学校(現、名古屋大学経済学部)の初代校長に就任しました。

(107) 一九一六年に袁世凱が死去すると、北洋軍閥は北京の直隷派と安徽派そして奉天派の北洋三派に分裂し、三派内そして非北洋派との軍閥抗争の時代に入ります。北洋各派は北京での政権奪取をめざして安直戦争・奉直戦争などの内戦を繰りかえし、一九二七年には張作霖が北京で大元帥に就任します。しかし、蒋介石の国民革命軍の「北伐」によって北洋軍閥は壊滅していきます。このとき敗走してきた張作霖を関東軍が爆殺したため、張学良も国民政府による統一を支持することになり、日本では「満蒙危機」が叫ばれることになります。

(108) 「たんちゃ」とも呼ばれ、紅茶や緑茶の屑や形の悪い葉を蒸して型に入れ、圧搾して干し固めたものです。その形が中国の煉瓦である「磚」に似ているため、磚茶と呼ばれました。磚茶には緑茶を原料とした緑磚茶と、紅茶を原料とする紅磚茶があり、緑磚茶は中国のほかモンゴルやチベットで、紅磚茶は中国やシベリアなどで主に飲用されていました。なお、紅茶や磚茶の製造を奨励するため、明治二六年(一八九三)から明治三四年に至る九カ年、熊本県では二〇〇〇円から四六〇〇円の補助金を支出しています。

(109) 佐々友房は井上毅から示唆されてドイツ語学習を済々黌でも奨励しています。安達謙藏によれば、「(佐々)

先生は夙に独逸学の緊要なるをことを認めて、もっぱら独逸学を奨励され、東京からわざわざ独逸語教師として山県良蔵先生（山口県人）を引っ張って来るほどの熱の入れかたであった」（前掲『安達謙藏自叙傳』二二二頁）と述べています。

あとがき

「越鳥南枝《えっちょうなんし》」という言葉があります。

越という南の国から来た鳥は、故郷を恋しがって巣をつくるときにも木の南側の枝を選ぶということから、転じて故郷のことを懐かしく忘れがたく思うことを意味するものです。

さて、私はと言えば、二〇一六年四月に熊本地震が起きてから、「越鳥南枝」の想いが日々に強まってきましたが、それまではむしろ故郷への反発をバネにしてきたように思います。

小学生の時には、室生犀星の詩「小景異情―その二」の一節、「ふるさとは遠きにありて思ふもの　そして悲しくうたふもの　よしや　うらぶれて異土の乞食《かたゐ》となるとても　帰るところにあるまじや　ひとり都のゆふぐれに　ふるさとおもひ涙ぐむ　そのこころもて　遠きみやこにかへらばや　遠きみやこにかへらばや」を暗誦して、自分もそうなるのだという漠然とした予感をもっていました。

また、同じ頃に詩吟を習っていて、幕末の僧・釈月性《しゃくげっしょう》の「男児　志を立てて郷関を出づ　学　若《も》し成る無くんば復還《またかえ》らず　骨を埋むる　豈《あに》墳墓の地を期せんや　人間《じんかん》　到る処青山《せいざん》有り」（「将《まさ》に東遊せんとして壁に題す」）という詩句が刷り込まれていて、「郷関」とは必ず出なければならないものだと思い込んでいました。

そして、思い返せば、私がアジアという空間に茫漠たる憧憬の念を抱いたのも小学生の頃でした。私にとって、熊本を出るとは、東京に行くというよりもアジアへ行くということだったのです。

それは熊本市立白川小学校で担任をして戴いた山本美智子先生から台湾での生活をいつも伺ったことが大きく影響していたと思います。当時は、病気の時などしか食べられなかったバナナを日常的に食べられていたことなどを聞くたびに、級友たちと「台湾に住みたかね〜（住みたいね〜）」などと語り合ったものでした。また、繁華街ではバナナの叩き売りがおこなわれていて、その口上のなかに出てくる「台中、阿里山麓」「基隆港《キールン》」などの風景を勝手に思い浮かべたりしていました。さらに「ハリマオ」などのテレビドラマなどを見て、マレーシアなどの東南アジアにも行ってみたいと切実に思っていたのです。

しかし、私が初めて行ったアジアの地である韓国・ソウルで景福宮を訪れたとき、江戸時代の侍さながらに描かれた日本人が日本刀を振りかざして閔妃を惨殺する場面を描いた二枚の絵を目にすることになりました。その時に受けた衝撃は、今でも脳裡から離れません。

その後、満洲国の研究をするようになってからは、柳条湖事件の現場跡に建てられた9・18歴史博物館の記念碑前にある釣り鐘に刻まれた「勿忘国恥」（国恥を忘るることなかれ）、また長春市にあるラストエンペラー愛新覚羅溥儀の皇居跡「偽満皇宮博物院」では江沢民揮毫の「勿忘九・一八」（満洲事変を忘れることなかれ）などの鑑戒《かんかい》の言葉を目にすることになりました。私が茫漠と想像していたようなアジアとは違う「明日につなげる歴史的アジア」が、そこにはあったのです。それらは時を越えて、次代にも受け継がれていくことでしょう。

他方、マレーシアの旧ボルネオ島（現在のカリマンタン島）で調査していたとき、鬱蒼《うっそう》とした草むらを掻《か》き分けていった先には、小さな苔むした墓石が散在していました。それはサンダカンのように日本人墓地として作られた場所ではありませんでしたが、そこで微かに読み取れた文字には「大日本国　熊本生」と刻まれていました。一群の墓や墓を模した一塊の石の多くは、その地で亡くなった「からゆきさん」と推測できました。また、シンガポールなどにある日本人墓地でも、熊本びととおぼしき墓を目にするたびに、その人の行路と人生の最後に故里に寄せた想いとは何だったのだろうか、と立ちすくんだものでした。

また、タイのバンコクでは宮崎滔天が農場を開拓しようとして失敗した場所を何度も訪れては調べましたが、今は高架鉄道の横に公園があり、その一部がおそらくそこに当たるのだろうとしかわかりませんでした。そこには「消え去りゆく歴史的アジア」があったように思います。それらは遺《のこ》し伝えようとしても、忘れられ消えゆく事績なのでしょう。

私は、一九八〇年代からアジアの各地を歩いてきましたが、行く度にその変貌ぶりに驚かされました。逆に言えば、変貌する以前のアジアとその後のアジアを見るという又とない機会に恵まれたことになるのかもしれません。

このように、本シリーズに収めた文章を書き下ろしたり、校正をしたりするなかで、「ああ、この人は、あそこで生まれ、ここで育ち、あの時、ここではこういうことをしていたのか」と、その場の、今はなき場景に思いを馳せることとの連続でした。その場所は、私が生まれ育った熊本だけでなく、中国・台湾・韓国そしてモンゴルやタイなど私が訪ねた土地の記憶とも重なることが少なくありませんでした。

それはあくまでも私の勝手な妄想に過ぎないのですが、書き遺された文章や新聞・雑誌記事の断片などを読みながら、何となくその熊本びとの体温や息づかいのような感覚がうかがえるような錯覚にとらわれていたのです。そして、思想史を学ぶためには、その人の存在感や「たたずまい」といったものを、自分が育った時空間における皮膚感覚と対比しつつ感じ取ることが必要なのではないか、とも思うようになってきました。それが思想史方法論としていかなる意味があるのかといった問題については、今後ともに考え続けていきたいと思っています。

なお、シリーズ二冊の装丁を上野かおるさんに御願いすることができたことは、私にとって本当にありがたいことでした。何よりも、私がイメージしていた「アジアという空間の広がり」を二冊で一つの合わせ絵のように美事に表現して戴きました。また、『アジアの思想史脈』というタイトルが決まった後で知ったのですが、上野さんの御厳父・上田正昭先生が『史脈』という歌集を上梓されていました。ここにも繋《つな》がる「史脈」があったのです。そもそも、本書に収めた「アジアびとの風声」は、上田先生が館長をされていた姫路文学館で開催された司馬遼太郎メモリアル・デーで、上田先生との対談の前座としておこなったものでしたから、その縁《えにし》への感慨もこめて深謝する次第です。

こうした上野さんとの縁を繋いで戴いた編集者・井上裕美さんには、本シリーズの企画から始まって様々な御面倒をおかけしたことをお詫び申し上げるとともに、絶え間なく叱咤激励をして戴いた御陰で刊行にこぎ着けられたことに深く御礼申し上げます。井上さんには、京都大学人文科学研究所における共同研究班の一員として常に貴重な示唆を戴いてきただけでなく、第一次世界大戦のレクチャーシリーズも担当して戴きました。そして、退職に際して何とか形として残るようにと、御尽力戴きました。ここに長年の御厚情に対して御礼を申し上げます。

最後になりますが、振り返れば、故郷・熊本を離れて半世紀。

この間、さまざまな機会に御示教・御高配を戴いた方々に御礼を申し上げる次第です。皆さまから恵与いただいた学恩の多大さに比して、身についたものがいかに微少であったかを思うにつけ、ただただ羞《は》じ入るばかりです。

二冊の本は、久しく音信を怠ってきた師友の方々への詫び状でもあり、戴いた御厚情への御礼状に代えるものです。

そして、平成二八年（二〇一六）四月に起きた熊本地震で今なお、心身ともに辛苦のなかで奮闘されている故郷の皆さまに、なにがしかのエールに代えることになれば有り難いことだと念じています。

山室　信一

二〇一七年三月　平成28年熊本地震から一年を前にして

初出一覧（単行本収録にあたり大幅に加筆修正をほどこした）

第一章　アジアびとの風声——司馬遼太郎の足音（原題「アジア人の風声」『姫路文学館紀要』第一四号、姫路文学館、二〇一一年）

第二章　熊本びとのアジア——ひとつの「環地方学《リーローカロジィ》」の試み（原題「熊本とアジア——『坂の上の雲』の時代を背景に」『公徳』第一八号、財団法人熊本公徳会、二〇一〇年をもとに新たに書き下ろし）

人名索引

配列は，姓名を日本語読みした50音順をとり，本文のみから採った

ア　行

カ　行

サ　行

タ　行

ナ　行

ハ　行

マ 行

ヤ　行

ラ　行

ワ　行

著者略歴

山室信一（やまむろ・しんいち）

1951年熊本生まれ。東京大学法学部卒業。衆議院法制局参事、東京大学社会科学研究所助手、東北大学助教授などを経て、京都大学（人文科学研究所）名誉教授。法学博士。専攻は法政思想連鎖史。著書に『法制官僚の時代――国家の設計と知の歴程』（木鐸社、毎日出版文化賞）、『近代日本の知と政治――井上毅から大衆演芸まで』（木鐸社、1985）、『キメラ――満洲国の肖像』（中公新書、1993、増補版・2004、吉野作造賞）、『思想課題としてのアジア――基軸・連鎖・投企』（岩波書店、アジア太平洋賞特別賞）、『日露戦争の世紀――連鎖視点から見る日本と世界』（岩波書店、2005）、『憲法9条の思想水脈』（朝日選書、2007、司馬遼太郎賞）、『複合戦争と総力戦の断層』（人文書院、2011）など。

JIMBUN SHOIN Printed in Japan

ISBN 978-4-409-52066-6 C3021

近現代アジアをめぐる思想連鎖

アジアびとの風姿

――環地方学の試み

二〇一七年四月二〇日　初版第一刷印刷

二〇一七年四月三〇日　初版第一刷発行

著者　山室信一

発行者　渡辺博史

発行所　人文書院

〒六一二-八四四七

京都市伏見区竹田西内畑町九

電話〇七五（六〇三）一三四四

振替〇一〇〇〇-八-一一〇三

印刷　㈱冨山房インターナショナル

製本　坂井製本所

装丁　上野かおる

乱丁・落丁本は送料小社負担にてお取替いたします。

http://www.jimbunshoin.co.jp/

山室信一著

近現代アジアをめぐる思想連鎖

アジアの思想史脈

――空間思想学の試み

本体三四〇〇円

交響するアジアの思想

日清・日露戦争から安重根事件、韓国併合、辛亥革命、満洲国まで―日本を結節点として、アジアは相互に規定しあいながら近代化をすすめた。近代日本の国家デザインはどのようにえがかれ、国民国家形成がなされたのか? 戦争の世紀に抗して芽生え受け継がれてきた平和思想の水脈とは? アジアであるとは何なのか、そして未来へアジアはどう連携していくのか。グローバルな視点のなかにアジアの思想と空間を問い直し、境界と想像を越えた思想のつながりを描き出す。

山室信一著

レクチャー第一次世界大戦を考える

複合戦争と総力戦の断層

日本にとっての第一次世界大戦

本体一五〇〇円